中国文化与核心价值观

CHINESE CULTURE AND CORE VALUES

吴奕新 编著

SPM 南方出版传媒 广东人民出版社
·广州·

图书在版编目（CIP）数据

中国文化与核心价值观 / 吴奕新编著. —广州：广东人民出版社，2018.4（2023.1重印）
ISBN 978-7-218-12742-2

Ⅰ. ①中… Ⅱ. ①吴… Ⅲ. ①中华文化—通俗读物 ②社会主义建设 价值论—中国—通俗读物 Ⅳ. ①K203-49 ②D616-49

中国版本图书馆CIP数据核字（2018）第077226号

ZHONGGUO WENHUA YU HEXIN JIAZHIGUAN
中国文化与核心价值观
吴奕新 编著

出 版 人：肖风华

责任编辑：梁 茵 廖志芬
装帧设计：书窗文化
责任技编：吴彦斌 周星奎

出版发行：广东人民出版社
地 址：广州市大沙头四马路 10 号（邮政编码：510199）
电 话：（020）85716809（总编室）
传 真：（020）83289585
网 址：http://www.gdpph.com
印 刷：北京一鑫印务有限责任公司
开 本：787 毫米 ×1092 毫米 1/16
印 张：25.75 字 数：476 千
版 次：2018 年 4 月第 1 版
印 次：2023 年 1 月第 2 次印刷
定 价：88.00 元

如发现印装质量问题，影响阅读，请与出版社（020-85716808）联系调换。
售书热线：（020）87716172

目录
CONTENTS

优秀传统文化与中国梦

——《中国文化与核心价值观》代序

中山大学文化研究所所长，教授、博士生导师　李宗桂

近代以来，在内忧外患的挤压之下，中华儿女为了实现民族复兴，前赴后继，不懈奋斗，为民族振兴、国家富强和人民幸福做出了巨大努力。辛亥革命的成功，五四运动的狂飙，新中国的成立，标志着百年中国梦的阶段性实现。中国共产党领导的革命、建设和改革的不同时期，取得了不同特质不同内容的成果，而其价值指向，都是中华民族的伟大复兴，都是中国梦的阶段性实现。

回首一个多世纪以来中华儿女追寻中国梦的历程，我们可以看到一个清晰的轨迹：中华优秀传统文化是中国梦的价值支撑。其间，古代中国的优秀传统文化、近现代中国的优秀传统文化，都是不可或缺的重要的价值资源。今天我们建设社会主义文化强国，离不开对优秀传统文化价值的发掘。建设文化强国，是在文化层面对中华民族伟大复兴的战略性开拓，是对中华民族的伟大复兴在文化软实力方面的提升。

一、古代中国的优秀传统文化

中华文化的一个重要的优秀传统，是自强不息的奋斗精神。始于《周易》的“天行健，君子以自强不息”的思想传统，纵贯中华民族发展的历史。司马迁记载了历史上发奋图强的典型例子：“文王拘而演《周易》；仲尼厄而作《春秋》；屈原放逐，乃赋《离骚》；左丘失明，厥有《国语》；孙子膑脚，《兵法》修列；不韦迁蜀，世传《吕览》；韩非囚秦，《说难》、《孤愤》；《诗》三百篇，大底圣贤发愤之所为作也。”(司马迁：《报任安书》)这种自强不息的奋斗精神，经过长期的传承和习染，已经成为中华民族精神的重要构成，成为中华儿女的行为习惯。

深厚的家国意识和民族情怀，是中国优秀传统文化的典型表现。在多元一体

的中华文化格局里，在中华民族数千年的发展途程中，逐渐形成并发展完善的家国意识和民族情怀，是重视团结、崇尚统一的民族精神的重要表现，也是其基本载体。早在春秋时期，齐国政治家晏婴就明确表示："利于国者爱之，害于国者恶之。"(《晏子春秋·内篇谏上七》)三国时期的军事家政治家曹操在其《让县自明本志令》中表达了"投死为国，以义灭身"的思想。同一时期还有与之呼应的更为慷慨的表白："人谁不死?死国，忠义之大者"。(《三国志·魏书·杨阜传》裴松之注引皇甫谧《列女传》) 唐代韩愈崇尚"以国家之务为己任"。(《送许郢州序》)北宋时期的苏洵说："贤者不悲其身之死，而忧其国之衰"(《管仲论》)。苏洵的儿子苏轼在《杭州召还乞郡状》中宣示："报国之心，死而后已"。南宋时期的陆游说："位卑未敢忘忧国"(《病起书怀》)。明代李梦阳说："人生富贵岂有极?男儿要在能死国"。(《奉送大司马公刘公归东山草堂歌》)清代吴趼人在其《痛史》第十回中申论："天下兴亡，匹夫有责"。诸如此类的以爱国主义为特征的家国意识、民族情怀，数千年不绝如缕。我们可以说，三代以降，直到清末，中国古代社会的发展进程中，崇尚国家统一、重视民族团结，是社会发展的主流思想。汉代董仲舒所讲的"《春秋》大一统者，天地之常经，古今之通义也"(《汉书·董仲舒传》)，揭示了古代社会的主流价值观，反映了那个时代的社会发展规律。

与上述思想传统互相发明的，是和而不同、兼容天下的思想。春秋时期史伯、晏婴关于和同关系的阐释，尽管是比较粗浅的，但却真实而深刻地体现了古代中国人的智慧，这就是重和去同。据《国语·郑语》记载，西周末年，周太史史伯论述和同关系："夫和实生物，同则不继。以他平他谓之和，故能丰长而物归之。若以同裨同，尽乃弃矣。"史伯认为只有保持事物因素的多样性及其统一性，事物才能够发展；反之，就没有生命力了。据《左传》昭公二十年记载，晏婴回答齐景公问题时说，"和"是不同要素有机整合在一起，"同"是单一的要素简单相加、拼凑在一起。不同佐料的合理调配，方能烹制出可口的食物；不同观点的有机整合，方能创造良好的社会政治关系。"君所谓可，而有否焉，臣献其否，以成其可；君所谓否，而有可焉，臣献其可，以去其否。是以政平而不干，民无争心。"这种重和去同的思想，后来被孔子创造性地发展为"君子和而不同，小人同而不和"（《论语·子路》）的包容、宽厚思想。至于《中庸》所讲的"万物并育而不相害，道并行而不相悖"的著名思想，则更是中华文化开放兼容性质的精粹表达，也是其重要标志。

上述中国古代的优秀传统文化，是中国文化精神的重要内容，也是中华民族精神的重要构成，是推动中华民族不断发展不断进步的内在的精神力量。

二、近现代中国的优秀传统文化

近现代的中国，由于帝国主义的侵略和凌辱，迫使中国人民更加紧密地团结起来，中华民族凝聚力空前增强。一方面，先进的中国人对于本民族文化的痼疾有强烈的自我批判自我超越意识，并力图通过向西方先进国家寻找真理而充实自身、改变自身、提升自身。另一方面，面对帝国主义的宰制和掠夺，在严重的民族危机的刺激下，理性的中国人自觉不自觉地增强了对本民族文化的价值认同，力图通过对优秀传统文化的光大，而实现中华民族的复兴。

1840年鸦片战争中国失败后被迫签订的丧权辱国的中英南京条约，是帝国主义强加给中国人民的空前巨大的耻辱。从此，空前严峻的民族危机时刻刺激着中国的有志之士、有识之士，争取民族独立、人民解放、国家富强，是近现代中国的时代精神。质言之，振兴中华，是近代以来的时代强音，是大势所趋、人心所向。

鸦片战争后开展的洋务运动，尽管在今天看来有诸多不足，但其“自强”的理念无疑是值得充分肯定的。“中体西用”思维框架中的洋务运动本质上是“自强”运动，是要通过学习西方先进的科学技术，依托本土优良文化的根基，创造强大的物质文明，以解决社会危机的自救运动。当然，由于清政府的无能，由于内忧外患各种因素的制约，作为物质层面的学习西方和自我变革的洋务运动，最终归于失败。继后的戊戌维新运动，本质上是从制度上学习西方，从制度上自我变革而达到自强，它的变法，是要变地主阶级之法；它的维新，是要维资产阶级之新，实际上是一种渐进式的革命。再后，以民主共和思想为主导的辛亥革命的发生，是从思想文化的深层结构上着力切入，最终推翻了延续两千年的封建帝制，建立了亚洲历史上第一个共和国，开启了民族复兴的新纪元。

纵观中国近现代史，我们显而易见：复兴伟大的中华民族，是全体中华儿女的光荣梦想。在这个问题上，可以说是具有很强的文化自觉意识，具有很强的文化自信底气，具有很强的文化自尊理念。1894年，孙中山领导的兴中会在其成立宣言中，第一次明确表达了“振兴中华”的宏愿。兴中会的人希望团结海内外中华儿女，通过富国强兵之学，挽救民族危亡：“亟拯斯民于水火，切扶大厦之将倾，庶我子子孙孙，或免奴隶于他族。”他们指出：“盖中国今日，政治日非，纲维日坏，强邻轻侮百姓。其原因皆由众心不一，只图目前之私，不顾长久大局。不思中国一旦为人分裂，则子子孙孙世为奴隶，身家性命，且不保乎！故特联络四方贤才志士，切实讲求当今富国强兵之学，化民成俗之经，力为推广，晓谕愚蒙，务使举国之人皆能通晓。联智愚为一心，合遐迩为一德，群策群力，投大遗艰，则中国虽危，庶可挽救。”从兴中会宣言的这些核心理念来看，它切实地体现了数千年来以爱国主义为核心的团结统一、自强不息的中华民族精神，展现了深厚的家国意识和民族情怀。而这，正是中国优秀传统文化的精华所在。显然，“振兴中华”理念和目标的提出，是对于中华民族伟大复兴的文化自觉和价值引领。

在以“振兴中华”为表征的实现中华民族伟大复兴的崇高目标的激励下，近现代的中国人，前赴后继，不停奋争，光大本民族的优秀传统文化，积极吸纳外国先进文化，把世界文明迎头赶上去，把中国文化中华民族从根救起来。从而，救亡与启蒙并举，新民与图强同行，经过无数仁人志士的坚韧奋斗，最终于1949年以新中国的诞生为表征，真正地在世界上“站起来”了。

在从鸦片战争开始被帝国主义打下去，到1949年在中国共产党领导下站起来，百年中国的发展方向，始终是在民族独立、国家富强、人民解放的价值主题引领下前进。其间，既自觉继承了前述中国古代优秀传统文化，并自觉地根据时代要求创新了优秀传统文化(比如梁启超、孙中山、毛泽东的“新民”文化，就与古代中国朱熹们的“新民”文化截然不同)，更在新的条件下，形成了新的优秀文化传统。比如，反帝爱国的传统，追求科学与民主的传统，革命的传统，救亡与启蒙并重的传统，用激进方式求渐进改良的传统。其中，最为重要最为根本的传统，是自强不息、革故鼎新、追求民族复兴的传统。这个追求复兴的传统，是近现代中国形成的区别于古代中国优秀传统文化的新传统，是具有新的特质新的特征的优秀传统文化。

三、优秀传统文化是文化强国的价值资源

十七届六中全会提出建设社会主义文化强国，建设中国优秀传统文化的传承体系，十八大报告进一步强化了这个价值主题。显然，建设文化强国、传承中国优秀传统文化，是中国特色社会主义现代化的必由之路。在具有五千年灿烂文明的中国，在具有厚重历史文化传统的中国，建设文化强国必须正视传统文化，重视优秀传统文化的现代价值的发掘和创造性的阐释，道理十分简单：优秀传统文化是文化强国的价值资源。

文化强国需要历史传统的支撑。我们今天建设文化强国，是在既有的历史条件下进行。既要立足当代中国文化建设的实际，也要面对世界文明发展的潮流，还要依托自己民族的历史文化传统。文化强国之强，不仅要有社会主义核心价值体系的引领，要有解放思想、改革开放、凝聚共识、攻坚克难的当代精神的指导，还要有对自己民族历史传统的理性认识。从孔夫子到孙中山，我们都要在温情和敬意中进行批判性清理和创造性转化。中国共产党从创立之日起，就是中国

优秀传统文化的自觉继承者和创新性发展者。不能割断历史而要尊重历史，不能盲目否定历史而要创造性继承历史并创新历史，这是我们建设文化强国应有的文化自觉和文化自信，因此，我们应当自觉地寻找并构建历史传统的支撑。而这个历史传统的支撑，从价值观层面看，就是优秀的传统文化。

我们说优秀传统文化是文化强国的历史支撑，在于她是民族智慧的结晶。源远流长、博大精深的中华文化，是五千年来中华民族长期发展中坚忍不拔、守成创新的结果。以爱国主义为核心，以团结统一、爱好和平、勤劳勇敢、自强不息、贵和尚中、厚德载物、崇德重义、求是务实等价值取向为基本内容的文化精神，是中华民族长期发展的内在动力，是中华文化的核心价值，也是中华文化的优长之处，自然是中华民族精神的重要构成和基本表现。这种具有显著优长特点和深厚历史底蕴的文化，毫无疑问地属于优秀传统文化的范畴。这种优秀传统文化，是不同历史时期不同地域不同阶层的中华儿女通过生产实践和生活实践而创生出来的，是中华一体格局下多民族共同创造的精神成果，是家国情怀民族意识熏染下中华文化多元互补、价值整合的成果。因此，我们在全球化时代，在建设社会主义文化强国的今天，弘扬优秀传统文化，丰厚中华民族智慧，是理所当然、势所必然。

从现实性和创造性的一面讲，优秀传统文化是文化强国的价值资源。毫无疑问，文化强国的价值资源的根本，在于发展中的当代中国的经济建设、政治建设、文化建设、社会建设和生态文明建设的生动活泼的实践，在于中外文化的交流互补，在于弘扬以改革创新为核心的时代精神。与此同时，文化强国的价值资源还要从优秀传统文化中去发掘，并进行富有时代精神的创造性阐释。传统文化并不是死亡的东西，而是活在我们社会的方方面面之中。问题只是在于，这种影响我们生活至深至远的传统文化，其价值究竟是正面的还是负面的。正面价值的传统文化，不仅在历史上产生积极的作用，而且在当今也能发挥其价值引领的功能，起到促进民族文化认同、整合价值观念、构建精神家园的作用。

我们正在大力贯彻落实并以之作为引领社会思潮标准的社会主义核心价值体系，其以爱国主义为核心的中华民族精神，最为典型地反映了自觉衔接优秀传统文化的意识。关于中华民族精神，权威的表述是：在五千多年的发展中，中华民族形成了以爱国主义为核心的团结统一、爱好和平、勤劳勇敢、自强不息的伟大民族精神。中国共产党领导人民在长期实践中不断结合时代和社会的发展要求，丰富着这个民族精神。显然，团结统一、爱好和平、勤劳勇敢、自强不息之类的民族精神的重要内容及具体表现，渊源于并贯穿于五千年的中华文化，而不是后来一下子冒出来的，她自有其深厚绵长的历史底蕴。我们今天建设文化强国，必然要弘扬和培育中华民族精神；而弘扬和培育中华民族精神，就是弘扬中华优秀传统文化，就是从优秀传统文化中寻找价值资源。因此，我们说优秀传统文化是文化强国的价值资源，既符合历史事实，也适应现实需求。

在坚持社会主义核心价值体系的同时，我们正在做弘扬中华文化、建设中华民族共有精神家园的工作。如果说，高举社会主义核心价值体系的旗帜是坚持、光大文化的先进性的话，那么，建设中华民族共有精神家园则是坚持并光大文化的民族性和大众性。共有精神家园的价值根底是中华文化，中华文化是海内外中华儿女文化认同、价值认同、民族认同的最大公约数。共有，不是大陆才有，不是台湾、香港、澳门才有，更不是共产党人才有，而是所有海内外中华儿女都可拥有。这个海内外中华儿女都可拥有的精神家园，既表现为家国意识、民族情怀方面的一致，也表现为对中华优秀传统文化的自觉认同。其间，和而不同的观念，万物并育而不相害、道并行而不相悖的思想，追求立德立功立言的“三不朽”精神，以义取利、见利思义的义利观，己立立人、己达达人的忠恕之道，做君子而不当小人的人格追求，等等等等，都是中华优秀传统文化的重要表现，是海内外中华儿女在文化认同价值整合方面的最大公约数，也是中华民族共有精神家园建设在历史价值资源方面的最大公约数。可见，我们说优秀传统文化是文化强国的价值资源，确有理据。

党的十八大报告提出，要“倡导富强、民主、文明、和谐，倡导自由、平等、公正、法治，倡导爱国、敬业、诚信、友善，积极培育社会主义核心价值观”。一般认为，富强、民主、文明、和谐，是从国家层面而言的核心价值观，自由、平等、公正、法治是从社会层面而言的核心价值观，爱国、敬业、诚信、友善是从个人层面而言的核心价值观。三者的结合，就是现今我们全国全社会的核心价值观。这样一个核心价值观无疑是站在中国特色社会主义现代化的高度提出的，充满了以改革创新为核心的时代精神，是完全不同于既往的新型价值追求。不过，从文化发展的连续性和文化的民族性的一面来看，这个新型的核心价值观也离不开对优秀传统文化的继承和发展，也不可能割断传统。国家层面的富强、民主、文明、和谐，就整体而言，当然不是古已有之，而是综合创新的思想成果。但其中的某些思想要素，却与中华优秀传统文化有着天然的联系。中国古代长期存在并不断强化的大一统观念和大一统国家，晚清自鸦片战争以后的自强运动，尽管有诸多不足甚至有某些严重的弊端，但追求富强应当是其中蕴含的内容之一，只不过这种富强有严重的时代局限和阶级局限而已。民主当然是与古代迥然不同的价值观念，但中国古代以孟子“民为贵，社稷次之，君为轻”为代表的民本思想，却又与现代民主有着某种相通之处，至少是可以成为人们通向现代民主之路的思想路径之一。和谐思想，中国古代有着丰富的阐释。尽管中国古代的和谐理论和实践与现代社会的和谐有着巨大的时代落差和文明形态的差异，但和而不同的理念在全球化时代仍然有着启迪意义。社会层面的自由、平等、公正、法治，具有鲜明的现代化特征，是社会主义时代的时代要求。但从民族文化发展的视角看，平等、公正的要求，在中国古代又何尝不是广大人民和进步的知识分子以及开明的政治家的愿景!不患寡而患不均的忧患意识，等贵贱、均贫富的思想，应当说就是古代的平等思想，这种平等思想与现代平等思想有着价值追求方面的某种联系，尽管前者属于农业文明的范畴而后者属于工业文明的产物。个人层面的爱国、敬业、诚信、友善，更是与中华优秀传统文化直接相连。诚如前文所述，中华民族精神是以爱国主义为核心，贯彻上下五千年，今天的爱国主义自然是继承并创新了历史上的爱国主义而来。诚信，也与中华优秀传统文化密切相关。诚者，天之道；诚之者，人之道。君子一言，驷马难追。一诺千金。这些在中国古代为全社会信守的基本价值，今天经过创造性的阐释，仍然可以为我们所用。至于友善，那更是优秀传统文化中的瑰宝。患难相扶，守望相助；老吾老以及人之老，幼吾幼以及人之幼；四海一家、民胞物与(天下人民都是我的同胞兄弟，万事万物都是我的亲密伙伴)等，从价值观层面来讲，至少属于友善的心态和胸怀。简而言之，我们今天建构核心价值观，应当而且可以从优秀传统文化中得到启迪，得到资源，得到支撑。这样，我们就有更强的文化自觉意识，有更高的文化自信理念，从而有力地推进文化强国的建设。

四、优秀传统文化是中国梦的价值支撑

当代中国正在现代化的道路上疾速迈进，海内外中华儿女正在为实现中华民族伟大复兴的“中国梦”而不懈奋斗。在这个奋斗的途程中，如何面对深沉厚重的传统文化，不同的人们有非常不同的理解。我们认为，今天中国的现代化的实现，从精神支撑和智力支持的角度看，离不开中华民族优秀传统文化。习近平同志在中央党校建校80周年庆祝大会上的讲话中，强调领导干部要努力学习、善于学习，要学习中国优秀传统文化，以学益智，以学修身。如前所述，中共十七届六中全会决定和十八大报告，明确阐述了建设“文化强国”的宏图，提出要建设中国优秀传统文化的传承体系。可见，中国优秀传统文化的现代价值的发掘和实践，已经提到党和国家治国理政的发展战略高度，成为当代中国文化建设的重要构成。

在学术界，自上个世纪八十年代以来不断高涨日渐深入的传统文化研究热潮，正在取得可喜的成果。可以说，八十年代的传统文化研究热潮以激进、批判

为主调，具有明显的“向西走”倾向；九十年代到本世纪初的国学研究热潮以保守、回归为主调，带有强烈的“往回走”情绪；最近十年左右的研究，以理性、持平为基调，“向前走”成为思想主流。我们愿意以理性的态度对待民族传统文化，挺立民族文化的精神脊梁，立足当代中国文化建设的实际，批判性地清理传统文化、创造性地转化传统文化、前瞻性地阐释传统文化。本根意识，全球眼光；依托传统，着眼未来；立足当下，重在建设——这应当是我们研究传统文化、发掘优秀传统文化的现代价值时候的方法论原则。

对于中国优秀传统文化的现代价值研究，不同的人有不同的方法论，自然也有不同的结论，这需要在学术研究的实践中去争鸣、去发展，也需要在文化建设的实践中去验证、去创造。前述习近平同志的讲话中指出：中国传统文化博大精深，学习和掌握其中的各种思想精华，对树立正确的世界观、人生观、价值观很有益处。古人所说的“先天下之忧而忧，后天下之乐而乐”的政治抱负，“位卑未敢忘忧国”、“苟利国家生死以，岂因祸福避趋之”的报国情怀，“富贵不能淫，贫贱不能移，威武不能屈”的浩然正气，“人生自古谁无死，留取丹心照汗青”、“鞠躬尽瘁，死而后已”的献身精神等，都体现了中华民族的优秀传统文化和民族精神，我们都应该继承和发扬。他还要求领导干部在学习中要“博学之，审问之，慎思之，明辨之，笃行之”。(《人民日报》2013年3月3日)我想，这些论说应当可以作为我们研究中国优秀传统文化的现代价值的借鉴。与作为政治人物、党总书记的习近平同志讲法相互发明的，是北京大学汤一介教授的观点。汤先生在《儒学与马克思主义在当代中国》一文中说：“国学研究的目的是要为建设有中国特色的社会主义做出贡献”。“国学研究与马克思主义研究都要紧紧围绕着我国当前‘建设有中国特色的社会主义’这一主题来开展”。(《中国哲学史》2012年第4期)汤先生还在该文中指出，儒学的大同理想、实践主张、和谐思想等，都是中国特色的社会主义应该“传承”的。

现代化的核心价值是人的现代化而不是物质层面的现代化或制度层面的现代化。在中国，人的现代化离不开五千年历史文化传统，需要民族优秀传统文化的支撑；建设中国特色社会主义，中国优秀传统文化是其民族风格、民族气派、民族特色的极为宝贵的思想文化资源。科学地辨析、创造性地阐释中国优秀传统文化的现代价值，是深化相关学科的学术研究、繁荣哲学社会科学事业，推动中国特色社会主义文化发展，建设文化强国，实现民族复兴的中国梦的必由之路。

经过中华人民共和国成立以来60多年的奋斗，特别是经过改革开放30多年的努力，中国已经在世界上和平崛起，中华民族自鸦片战争以来不断追寻的民族复兴的光荣梦想，越来越接近实现的时候。在这个时候，我们应当进一步光大文化自觉文化自信文化自强的理念，自觉地把中国梦的实现与民族优秀传统文化的弘扬相互结合，全面贯通。

正如近年来学术界和党政部门所讲的那样，文化是民族的血脉，是人民的精神家园。中华文化为中华民族的发展壮大提供了强大精神力量。中国共产党从成立之日起，就既是中华优秀传统文化的忠实传承者和弘扬者，又是中国先进文化的积极倡导者和发展者。因此，大力弘扬一切有利于国家富强、民族振兴、人民幸福、社会和谐的思想和精神，成为中国特色社会主义建设的必然要求。而弘扬优秀传统文化，建设优秀传统文化传承体系，自然是题中应有之义。

十七大报告提出：弘扬中华文化，建设中华民族共有精神家园。十七届六中全会专门研究文化建设问题，在中国共产党历史上、在中华人民共和国历史上第一次提出“建设社会主义文化强国”的宏伟目标，并首次提出了“建设优秀传统文化传承体系”的思想。十八大报告强化并拓展了文化建设的格局和思路，提出要积极培育和践行社会主义核心价值观。为此，在国家层面，要倡导富强、民主、文明、和谐；在社会层面，要倡导自由、平等、公正、法治，在个人层面，要倡导爱国、敬业、诚信、友善。毫无疑问，这些思想和理念具有很强的理论性和实践性，具有很强的时代感和历史感。从文化发展的连续性和民族性的视角看，要落实这些思想和理念，就必须自觉地与中华民族的优秀传统文化相衔接。道理很简单，也很明白：中国优秀传统文化是实现中国梦的价值支撑。

毫无疑问，社会主义核心价值体系是实现民族复兴的伟大而光荣的中国梦的根本保证，用社会主义核心价值体系引领社会思潮和文化建设，是不可动摇的思想原则。在这个前提下，我们要实现光荣的中国梦，还必须勇于并善于发掘民族优秀传统文化的宝贵资源。五千年源远流长、博大精深的中华文化，蕴涵着极为丰富深厚的智慧，有很多至今仍然熠熠生辉的思想。正如十七届六中全会决定所说：优秀传统文化凝聚着中华民族自强不息的精神追求和历久弥新的精神财富，是发展社会主义先进文化的深厚基础，是建设中华民族共有精神家园的重要支撑。因此，我们应当正确认识并大力弘扬优秀传统文化，将其融入实现中国梦的发展战略之中。

优秀传统文化之所以是中国梦的价值支撑，其原因还在于它是满足人民群众精神文化需求的宝贵的历史资源。在价值多元、需求多元的现代开放性社会，不同阶层不同地位不同观念的人，有着不同的精神文化需求。从上个世纪八十年代中期发端并绵延至今的传统文化热、国学热，社会上热潮不断的古典字画收藏热，古典戏剧热，古代历史题材的影视剧热，各种国学讲习班、社会讲座，非物质文化遗产申报和发掘、保护的热潮，以及其他种种涉及传统文化的文化热点、社会热点，无不反映出人们对传统文化价值的重新审视和强烈需求。我们应当从弘扬优秀传统文化的角度，正确引导社会大众，创造更多更好的文化产品，满足人民群众的需求。

优秀传统文化是民族文化价值认同、民族成员精神联系的纽带。中华文明延续数千年而不衰，中华民族在磨难中日益强大，走向复兴，其重要的价值根源之一，便是对自己是中国人、是中华民族成员的自觉认同。近现代中国的历史表明，中华民族能够顽强挺立，其重要原因之一，便是其每个成员都能够自觉认识到我是中国人、我属于中华民族，而之所以如此的根基，正是家国意识、民族情怀之类的中华优秀传统文化。

优秀传统文化是凝聚海内外中华儿女的最大公约数，是建设中华民族共有精神家园的重要支撑。海内外中华儿女构成中华民族的实体，这个实体需要共有的精神家园。共有，不是特有，不是专有，既不是大陆地区才有，也不是共产党员才有，而是海内外中华儿女不分地区不分阶层不分角色，大家都能拥有。为此，必须有一个能够让所有人都能够认同并践行的文化价值体系或者系统的观念，以及相应的认知心理和接受心理。而这，只有优秀传统文化才能承载。诸如前文所说，自强不息的奋斗精神，深厚的家国意识和民族情怀，绵长的和而不同、兼容天下的思想，特别是近现代以来振兴中华的抱负，都是凝聚全民族的主流价值，是实现中国梦的重要价值支撑。

当然，不言而喻的是，实现民族复兴的中国梦，是最为根本的价值理念，是凝聚整个中华民族的最基本的精神力量，是优秀传统文化发挥其功能、实现其正能量的最为基本的也是最为宏阔的载体。

深圳市传统文化研究会吴奕新会长，撰写了《中国文化与核心价值观》一书，索序于我。我翻阅了该书，觉得该书立意高远，结构合理，层次分明，内容和文字都通俗易懂，是一本弘扬中华文化的有价值的书，是一本比较系统介绍中国文化的普及读本，不仅适合青少年学习，而且也适合国外读者学习。但由于我近期急务甚多，为了不影响该书出版，故用旧文一篇作为代序，权作与该书的相互呼应。当前，进一步学习和了解中国文化非常必要，本书是一本系统介绍中国文化的普及读本，不仅适合广大青少年学习了解中国文化，也适合国外广大读者了解学习中国文化。

2017年12月5日

第一章 总论

中国文化就是中华民族在以往漫长的岁月中，形成的有别于其他民族的思想文化和物质生活的总成。中国文化源远流长、博大精深，是世界文化大花园中一朵璀璨的奇葩。正如习近平主席所指出的："五千年博大精深的中华文化，是我们中华民族最深层的精神追求，是我们最根本的精神基因，是我们独特的精神标识，也是中华民族生生不息，发展壮大的丰厚滋养。"长期以来，中华民族在博大精深的中国文化孕育下，形成具有中国特色的核心价值观。近现代以来，中国共产党传承与创新中国优秀传统文化和优秀传统价值观，创造和实践了中国的红色文化。中共十八大，提出了社会主义核心价值观，倡导富强、民主、文明、和谐、自由、平等、公正、法治、爱国、敬业、诚信、友善，不仅传承了中国优秀传统文化的精神内核，反映了中国特色社会主义建设实践需要和最新理论成果，具有鲜明的中国特色、中国风格、中国气派，而且充分地吸收了以往人类社会所创造的优秀文明成果，揭示了人类社会的普遍价值追求。应当看到，中国社会主义核心价值观，不仅对今天中华民族的价值观念、生活方式和中国社会的发展道路具有深刻的影响，而且对人类文明进步作出了重大贡献，对世界文化的发展产生了深远的影响。

一、中国文化源远流长

中国位于地球的东亚区域，是一个以华夏文明为主体、中华文化为基础，以汉族为主要民族的统一多民族国家。中国通用的语言为汉语，中国疆域内的各个民族称为中华民族，龙是中华民族的象征。中国是世界四大文明古国之一，有着悠久的社会历史。中国在距今五千年前，以中国的中原地区为中心开始出现聚落组织，通过不断融合与发展，进而成为国家和朝代更迭。在中国历史上，持续的时间比较长的朝代有：夏、商、周、汉、晋、唐、宋、元、明、清等。中国文化源远流长，不同于其他民族文化。世界上的其他古老文明，或中断或湮灭，而中华文明是人类文明史上唯一没有中断延续至今的古老文明。中国文化是由中国各族人民共同创造的，始终显示出顽强的生命力和无穷的魅力。最有说服力的是，今天的中国人，能够看懂五千年前的中国文字。中国汉字在传承中华文明方面，发挥着不可替代的作用，是中华文明的重要标志，中国至今保留下来的大量史书典籍，是中国文化一脉相传的重要见证。中国历史上编撰的史书，其规模之大，存留之丰，为当今世界所仅有。

（一）中国文化是中华民族的文化

中华民族是世界上最古老的民族之一。按照中国文献《国语》《世本》《大戴礼记》中的《帝系》《五帝德》的记载，中华民族最早的祖先为炎帝与黄帝。公元前三千年是中国文明初起的时代，有三皇五帝之说。三皇一般认为是伏羲、女娲、神农。根据中国考古发现，中国最早的文字，大约产生在距今天的五千年之前。中国最早的、最有代表性的历史人物是伏羲氏。据说在那个古老的年代，伏羲氏团结了华夏各个部落，创立了中华民族的图腾龙。他教民结网，从事渔猎畜牧，致嫁娶，以鹿皮为礼，创八卦，造书契，以代结绳之政。可以肯定地说，中华民族在伏羲氏时代已经进入中国的农耕社会时代。

关于五帝的传说，根据中国文献《史记·五帝本纪》记载，中国古代的五帝，乃黄帝、颛顼、帝喾、唐尧、虞舜。黄帝，姓姬（或云公孙），号轩辕氏、有熊氏，原居于西北，后迁徙至涿鹿（今河北涿鹿东南）一带。炎帝，据传为神农氏，姜姓，号烈山氏或厉山氏。炎帝在与蚩尤率领的南方强悍的九黎族争夺黄河下游地区的战争中失败，联系北方的黄帝，向黄帝求救，与黄帝结为联盟。黄帝统帅炎、黄二部与蚩尤战于涿鹿之野，黄帝大败蚩尤，蚩尤被杀。涿鹿之战之后，炎、黄两部落之间发生战争，黄帝又击败了炎帝。从此，中国的中原各部落都尊黄帝为天下共主，炎、黄等部落在黄帝的领导下融合成华夏民族。从此，中华民族都自称为“黄帝后裔”。又因炎、黄两大部落融合发展成为华夏民族，也称“炎黄子孙”。

在黄帝之后，最著名的共主有唐尧、虞舜、夏禹等人。禹系夏后氏部落之领袖，姒姓，又称夏禹、大禹。相传在尧帝的末年，洪水泛滥，禹父奉命治水，但是禹父花了九年时间而治不了水，被尧帝处死。到舜帝即位，夏禹奉命继承其父志继续治理洪水。夏禹采用疏导的方法治水，并广修沟渠，终于根治了水患。夏禹从此成了华夏民族的治水英雄人物，之后夏禹成为天下共主，被称为“大禹”。

中华民族的历史起源有着非常丰富的文献典籍可以查证。中国古代汉文历史文献宝库，居世界之冠。尽管如此，探讨中国和中华民族的起源，还必须与世界上研究其他古老民族的起源问题一样，由考古学来解决。1949年10月1日，中华人民共和国成立之后，中国政府非常重视人类学和考古学科的建设与研究。随着中国人类学和考古学研究的不断发展，得到的成果为人类学和考古学科提供了相当充足的科学研究依据。虽非所有问题都已弄清楚，但根据中国旧、新石器考古学和人类学的发现与研究所取得的辉煌成就，从中华民族起源的角度进行总结，在理论上已经彻底推翻了形形色色的各种“外来说”，肯定了中华民族起源于中华大地的中国旧石器时代，证明了在中国人类进化自直立人（猿人）、早期智人（古人）、晚期智人（新人）的各个阶段没有缺环，可以建立起比较完整的进化序列。

根据《中国大百科全书·考古卷》的记述，中国大地上埋藏有十分丰富的人类化石和旧石器时代遗物。根据中国考古发现，中国至今已发现的早期智人阶段、中期智人阶段和晚期智人阶段的地点有300多处，分布在全中国31个省、市、自治区，这种发现，完全可以说明在早、中、晚时期智人阶段，在中国的大地上已普遍有人类在创造着历史与文化，并在中国大地上逐步形成与发展。中华民族在中国大地上经过长期发展，融合了附近其他民族的许多成分而成为中华民族大家庭的成员，共同构成了中国的文明历史和统一的多民族国家。

（二）中国文化的产生以及历史起源

中国文化的产生以及历史起源，与中华民族的产生发展一样，中国文化产生于中华大地，是土生土长的文化。中国文化在其产生与发展过程中，始终保持着传统的延续性和继承性。虽然，中华文化在其不断的发展中不断吸收和融合了不少外来的文化成分，但就起源产生而论，中国文化是土生土长的中国本土文化。

根据文献记载，大约一万年前，中国已经进入新石器时代，并形成了北粟南稻的农耕模式。在大约八千年前，一系列重要的远古文化出现，成为了中华文明赖以形成的源头。这里比较重要的是分别分布在中国的东西南北的贾湖文化、大地湾文化、城背溪彭头山文化和兴隆洼文化。其中，以河南省的贾湖文化和甘肃省的大地湾文化的影响范围最为广阔。之后，大地湾文化发展为仰韶文化，在仰韶文化的挤压下，早熟的贾湖文化向东、北、南三个方向迁徙，不久这三个方向上分别出现了大汶口文化、红山文化和大溪文化，他们和仰韶文化相互影响、互相促进。根据考古研究可以说明的是，这一时期中国远古文化的主干和核心是仰韶文化。

根据考古发现，大约在五千年前，以仰韶文化为主干和核心的这些文化先后来到中国文明的门槛上。其中，重要的成就有大地湾的宫殿式建筑、牛河梁女神庙及其祭坛、凌家滩和良渚遗址中精美的玉器等。不久之后，以仰韶文化为核心，在中国的中原大地上发展并形成了著名的龙山文化。中国龙山文化的形成发展，标志着中国大地上的先民们逐渐步入了人类的文明时代。

文化和文明不同，文化指的是人类创造的物质和精神财富的总和，而文明的产生一般要求具备三个条件：文字的产生、城市的出现以及金属工具的使用，而最明显的标志是国家政权的建立。关于文字，根据考古发现，中国最早的文字大约是距今八千年到九千年贾湖出土的龟甲上的契刻符号，这些符号随着贾湖文化的迁徙几经周折，再加上其他文字，如双墩陶文的影响，最后逐步演变成了中国至今所发现的最早的成熟文字——甲骨文。

关于城市，根据考古发现，中国最早的城市位于湖南城头山遗址，距今六千多年，城内分区布局很明显。受其影响，不久中国中部的中原地区也开始零星地出现城市。到了中国的龙山时代，中原地区已是城池林立，只是和其他文明古国比较，城市规模偏小。但中国当时的城市，主要都是为保护当时的特权阶层而建设，没有把周边居民包容进来，并非全体居民所有。根据考古发现，一个明显的证据是某些当时的城池内部有规模宏大的宫殿，城外有许多原始的族群与半地穴式房屋建筑物的存在。中国古代早期的政权组织形式，是源自中国中西部地区的彩陶文化圈，其特点是强权政治、政教合一，世俗化色彩比较浓厚。对于中国东部地区的鼎兴文化圈和筒形文化圈，它们给中华文明贡献的是成套的礼器和系统的祭祀仪式。其中，最突出的是红山文化、凌家滩文化、良渚文化中发现的精美的玉器以及一些高高的祭坛建筑。

关于金属工具的使用，根据考古发现，中国古代早期的青铜器的出现时间比较晚，中国的金属工具，早期铜器多见于中国西部甘青地区的马家窑文化和齐家文化遗址，多为小件青铜器，距今约四千五百年到五千年左右，而距今五千年前的红山文化遗址中曾见炼铜用的坩埚，龙山时代已是铜石并用阶段，多见铜渣，完整的金属器具很少。据此，可以肯定地说，中国文化起源于中国，产生于五千年前的中国大地上。

（三）中国文化是包容的文化

中华民族上下五千年，中国文化之所以直到现在仍然生生不息，一个十分重要的特征是它的包容性。尤其是中国传统文化中的厚德载物，更是深含着中华民族的包容精神。中国文化以其强大的同化力和顽强的生命力，在中国长期的文化融合中包容并蓄，形成了中华民族特有的包容性格，从而奠定了以中华大地疆域内许多民族联合成的不可分割的统一体的基础，成为一个多元一体的民族。正是中华民族这种特有的包容性格，使中华民族内部的各个民族在长期的社会发展与民族融合中，形成一个我中有你、你中有我，而又各具个性的，相互包容的，互不排他的多元统一体。大量的实践证明，这种包容特性奠定了在中国这个疆域内各个民族的联合和文化的融合，形成了不可分割的多元统一的基础。

“中华民族”一词最早由梁启超在1901年发表的《中国史叙论》一文中提出。之后，梁启超又在《论中国学术思想变迁之大势》一文中对“中华民族”一词的内涵作了说明。1905年，梁启超又写了《历史上中国民族之观察》一文。从中国的社会历史演变的角度，分析了中国民族的多元性与混合性，并指出“中华民族自始本非一族，实由多民族混合而成。”中国近代以来，中华民族作为一个自觉的民族实体，是一百多年来中国人民在和西方列强对抗中出现的，但作为一个自在的民族实体则是在几千年的历史过程中所形成的。

回溯中华民族多元一体格局的形成过程，可以追溯到距今三千年前，在黄河中游出现了一个由若干民族汇集和逐步融合的核心——华夏，像滚雪球一般越滚越大，把周围的其他民族吸收进入了这个核心。它在拥有黄河和长江中下游的东亚平原之后，被其他民族称为汉族。汉族在不断吸收其他民族的成分而日益壮大的同时，奠定了中华民族以汉族为主体的多元一体格局。

人们常常感叹中国文化博大精深、源远流长。那么，是什么维系了中国文化体系的一脉相承？个中原因也许有很多，包容性毫无疑问是其最根本的原因。兼容并蓄、海纳百川是中国文化精神的重要特征，唯其如此，中国文化才具备了强大的同化力和顽强的生命力。中国传统文化向来主张有容乃大，作为“六经之首”的《周易》就明确倡导“厚德载物”的文化理念，强调君子应该像大地那样以宽厚之德容载万物。可以说，在一定程度上，“厚德载物”奠定了中华民族包容的文化心理基础。必须看到，中国文化之所以直到现在仍然生生不息，一个十分重要的原因，就是它的包容并蓄。

中国文化是包容的文化。长期以来，包容的中国文化，在内部形成丰富多彩、生动活泼的局面，在外部则不断接受异质文化的激发和营养，从而使自身具有更强的生命力。在中国的历史发展进程中，各民族的文化不断融合，如匈奴、鲜卑、契丹、辽、金、蒙、满等民族文化的融合与发展，都成为中国文化的重要组成部分。与此同时，中国文化也积极吸收来自印度的佛教文化，阿拉伯国家的伊斯兰教文化和西方的基督教文化，兼收并蓄，形成具有丰富内涵的文明形态。大量实践证明，正是中国文化的这种包容性，才使其虽历经磨难但仍生生不息、历久弥新。

（四）中国文化是开放的文化

中国文化是多元一体的文化，既有一种明显的包容性，又有一种伟大的开放性。这种开放性，植根于中国传统文化的“和”的哲学和“生”的哲学。中华民族自古以来就是一个开放的民族，中国人民从春秋时期的孔子开始，对于学习外来的异质文化从来有很高的热情。在通常情况下，人们就是通过学习他人和迎接朋友来提升自己的。大量事实证明，无论是从历史还是从现实看，中国文化都是开放的文化。

从历史看，中华民族是一个包容的民族，也是一个开放的民族。包容开放的民族孕育着包容开放的文化。早在春秋时期，中国文化就很开放了。当时的各诸侯国的文化互有差异，语言文字也有一些不同，但是都保持着包容开放的文化，可以说那是一个多元文化并存的开放时代，这种开放文化一直延续到秦国统一六国。秦始皇统一六国之后，先秦各国的多元文化逐渐融合而形成统一的汉文化。这种统一的汉文化其实不再是以往单纯的汉文化，而是以汉文化为主体的开放的中国文化。特别是在宗教、艺术、思想、外交、经贸等领域，都体现着开放的时代特点。

到了汉代，文化更加开放，特别是在宗教领域，从汉朝初期开始传入中国的印度佛教，到了唐代已融入中国的文化与社会之中。值得一提的是唐王朝支持玄奘大师从陆路赴印度取经，玄奘大师赴印度带回了佛教经律论各类经典657部，唐太宗还挑选50多位学识渊博的佛教徒帮助翻译经书。玄奘大师取经之后，又有义净从海路赴印度取经，带回梵本经律论近400部，当时翻译经书的参译者达83人，其中有32位官员，而官员中又有11位宰相。如此大规模和高规格的翻译队伍，充分显示出唐代学习外国文化的热情和开放包容的广阔胸襟。

随着中国对艺术的开放，国外的音乐艺术也不断传入中国。中国的音乐艺术发展得非常迅速，从隋朝的九部乐到唐朝增为十部乐。当时九部乐和十部乐的内容，不仅包含汉族的乐舞和新疆地区少数民族的乐舞，而且包含印度、斯里兰卡、缅甸、泰国等外国乐舞。中国开放的文化环境，吸引了国外的音乐家和艺术家的到来，其中包括非常杰出的画家、歌唱家、舞蹈家和乐器演奏家。

必须看到，中华民族的这种开放性植根于中国文化的深层哲学和信念，就是“物一无文”“和而不同”的哲学和信念。从中国哲学看来，“同”，就是相同，就不可能有创造，不可能有发展。“和”，则是不同文化成分、文化理念相互之间的和谐共处。“和”，要求容纳别人，谅解别人，进一步还要欣赏别人。所以，“和”，就意味着包容；“和”，就意味着开放；“和”，就意味着容纳别人和欣赏别人。这种“和”的哲学，是中国文化强大的同化力和顽强的生命力之所在，也是中华文明生生不息的强大生命力的重要体现。

（五）中国是历史最悠久的世界文明古国之一

大浪淘沙五千年，历史积淀了无限的沧桑，人类创造了无尽的辉煌。历史欲要尘封昨日的文明，欲要淡化人类的印记，然而，梦里依稀，它未能抹去中华文明的荣光。中华文明走过了茫茫的历史风沙，穿越了滚滚的时间长河，中华文明已经融入了黄河的浩浩荡荡，长江的源远流长。历史上曾有无数的世界古国文明被时间风化，已经消逝淡然，而中华民族是唯一能够传承文明至今不息的古老民族。

中国是举世公认历史最悠久的世界文明古国之一。中华文明也称华夏文明，是世界上持续时间最长的文明，对世界文明的发展有着不可估量的影响。中华文明的起源具有本土化和多元化特点。自新石器时代以来，逐渐呈现由多元化向一体化发展的趋势。传统史观认为，中华文明主要源自黄河流域、长江流域和北方草原，是这三个区域文明彼此之间的互相渗透，反复汇聚与辐射外延，最终形成中华文明。

中华民族经过长期的发展与融合，中华文明开始出现，如果从黄帝时代算起，已有五千多年的历史。根据传说，在经过阪泉之战和涿鹿之战后，中国的文字算术历法等相继被发明出来，国家雏形已隐约可见，而陶寺遗址的出土则为这些传说提供了有力的考古证据。根据考古发现，中国的山西襄汾陶寺遗址的时间和地点与传说中“尧都平阳”接近，距今大约五千年。在陶寺遗址中，不仅有陶礼器、铜器、朱书文字，而且有城垣、宫殿、祭祀区、仓储区等，更重要的是还有中国最早的“观象台”。除此之外，长江流域的石家河遗址和陶寺遗址相类似，其发生的年代也相当，这些都说明中国已经进入了人类的文明时代。

中华文明源远流长。历史上曾有无数的古国文明被时间风化，已经消逝淡然，而中华民族作为唯一能够传承文明至今不息的古老民族，从茹毛饮血的远古时代，到封建文明极度繁荣的唐宋时代，再到明清时代和近现代，在中国五千年的历史进程中，中华民族创造了无数的辉煌与成就，也经历了无数的苦难与挫折，数不清的英雄豪杰、文人志士在中国的历史上留下了他们的印记或足迹。纵观世界，在世界四大文明中，唯有中华文明一次又一次战胜各种灾难，渡过各个难关，历经五千多年绵延不断，创造了人类文明发展史上的奇迹。究其原因，我们认为：

一是中国文化的丰厚滋养。中国历朝历代共同认可、普遍接受、一脉相承且富有强大生命力的中国文化，为中华民族生生不息、发展壮大提供了丰厚滋养。例如，中国文化中的和文化，以“和为贵”的思想，是中国文化的一个重要组成部分。“和为贵”注重友邦善邻，讲求和睦相处。坚持“强不凌弱”“富不侮贫”，主张“协和万邦”。

二是自强不息的民族精神。“天行健，君子以自强不息。”中华民族所以能在五千多年的历史进程中自强不息、发展壮大，依靠的就是自强不息的民族精神。在世界最古老的文明中，如古埃及、古印度、古巴比伦等文明以及古美洲雅玛文化等夭折了，曾辉煌一时的古希腊、古罗马文明也中断发展。而中华文明却在漫长的岁月中，凭借中华民族自强不息的精神，虽然屡经曲折磨难，甚至几临倾覆，却一次又一次地衰而复兴，蹶而复振，巍然屹立世界的东方。

三是兼收并蓄的民族自信。海纳百川，有容乃大。中华民族长期以来，以海纳百川的胸怀，不断吸收、消化和融合外来文化，并在不断吸收消化和融合的过程中繁荣富强起来。正是由于中华民族充满自信，包容开放，海纳百川，有容乃大，中国历史上没有发生过大规模排除异端的宗教战争，世界三大宗教都能在中国大地上自由传播，这是世界史上罕见的现象，也是中华文明兼容性很强的证明。历史上大多数外来文化传入中国，最终都被中国文化所融合，在融合中去伪存真，成为中国文化的组成部分。如印度的佛教文化，苏联的马克思列宁主义，都是外来文化的典型，最后都中国化了。中国文化在吸收和消化外来文化的过程中不断丰富发展，中华民族在长期的民族融合中不断发展壮大，中华文明在不断的兼收并蓄中更加辉煌灿烂。可以说，在相当长的历史发展阶段，中华民族充满自信，大气磅礴，为世界所敬仰。

在当今时代，世界上许多国家的研究人员在研究古代文明时，尤其是著名的古埃及文明时，最为突出的问题，就是不能读通其古文明时所留下的文字，以致难以解读与了解其古代文明之始末。而当代的中国人，却能看懂读通五千年前自己祖先所留下的文字，了解中华民族祖先的历史与文化。这充分证明，中华文明是当今世界上唯一的统一和连续的文明。

（六）中国文化对世界产生重要而深远影响

中国文化源远流长，不仅影响中国周边地区的文化发展，也对世界其他地区产生了重要而深远的影响。中国的易经文化、儒家文化、道家文化、佛家文化和红色文化影响着世界；中国的科举制度、中国的四大发明、中国的航海造船，等等，不仅影响中国周边国家，也影响世界各地，特别是影响了欧洲近代的科技发展和思想启蒙运动。

早在中国的隋唐时代，对外交往就空前频繁，周边国家大多仿效中国的各项制度，中国文化对世界特别是对周边地区国家的影响非常大，中国文化圈也在那个时期形成。与此同时，中国的城市发展对世界也有很大影响，宋代以前，世界有许多国家学习中国的城市建造，中国为世界各国培养了许多各方面的人才。在艺术门类方面，中国的书法、国画、诗歌和舞蹈在世界独树一帜。特别是中国的文官制度对西方文官系统的形成，产生过很大的影响。根据有关统计，1570至1870年的300年间，西方国家出版的有关介绍中国文官制度与政治制度的书籍多达70种。

中国的四大名著《三国演义》《西游记》《水浒传》《红楼梦》，以及《聊斋志异》《金瓶梅》等被译成多国文字，深深地影响着世界文坛。此外，举世闻名的中华武术，是中国民间流行最广泛的体育项目。千百年来，中华武术对世界武坛尤其是亚洲武坛有过重大影响。1936年柏林奥运会上，中国武术震惊了世界。中国琴棋书画也对世界产生了很大影响，尤其是中国周边文化圈内的国家和地区。

随着中国文化对中国周边地区产生了深远的影响，并逐步形成了相对独立的中华文化圈、汉字文化圈。有学者指出，中国文化圈包括日本、朝鲜、韩国、越南、泰国等国家。日本文化是指在日本群岛形成的独特文化。日本文化在历史上曾深受中国文化的影响。特别是自中国唐代以来，日本重视中国文化，积极学习中国文化，朝鲜、韩国在历史上与中国有着密切的关系，深受中国文化影响。越南由于在历史上曾是中国的一部分，八百年前脱离中国独立出去，其文化特征和中国文化非常相似。琉球曾是中国的一个附属国，在近代的中日甲午战争中被日本占领并管治，琉球的文化与中国文化也非常相似。随着中国国力的强盛，随着中国国际地位的提升，世界各国都对中国文化给予了高度的认同和重视。

二、中国文化博大精深

中国文化不仅源远流长，而且博大精深。博大精深，主要是体现在中国传统文化上。在中国传统文化中，首先就要了解《易经》。《易经》作为中国文化的源头与中华民族的文化根本的哲学，尤其是“言、象、意”的和谐系统哲学的辩证思维，之后才是代表中国传统主流文化的儒家文化、道家文化和佛家文化。中国传统文化是中华民族在中国古代社会形成和发展起来的比较稳定的文化形态。中国文化博大精深，是中华民族智慧的结晶。

（一）《易经》是中国文化的总源头

中国文化创发之始首推《易经》。自古以来即素有“群经之首”“天人之学”“万经之王”与“百家之宗”的美誉。一般书籍无不是“文以载道”，易经则以“言、象、意”载道，其道广大，无所不包，其为道也，大而无外，小而无内。它揭示天道、地道、人道，处处充溢着“和谐”之理。《易经》是中国文化的总源头，也是诸子百家思想的总源头，对中国文化主流的儒家、道家、术家、禅家、阴阳家、墨家等百家群流影响甚为深远。

据记载，历史上《易经》有三种：一是神农时代的《连山易》；二是黄帝时代的《归藏易》；三是由三位古圣先贤共同创造出来的《周易》。伏羲创造了八卦图；周文王创造了六十四卦，孔子为《易经》作了《十翼》（也称《易传》）。《连山易》《归藏易》已失传，现在所传的《易经》即是《周易》。中国的理论界普遍认为《易经》的哲学思想博大精深，是中华民族智慧与文化的结晶，被誉为“群经之首，大道之源”。

中国文化“博大”与“精深”在哪里？《易经》用阴阳两种符号的不同排列组合模拟各种事物的变化规律，其奥妙并不在于那些带有神秘色彩的卦象，而在于它是一种哲学的世界观与方法论，成为人们观察世界、解释世界的工具。《易经》为人们提供了一个系统认识和理解自然万物变化关系和发展趋势的一种哲学方法与思维方式，一种探讨宇宙人生变化发展规律的模型。《易经》犹如一个大而深厚的宝藏，有待后人更多地发掘、开采吸取其中精华。

《易经》不但深刻地影响着中华民族的思维方式、思想文化观念和人文性格，也对世界的发展产生了深刻影响。唐朝宰相虞世南说：“不读易，不可为将相”，“不知易，何以为医”。日本明治维新时期政府规定，不懂“易“者，不得入阁。1949年欧洲哲学权威捷恩为英文版《易经》所写的序言中指出：“谈到世界人类唯一的智慧宝典，首推中国的《易经》。在科学方面我们所得的定律，常常是短命的，或被后来的事实所推翻，唯独中国的《易经》，亘古常新，相延五千年之久，依然具有价值，而与最新的原子物理学颇多相同的地方”。

《易经》的辩证思维（“言、象、意”的象数思维体系）其深刻之丰富不亚于黑格尔、费尔巴哈、马克思的辩证法。最能表达《易经》哲理的太极图，它借助“言、象、意”所构造概念性和综合性的系统模型，最能表述事物的运动状态和事物之间普遍联系的状况。促使人们掌握系统的、辩证的思维，从而解决辩证法长期留下的问题。即西方哲学大师黑格尔所说：“从来造成困难的总是思维，因为思维把一个对象的实际上联系在一起的各个环节彼此隔开来考察”。同时，也解决辩证法理论本身的完整性与叙述辩证法理论方式的矛盾。黑格尔曾经感叹道：《易经》代表了中国人的智慧，一生中最大的遗憾乃是没有完全学透中国的《易经》。

在诸子百家中，老子和孔子两位智者，常被人们认为是中华文明的共同的代言人。因为老子的思想偏重《易经》的阴阳之“道”的哲学思想。孔子偏重《易经》卦象之“器”的“德”方面。所以，人们常认为老子代言中国哲学，孔子代言中国文化。为什么世界十大思想家之首是孔子，老子却排在孔子后，并不代表老子思想没有孔子思想重要。“道德”互为一体，道还排首位。“道可道，非常道”，道无法用语方表达，境界太高，无形的东西不易理解。孔子教人入世，“德”或“器”就容易表达和理解。如孔子的《论语》开头就告诉你“做人要快乐”，比老子“道可道，非常道”的《道德经》更容易被人们所理解、所体会、所接受和所实践。

《易经》原本是中国人的宇宙观，在周文王以后转向人类社会学，以卦辞、爻辞解释社会现象，至孔子时成为儒学的哲学和理论依据。

（二）儒家文化是中国文化的主流文化

儒家文化是中国传统文化的主流文化。中国从春秋战国时期开始，在长达两千多年的中国封建社会里，儒家文化思想一直在官方意识形态领域中占据着正统地位，特别是到了中国的汉代，汉武帝采纳了董仲舒的建议，“罢黜百家，独尊儒术”。从此，儒家文化正式成为官方主流文化，成为中国社会的正统思想，影响长达两千多年，并延续至今，对中国文化的发展产生着广泛而深刻的影响。

中国儒家文化指的是以孔子为代表的儒家学派的文化思想。孔子，名丘字仲尼，鲁国人（今山东曲阜），中国儒家文化创始人。孔子一生大部分时间都是从事教育，相传所收弟子多达三千人，贤人七十二人，教出不少有知识有才能的学生。在世时已被誉为“天纵之圣”“天之木铎”“千古圣人”，是当时社会上最博学者之一，并且被后世尊为“至圣”、万世师表。中国在经历了夏、商、周的几大朝代之后，到了春秋后期，孔子在总结、概括和继承了夏、商、周三代传统文化的基础上形成了一个比较完整的文化思想体系。孔子曾修《诗》《书》，定《礼》《乐》，序《周易》，作《春秋》，其思想及学说对后世产生了极其深远的影响。

在孔子的思想学说中，“仁”是其核心思想。仁的表现是己欲立而立人，己欲达而达人，己所不欲，勿施于人。如以仁为本体，表现在具体的行为上，对父母为孝对兄弟为悌，对朋友为信对国家为忠，对人则有爱心。孔子把仁作为最高的道德原则、道德标准和道德境界。他第一个把整体的道德规范集于一体，形成了以仁为核心的伦理思想结构。这个结构包括孝、弟（悌）、忠、恕、礼、知、勇、恭、宽、信、敏、惠等内容。其中孝悌是仁的基础，是仁学思想体系的基本支柱之一。他提出要为仁的实现而献身，即“杀身以成仁”的观点，对中国文化和社会的发展产生了重大影响。

到了中国汉代，董仲舒继承孔子的儒家文化思想，宣扬“仁政”“民本”

等思想，并在此基础上提出“天人感应”和“三纲五常”的理论，强调深化王权和等级名分，迎合君主专制中央集权的政治需要。同时，董仲舒在《举贤良对策》中，提出他的哲学体系的基本要点，并建议“罢黜百家，独尊儒术”，为汉武帝所采纳。从此儒家文化思想开始成为官方的主流文化，成为中国社会的正统思想。

与此同时，儒家文化也逐步得到了广大民众的认可，在社会生活中有着深厚的群众基础。儒家文化的内涵和外延十分宽泛，在长期的历史演进过程中，凝聚着中华民族的集体智慧和力量，包含着许多积极因素和宝贵的精神财富。此外，儒家文化还以开放的胸襟，不断吸取、融会道家文化和佛家文化的思想精髓，不断丰富发展自己的文化思想体系，以适应中国社会历史发展的需要。

文化成就历史，文化决定高度。中华民族以儒家文化为中心的传统文明体系，在这种文明体系下，她有着天下一家、兼容并包的民族胸襟；她有着爱好和平、崇尚统一的精神追求。孔子曰：“天下有道，礼乐征伐自天子出；天下无道，礼乐征伐自诸侯出”。孟子曰：“天下恶乎定，定于一”。荀子曰：“四海之内若一家”。这就是儒家文化的核心，中国文化的精髓。

（三）道家文化是中国本土的民俗文化

中国的道家文化，是中华民族文化催生的中国本土的民俗文化，也是中国传统文化的重要组成部分。道家文化集中国古代文化思想之大成，以道学、仙学、神学和教学为主干，并融入医学、巫术、数理、文学、天文、地理、阴阳五行等学问。道家文化的思想主张是崇尚自然，有辩证法的因素和无神论的倾向，同时主张清静无为，反对斗争。

中国的道家文化，以先秦时代的哲学家老子为其创始人，在中国传统文化中占有重要地位。老子，是我国古代著名的哲学家、思想家和道家学派的创始人。老子是我国人们熟知的一位古代伟大思想家，他所撰述的《道德经》开创了我国古代哲学思想的先河。他的哲学思想和由他创立的道家学派，不但对我国古代思想文化的发展作出了重要贡献，而且对我国两千多年来思想文化的发展，产生了深远的影响。

在中国的春秋时期，老子集古圣先贤之大智慧。总结了古老的道家思想的精华，形成了“无为无不为”的道德理论，标志着道家思想已经正式成型。道家文化以“道”为核心，认为天道无为、主张道法自然，提出无为而治、以雌守雄、以柔克刚、刚柔并济等政治、军事策略，具有朴素的辩证法思想，是诸子百家中一门极为重要的哲学流派，对中国乃至世界的文化都产生了巨大的影响。

道家文化的理论来自于老子。老子《道德经》一书上下五千言，字字珠玑，书中广论道家文化的形上学义、人生智慧。《道德经》提出一种有物混成、且独立自存之自然宇宙起源论，提出了世界存在与运行原理是“反者道之动”的本体论思想。道家文化的另一个代表人物是庄子，庄子是老子之后道家文化发展理论最重要继承者。庄子同样站在天道自然的命题基础上，提出了从人的自我修养到面对整个社会国家的处世之道，庄子的《庄子》内七篇之作，就是他从世界观、到知识论、到工夫论、到社会哲学的内圣外王之道的理论。

道家文化对中国文化的贡献比起儒家文化更为重要，只是在政治思想上“儒”为表象，“道”为实质，以致世人忽视而已。而道家文化在理论能力上的深厚度与辩证性，为中国哲学思想中所有其他传统文化提供了创造力的源泉。至于道家文化在中国音乐、绘画、文学、雕刻等各方面的影响，则是占据绝对性的优势主导地位。

（四）佛家文化是中国文化的重要组成部分

中国佛家文化是中国文化的重要组成部分。佛家文化即佛教的文化。佛教是世界三大宗教之中历史最悠久的。佛教自中国的东汉时期从古印度传入中国以后，逐步中国化，经过长期的经典传译、讲习、融合，受到中国传统文化的深刻影响而逐渐中国化，并与中国文化相融合，成为中国的佛家文化。

中国佛教一向以高超的思辨和深邃的思想著称于世，以至于有“哲学的宗教”之称。博大精深的佛学传至中土后，经与儒、道为主要代表的中国文化融合发展，形成了中国佛学思想和中国佛学的独特精神。从思想文化的角度，中国佛教文化的精神主要有以下三个方面的表现：圆融精神、伦理精神、人文精神、自然精神、实践精神等多个方面，其中圆融精神、伦理精神和人文精神是中国佛学精神的最主要方面。

中国佛教是一种以信仰为根本，解脱为目的，教育为中心，文化为纽带的宗教。自佛教传入中国，佛教就以它博大精深的人文资源渗透到国人生活的方方面面。源远流长的佛教思想文化，不但是中国各民族传统文化的一个重要组成部分，而且还对中国的社会、政治、历史、哲学、伦理道德、文学、文体、语言、词汇、音乐、舞蹈、建筑、雕塑、绘画、天文、医学、科技以及婚丧嫁娶、吉庆节日等民俗民风、民族性格和心理素质等世俗文化的诸多方面产生过重大影响和积极作用。

中国佛教关注人类的生存现状、精神危机以及社会领域中出现的诸多问题。佛教道德具有独特智能，慈悲、平等、无贪、净心等一系列颇具人文精神的价值理念，对于构建和谐社会，维护世界和平，促进全人类可持续发展都有重要的现实启示意义。

中国佛教文化将孝的观念与戒结合起来，认为孝道是成就佛道的必备因素，甚至有“百善孝为先”的说法。佛教又将孝道分为世间孝与出世间孝，供给父母衣食等为世间之孝，以佛法开导父母为出世间孝。出世间孝扩大世间孝的局限性，将所有的人作为自己的父母，“一切男子皆我父，一切女子皆我母”，而供养承事。这是超越家庭观念的普遍孝道论，为社会提供了尊老敬老的良好风尚风标。

中国佛教倡导不杀、不盗的道德戒规和“诸恶莫做，众善奉行”的伦理训条也对中国传统的伦理道德产生了一定的影响，特别是大乘佛教慈悲度人、普度众生的精神，曾对儒家“爱有差等”的仁爱精神有过重要的补充，并在近代以来曾激励过许多志士仁人为救国救民而奋斗。

近两千年来，佛教一直是中国人民的主要信仰之一，其间经过历代高僧大德的弘扬提倡，许多帝王卿相、饱学之士也都加入这个行列，终于使佛教深入社会各个阶层。而佛家文化的哲理与中国的儒家文化、道家文化相结合、相融会、相激荡，然后汇入了中华文化源远流长的大海里，形成了中国文化的重要组成部分，为中国文化放射出灿烂辉煌的光芒。

（五）中国传统文化的五个重要思想

中国传统文化源远流长、博大精深，不论是儒家文化、道家文化，还是佛家文化，思想内容都非常丰富。特别是儒家文化，两千多年来，它作为一种主流文化，更注重对人的关怀，体现了以人为本的思想，是一种关于人的文化。中国传统文化的主要思想可以概括为以下五个方面：

1. 阴阳既对立又统一的自然辩证法思想

这一思想精神的文化根源在《易经》。什么叫“易”？“生生之谓易”，“易”就是变化。“易”本身是个象形字，是变色龙蜥蜴的形象。中国古代的哲人认为，太极生两仪，两仪生四象，四象生八卦，八卦交互作用乃生万物。太极，就是宇宙混沌未开时的一种状态，这种状态的运动变化产生了太阳和太阴，太阳和太阴的运行变化产生了一年四季，一年四季的更替变化产生了八卦，即天地雷风水火山泽等自然现象，正是这些自然现象的相互作用，产生了宇宙间的万事万物。宇宙间万事万物既是普遍联系的，又是发展变化的。中国《易经》的这种自然辩证法思想，可以说是中国传统文化的宝贵精神财富。如《易经》强调，否极则泰来，物极则必反，这正是质量互变规律在天文、地理和人事中发生作用的表现。之后，《易经》的阴阳思想与邹衍的五行学说相结合，其理论思想被广泛应用于天文、地理、医学、军事、历史乃至算命等各个领域，对中国社会产生了持久而深远的影响。

2. 天人合一的思想

道家文化的天人合一的思想也是中国传统文化中最重要的思想精神品格之一。它强调人与自然的合一、人性与天理的合一。特别是以老子为代表的道家学派，将这一思想发挥到极致，提出了“人法地，地法天，天法道，道法自然”的观点，并进而在政治理念上提出了无为而治的思想。就天人合一思想本身而言，它强调了人与自然的统一性，为现代环保主义和可持续发展理论提供了历史依据。就无为而治的政治哲学而言，它与现代小政府、大社会的有限政府理论又是何其相似，已经体现了管得越少越好的政府就是好的政府的思想。但是，在这里必须明白，无为而治并不是真的“无为”，而只是“为”的一种方式，并且是最好的一种方式，等于是充分简政放权给人民，让人民有充分的自主权。在中国历史上，每当一个新王朝刚建立的时候，开始往往都采取无为而治的政策，政府与民休养生息，恢复社会元气，为国家走出困境、走向强盛积蓄力量。

3. 人本主义的思想

儒家文化重视和提倡人本主义思想，儒家在处理人与自然的关系方面，更多关注人在社会中的位置，强调如何做人，如何处理好人与人之间的关系和人与自然的关系，主张通过个人的道德自我完善，实现人生的价值，从而形成了儒家文化注重人文、注重道德、注重感性的特点，并逐渐培养起一种注重道德的思想精神。西方文化则起源于古代爱琴海文明，是在希腊半岛恶劣的生存环境中逐步成长起来的，因此更加关注认识世界和改造世界的问题，从而形成了西方文化比较注重自然、注重思辨、注重理性的特点，并逐渐培养起一种科学的精神。西方文明直到文艺复兴时代，才开始强调人文精神和人本主义，包括西方最早产生的大学最注意培养学生的人文素质。东西方文化由于在起点时解释世界的方式有所不同，经过历史长河的洗练，最终走上了两条截然不同的发展路线。

4. 内圣外王的思想

内圣外王，指内具有圣人的才德，对外施行王道。“内圣外王”一词最早出现在《庄子·天下篇》。其内涵通俗地讲，“内圣”就是修身养德，要求做一个有德性的人；“外王”就是齐家、治国、平天下。“内圣外王”的统一是儒家学者们追求的最高境界。儒家文化重视内圣，就是要重视对自我的关怀，追求自我道德的完善，也就要通过格物、致知、诚意、正心、修身，把自己修炼成圣人，至少是按照圣人的标准去修炼。外王就是要重视对群体的关怀，强调通过个人的积极入世把修炼的内圣功夫释放出来，服务于社会，贡献于国家，从而达到齐家、治国、平天下的人生抱负。格物、致知、诚意、正心、修身、齐家、治国、平天下称之为八条目，另外还有所谓三纲领：在明明德、在新民、在止于至善，这是《大学》中提出来的。这种内圣外圣精神，培养了中国人注重群体的价值取向和位卑未敢忘忧国的忧患意识以及舍“小我”求“大我”的牺牲奉献精神。

5. 积极入世的思想

中国人很早就在对内在生命力量和外在环境变化的体验中，深刻领悟到了作为人的尊严、价值和意义。因此，更注重追求现实世界的幸福生活，这同古希腊伊壁鸠鲁学派的哲学思想有某种相似之处。儒家文化作为一种实践哲学、世俗哲学和人的哲学，主张积极入世，实现自己的理想和抱负。孔子本人就是一个积极实践者，但是很不成功。儒家文化教给人们一种乐观向上、积极进取的精神，强调“天行健、君子以自强不息；地势坤，君子厚德以载物”，这与佛教、基督教又大不相同。佛教、基督教也强调修炼今生，但目的却是为了来世。佛教是为了生命轮回和清净涅槃世界，基督教是为了灵魂不死和进入天堂。即便是中国的本土道教，在追求生命永恒的方式选择上，也与佛教、基督教有所不同。中国道教采取了由人的肉体直接羽化登仙、长生不老的方式，而不是生命轮回和灵魂升天的方式。

（六）中国传统文化呈现的精神伟力

伟大的中华民族，孕育了五千年的辉煌，五千年的文明历史，留下了璀璨的传统文化。中华文化所产生的精神力量是巨大的、也是世界公认的。习近平总书记指出，中华文明有着5000多年的悠久历史，是中华民族自强不息、发展壮大的强大精神力量。这种伟大的精神力量，在当今中国越来越迸发出来，越来越为生活在现代社会中的国内外人们所需求、所渴望、所期盼。中国文化所呈现出来的精神伟力主要有哪些？

1. 强大的历史穿透力

中国文化几千年来延续、传承，生生不息、充满生机、永不枯竭。这种强大的生命力，是中国文化的鲜明特征和品格。正是这种强大的生命力，形成强大的历史的穿透力。中国文化强大的穿透力主要表现在中国文化思想具有超越时空的永恒价值。比如，中国文化阐述的“修身律己”思想，包含着每个人自身完善的永恒价值；中国文化阐述的“中和中庸”思想，包含着处理人类社会关系的永恒价值；中国文化阐述的“天人合一”思想，包含着处理人与自然关系的永恒价值。可见，中国文化囊括了怎样认识“天、地、人”的思想精髓，囊括了怎样处理“天、地、人”关系的思想智慧。这就是中国文化的永恒价值所在。中华民族的先哲们，在几千年前阐述的至理名言，是为天地立言，为生民立命，所以具有永恒的精神价值。中国文化所以有强大的历史穿透力，还在于中国文化具有历久弥新的基本特征和精神品格。中国文化是悠久的，中国文化又是崭新的。上下五千年，中国文化一直是在传承中创新、在创新中传承。中国文化随着历史的发展进步而不断融合、发展、丰富、充实、升华，与时俱进。

2. 强大的民族凝聚力

纵观华夏五千年，中国一直有优秀的民族文明和坚固的民族凝聚力传承支撑前进。环顾世界，唯一没有中断的古老文明就是华夏文明。两河文明、古希腊文明、印度文明等，都中途夭折没有传承下来。唯有华夏文明历经磨难、曲折前行、经久不衰。这其中倘若少了数千年不衰的民族凝聚力的贯穿，那是绝对不可想象的。中华民族是一个具有强大凝聚力的民族，这种强大的民族凝聚力，来自于中国文化的强大凝聚力。中国文化所以具有强大的凝聚力，就在于中国文化塑造了中华民族独特的精神世界。习近平总书记指出，我们生而为中国人，最根本的是我们有中国人的独特精神世界。这种独特的精神世界，表现在中华民族有统一的价值标准、统一的价值准则、统一的价值取向。比如，中华儿女都认同“仁、义、礼、智、信”，都认同“自强不息、厚德载物”，都认同“天下兴亡、匹夫有责”，都认同“大道之行也，天下为公”等等。这种独特的精神世界，就是维系中华民族团结统一的根本和核心。正如习近平总书记所指出：“中华文明绵延数千年，有其独特的价值体系。中华优秀传统文化已经成为中华民族的基因，植根在中国人内心，潜移默化影响着中国人的思想方式和行为方式。”中华民族独有的文明和强大的民族凝聚力，是中华民族团结向前的客观历史动因。

3. 强大的世界影响力

中国文化是中华民族的文化，也是世界的文化。中国文化启迪着中国人民，也对世界产生一定的启迪作用。中国文化包含着解决中国问题的智慧，也包含着解决世界问题的智慧。中国文化既要不断萃取中国的优秀传统文化成果，也要不断萃取世界优秀文明成果。当今时代，中国文化在国际上的影响力不断增强，世界各国对中国文化的认识不断深化。两千多年前的中国儒家文化创始人孔子，其影响力遍布世界各地，许多国家都建设孔子学院，他的雕像，矗立在联合国总部。孔子的名言“己所不欲，勿施于人”镌刻在联合国总部大厅，孔子的学说被翻译成几十个国家语言。中国的《孙子兵法》，成为许多国家军事和商业的必读书。中国文化中一些名言警句，受到世界各国政要和学者的重视，而且越来越多地进入到外国政要、学者的演讲、论著之中。中国文化之所以有如此的影响力，就在于其具有符合世界潮流的思想价值，具有破解人类共同难题的思想智慧。正如习近平总书记所指出："老子、孔子、墨子、孟子、庄子等中国诸子百家学说至今仍然具有世界性的文化意义。"当今时代，中国文化在世界的影响力日益增强，世界在渴望了解中国文化，我们也有责任让世界了解中国文化。

中国文化是历史的、又是当代的，是中国的、又是世界的。①

三、中国传统文化孕育下的核心价值观

中国传统文化源远流长、博大精深。早在两千多年前，就产生了以孔孟为代表的儒家文化学说，产生了以老庄为代表的道家学说，以及其后出现的百家争鸣的文化盛世。特别是以孔子为代表的儒家文化，它不仅在历史上产生过巨大影响，即使在当代社会，仍然发挥着积极的作用。长期以来，在丰富多彩的中国文化的孕育下，形成具有中国特色的传统文化核心价值观。如何全面认识和把握中国传统文化核心价值观，是有一定难度的。我们认为可以从以下三个方面来认识和把握。

（一）中国传统文化的核心价值观

世界上的任何思想、学说都是一定社会时代的产物。每个社会时代的思想家、理论家，总是面对他们那个时代的社会矛盾、社会问题，并为了解决这些社会矛盾、问题而提出自己的思想主张、理论学说。因而，任何思想、学说都具有时代性和历史局限性。古人有古人的时代性和局限性，今人有今人的时代性和局限性。人们不可能穷尽真理，而只能不断地认识真理、发现真理、拓展真理。人类思想的发展与延伸，也就是一个不断地吸收、丰富、完善和拓展已有思想认识的过程。

中国历代的文化是在特定历史环境、境遇下以特有的话语形式来面对、思考和表达他们那个时代的矛盾、问题。因而，中国文化也有其时代性和局限性。这

① 李宽徐：《中华文化的力量》，原载《福建日报》2014年6月20日。

是毋庸置疑的。但是，在人类思想发展的历史长河中，在人类精神的百花园中，有些思想、学说如流星闪烁，飘忽即逝，一闪而过；有些思想、学说却影响持久而广泛，具有超越时空的普遍价值。

在中国的春秋战国时代，诸说繁复，各种理论相互激荡，各种思想层出不穷，各种学派林立，即诸子百家。但是，其中有些思想、学说、学派如昙花一现，很快便进入了历史博物馆，而有些思想、学说、学派却如恒星闪烁，超越时代，一直影响着人们的思想乃至社会历史的发展进程。中国的儒家文化、道家文化和佛家文化就是这样的学说和思想。在中国的汉代以后，儒家文化成为中国传统文化的主流文化。但是，儒家文化、道家文化和佛家文化互相补充、相互促进，历时两千多年，直到当今仍然被世界各国认为是人类精神文化的宝贵财富。

中国传统文化的核心价值观，是指在中国传统文化的各种价值观念中居于核心地位、起着主导作用的价值观。中国传统文化的核心价值观包含两层意思：一是指中国传统文化的组成部分，即儒道佛三家各自的核心价值观；二是指儒道佛三家共同形成的中国传统文化所体现的核心价值观。概言之，儒家文化的核心价值观是：以人为本，厚德载物。道家文化的核心价值观是：道法自然，逍遥齐物。中国佛教文化的核心价值观是：慈悲为怀，普度众生。而对于异质文化的相处之道：融合会通，和而不同。

（二）作为主流文化的儒家核心价值观

中国传统的基本价值观，自从中国汉代以来，由于儒家文化占据主导地位，因此，儒家思想文化所倡导的基本价值观成为意识形态的主流价值观。两千年来，以儒家所倡导的基本价值观，影响了一代代中华儿女的价值取向，培育了中华民族积极进取、坚韧不屈的人格品质，激发了整个中华民族成员努力开拓、勇于创造的旺盛斗志。儒家文化博大精深，其中人文精神是儒家文化所体现出来的重要内涵之一，也是儒家文化核心价值的重要表现。儒家所倡导的基本价值观是：

1. 以人为本

以人为本是中国儒家文化所倡导的一个重要的价值理念。儒家的“仁者人也”，“仁者爱人”，就是以人为本，尊重人的生存权、发展权，强调人的道德自觉、普遍的“仁民爱物”精神。儒家的仁爱不仅是一种人格情怀，而且儒家的仁近似于“道”，具有崇高的境界。如果每一个社会成员，人人如此“爱人”，整个社会就会安定太平。这是孔子“仁”说的基本内容和基本精神。这种价值理念对于协调国际矛盾和冲突，建立平等和谐的国际社会新秩序和友爱共荣的人际交往新关系具有重大的意义。与西方中世纪的宗教文化相比，中国古代文化具有明显的人文色彩。儒家充分肯定人的价值，强调“人最为天下贵”，历来重视人的作用，主张尊重他人。历代儒家文化的代表人物都注重人的问题，他们不仅从学术思想上给以论证，而且在社会生活实践中身体力行。他们出于“以人为本”的价值理念，把重人思想与奋斗精神、经世态度紧密结合在一起，提倡自强不息、开拓进取的精神。儒家的这种理念，影响着一代代中国人民，培育了中华民族积极进取、坚韧不屈的人格品质，激发了中华民族的成员努力开拓、勇于创造的旺盛斗志。千百年来，依靠这种民族精神和价值理念的支撑，中华民族创造出灿烂的中华文明、优秀的中国文化，始终保持着强盛的生命力和创造力。

2. 以和为贵

“以和为贵”是中国儒家文化倡导的另一个重要的价值理念。“以和为贵”，简言之，就是一个“和”字。儒家追求人与人之间的和谐、人与社会的和谐、人与自然的和谐，以及追求人的心灵中的和谐，和谐、平衡是宇宙以及人类社会发展的普遍规律。一旦社会的平衡、和谐受到了破坏，阶级之间、民族之间、国家之间的矛盾冲突就会加剧，结果必然会引起暴力冲突甚至残酷的战争，造成生产力的极大破坏，造成生命财产的损失。追求社会的和谐与平衡的观念，是潜藏在中国文化灵魂深处中的文化基因。人类在认识到事物的复杂性和多样性的同时，也认识到了事物的矛盾性，这一矛盾不只是对立的、相克的，还是互相可以转化的，这是一种了不起的智慧。儒家对事物发展的内要机制、发展的道路和形式的认识是相当深刻的。在中国先秦，儒家所讲的和，有包容、和谐、适中、恰到好处等意思，讲究的是“和而不同”“和而不流”。先秦儒者有许多关于和的论述。“和”与“同”是儒家哲学的重要范畴，“和为贵”“致中和”“君子和而不同，小人同而不和”“和实生物，同则不继”。“天时不如地利，地利不如人和”“天地合，而万物生；阴阳接，而变化起”。“以和为贵”是“以人为本”的引申与展开。“以人为本”是对作为民族成员的个体说的，是安顿个体价值的理念，“以和为贵”是就民族群体内人与人的关系说的，是安顿群体价值的理念。“以和为贵”的价值理念的内涵，可以简单地概括为普遍和谐的意识，注重整体的观念，群体至上的追求和中庸之道的方法。只有和谐、和合，事物才能发展，才能有生机。中国儒家所讲的和谐涵盖面很广，从儒家学术思想的价值关怀和积极入世的人生态度来看，讲和谐的最终目标是要落实在社会政治层面上。儒家“普遍和谐”的最高层次是政治上的和谐，即注重个人、家庭、国家一体观念。在长期的历史发展中，“以和为贵”的价值理念，造就了一代代中国人顾全大局、讲求团结、舍己为人、以国为重的精神品格。“以和为贵”的理念在我国历史上影响深远，对于形成和发展中华民族的宽厚包容、团结统一、独立自主的民族品格具有重要意义。

3. 以礼为序

“以礼为序”是中国儒家文化倡导的第三个重要的价值理念。“以礼为序”简言之，就是一个“礼”字。礼在中国古代是社会的典章制度和道德规范。作为典章制度，它是社会政治制度的体现，是维护上层建筑以及与之相适应的人与人交往中的礼节仪式。作为道德规范，它是国家领导者和贵族等一切行为的标准和要求。作为观念形态的礼，在孔子的思想体系中是同“仁”分不开的。孔子说：“人而不仁，如礼何？”他主张“道之以德，齐之以礼”的德治，打破了“礼不下庶人”的限制。礼对于社会而言代表着一种秩序，而对于个人来说，礼又是一种行为规范。因此，孔子大力提倡学礼，强调“不学礼，无以立”，并要求人们言行举止合乎礼，应当做到“非礼勿视，非礼勿听，非礼勿言，非礼勿动”。“为国以礼”是儒家治国平天下的基本主张，因此历代儒家知识分子对于“礼治”都给予了足够的重视。到了战国时期，孟子把仁、义、礼、智作为基本的道德规范，礼为“辞让之心”，成为人的德行之一。荀子比孟子更为重视礼，他著有《礼论》，论证了“礼”的起源和社会作用。他认为礼使社会上每个人在贵贱、长幼、贫富等级制中都有恰当的地位。历来的儒家大师都主张，一个贤明统治者应当学会以“礼”治国，即把一切社会行为的法则、规范、仪式贯彻到社会生活的方方面面。他们认为，社会上的每一个人，都应该了解礼义，遵从礼义规范，不仅要以“礼”治国，而且要依“礼”做人。在封建时代，礼，是维持社会、政治秩序，巩固等级制度，调整人与人之间的各种社会关系和权利义务的规范和准则。礼，既是中国古代法律的渊源之一，也是古代法律的重要组成部分。同时，随着社会的变革和发展，礼不断被赋予新的内容，不断发生着改变和调整。在长期的社会历史发展中，礼作为中国社会的道德规范和生活准则，对中华民族精神素质的修养起了重要作用。

4. 经世致用

“经世致用”是中国儒家文化倡导的第四个重要的价值理念。经世致用就是关注社会现实，面对社会矛盾，并用所学解决社会问题，以求达到国治民安的实效。这一思想体现了中国传统知识分子讲求功利、求实、务实的思想特点以及“以天下为己任”的情怀。“经世致用”简言之，就是一个“用”字。儒学讲究内圣外王、自强自立、奋发有为，注重现实，是一种实践哲学。经世致用思想的历史至少可以追溯到儒家文化的创始人孔子。孔子不遗余力地宣传他的思想，目的就是要改变春秋末年社会动乱，礼崩乐坏的局面，恢复他理想中的社会秩序。由此可见，儒家思想从其产生之时，就具有强烈的经世的传统，这对中国传统社会的知识分子，产生了重大影响。他们吸收了这种经世精神，并将其作为自己重要的责任，自觉地担负起关心时政、关注国事、针砭时弊、甚至救国于危难之中的使命。随着儒家文化的不断发展，特别是到了中国的明清时代，中国的思想家王夫之、黄宗羲、顾炎武等都认为学习、征引古人的文章和行事，应以治事、救世为急务，反对当时的伪理学家不切实际的空虚之学，对后人影响很大。必须看到，儒家“以人为本”的理念、“以和为贵”的理念、“以礼为序”的理念，最终都要落实到“经世致用”上。“仁”“和”“礼”“用”四个字相互联系，构成儒家完整的关于如何培育民族精神的理念体系。长期以来，儒家本着“经世致用”的理念，强调在现实世界中提升道德品格，达到理想境界；在人生实践中自强自立、奋发有为，成就理想的人格。这种思想学风，以其巨大的作用和影响而成为中华文化的主流，并由此培育出中华民族注重人生价值、敢于担纲、负重致远、刚毅进取、自强不息、谦恭有礼、敢为人先、吃苦耐劳、勤俭持家、求真务实、厚德载物、忠恕之道、利群爱国、乐观向上等一系列优秀民族精神。儒家文化学说以积极的处世态度，入世的精神以及讲求奉献的价值取向，教育并鼓舞着一代代中华儿女发奋进取，在现实人生中成就了无数功业，为中华民族的生存与发展提供了强大的精神动力。”①

（三）中国优秀的传统价值观

2014年2月，习近平总书记在主持中共政治局集体学习时，用“讲仁爱、重民本、守诚信、崇正义、尚和合、求大同”六句话对中华优秀传统文化的价值观进行了高度概括。这一概括言简意赅，意义重大。中国文化源远流长、博大精深，特别是讲仁爱、重民本、守诚信、崇正义、尚和合、求大同这六个方面，既是中国传统美德、政治理念、社会理想、民族精神方面的根本要素，也是中华民族传统核心价值观的集中体现，是中国文化最重要的核心价值观念。其中，讲仁爱、崇正义、守诚信是指传统美德，而重民本、尚和合、求大同则是政治理念、社会理想和民族精神。但中华传统文化的基本精神，始终表现了自强不息、厚德载物、居安思危、乐天知足、崇尚礼仪、以和为贵等特征。

四、中国核心价值观的传承发展与创新

近代以来，特别是1919年发生的五四运动以来，在中国大地上形成的以爱国主义为核心的中国红色文化，其价值观和价值追求，很大程度上继承了五千年来积淀而成的中华民族优秀传统文化，中国共产党传承了中国优秀传统文化和中国优秀传统核心价值观，同时不断地创新发展中国核心价值观。特别是中国改革开放以来，中国共产党人面对改革开放和发展社会主义市场经济条件下思想意识多元多样多变的新特点，积极培育和践行社会主义核心价值观，不断巩固全党全国人民团结奋斗的共同思想基础，不断引领社会全面进步，对于全面建成小康社会，实现中华民族伟大复兴中国梦，具有重要现实意义和深远历史意义。

---

① 宋志明：《中华民族精神核心价值观》，原载《光明日报》2011 年 8 月。

（一）在救国救民道路上的探索与实践

中华民族有着辉煌的过去。然而，自1840年鸦片战争以后，中国受到西方列强的侵略和欺压，遭遇数千年未遇之大变局，中华民族逐渐陷入苦难的深渊，这是一个富有进取心和自尊心的民族所不能接受的。于是，推翻骑在头上的三座大山，实现中华民族伟大复兴便成为近代以来中国人民梦寐以求、舍身奋斗的理想。中国命运何去何从，成为国人特别是仁人志士极为关注的问题之一。

在中国近代，无数仁人志士为了寻求中国革命的道路，在探索救国救民的道路上前仆后继。他们开始选择以西方资本主义为师，首先，有洋务派对于资本主义"长技"的仿效；其次，有维新派对于君主立宪制的追求；之后，有革命派对于民主共和制的探索与实践。但是，近代中国的仁人志士在资本主义道路上前赴后继的仿效、探索、实践与奋斗，都无一不以失败而告终。

中国辛亥革命的胜利，尽管结束了两千年的封建帝制，但是旧的消极文化始终盘踞中华大地。新文化运动的兴起，给中国革命带来前所未有的希望，特别是俄国十月革命胜利，给中国人民送来了马克思列宁主义。马克思列宁主义在中国的传播，给中国人民特别是中国的知识分子以极大的启示，中国革命必须跳到资本主义的体系和制度之外去寻求民族独立和人民解放的道路，必须在马克思主义理论的指导下，解决中华民族伟大复兴的问题。这是中国近代史上划时代的重大转折。

1921年7月，中国共产党成立并登上历史的舞台，从此中国有了共产党，中国人民在中国共产党领导下开始了全新的革命实践进程。中国共产党人高举新文化运动的旗帜，以包容开放的文化心态接纳马克思主义，并在革命的实践中把马克思主义和中国具体实际相结合，引领和影响了中国革命的前进方向，中国革命进入一个崭新的历史发展阶段，中国的红色文化也随之萌芽与发展。

中国共产党领导的中国革命与实践，从某种意义上说主要集中在两条战线：一是推翻旧社会，创造新社会，二是接纳新理论，创造新文化。这种新文化在不同历史时期有不同的称谓，如新民主主义文化、社会主义文化等。今天，我们可以概括地称之为红色文化。中国创造新社会的实践为红色文化的发展繁荣提供了生生不竭的源泉，红色文化的发展繁荣则能动地推动着创造新社会的实践，两者在实现中华民族伟大复兴的目标下实现了高度的统一。

回顾中国近代历史，以中国共产党人为代表的一代代中华民族先进分子，带领民众前仆后继，不断实践、不断奋斗，寻求反帝反封建的革命道路，在探索救国救民的道路上提出的各种适合时代发展方向的先进理念，成为各个时期引领民众追求的理想和目标。在革命的实践中，无数革命先驱、仁人志士为之不惜抛头颅、洒热血，前仆后继，奋斗不息。正是这些先进分子提出的代表时代发展的方向的价值理念，为古老的中华民族注入新的理念、新的生命力和新的希望。

（二）以爱国主义为核心的中国红色文化

红色文化是中国共产党人继承民族优秀传统文化和汲取人类先进文化的文明成果，是中华民族共有精神家园的文化支撑。在我国五千多年文明发展历程中，各族人民共同创造出源远流长、博大精深的中国文化，传承下来的优秀传统文化为近现代文化的发展提供了基础。五四运动以来形成的以爱国主义为核心的中国红色文化，其价值观和价值追求，很大程度上继承了五千年来积淀而成的中华民族优秀传统文化，红色文化中的精神内涵包含了中华民族在悠久历史实践过程中形成的精神追求和行为准则，并吸收五千年中华优秀传统文化的精华，拥有了强大的生命力。

中国红色文化是中国共产党及其领导的革命团体的强大精神支柱，是构成中华民族共有精神家园的重要成分。在中国，形成于新民主主义革命时期的井冈山精神、长征精神、延安精神、西柏坡精神等红色文化精髓在不同发展阶段都不断地激励着中国人民为追求民族独立、国家富强的共同理想而不懈奋斗。同时，中国共产党人和广大革命者在革命斗争实践中展现出的顽强、大无畏的革命精神体现了以爱国主义为核心的民族精神和以英雄主义为核心的革命精神，红色文化很好地体现了党和群众在革命年代的精神风貌、价值取向及人生追求，成为中华民族共有精神家园的重要支撑。

红色文化作为近代以来中华民族在抵御外侮、争取国家独立、民族解放、人民自由幸福的斗争中逐步形成的中华民族特有的文化，是以爱国主义为核心的民族精神的重要组成部分。在新民主主义时期，红色文化是一种反帝反封建的文化，是“民族的科学的大众的文化”，即新民主主义革命的文化；在社会主义革命和建设时期，红色文化引领社会主义中国自力更生、艰苦奋斗，进行社会主义革命和建设；在改革开放时期，红色文化引领中国人民进行社会主义的改革开放与发展创新；在中国共产党十八大之后，为实现中华民族伟大复兴的“中国梦”的历史新阶段，红色文化引领全国人民维护民族团结和国家统一、自强不息、开拓进取、振兴中华，它是中国特色社会主义先进文化的重要源头。红色文化在不同的历史时期，不断被赋予新的内涵并展现出不同的风貌，具有鲜明的革命性和时代性。

中国红色文化是马克思主义中国化理论成果发展进程中的重要环节。在中国革命的历史进程中，中国共产党人把马克思主义同中国革命运动相结合，创造性地形成了指导中国革命走向胜利的毛泽东思想。毛泽东思想继承了马克思主义的基本原理，又传承了中华民族五千年积淀而成的优秀传统文化和“五四”以来形成的红色文化，它们一脉相承又与时俱进。正由于马克思主义具有与时俱进的理论品格，在毛泽东思想之后，又诞生了邓小平理论、“三个代表”重要思想和科学发展观。在中国革命、建设和改革开放的实践中得以传承。

中国共产党成立90多年来，在领导中国革命和建设的征程中形成的以爱国主义为核心的红色文化精神，这种红色文化精神可以划分为三个不同历史发展时期的精神：一是在1949年之前是名副其实的革命精神，如井冈山精神、长征精神、延安精神、抗战精神、西柏坡精神等；二是1949年之后中华人民共和国成立，中国共产党领导中国人民转向社会主义建设，红色文化精神的内涵已超越了革命主题，出现了“建设精神”，如雷锋精神、焦裕禄精神、“两弹一星”精神、大庆精神；三是1978年之后进入社会主义改革开放时期，红色文化精神的内涵又出现了改革创新精神、抗洪抢险精神、抗震救灾精神等。这些红色精神是中国红色文化的精髓，是激励人们不断开拓进取、矢志不渝的强大精神支柱，是实现中华民族的伟大复兴的现实需要。

（三）不同时期有不同的价值观念与不同的理想追求

中国共产党成立90多年来，在领导中国革命和建设的征程中形成的中国红色文化，代表时代发展的方向，其价值理念逐渐被全国各族人民所接受，为古老的中华民族注入新的生命力，给源远流长的中华文明注入新的精气神，从而使得中国在近百多年来，虽历经外患内忧、艰难曲折，而仍能前行不辍，开辟出自己的前进道路。在中国红色文化的影响下，近现代中国核心价值观在不同时期有不同的价值观念与理想追求。

1. 近代中国核心价值观的传承与变革

1840年鸦片战争之后，中国为救亡图存，一代代先觉、先贤、先进分子，开始探索在新的世界生存环境之下，国家和民族的生存发展之道，寻求新的理想信念和社会目标，以图引领国家和人民走出危机，重新振兴中华。一是学习西方“平等”“民主”理念。从冯桂芬、王韬、郑观应等洋务思想家提出求“富强”而学习西方到康有为、梁启超、严复等维新思想家提出学习西方“平等”“民主”理念，培养“爱国”新民，建立“文明”社会和宪政制度。二是孙中山先生提出民族、民权、民生“三民主义”，践行民主、法治的共和制度。三是五四新文化运动提出“科学”、“民主”、个人自由、人权平等。四是中国共产党领导的新民主主义革命。新民主主义革命是无产阶级领导的、人民大众的、反对帝国主义、封建主义、官僚资本主义的革命。新民主主义革命是号召人民通过革命斗争，从根本上解放被束缚的新民主主义生产力，最终实现由新民主主义向社会主义的过渡。

2. 中国新民主主义革命时期的核心价值观

在反帝反封建的新民主主义革命的进程中，社会主义作为中国新民主主义革命的目标，其价值观念和理想追求，必然贯穿于新民主主义始终。中国新民主主义革命时期逐步形成和发展的核心价值观主要有以下三个方面：一是马克思主义及其中国化理论体系是新民主主义时期培育核心价值观的指导思想和理论基石。以毛泽东主席为代表的中国共产党人，把马克思主义的基本原理同中国革命的具体实践结合起来，创立了毛泽东思想。二是“为人民服务”是新民主主义革命时期核心价值观的根本内容和精神动力。毛泽东主席写的《为人民服务》等光辉著作，号召共产党员加强共产主义道德修养，提出“我们的共产党和共产党所领导的队伍，是为着解放人民的，是彻底地为人民的利益工作的”。“为人民服务”的根本宗旨和价值取向，为整个新民主主义革命提供了强大的精神动力。三是集中体现为建立一个独立、自由、民主、统一和富强的新中国的价值追求。中国共产党领导的新民主主义革命的直接目标是建立一个在无产阶级领导下的新民主主义性质的，独立、自由、民主、统一和富强的人民共和国。在国内战争即将取得胜利的中国共产党的七届二中全会上，毛泽东主席提出了“同志们要继续保持谦虚谨慎、不骄不躁的优良传统和艰苦奋斗的优良作风”。

3. 中国社会主义建设时期的核心价值观

中华人民共和国建立之后，中国共产党人开始了从新民主主义革命向社会主义建设的伟大历史转变。社会主义基本政治制度、基本经济制度的确立和以马克思主义为指导思想的意识形态的确立，为社会主义核心价值体系建设奠定了政治前提、物质基础和文化条件。一是马克思主义、毛泽东思想得到广泛深入传播；二是提出了实现“四个现代化”的宏伟设想，激起了全国人民的斗志，成为一面动员、凝聚、鼓舞全党全国各族人民团结奋斗的伟大精神旗帜；三是广泛开展了以为人民服务为主要内容的社会主义思想道德建设，坚持为人民服务，树立为人民服务的价值取向，涌现出了一批社会主义道德的先进典型，如雷锋、焦裕禄、王进喜等先进英雄楷模，在全国形成了爱祖国、爱人民、爱劳动、爱科学、爱社会主义和服从大局、艰苦奋斗、廉洁奉公等优良社会风气；四是培育伟大的民族精神和时代精神，培育了独立自主、自力更生、不怕困难、勇于攀登的精神品质，培育了“两弹一星”精神、红旗渠精神等民族精神和时代精神的典范。

4. 中国改革开放新时期的核心价值观

中国改革开放以来，创立了邓小平理论，提出了“三个代表”重要思想和科学发展观，从提倡建设社会主义核心价值体系到以“三个倡导”为内容，传承和创新中国传统核心价值观。一是实行改革开放的基本国策。1978年12月，中国共产党的十一届三中全会重新恢复和确立了实事求是的思想路线，形成以邓小平为核心的党中央第二代领导集体，将国家的发展重心转移到经济发展上来，实行改革开放的基本国策。二是创立了邓小平理论。邓小平理论第一次比较系统地围绕“什么是社会主义，怎样建设社会主义”这个根本问题回答了中国社会主义的发展道路、发展阶段、根本任务、发展动力、外部条件、政治保证、战略步骤、党的领导和依靠力量以及祖国统一等一系列基本问题，为国家制定了在社会主义初级阶段的基本路线。三是“三个代表”重要思想。“三个代表”重要思想是江泽民同志2000年2月25日在广东省考察工作时提出的。四是科学发展观的提出。胡锦涛同志根据中国新的发展要求，集中全党智慧，提出了以人为本、全面协调可持续发展的科学发展观。五是树立社会主义荣辱观。胡锦涛同志于2006年3月4日在第十届中国人民政治协商会议第四次会议的民盟、民进联组会上发表的“关于树立社会主义荣辱观”的讲话中提出的。六是建设社会主义核心价值体系的提出。2006年10月，中国共产党的十六届六中全会第一次明确提出了“建设社会主义核心价值体系”的重大命题和战略任务，明确提出了社会主义核心价值体系的内容。习近平主席指出：“核心价值观是一个民族赖以维持的精神纽带，是一个国家共同的思想道德基础。如果没有共同的核心价值观，一个民族、一个国家就会魂无所定、行无所归。”这对于推进中国建设社会主义核心价值体系具有十分重要的意义。

5. 中国社会主义核心价值观的提出与倡导

2012年11月，中国共产党的十八大报告明确提出社会主义核心价值观，强调“三个倡导”。即“倡导富强、民主、文明、和谐，倡导自由、平等、公正、法治，倡导爱国、敬业、诚信、友善，积极培育社会主义核心价值观”，这是对社会主义核心价值观的最新概括，也是对中国历史上各个时期核心价值观的创新发展。富强、民主、文明、和谐是国家层面的价值目标，自由、平等、公正、法治是社会层面的价值取向，爱国、敬业、诚信、友善是公民个人层面的价值准则，这24个字是社会主义核心价值观的基本内容。2013年12月，中共中央办公厅又印发《关于培育和践行社会主义核心价值观的意见》，明确提出，以“三个倡导”为基本内容的社会主义核心价值观，与中国特色社会主义发展要求相契合，与中华优秀传统文化和人类文明优秀成果相承接，是中国凝聚全党全社会价值共识作出的重要论断，是对每一个公民的严格要求。习近平主席指出：“每个时代都有每个时代的精神。实现中国梦必须走中国道路、弘扬中国精神、凝聚中国力量。”必须看到，积极培育和践行社会主义核心价值观，对于巩固马克思主义在意识形态领域的指导地位、巩固全党全国人民团结奋斗的共同思想基础，对于促进人的全面发展、引领社会全面进步，对于集聚全面建成小康社会、实现中华民族伟大复兴中国梦的强大正能量，具有重要现实意义和深远历史意义。

（四）中国核心价值观的创新发展

近现代以来，中国共产党传承中国优秀传统文化和中国优秀传统核心价值观，在红色文化的影响下，不断传承与创新中国核心价值观。特别是中国共产党十八大提出社会主义核心价值观。覆盖国家、社会、个人三个层面的12个词、24个字，与中华优秀传统文化和人类文明优秀成果相承接，是对我国社会主义建设事业的指导思想及理想追求的最新概括和精确定位，也是党代表全国人民对一百多年来几代民族先贤、无数志士仁人追求祖国富强和人民幸福的理想信念的高度概括，是对中国传统价值观的继承和创新发展，为源远流长的中华民族精神注入了新时代的生命力。社会主义核心价值观与传统文化有着密切联系，中国传统文化是社会主义核心价值观的重要源泉，社会主义核心价值观不是全盘继承传统文化，而是吸其精华，对传统文化进行了继承与发展。

1. 社会主义核心价值观继承发展了中国传统文化

社会主义核心价值观将国家、社会、公民三个层面的价值追求融为一体，恰是借鉴并汲取了中华传统文化的精髓。在国家层面，社会主义核心价值观倡导“富强、民主、文明、和谐”，可以在中国传统文化中找寻其价值根源。比如富强，是中华民族千年夙愿，“民为邦本”的政治理念以及“民贵君轻”等民本思想，体现了中华民族朴素的民主理念。又如“和谐”，和谐思想来源于中国传统文化中的“以和为贵”“天下大同”等和谐思想，等等。在社会层面，社会主义核心价值观倡导“自由、平等、公正、法治”，同样也体现了中国传统文化的价值追求。比如“不患寡而患不均”“等贵贱、均贫富”等等，就反映了古代质朴的公正与平等观念。在个人层面，社会主义核心价值观倡导“爱国、敬业、诚信、友善”，更是中华民族数千年来的价值导向。比如爱国主义，是中华民族精神最稳定的文化基因，敬业是中华民族的传统美德，“诚者，天之道也”是为人之本，等等。因此，社会主义核心价值观与中国传统文化血脉相承、文脉相连。

2. 社会主义核心价值观创新发展了中国传统文化

社会主义核心价值观注入了当今时代的精神，创新了中国传统文化。中华文化源远流长，积淀着中华民族最深层的精神追求，代表着中华民族独特的精神标识，为中华民族生生不息、发展壮大提供了丰厚滋养。在中国近现代历史发展过程中，特别是在新民主主义革命时期，无数革命先烈在革命过程中表现出来的爱国主义精神、革命英雄主义精神、无私奉献精神、自我牺牲精神等，都是在继承中国传统文化的基础上，由中国共产党人在革命实践中提炼出来的革命精神，传承和创新了中国传统文化。在社会主义新的建设时期，随着经济全球化的发展，中国共产党人以宽广的眼光看世界，不断吸取世界人类文明成果，在马克思主义中国化理论指导下，传承和改造了中国传统核心价值观，并在中西文化的相互交融中，继承和创新了中国文化。例如爱国，在中国传统文化的发展过程中，爱国主义一直在民族精神中占据核心地位，是中国传统文化的灵魂，包括自强不息、爱好和平、勤劳勇敢等内容，这些都是社会主义核心价值观的体现，是在中国传统文化的发展中积淀下来的。爱国主义不是狭隘的民族主义，要正确处理爱国与关爱世界的关系，社会主义核心价值观创新了爱国主义理念，创新了中国传统文化。①

3. 社会主义核心价值观提升了中国文化的世界影响力

社会主义核心价值观与中国传统文化血脉相承、文脉相连，不仅传承了中国传统文化，而且发展创新了中国传统文化。中国共产党的十八大报告正式提出的社会主义核心价值观，传承和创新了中国传统核心价值观，也吸收与弘扬了当代世界的现代文明成果，展示和彰显了中国当代先进文化的现代性、开放性和包容性，从而有利于中华文化与世界文化的交流与交融。社会主义核心价值观秉持了当代中国先进文化的科学性和价值性，致力于引领世界先进文化的前进方向。社会主义核心价值观不同于其他价值观的根本，在于它坚持了科学社会主义的价值目标、价值取向和价值准则，坚持了马克思主义的世界观和方法论。它不是古今中外文化精髓的大杂烩，而是以科学社会主义的精神和方法，批判地继承和创新了中国文化和世界文化的精髓的结晶。中国社会主义核心价值观，不仅传承了中华民族优秀传统文化的精神内核，反映了中国特色社会主义建设的实践需要和最新理论成果，具有鲜明的中国特色、中国风格、中国气派，而且充分吸收了以往

---

① 黄海：《以中华优秀传统文化涵养社会主义核心价值观》，原载《光明日报》2015年10月21日。

人类社会所创造的优秀文明成果，揭示了人类社会的普遍价值追求，明显地提升了中国文化对世界的影响。

五、中国文化引领世界先进文化发展的前进方向

中国社会主义核心价值观深深扎根于中国文化的土壤，充分体现了中国文化精神内核的时代价值，反映了和平与发展的时代要求。习近平主席提出人类命运共同体理念，是站在全人类命运的角度提出的关于未来世界秩序的一种伟大构想，构建合作共赢新关系，契合国际社会求和平、谋发展、促合作的共同愿望，为各国共同应对众多全球性挑战指明了方向和路径，是对当今世界新秩序的新引领。中国倡导的“一带一路”，以共同发展、合作共赢的新模式，开启了打造人类命运共同体的伟大实践。

（一）人类命运共同体引领世界

人类命运共同体思想内涵丰富，是中国共产党对当今世界性质和发展方向所作出的思考和解答，是超越西方现代化道路、理论和制度，站在全人类命运的角度提出的关于未来世界秩序的一种构想。习近平主席提出的人类命运共同体，充分体现了中华民族优秀传统文化精神内核的时代价值，是中华文明智慧的创新和发展。打造人类命运共同体，构建合作共赢新关系，是中国在深刻把握时代潮流与历史大势的基础上，呈现给世界独具东方智慧的解决方案。

1. 人类命运共同体理念植根于的中国文化

追本溯源，打造人类命运共同体这一概念可以在源远流长的中华民族的“和”文化中找到源头。中国文化崇尚和谐，蕴涵着天人合一的宇宙观，协和万邦的国际观，和而不同的社会观，人心和善的道德观。天下一家，中国在五千多年的文明发展中，一直追求和传承着和平、和睦、和谐的坚定理念。习近平主席提出的人类命运共同体植根于的中国文化，是对“世界大同”“天人合一”等中国文化的接续传承。面对当今世界风云变幻的国际和地区形势，习近平主席提出，要把握世界大势，跟上时代潮流，共同营造对亚洲、对世界都更为有利的地区秩序，通过迈向亚洲命运共同体，推动建设人类命运共同体。人类只有一个地

球，各国共处一个世界。世界好，亚洲才能好；亚洲好，世界才能好。

2. 构建人类命运共同体是中国核心价值观的体现

习近平主席提出和倡导的人类命运共同体，是中国社会主义核心价值观的体现。人类命运共同体理念与中国传统文化中的“和而不同”遥相呼应。主张人与人、国与国在拥有不同观点和文化的同时，彼此之间要开放包容、和谐共处。在当今世界文化交流日益频繁的情况下，不同文明不仅要和谐相处，也要取长补短、共同进步，让文明交流互鉴成为推动人类社会进步的动力、维护世界和平的纽带。构建人类命运共同体，是最伟大的人类文明。让和平的薪火代代相传，让发展的动力源源不断，让文明的光芒熠熠生辉，是各国人民的殷切期盼。

3. 构建人类命运共同体为国际社会未来发展提供了全新的视角

当今世界，人类正处在一个层出不穷、风险日益增多的挑战时代。世界上的战乱和冲突没有止息，中国也曾经饱受战祸和动乱之苦。中国坚持国家不分大小、强弱、贫富，一律平等，尊重各国人民自主选择发展道路的权利，维护国际公平正义。习近平主席提出的构建人类命运共同体，汲取了中国传统文化的智慧和境界，并将其内化为新的价值观念，呼应了和平与发展的世界大趋势，是实现共赢共享的中国方案。可以说，构建人类命运共同体，既体现出中国作为一个大国的一种大境界和大情怀，又体现中国社会主义核心价值观。必须看到，习近平主席提出和倡导的人类命运共同体，超越了民族、国家与意识形态的界限，反映出中国始终坚持和平发展、互利共赢的初心，为思考国际社会发展和人类未来提供了全新的视角。

4. 构建人类命运共同体是中国政府的一种崇高境界

中国改革开放30多年来，中国经济不断创新发展，经济总量从世界第十位跃升到第二位，创造了举世瞩目的经济奇迹。在人类面临大变革大调整的时期，面对“世界向何处去”的时代之问，习近平主席提出和倡导的人类命运共同体理念，是中国政府的崇高境界。人类命运共同体是以相互依赖、利益交融、休戚与共为依据，以和平发展与合作共赢为支柱，以“对话而不对抗，结伴而不结盟”的思维超越旧的国际政治经济关系，创造性地提出了一系列新的思想。必须看到，共商共筑人类命运共同体是着眼于整个人类的文明进步，以和平、发展、合作、共赢的理念来解决不同国家、民族和宗教之间的隔阂、纷争和冲突，强调彼此之间要弘义融利、风雨同舟、命运共担、互利共赢。

5. 构建人类命运共同体是中国的一份国际担当

当今时代，世界各国利益和命运从未像今天这样紧密联系。从自然环境到社会经济再到政治外交，牵一发而动全身。没有一个国家能凭一己之力谋求自身绝对安全，世界上的事情越来越需要各国共同协商解决。建立公正合理的国际秩序、共同遵守国际规则、维护国际正义，成为世界上大多数国家的共识。习近平主席把握时代发展的脉搏，顺应时代发展的前进方向，提出和倡导的人类命运共同体理念，坚持义利兼顾与平衡，追求义利兼得与共赢，保持既有理又有礼的大国风度，塑造温和而自信的国际形象，又秉承“既以为人，己愈有；既以与人，己愈多”的博大胸怀，将自身利益与世界共同利益有机结合起来，造福人类、造福世界，充分体现了大国担当的国际意识。

（二）人类命运共同体的伟大实践

2013年，习近平主席在哈萨克斯坦向世界发出的建设“一带一路”倡议，无论是开展跨国互联互通，还是提高贸易和投资合作水平，或是推动国际产能和装备制造合作，其本质都是通过提高有效供给来催生新的需求以实现新的发展，实现世界经济再平衡。从历史深处的丝路文化走来的合作共赢之路，成为打造人类命运共同体的时代注脚。建设“一带一路”倡议，以共同发展、合作共赢的新模式，开启了打造人类命运共同体的伟大实践。

1. “一带一路”的倡议

崛起的中国，为和平而来、为发展而来、为共享而来。2013年9月，习近平主席西行哈萨克斯坦，提出共同建设“丝绸之路经济带”；10月，南下印度尼西亚，首倡建设“21世纪海上丝绸之路”。自此，千年前的丝路辉煌穿越时空，走进当代民族复兴的发展蓝图；从历史深处走来的合作共赢之路，成为打造人类命运共同体的时代注脚。倡议自我而来，成果惠及世界。三年多来，“一带一路”立足周边、依托周边、造福周边，却又不限于周边。从战略擘画到广泛共鸣，从宏伟蓝图到项目落地，各国互学互鉴互通、共商共建共享，它的开放性、包容性，为冲散世界经济阴霾注入更多正能量，也给人类文明发展带来无限可能。“一带一路”承载着打造人类命运共同体的理念，把利益共生、情感共鸣、价值共识、责任共担、发展共赢融入实践、筑入路基，得到了国际社会广泛关注和联合国的积极响应。2017年3月17日，联合国安理会一致通过的第2344号决议，呼吁通过“一带一路”建设等加强区域经济合作，并首次载入“构建人类命运共同体”理念。中国方案，大道之行。从“人类命运共同体”理念，到“一带一路”倡议，展现了中国同各国同呼吸、共命运的世界情怀和大国担当。

2. “一带一路”的务实

在具体的设计上，“一带一路”非常务实，它聚焦“五通”，即“政策沟通、设施联通、贸易畅通、资金融通、民心相通”，通则顺，顺则成；力主“三合作”，即构建“互利合作网络、新型合作模式、多元合作平台”，合作才有合力，合力创造辉煌；着眼“四路”，即携手建设“绿色丝绸之路、健康丝绸之路、智力丝绸之路、和平丝绸之路”，彰显这是一条真正的阳光大道；推进“八切实”，即“切实推进思想统一、切实推进规划落实、切实推进统筹协调、切实推进关键项目落地、切实推进金融创新、切实推进民心相通、切实推进舆论宣传、切实推进安全保障”，巨细无遗，项项务实。大道至简，实干为要。“一带一路”是中国首倡，为各国共享。它使通天下、利天下的中国实践更加生动丰富、多姿多彩，不仅提供了区域合作模式的新思路，还使得构建人类命运共同体的宏大理念真正成为历史发展的前进方向。“一带一路”，是中国探索持久和平、共同繁荣的道路，是为全球化向着更加普惠包容的方向发展、为全球治理体系向更加公正合理的方向发展、为人类社会作出更大贡献的历史坐标。①

3. “一带一路”的伟大实践

习近平主席向世界发出的建设“一带一路”倡议，无论是开展跨国互联互通，还是提高贸易和投资合作水平，或是推动国际产能和装备制造合作，其本质都是通过提高有效供给来催生新的需求，实现世界经济再平衡。“一带一路”以

① 钟经文：《打造人类命运共同体的伟大实践》，原载《经济时报》。

共同发展、合作共赢的新模式，开启了打造人类命运共同体的伟大实践。

“一带一路”列入国家发展计划。“一带一路”先后写入了党的十八届三中全会、五中全会决定以及“十三五”规划纲要，上升为国家战略，推动着更高层次开放，与全面深化改革交相辉映，也为实现更高水平的发展注入了强劲动力。

“一带一路”开放包容。“一带一路”的发展涉及几十个国家、数十亿人口，这些国家在历史上创造了形态不同、风格各异的文明，只有以“开放包容”而不是“相互冲突”的文明交流，中国以“追求的是百花齐放的大利，不是一枝独秀的小利”的襟怀担当，开放包容打造中国与周边国家政治互信、经济融合、文化包容的命运共同体，进而打造亚洲国家命运共同体乃至人类命运共同体。

“一带一路”应者云集。“一带一路”是世界上最壮美的经济走廊，东联亚太经济圈，西接欧洲经济圈，跨越高山深海，凝聚了沿线国家渴望发展的最大共识，回应了许多国家转型升级的迫切愿望，更展现出中国推动共商共建共享、合作共赢发展的最大诚意。“一带一路”是各国撸起袖子一起干的共同事业，黄钟响而群音和，目前已经有100多个国家和国际组织积极响应支持，40多个国家同中国签署共建合作协议。

“一带一路”实践成果显现。四年多来，中国对“一带一路”沿线国家投资超过500亿美元，一大批合作项目落地生根，影响迅速席卷全球：经济走廊建设稳步推进，互联互通网络逐步成型，贸易投资大幅增长，重要项目合作稳定实施，取得一批重要早期收获。亚投行、丝路基金为金融合作提供了坚实支撑，中欧班列驰骋在广袤的亚欧大陆，运载着琳琅满目的商品货物，联通着亚欧沿线各国的市场需求，架起了沿线各国人民的友谊桥梁。

（三）“一带一路”谱写人类新篇章

2017年5月14日，习近平主席在“一带一路”国际合作高峰论坛开幕式上发表主旨演讲，深刻阐释了丝路精神的丰富内涵，系统总结了“一带一路”建设四年来取得的丰硕成果和宝贵经验，全面描绘了建设和平、繁荣、开放、创新、文明的“一带一路”的美好前景，谱写共建人类命运共同体的新篇章。习近平主席提出，我们完全可以从古丝绸之路中汲取智慧和力量，本着和平合作、开放包容、互学互鉴、互利共赢的丝路精神推进合作，共同开辟更加光明的前景。站在历史新的起点，面对新的发展征程，只有乘势而上、顺势而为，“一带一路”建设必将行稳致远，迈向更加美好的未来。

1. “一带一路”坚持合作共赢，努力建成和平之路

着力构建以合作共赢为核心的新型国际关系，打造对话不对抗、结伴不结盟的伙伴关系。推动各国加强合作，通过对话化解分歧，坚持政治解决；通过协商解决争端，坚持公道正义；努力消除贫困落后和社会不公，营造共建共享的安全格局，打造和谐家园，建设和平世界。

2. “一带一路”坚持共建共享，努力建成繁荣之路

聚焦发展这个根本性问题，打破发展瓶颈，缩小发展差距，共享发展成果。抓住产业这一经济之本，推动各国深入开展产业合作；畅通金融这一现代经济的血脉，建立稳定、可持续、风险可控的金融保障体系；夯实设施联通这一合作发展的基础，着力推动陆上、海上、天上、网上四位一体的联通，实现经济大融合、发展大联动、成果大共享。

3. “一带一路”坚持开放包容，努力建成开放之路

以开放为导向，解决经济增长和平衡问题。着力打造开放型合作平台，维护和发展开放型世界经济，推动构建公正、合理、透明的国际经贸投资规则体系，促进贸易和投资自由化便利化，促进生产要素有序流动、资源高效配置、市场深度融合；妥善解决发展失衡、治理困境、数字鸿沟、收入差距等问题，努力实现在开放中合作、在合作中共赢。

4. “一带一路”坚持创新驱动，努力建成创新之路

大力推进创新驱动发展，抓住新工业革命的发展新机遇，推动大数据、云计算、智慧城市建设；着力优化创新环境，促进科技同产业、科技同金融深度融合，更好集聚创新资源，成就各国青年的创新梦想；大力倡导绿色、低碳、循环、可持续的生产生活方式，共同实现2030年可持续发展目标。

5. “一带一路”坚持交流互鉴，努力建成文明之路

建立多层次人文合作机制，在教育、文化、体育、卫生等领域搭建更多合作平台、开辟更多合作渠道，以文明交流超越文明隔阂、以文明互鉴超越文明冲突、以文明共存超越文明优越，让合作更加包容、合作基础更加坚实，让广大民众成为“一带一路”建设的主力军和受益者。

中华文明已绵延五千多年，在此漫长的历史进程中，中华民族创造了独树一帜的灿烂文化。中国文化源远流长、博大精深，中国文化包容开放，以其强大的同化力和顽强的生命力，在长期的文化融合中包容并蓄，不断创新发展。中国文化与中华民族精神所形成的核心价值观，深刻地影响中国和影响世界，为人类文化的发展和繁荣作出了独特而巨大的贡献。在当代中国，习近平主席提出的人类命运共同体，充分体现了中华民族优秀传统文化精神内核的时代价值，是中华文明智慧与中国文化的创新性发展。面对当今世界，国际形势的风云变幻，以习近平主席为核心的中国共产党人，站在人类历史发展的战略高度，提出了国际社会日益成为一个“你中有我、我中有你”的“人类命运共同体”的重大战略判断。大力倡导人类命运共同体理念，着眼于人类整体发展和寻求各方利益的最大公约数。打造人类命运共同体，构建合作共赢新关系，是中国在深刻把握时代潮流与历史大势的基础上，呈现给世界独具东方智慧的解决方案。在这一思想指导下，中国提出“一带一路”的倡议与实践，谱写共建人类命运共同体的新篇章，受到世界各国的普遍欢迎，显示了人类命运共同体思想作为全球治理理念的强大的生命力和广阔的发展空间。“一带一路”是中国探索持久和平、共同繁荣的道路，是为全球化向着更加普惠包容的方向发展、为全球治理体系向更加公正合理的方向发展、为人类社会作出更大贡献的历史坐标。

第二章 中国的《易经》文化

《易经》是中华民族传统思想文化中自然哲学与人文实践的理论根源，是中华民族思想、智慧的结晶，被誉为“大道之源”，是中国历代思想家必读的经书，也是中国历代政治家、军事家、商家的必修之术。西方文明有《圣经》，东方文明有《易经》。《易经》是中国历史上流传最久远之经书，是中国文化的源头，也是中国最古老的哲学著作之一。因此，《易经》被誉为“群经之首”或“中华第一经”。易经文化讲究阴阳互应、刚柔相济，提倡自强不息、厚德载物。在中国五千年的文明史上，中华民族之所以能够久历众劫而不覆，不断地发展壮大，是与中华民族对易道精神的时代把握息息相关的。当今时代，通过对《易经》文化的进一步学习和研究，不但可以穷究天人之际，通晓古今之变，而且可以得到基本的处世法则，具有极其深远的历史意义和现实意义。

一、中国《易经》文化的起源与发展

根据中国学术界的认定，《易经》是一部在中国流传五千年的书。《易经》讲究阴阳互应、刚柔相济，提倡自强不息、厚德载物。在中国五千年的文明史中，中华民族之所以能够久历众劫而不覆，多逢畏难而不倾，独能遇衰而复振，不断地发展壮大，根源一脉传至今，与我们中华民族对《易经》精神的时代把握是分不开的。

（一）中国《易经》文化的历史起源

《易经》被尊称为中国的群经之首，中华文化之源。这样的经典有其深刻的内涵和不可估量的价值存在。探求《易经》的存在价值，就要回到《易经》起源的年代，追寻在当时是出于什么样的目的和需要而产生。

1. 《易经》的起始年代

根据有关考查和《易经》研究学者的认证，比较一致的意见都认为，中国《易经》起源于中国的伏羲时代，后经周文王进一步的完善，再由后来的孔子进行了注解和丰富，然后传承至今。伏羲时代被划分为中国历史的上古时代，即夏朝建立之前的历史时期。根据历史记载，中国古代的大帝尧、舜、禹时代，当传到禹时，禹建立夏朝，为夏朝的第一位天子。而夏朝之前的历史时期是恶劣的洪荒时代，洪水泛滥，野兽肆虐，当时人类的生存环境险象环生，人类的生存和繁衍遇到了各种各样的考验。因此，在当时的时代背景下，人类的第一思考和需求就是如何解决生存问题，只有生存下来，才能够繁衍和发展下去。

在中国历史的上古时代，人类生存的危险主要来自于大自然的各种自然灾害，要规避风险躲避自然灾难就必须要了解大自然，认识大自然环境，提前发现和预知一些大自然危险的到来，这样才能逃避危险，保全自己。所以，人类必须要花精力来观察自然环境，洞察大自然现象背后的规律，从而获得提前感知危险、应对危险、化解危险的方法和本领，这就是《易经》产生的最原始的客观需求。

对于《易经》的起源，可以追溯到中国七千年前的伏羲氏时代。目前一些考古成果中发现许多爻卦的痕迹，大多散见于仰韶文化半坡类型、大河村类型以及马家窑等类型文化中。如1987年安徽含山县凌家滩新石器时代墓地出土玉版中心刻八角星纹表示八卦，将八卦六十四卦、河图洛书及其他天文历法的数理构思设计为一个整体的典型器物。还有1959年泰安大汶口墓地出土的镂雕象牙梳。因为只有在这个时间段里，传说中的伏羲画卦才与考古事实的逻辑关系相吻合。这些考古成果有助于我们对《易经》起源的判断。

根据《易经》中记载："古者包牺氏之王天下也，仰则观象于天，俯则观法于地，观鸟兽之文与地之宜，近取诸身，远取诸物，于是始作八卦，以通神明之德，以类万物之情。包牺氏没，神农氏作……神农氏没，黄帝、尧、舜氏作。"这段文字大体说明了《易经》是我们的祖先在进化和繁衍的过程中，由不同时期的先贤先圣创造的。至于说这些先贤先圣是历史还是神话并不十分重要，重要的是《易经》是中华民族的人文始祖创造的。在那个时期，中华民族的祖先从用"- -"和"—"的符号表述阴阳开始，从两爻四卦逐步演变为三爻八卦和六爻六十四卦的卦象，且仅仅是用图像来阐述阴阳的变化。它反映出了解自然、认识自然是这一时期人类学习成长的主题。当时人类生命的全部内容，就是与大自然作斗争，通过与大自然的斗争来认知大自然，并使人类自己快速成长。

《易经》的起源，中国历代的大多数学者比较一致地认为，中华民族的祖先面对变幻莫测的自然世界，对日出日落，电闪雷鸣等现象感到迷惑不解，他们通过观察天地万物，体认事物及其发展趋势，判定人事的祸福吉凶，从而决定举止动静及进退取舍。传说古代圣人伏羲氏，上观日月星象，下察山川地理，通过观察鸟兽身上的花纹，在河图洛书的启示下，画出了八卦图，成为《易经》的核心内容，是《易经》最早的"作者"。之后，周文王拘而演《周易》，周文王把伏羲的先天八卦演绎为后天八卦，并进一步推演出八八六十四卦，这是《易经》与八卦的又一次重大发展。

根据有关文献记载，《易经》起源自"河图、洛书"。传说在远古时代，黄河出现了背上画有图形的龙马，洛水出现了背上有文字的灵龟。当时的圣人伏羲氏发现了不少自然界的规律与宇宙奥秘，因此画出了“先天八卦”，但未有文字之记载而失传。到了中国的商代末年，周文王发现了伏羲氏的八卦图及其奥秘，经文王参透八卦图奥秘后，发现八卦图中包罗着宇宙奥秘，以六十四卦的卦辞、爻辞，记下宇宙所存在的六十四条卦的宏观真理，因而根据伏羲的“先天八卦”演绎出了“后天八卦”，也就是“文王八卦”，并进一步推演出了六十四卦，并作卦辞和爻辞，传于后世。

伏羲氏

到了中国的春秋时期，孔子五十岁初读《易经》，发觉《易经》之中所记载的都是宇宙之宏观真理，于是他认真研读，深入分析研究《易经》。由于《易经》成书很早，文字含义随时代演变，《易经》的内容在春秋战国时便已不易读懂，为此孔子穷其余生之精力，将《易经》进行批注成为系彖辞，并且创作出《十翼》，也称《易传》，以解读《易经》。后来《易传》被编入《易经》，就成了人们今天所见到的《周易》。此后，《易经》由历代学者不断研究发展至今，成为中国历史上流传最久远之经书，被誉为群经之首或中华第一经。

孔子对《易经》的重大贡献主要有两点：一是将《易经》进行批注成为系彖辞，并且创作出《十翼》，作《易传》来详细解释《易经》；二是把《易经》列为中国古代六经之一，以此教授弟子，从而使得《易经》引起更多人的关注和研究。大量的实践证明，《易经》文化上通天文，下通地理，中通人事，以无所不包的最终原理来统摄万物，由此在世界上衍生出了辉煌灿烂的中华文明。

2.《易经》与《周易》

《周易》和《易经》的区别，就是从属关系上的不同，《易经》包含了《周易》。按照南怀瑾先生的说法，《周易》和《易经》的区别在于：《周易》是周文王在坐牢的时候，他研究《易经》所作的结论。中国的儒家文化，道家文化，一切中国的文化，都是从文王著作了这本《易经》以后，开始发展下来的。

根据文献记载，历史上《易经》有三易之说。一是神农时代的《连山易》，二是黄帝时代的《归藏易》，三是由三位古圣先贤创造出来的《周易》。伏羲创造了八卦图；周文王创造了六十四卦，孔子为《易经》作了《十翼》（也称《易传》）。这三者不同之处为：第一，这三者始卦不同，《连山易》以艮卦开始，《归藏易》以坤卦开始，到了《周易》则以乾卦开始。第二，这三者相传出现的时代不同。《连山易》是神农时代的《易》，《归藏易》是黄帝时代的《易》，《周易》是周朝的《易》。但是由于《连山易》和《归藏易》早就遗失了，所以当今人们通常所说的《易经》就是指《周易》。

中山大学杨维增教授认为，《周易古经》成书于殷周时期。这是一部占筮书，它通过一定的筮法起卦和占断，即利用六十四封和三百八十四爻的变化来预测吉凶。这标志着古人开始意识到自身的力量，由迷信转向科学的人类觉醒，是科学与迷信相混淆的一种认知体系。

3. 《易经》文化对中国历代文化的影响

春秋战国时期，孔子熟读《周易》，创作《易传》，把蕴藏在占筮之中的哲理提升上来，并且发挥得淋漓尽致，使《易经》成为一本关于宇宙和人类的充满伟大哲理的书。根据传说，秦始皇焚书坑儒之时，李斯偷偷将《易经》列入医术占卜之书，而得以幸免。到了中国的汉代，汉武帝废黜百家、独尊儒术之后，《易经》一跃而为《易经》《诗》《书》《礼》《乐》《春秋》六经之首，成了中国传统文化的第一代表作。可以说，《易经》是一本充满着中国古代人类智慧的重要经典。

根据文献记载，《易经》的版本，流传下来影响最大的是三国时代魏王弼注本、唐代孔颖达疏，亦称《周易正义》，收入《十三经注疏》中。1973年湖南长沙马王堆三号汉墓出土帛书《周易》，抄写于汉文帝初年，与传世各家《易》本均不同，是现存《周易》中最早的别本。学界认为，中国自古到今，解易者影响较大和具有特色者，主要有唐朝李鼎祚《周易集解》、唐朝孔颖达《周易正义》、宋朝程颐《程氏易传》、宋朝朱熹《周易本义》、现代闻一多《周易义证类纂》和高亨《周易古经今注》。

中国的儒家、道家和佛家的文化学说，都明显受到《易经》的影响。儒家奉其为《十三经》之首；道家尊其为修身治世天人合一秘笈的奠基之作；佛家也推其为“理宗”；而其也雄居世界著名经典之列。《易经》对于当代中国哲学研究有一定的影响，中国哲学中阴阳相生相克、对立统一的基础理论，便是根植于《易经》。当今时代的不少研究学者，更是从《易经》中解读出哲学、政治、历史、军事、民俗等诸多方面的研究价值。

（二）《周易》是关于人类思想和宇宙本质规律的学问

《周易》是古老而又灿烂的中国文化瑰宝，中国古代用它来预测未来、决策国家大事、反映当前现象，上测天，下测地，中测人事。《周易》是中国周代的典籍，被尊为“群经之首，诸子百家之源”。西方文明有《圣经》，东方文明有《周易》。《周易》是一部古代经典，是关于人类思想和宇宙本质规律的学问。

1. 《周易》是一部中国周代的经典

▬ 周文王姬昌

根据文献记载，《周易》的作者周文王姬昌在商纣时期为西伯侯，建国于岐山之下，积善行仁，政化大行，因崇侯虎向纣王进谗言，而被囚于羑里，后得释归。之后其子周武王灭商取得天下，成就周朝帝业，追尊为周文王。《史记》记载：“文王拘而演周易”，姬昌被商王囚禁期间在狱中写了《周易》一书，在位50年。故中国历代都以司马迁之说而认同《周易》乃周文王所著。《周易》是中国周代的一部经典，也是中国最古老、最权威的一部经典。

2. 《周易》文化体现唯物主义世界观

《周易》中运用八卦预测信息的方法的发明，正是中国古代人民具有唯物主义世界观的真实写照。在中国古代，人们在社会实践和日常生活中遇到的疑难之事，运用通过易卦的八卦信息进行超前预测与超前反映，预测反映自然和人事吉凶方面的有关信息。人们通过八卦信息的超前预测与超前反映，对一切做到心中有数，有备无患；通过八卦信息的超前预测、超前反映，从而更好地认识社会、改造社会、推动社会不断的向前发展。所以，易卦及《周易》是一个储存量很大的信息库。易道讲究阴阳互应、刚柔相济，提倡自强不息、厚德载物。在中国五千年的文明史上，中华民族之所以能够久历众劫而不覆，不断地发展壮大，是与中华民族对易道精神的时代把握息息相关的。

（三）《周易》文化是中国文化发展的根本与源头

《周易》文化是中国文化发展的根本与源头，对中国历代的政治、经济、文化等诸多方面都产生巨大而又深远的影响。纵观整个中华文明史，几乎每一步发展都与《易经》息息相关。《周易》不仅被用于占筮以预测未来，而且被广泛地运用到社会生活的各个方面。在《易经》的研究方面，尽管研究者们的主张不尽相同，但他们都有研究《易经》的经历，并且把《易经》原理应用到各自的理论之中。特别是孔子，不仅深入研读《易经》，还把《易经》整理出来，为《易经》做了《十翼》，丰富和发展了《易经》，为人类在自然科学和社会科学领域的探索活动，提供了科学的思维方法，具有普遍的指导意义。

1. 《周易》文化是人们认识世界改造世界的指南

《周易》是我国古文化中的瑰宝，其文化内涵源远流长，其内容蕴含着我国几千年来的文化历史以及社会实践经验。《周易》文化以其特有的易理易义，预示着人生的祸福气运走势，是一种自然环境的对照和揭示，它以其特有的特殊符号变化，演化出人生的不同际遇和灾难。《周易》通过两个最基本的符号“--”（阴）“—”（阳），以及看似离奇的卦辞、爻辞，从哲学层次上预知自然灾害、预知社会人事的吉凶祸福变化，还能深刻剖析世界、解释世界，揭示世界的创造与宇宙的组构变化规律。在《周易》的经文中，记载着许多殷周历史故事，传文多反映儒家政治、哲学、伦理思想。它以八卦形式推测自然界和社会变化现象，富有朴素的辩证法思想，体现了东方智慧与哲学思想的光辉。它对象、辞、言、意、神、妙、文、变的阐述，对动静、开合、聚散、盈虚、刚柔等对立因素的把握，对后世的哲学、美学及艺术创造都有很大影响。《周易》不仅被人们用于占筮以预测未来，而且被广泛地运用到社会生活的各个方面，并发展成为涉及关于自然科学和社会科学的不断变化的经典，成为人们认识世界、改造世界的指南。

2.《周易》文化是中国文化的永恒经典

《周易》文化历经数千年之沧桑，已成为中华文化之根。《周易》文化对中国文化产生了更加深刻的影响，它不仅影响着中国儒家文化、道家文化和佛家文化的发展，也影响着中国历代学者的研究兴趣。例如汉代的象数之学（卦气说，五行说，纳甲说）、魏、晋、唐代的“玄学”、宋、明代的五大学派（理学派、数学派、气学派、心学派、功利学派），使得《易经》得到进一步的研究与发展。根据不完全统计，自唐宋以来，与《易经》有关的著作有一千多种，较有影响的有《京氏易传》、朱熹的《易学启蒙》《周易本义》、来知德的《周易集注》、孔颖达的《周易正义》、张载的《横渠易说》、程颐的《伊川易传》、司马光的《温公易说》、周敦颐的《太极图说》、王夫之的《周易外传》、王以雍的《易经解析与致用》，等等。时至当今，仍有不少的学者对《易经》进行深入的研究与阐释。必须看到，《易经》的科学内涵得到人们越来越广泛的承认和尊敬，它已发展成为中国文化博大精深的永恒经典。

3. 孔子对《易经》的丰富与发展

根据记载，《易经》在春秋战国时代得到很大完善，孔子等贤达对易经思想的丰富起到了重要的作用。孔子一生的贡献之一，就是把《易经》整理出来，为《易经》做了《十翼》。包括《彖传》（上、下）、《象传》（上、下），《文言》、《系辞》（上、下）、《说卦传》、《序卦传》、《杂卦传》十篇。《十翼》也称《易传》，《易传》把《易经》从一本用来占卜的书，提高为宣扬哲理的书，而且这种哲理是完全可以在日常生活当中真正实践的。孔子的《易传》，在中国的文化历史上有着非常重要的意义，《易传》释《易》，开中国哲学史之先声。

《易传》提出并使用了一系列的哲学概念和哲学范畴。比如：阴阳、乾坤、太极、先天与后天、形而上与形而下等哲学术语。孔子认为，“一阴一阳之谓道”，奇偶二数、阴阳二爻、乾坤两卦、八经卦、六十四卦，都由一阴一阳构成，没有阴阳对立，就没有《周易》。孔子指出，“《易》有太极，是生两仪，两仪生四象，四象生八卦，八卦定吉凶，吉凶生大业”。可见，在《易传》中孔子把中国古代早已有之的阴阳观念，发展成为一个系统的世界观，用阴阳、乾坤、刚柔的对立统一来解释宇宙万物和人类社会的一切变化。从而使人们更好地认识世界、认识社会，通过认识世界、改造社会，推动社会不断的向前发展。

孔子

《易传》在解读卦爻辞、探索起源、揭示规律、阐述应用等方面充满了丰富的哲学思想。诸如阴阳思想、中和思想、人本思想、忧患思想、天人合一思想、对称平衡思想等。在《易传》中，孔子特别强调了宇宙变化生生不息的性质，说“天地之大德曰生”“生生之谓易”。又提出“穷则变，变则通，通则久”，发挥了“物极必反”的思想，强调提出了“居安思危”的忧患意识。应当看到，《易经》经过孔子的科学诠释和哲学阐发，将其内涵提升到了世界观和方法论的高度，使之由卜筮之书提升为哲理之书，其思想价值、文化价值和理论学术价值都得到了空前的升华，对后来的思想家产生了重大的影响。

《易传》不仅反映了孔子深入研读《易经》，还把《易经》整理出来，为《易经》做了《十翼》，对《易经》的基本原理进行了创造性的阐述和发挥，丰富和发展了《易经》。更为重要的是孔子的《易传》，构思严谨，旨远辞文，识见精辟，思想深邃，为人类在自然科学和社会科学领域的探索活动，提供了科学的思维方法，具有普遍的指导意义。

二、《易经》文化的基本构成

《易经》是研究宇宙人生的现象和道理，说明宇宙人生变化的法则和运用的方法的一门学问。《易经》基本构成的内容以“卦”组成，共有六十四卦，每一卦代表一种状态或过程。通过对事物现象的认识，研究背后的道，达到认知本质。它告诉我们，困境中莫气馁，得意时莫骄傲，居安思危，进退有度。

（一）《易经》文化的基本构成

根据有关文献记载，《易经》基本构成的内容以“卦”组成，共有六十四卦。每一卦由六层组成，每一层称为“爻”。每一爻以一条长的横线“⚊”代表阳，称为“阳爻”；或以两条断开的横线“⚋”代表阴，称为“阴爻”。从最底层数起，总共有六爻，而六爻以不同的阴、阳配搭，形成六十四种不同的组合。六爻可以分为上半部分和下半部分，而每一部分的三个“爻”以不同的阴、阳配搭，形成多种不同的组合，称为卦。因此，学习《易经》，首先必须要了解以下几个基本的概念：一是《易经》的卦象的最基本构成叫“爻”，一条长线的叫阳爻：⚊，两条短线的叫阴爻：⚋；二是《易经》的卦象又分三爻卦和六爻卦，三爻卦就是三个爻组成的，六爻卦是六个爻组成的，平时说的八八六十四卦就是六爻卦；三是六爻卦的基本写法是上下两个三爻的卦垒在一起，例如，《易经》六十四卦中的第一卦：

䷀乾卦（六条阳爻组成）

《象辞》曰：天行健，君子以自强不息。四是在卦象中，阳爻用九表示，阴爻用六表示，读卦象要由下往上看，“乾卦”最下面一条阳爻叫初九，接着从下往上依次往上数，分别是：九二、九三、九四、九五，而最上面一条阳爻叫上九；五是解读六爻的卦象要将上下两个三爻的卦分开来看，以乾卦为例：

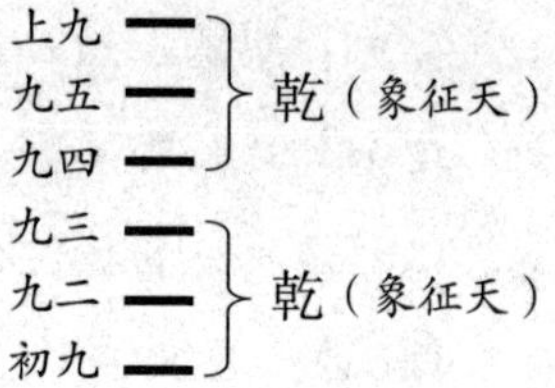

根据文献记载，《易经》共有六十四卦，每一卦代表一种状态或过程。

第1卦：乾为天（乾卦）刚健中正。上上卦。

象曰：困龙得水好运交，不由喜气上眉梢，一切谋望皆如意，向后时运渐渐高。这个卦是同卦（下乾上乾）相叠。象征天，喻龙（德才的君子），又象征纯粹的阳和健，表明兴盛强健。乾卦是根据万物变通的道理，以“元、亨、利、贞”为卦辞，示吉祥如意，教导人遵守天道的德行。[①]

第2卦：坤为地（坤卦）柔顺伸展。上上卦。

象曰：肥羊失群入山冈，饿虎逢之把口张，适口充肠心欢喜，卦若占之大吉昌。这个卦是同卦（下坤上坤）相叠，阴性。象征地（与乾卦相反），顺从天。承载万物，伸展无穷无尽。坤卦以雌马为象征，表明地道生育抚养万物，而又依天顺时，性情温顺。它以“先迷后得”证明“坤”顺从“乾”，依随“乾”，才能把握正确方向，遵循正道，获取吉利。

第3卦：水雷屯（屯卦）起始维艰。下下卦。

象曰：风刮乱丝不见头，颠三倒四犯忧愁，慢从款来左顺遂，急促反惹不自由。这个卦是异卦（下震上坎）相叠，震为雷，喻动；坎为雨，喻险。雷雨交加，险象丛生，环境恶劣。“屯”原指植物萌生大地。万物始生，充满艰难险阻，然而顺时应运，必欣欣向荣。

第4卦：山水蒙（蒙卦）启蒙奋发。中下卦。

象曰：卦中爻象犯小耗，君子占之运不高，婚姻合伙有琐碎，做事必然受苦劳。这个卦是异卦（下坎上艮）相叠，艮是山的形象，喻止；坎是水的形象，喻险。卦形为山下有险，仍不停止前进，是为蒙昧，故称蒙卦。但因把握时机，行动切合时宜，因此，具有启蒙和通达的卦象。

第5卦：水天需（需卦）守正待机。中上卦。

象曰：明珠土埋日久深，无光无亮到如今，忽然大风吹土去，自然显露有重新。这个卦是异卦（下乾上坎）相叠，下卦是乾，刚健之意；上卦是坎，险陷之意。以刚逢险，宜稳健之妥，不可冒失行动，观时待变，所往一定成功。

第6卦：天水讼（讼卦）慎争戒讼。中下卦。

象曰：心中有事事难做，恰是二人争路走，雨下俱是要占先，谁肯让谁走一步。这个卦是异卦（下坎上乾）相叠。同需卦相反，互为“综卦”。乾为刚健，坎为险陷。刚与险，健与险，彼此反对，定生争讼。争讼非善事，务必慎重戒惧。

---

① 来源：360百科“易经六十四卦”，网址：baike.so.com/doc/1100157-116.

第7卦：地水师（师卦）行险而顺。中上卦。

象曰：将帅领旨去出征，骑着烈马拉硬弓，百步穿杨去得准，箭中金钱喜气生。这个卦是异卦（下坎上坤）相叠。“师”指军队。坎为水、为险；坤为地、为顺，喻寓兵于农。兵凶战危，用兵乃圣人不得已而为之，但它可以顺利无阻碍地解决矛盾，因为顺乎形势，师出有名，故能化凶为吉。

第8卦：水地比（比卦）诚信团结。上上卦。

象曰：顺风行船撤起帆，上天又助一蓬风，不用费力逍遥去，任意而行大亨通。这个卦是异卦（下坤上坎）相叠，坤为地；坎为水。水附大地，地纳河海，相互依赖，亲密无间。此卦与师卦完全相反，互为综卦。它阐述的是相亲相辅，宽宏无私，精诚团结的道理。

第9卦：风天小畜（小畜卦）蓄养待进。下下卦。

象曰：苗逢旱天尽焦梢，水想云浓雨不浇，农人仰面长吁气，是从款来莫心高。这个卦是异卦（下乾上巽）相叠，乾为天；巽为风。喻风调雨顺，谷物滋长，故卦名小畜（蓄）。力量有限，须待发展到一定程度，才可大有作为。

第10卦：天泽履（履卦）脚踏实地。中上卦。

象曰：凤凰落在西岐山，去鸣几声出圣贤，天降文王开基业，富贵荣华八百年。这个卦是异卦（下兑上乾）相叠，乾为天；兑为泽，以天喻君，以泽喻民，原文：“履（踩）虎尾、不咥（咬）人。”因此，结果吉利。君上民下，各得其位。兑柔遇乾刚，所履危。履意为实践，卦义是脚踏实地的向前进取的意思。

第11卦：地天泰（泰卦）应时而变。中中卦。

象曰：学文满腹入场闱，三元及第得意回，从今解去愁和闷，喜庆平地一声雷。这个卦是异卦（下乾上坤）相叠，乾为天，为阳；坤为地，为阴，阴阳交感，上下互通，天地相交，万物纷纭。反之则凶。万事万物，皆对立，转化，盛极必衰，衰而转盛，故应时而变者泰（通）。

第12卦：天地否（否卦）不交不通。中中卦。

象曰：虎落陷坑不堪言，进前容易退后难，谋望不遂自己便，疾病口舌事牵连。这个卦是异卦（下坤上乾）相叠，其结构同泰卦相反，系阳气上升，阴气下降，天地不交，万物不通。它们彼此为“综卦”，表明泰极而否，否极泰来，互为因果。

第13卦：天火同人（同人卦）上下和同。中上卦。

象曰：心中有事犯猜疑，谋望从前不着实，幸遇明人来指引，诸般忧闷自消之。这个卦是异卦（下离上乾）相叠，乾为天，为君；离为火，为臣民百姓，上天下火，火性上升，同于天，上下和同，同舟共济，人际关系和谐，天下大同。

第14卦：火天大有（大有卦）顺天依时。上上卦。

象曰：砍树摸雀作事牢，是非口舌自然消，婚姻合伙来费力，若问走失未逃脱。这个卦是异卦（下乾上离）相叠。上卦为离，为火；下卦为乾，为天。火在天上，普照万物，万民归顺，顺天依时，大有所成。

第15卦：地山谦（谦卦）内高外低。中中卦。

象曰：天赐贫人一封金，不争不抢两平分，彼此分得金到手，一切谋望皆遂心。这个卦是异卦（下艮上坤）相叠，艮为山，坤为地。地面有山，地卑（低）而山高，是为内高外低，比喻功高不自居，名高不自誉，位高不自傲。这就是谦。

第16卦：雷地豫（豫卦）顺时依势。中中卦。

象曰：太公插下杏黄旗，收妖为徒归西岐，自此青龙得了位，一旦谋望百事宜。这个卦是异卦（下坤上震）相叠，坤为地，为顺；震为雷，为动。雷依时出，预示大地回春。因顺而动，和乐之源。此卦与谦卦互为综卦，交互作用。

第17卦：泽雷随（随卦）随时变通。中中卦。

象曰：泥里步踏这几年，推车靠崖在眼前，目下就该再使力，扒上崖去发财源。这个卦是异卦（下震上兑）相叠，震为雷、为动；兑为悦。动而悦就是“随”。随指相互顺从，己有随物，物能随己，彼此沟通。随必依时顺势，有原则和条件，以坚贞为前提。

第18卦：山风蛊（蛊卦）振疲起衰。中中卦。

象曰：卦中爻象如推磨，顺当为福反为祸，心中有益且迟迟，凡事尽从忙处错。这个卦是异卦（下巽上艮）相叠，与随卦互为综卦。蛊本意为事，引申为多事、混乱。器皿久不用而生虫称“蛊”，喻天下久安而因循、腐败，必须革新创造，治理整顿，挽救危机，重振事业。

第19卦：地泽临（临卦）教民保民。中上卦。

象曰：君王无道民倒悬，常想拨云见青天，幸逢明主施仁政，重又安居乐自然。这个卦是异卦（下兑上坤）相叠。坤为地；兑为泽，地高于泽，泽容于地。喻君主亲临天下，治国安邦，上下融洽。

第20卦：风地观（观卦）观下瞻上。中上卦。

象曰：卦遇蓬花旱逢河，生意买卖利息多，婚姻自有人来助，出门永不受折磨。这个卦是异卦（下坤上巽）相叠，风行地上，喻德教遍施。观卦与临卦互为综卦，交相使用。在上者以道义观天下；在下者以敬仰瞻上，人心顺服归从。

第21卦：火雷噬嗑（噬嗑卦）刚柔相济。上上卦。

象曰：运拙如同身受饥，幸得送饭又送食，适口充腹心欢喜，忧愁从此渐消移。这个卦是异卦（下震上离）相叠。离为阴卦；震为阳卦。阴阳相交，咬碎硬物，喻恩威并施，宽严结合，刚柔相济。噬嗑为上下颚咬合，咀嚼。

第22卦：山火贲（贲卦）饰外扬质。中上卦。

象曰：近来运转锐气周，窈窕淑女君子求，钟鼓乐之大吉庆，占者逢之喜临头。这个卦是异卦（下离上艮）相叠。离为火为明；艮为山为止。文明而有节制。贲（bi）卦论述文与质的关系，以质为主，以文调节。贲，文饰、修饰。

第23卦：山地剥（剥卦）顺势而止。中下卦。

象曰：鹊遇天晚宿林中，不知林内先有鹰，虽然同处心生恶，卦若逢之是非轻。这个卦是异卦（下坤上艮）相叠。五阴在下，一阳在上，阴盛而阳孤；高山附于地。二者都是剥落象，故为“剥卦”。此卦阴盛阳衰，喻小人得势，君子困顿，事业败坏。

第24卦：地雷复（复卦）寓动于顺。中中卦。

象曰：马氏太公不相合，世人占之犹疑多，恩人无义反为怨，是非平地起风波。这个卦是异卦（下震上坤）相叠。震为雷、为动；坤为地、为顺，动则顺，顺其自然。动在顺中，内阳外阴，循序运动，进退自如，利于前进。

第25卦：天雷无妄（无妄卦）无妄而得。下下卦。

象曰：飞鸟失机落笼中，纵然奋飞不能腾，目下只宜守本分，妄想扒高万不能。这个卦是异卦（下震上乾）相叠。乾为天为刚为健；震为雷为刚为动。动而健，刚阳盛，人心振奋，必有所得，但唯循纯正，不可妄行。无妄必有获，必可致福。

第26卦：山天大畜（大畜卦）止而不止。中上卦。

象曰：忧愁常锁两眉头，千头万绪挂心间，从今以后防开阵，任意行而不相干。这个卦是异卦（下乾上艮）相叠。乾为天，刚健；艮为山，笃实。畜者积聚，大畜意为大积蓄。为此不畏严重的艰难险阻，努力修身养性以丰富德业。

第27卦：山雷颐（颐卦）纯正以养。上上卦。

象曰：太公独钓渭水河，手执丝杆忧愁多，时来又遇文王访，自此永不受折磨。这个卦是异卦（下震上艮）相叠。震为雷，艮为山。山在上而雷在下，外实内虚。春暖万物养育，依时养贤育民。阳实阴虚，实者养人，虚者为人养。自食其力。

第28卦：泽风大过（大过卦）非常行动。中下卦。

象曰：夜晚梦里梦金银，醒来仍不见一文，目下只宜求本分，思想络是空劳神。这个卦是异卦（下巽上兑）相叠。兑为泽、为悦，巽为木、为顺，泽水淹舟，遂成大错。阴阳爻相反，阳大阴小，行动非常，有过度形象，内刚外柔。

第29卦：坎为水（坎卦）行险用险。下下卦。

象曰：一轮明月照水中，只见影儿不见踪，愚夫当财下去取，摸来摸去一场空。这个卦是同卦（下坎上坎）相叠。坎为水、为险，两坎相重，险上加险，险阻重重。一阳陷二阴。所幸阴虚阳实，诚信可豁然贯通。虽险难重重，却方能显人性光彩。

第30卦：离为火（离卦）附和依托。中上卦。

象曰：官人来占主高升，庄农人家产业增，生意买卖利息厚，匠艺占之大亨通。这个卦是同卦（下离上离）相叠。离者丽也，附着之意，一阴附丽，上下二阳，该卦象征火，内空外明。离为火、为明、太阳反复升落，运行不息，柔顺为心。

第31卦：泽山咸（咸卦）相互感应。中上卦。

象曰：运去黄金失色，时来棒槌发芽，月令极好无差，且喜心宽意大。这个卦是异卦（下艮上兑）相叠。艮为山；泽为水。兑柔在上，艮刚在下，水向下渗，柔上而刚下，交相感应。感则成。

第32卦：雷风恒（恒卦）恒心有成。中上卦。

象曰：渔翁寻鱼运气好，鱼来撞网跑不了，别人使本挣不来，谁想一到就凑合。这个卦是异卦（下巽上震）相叠。震为男、为雷；巽为女、为风。震刚在上，巽柔在下。刚上柔下，造化有常，相互助长。阴阳相应，常情，故称为恒。

第33卦：天山遁（遁卦）遁世救世。下下卦。

象曰：浓云蔽日不光明，劝君且莫出远行，婚姻求财皆不利，提防口舌到门庭。这个卦是异卦（下艮上乾）相叠。乾为天，艮为山。天下有山，山高天退。阴长阳消，小人得势，君子退隐，明哲保身，伺机救天下。

第34卦：雷天大壮（大壮卦）壮勿妄动。中上卦。

象曰：卦占工师得大木，眼前该着走上路，时来运转多顺当，有事自管放心宽。这个卦是异卦（下乾上震）相叠。震为雷；乾为天。乾刚震动。天鸣雷，云雷滚，声势宏大，阳气盛壮，万物生长。刚壮有力故曰壮。大而且壮，故名大壮。四阳壮盛，积极而有所作为，上正下正，标正影直。

第35卦：火地晋（晋卦）求进发展。中上卦。

象曰：锄地锄去苗里草，谁想财帛将人找，一锄锄出银子来，这个运气也算好。这个卦是异卦（下坤上离）相叠。离为日，为光明；坤为地。太阳高悬，普照大地，大地卑顺，万物生长，光明磊落，柔进上行，喻事业蒸蒸日上。

第36卦：地火明夷（明夷卦）晦而转明。中下卦。

象曰：时乖运拙走不着，急忙过河拆了桥，恩人无义反为怨，凡事无功枉受劳。这个卦是异卦（下离上坤）相叠。离为明，坤为顺；离为日；坤为地。日没入地，光明受损，前途不明，环境困难，宜遵时养晦，坚守正道，外愚内慧，韬光养晦。

第37卦：风火家人（家人卦）诚威治业。下下卦。

象曰：一朵鲜花镜中开，看着极好取不来，劝君休把镜花恋，卦若逢之主可怪。这个卦是异卦（下离上巽）相叠。离为火；巽为风。火使热气上升，成为风。一切事物皆应以内在为本，然后伸延到外。发生于内，形成于外。喻先治家而后治天下，家道正，天下安乐。

第38卦：火泽睽（睽卦）异中求同。下下卦。

象曰：此卦占来运气歹，如同太公做买卖，贩猪牛快贩羊迟，猪羊齐贩断了宰。这个卦是异卦（下兑上离）相叠。离为火；兑为泽。上火下泽，相违不相济。克则生，往复无空。万物有所不同，必有所异，相互矛盾。睽即矛盾。

第39卦：水山蹇（蹇卦）险阻在前。下下卦。

象曰：大雨倾地雪满天，路上行人苦又寒，拖泥带水费尽力，事不遂心且耐烦。这个卦是异卦（下艮上坎）相叠。坎为水，艮为山。山高水深，困难重重，人生险阻，见险而止，明哲保身，可谓智慧。蹇，跛行艰难。

第40卦：雷水解（解卦）柔道致治。中上卦。

象曰：目下月令如过关，千辛万苦受熬煎，时来恰相有人救，任意所为不相干。这个卦是异卦（下坎上震）相叠。震为雷、为动；坎为水、为险。险在内，动在外。严冬天地闭塞，静极而动。万象更新，冬去春来，一切消除，是为解。

第41卦：山泽损（损卦）损益制衡。下下卦。

象曰：时动不至费心多，比作推车受折磨，山路崎岖吊下耳，做插右按按不着。这个卦是异卦（下兑上艮）相叠。艮为山；兑为泽。上山下泽，大泽浸蚀山根。损益相间，损中有益，益中有损。二者之间，不可不慎重对待。损下益上，治理国家，过度会损伤国基。应损则损，但必量力、适度。少损而益最佳。

第42卦：风雷益（益卦）损上益下。上上卦。

象曰：时来运转吉气发，多年枯木又开花，枝叶重生多茂盛，几人见了几人夸。这个卦是异卦（下震上巽）相叠。巽为风；震为雷。风雷激荡，其势愈强，雷愈响，风雷相助互长，交相助益。此卦与损卦相反。它是损上以益下，后者是损下以益上。二卦阐述的是损益的原则。

第43卦：泽天夬（夬卦）决而能和。上上卦。

象曰：蜘蛛脱网赛天军，粘住游蜂翅翎毛，幸有大风吹破网，脱离灾难又逍遥。这个卦是异卦（下乾上兑）相叠。乾为天为健；兑为泽为悦。泽气上升，决注成雨，雨施大地，滋润万物。五阳去一阴，去之不难，决（去之意）即可，故名为夬，夬即决。

第44卦：天风姤（姤卦）天下有风。上卦。

象曰：他乡遇友喜气欢，须知运气福重添，自今交了顺当运，向后管保不相干。这个卦是异卦（下巽上乾）相叠。乾为天，巽为风。天下有风，吹遍大地，阴阳交合，万物茂盛。姤卦与夬卦相反，互为“综卦”。姤即遘，阴阳相遇。但五阳一阴，不能长久相处。

第45卦：泽地萃（萃卦）荟萃聚集。中上卦。

象曰：游鱼戏水被网惊，跳过龙门身化龙，三尺杨柳垂金钱，万朵桃花显你能。这个卦是异卦相叠（下坤上兑）。坤为地、为顺；兑为泽、为水。泽泛滥淹没大地，人众多相互斗争，危机必四伏，务必顺天任贤，未雨绸缪，柔顺而又和悦，彼此相得益彰，安居乐业。萃，聚集、团结。

第46卦：地风升（升卦）柔顺谦虚。上上卦。

象曰：士人来占必得名，生意买卖也兴隆，匠艺逢之交易好，农间庄稼亦收成。这个卦是异卦相叠（下巽上坤）。坤为地、为顺；巽为木、为逊。大地生长树木，逐的成长，日渐高大成材，喻事业步步高升，前程远大，故名“升”。

第47卦：泽水困（困卦）困境求通。中上卦。

象曰：时运不来好伤怀，撮上押去把梯抬，一筒虫翼无到手，转了上去下不来。这个卦是异卦（下坎上兑）相叠。兑为阴为泽喻悦；坎为阳为水喻险。泽水困，陷入困境，才智难以施展，仍坚守正道，自得其乐，必可成事，摆脱困境。

第48卦：水风井（井卦）求贤若渴。上上卦。

象曰：枯井破费已多年，一朝流泉出来鲜，资生济渴人称美，时来运转喜自然。这个卦是异卦（下巽上坎）相叠。坎为水；巽为木。树木得水而蓬勃生长。人靠水井生活，水井由人挖掘而成。相互为养，井以水养人，经久不竭，人应取此德而勤劳自勉。

第49卦：泽火革（革卦）顺天应人。上上卦。

象曰：苗逢旱天渐渐衰，幸得天恩降雨来，忧去喜来能变化，求谋干事遂心怀。这个卦是异卦（下离上兑）相叠。离为火、兑为泽，泽内有水。水在上而下浇，火在下而上升。火旺水干；水大火熄。二者相生亦相克，必然出现变革。变革是宇宙的基本规律。

第50卦：火风鼎（鼎卦）稳重图变。中下卦。

象曰：莺鸶蛤蜊落沙滩，蛤蜊莺鸶两翅扇，渔人进前双得利，失走行人却自在。这个卦是异卦（下巽上离）相叠。燃木煮食，化生为熟，除旧布新的意思。鼎为重宝大器，三足稳重之象。煮食，喻食物充足，不再有困难和困扰。在此基础上宜变革，发展事业。

第51卦：震为雷（震卦）临危不乱。中上卦。

象曰：一口金钟在淤泥，人人拿着当玩石，忽然一日钟悬起，响亮一声天下知。这个卦是同卦（下震上震）相叠。震为雷，两震相叠，反响巨大，可消除沉闷之气，亨通畅达。平日应居安思危，怀恐惧心理，不敢有所怠慢，遇到突发事变，也能安然自若，谈笑如常。

第52卦：艮为山（艮卦）动静适时。中下卦。

象曰：财帛常打心头走，可惜眼前难到手，不如意时且忍耐，逢着闲事休开口。这个卦是同卦（下艮上艮）相叠。艮为山，二山相重，喻静止。它和震卦相反。高潮过后，必然出现低潮，进入事物的相对静止阶段。静止如山，宜止则止，宜行则行。行止即动和静，都不可失机，应恰到好处，动静得宜，适可而止。

第53卦：风山渐（渐卦）渐进蓄德。上上卦。

象曰：俊鸟幸得出笼中，脱离灾难显威风，一朝得意福力至，东西南北任意行。这个卦是异卦（下艮上巽）相叠。艮为山，巽为木。山上有木，逐渐成长，山也随着增高。这是逐渐进步的过程，所以称渐，渐即进，渐渐前进而不急速。

第54卦：雷泽归妹（归妹卦）立家兴业。下下卦。

象曰：求鱼须当向水中，树上求之不顺情，受尽爬揭难随意，劳而无功运平平。这个卦是异卦（下兑上震）相叠。震为动、为长男；兑为悦、为少女。以少女从长男，产生爱慕之情，有婚姻之动，有嫁女之象，故称归妹。男婚女嫁，天地大义，人的开始和终结。上卦与渐卦为综卦，交互为用。

第55卦：雷火丰（丰卦）日中则斜。上上卦。

象曰：古镜昏暗好几年，一朝磨明似月圆，君子谋事逢此卦，近来运转喜自然。这个卦是异卦（下离上震）相叠，电闪雷鸣，成就巨大，喻达到顶峰，如日中天。告诫；务必注意事物向相反方面发展。治乱相因，盛衰无常，不可不警惕。

第56卦：火山旅（旅卦）依义顺时。下下卦。

象曰：飞鸟树上垒窝巢，小人使计举火烧，君占此卦为不吉，一切谋望枉徒劳。这个卦是异卦（下艮上离）相叠。此卦与丰卦相反，互为“综卦”。山中燃火，烧而不止，火势不停地向前蔓延，如同途中行人，急于赶路。因而称旅卦。

第57卦：巽为风（巽卦）谦逊受益。中上卦。

象曰：一叶孤舟落沙滩，有篙无水进退难，时逢大雨江湖溢，不用费力任往返。这个卦是同卦（下巽上巽）相叠，巽为风，两风相重，长风不绝，无孔不入，巽义为顺。谦逊的态度和行为可无往不利。

第58卦：兑为泽（泽卦）刚内柔外。上上卦。

象曰：这个卦象真可取，觉着做事不费力，休要错过这机关，事事觉得随心意。这个卦是同卦（下泽上泽）相叠。泽为水。两泽相连，两水交流，上下相和，团结一致，朋友相助，欢欣喜悦。兑为悦也。同秉刚健之德，外抱柔和之姿，坚行正道，导民向上。

第59卦：风水涣（涣卦）拯救涣散。下下卦。

象曰：隔河望见一锭金，欲取岸宽水又深，指望资财难到手，尽夜资财枉费心。这个卦是异卦（下坎上巽）相叠。风在水上行，推波助澜，四方流溢。涣，水流流散之意。象征组织和人心涣散，必用积极的手段和方法克服，战胜弊端，挽救涣散，危为安。

第60卦：水泽节（节卦）万物有节。上上卦。

象曰：时来运转喜气生，登台封神姜太公，到此诸神皆退位，纵然有祸不成凶。这个卦是异卦（下兑上坎）相叠。兑为泽，坎为水。泽有水而流有限，多必溢于泽外。因此要有节度，故称节。节卦与涣卦相反，互为综卦，交相使用。天地有节度才能常新，国家有节度才能安稳，个人有节度才能完美。

第61卦：风泽中孚（中孚卦）诚信立身。下下卦。

象曰：路上行人色匆匆，急忙无桥过薄冰，小心谨慎过得去，一步错了落水中。这个卦是异卦（下兑上巽）相叠。孚本义孵，孵卵出壳的日期非常准确，有信的意义。卦形外实内虚，喻心中诚信，所以称中孚卦。这是立身处世的根本。

第62卦：雷山小过（小过卦）行动有度。中上卦。

象曰：行人路过独木桥，心内惶恐眼里瞧，爽利保保过得去，慢行一定不安牢。这个卦是异卦（下艮上震）相叠。艮为山，震为雷，过山雷鸣，不可不畏惧。阳为大，阴为小，卦外四阴超过中二阳，故称“小过”，小有越过。

第63卦：水火既济（既济卦）盛极将衰。中上卦。

象曰：金榜以上题姓名，不负当年苦用功，人逢此卦名吉庆，一切谋望大亨通。这个卦是异卦（下离上坎）相叠。坎为水，离为火，水火相交，水在火上，水势压倒火势，救火大功告成。既，已经；济，成也。既济就是事情已经成功，但终将发生变故。

第64卦：火水未济（未济卦）事业未竟。中下卦。

象曰：离地着人几丈深，是防偷营劫寨人，后封太岁为凶煞，时加谨慎祸不侵。这个卦是异卦（下坎上离）相叠。离为火，坎为水。火上水下，火势压倒水势，救火大功未成，故称未济。《周易》以乾坤二卦为始，以既济、未济二卦为终，充分反映了变化发展的思想。

《易经》的八卦到六十四卦揭示宇宙的变异转化的规律。每一卦是一个太极点，每卦有六爻，每个爻的变化影响到卦的变化，也就一个场的变化。信息在变化，事物、社会在变化，同时方位形态都在变化，对人事来说也就会产生凶吉，成败得失。在六十四卦中，一物一太极，一卦一太极的学说，每一个卦同样涵盖所有的信息。

（二）阴阳八卦是人类智慧的结晶

《易经》是中国文化史上流传最久远之经书。《易经》自古被称为六经之首。其余五经为《诗》《书》《礼》《乐》《春秋》，都是有文字的记录。唯独《易经》产生于人类创造文字之前，用画来表达意思。最初只有**—**（阳）及**--**（阴）两种符号。按照数学排列组合的规律，这两种基本符号三组组合，只能有八种可能，是为八卦的开始。这八种再组合一下就变成六十四种排列方式。

阴阳八卦是人类智慧的结晶。阴与阳代表“正面”“反面”，或者“有”“没有”两类相反的意思。历代记载伏羲作八卦，文王演绎为六十四卦，古代一直是这么相传，司马迁《史记》也有记载，今天看来这个记载符合实际情况。伏羲时代是群婚制，没有固定的家庭，靠打猎为生，生活资料来源不固定。所以人们就想预先测算今天的收获。测算、预测是人类的进步，是人类智慧的结晶。

阴阳是根据世界现象归纳的哲学概念。“近取诸身，远取诸物”，自始至终是对立的统一，有不一样，可又互相需要、互相离不开。这些哲学观念很原始、很朴素，可也很根本。八卦把乾作为阳性、男性的代表，代表进取、刚强、主动；坤代表阴性，代表万物保守、服从、顺从方面的性质。

中华民族最早祖先崇拜的“祖”字，左边“示”部代表祭坛，右边是“且”，古代“且”象征男性生殖器崇拜。在我国的考古发掘中，发现陶制、泥巴制、石头制的“且”有很多，这说明中华民族祖先崇拜“祖”字由来已久。后来，儒家文化继承了中华民族祖先的这种崇拜的传统，并加以发挥，使之神圣化，给予崇高的解释。比如清朝，故宫皇帝办公的地方叫乾清宫，皇后住坤宁宫，中间的殿叫交泰殿。

应当看到，《易经》是一部人与自然的大辞典。《易经》的乾坤两卦是易学的门户，乾卦告诉我们，天行健君子以自强不息，做人做事的奋斗方法和精神。而坤卦讲的是厚德载物，德合无疆。告诉人们做人做事的品德和内涵，胸怀大志，海纳百川，包容万物，不弃万物的大怀大量，生而不争，养而不取。

（三）《易经》有太极，太极生两仪

《易经》以宇宙间万事万物为观察和研究的对象，用“阴”和“阳”两个基本要素，描述了一个阴阳变化的系统。“无极生有极，有极生太极，太极生两仪（即阴阳），两仪生四象（即少阳，太阳，少阴，太阴），四象演八卦，八八六十四卦”。两仪是对太极的细分；四象是对阴阳的细分；八卦是对四象的细分；六十四卦是对八卦的细分。八卦决定了自然或人事的吉凶，吉凶造就了自然的形势。孔子用文字将《易》描述为：“是故《易》有太极，是生两仪，两仪生四象，四象生八卦。”这里并没有提无极。“无极”一词据说是老子在其《道德经》第二十八章首次提出。应当看到，无极是推动宇宙运动的变化规律，规律是看不见的故曰无极。但无极并不是一无所有，其精髓是阴阳五行这个“二五之精”。准确地说“无极”是无所不及，而太极是太过极化。

《易经》的象表达，无极（应视为无极球体）：

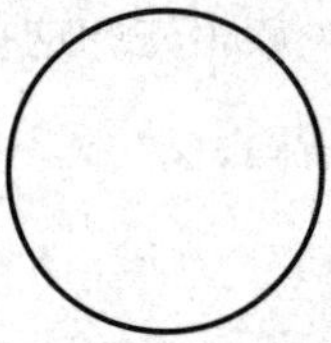

▬ 无极球的正面视图

太极的准确叫法应为太极球：

▬ 太极球的正面视图

上图是观者在正面观察得到的像，如果视角不变的话，太极的极化现象变化如下图：

▬ 太极极化后的正面视图

由此图可以看出对任何事物的观察必须要多角度，否则会出现以偏概全的误差。认识事物的极致应为全息性观察，但人类很难做到这一点。所以《易经》告诉人类认识事物的角度要从10个方面来进行（这10个观察点应以10个不同的角度均匀地分布在球面上）。

极化的极端表象（这一过程不能视为阶段仅是极化过程）：

太极极化后的极限正面视图

太极的极化结果产生了两仪：

两仪示意图

两仪生四象：

图像示意图

四象生八卦（四象与两仪的分别组合）：

八卦示意图

至此《易经》完成了一生二、二生三的过程。以后的过程为三生万物，即六十四卦。

（四）《易经》文化是科学的文化

古老的中华文明上下五千年，中华民族的先辈们，在自己的生存活动历史过程中，通过不断地认识世界认识自身，获得了许多关于世界关于人类自身的认知知识，并逐渐形成其认识世界认识自身的认知方法、观点和体系。《易经》的诞生，标志着中华民族认识世界认识自身的一个总结。这一总结，既包含着我们祖先认识世界认识自身的认识方法的形成、观点的确定和体系的建立；同时，这一总结，又是中华民族进一步认识世界和自身的一个新的起点。大量的实践证明，《易经》文化是科学的文化。

1. 《易经》文化的理论依据

千百年来，《易经》不仅作为描述宇宙力量的深奥图像被人们所推崇，而且也作为智慧的源泉而为古今中外人们所推崇。《易经》基本理论认为万物只有阴阳调和，自然界包括万物才能和谐发展，这就是《易经》的大道。《易经》回答了诸多哲学、天文、预测等方面问题，是真正的一分为二观点，比马克思学说早了几千年。通过象、数、理的推演，展示了独特的宇宙观，回答了物质、能量、信息、质量转换、辩证法则、整体运动变化、人的意志等纯哲学命题，具有世界观和方法论方面的重要意义，独树一帜。其辩证观念是唯物辩证法的先驱。

从《易经》的学术上看，可以分为四个部分。一是物理学，即格物致知的过程。欧洲的哲学权威荣格，在英文《周易》再版序言中说："世界人类唯一的智慧宝典，首推中国的《周易》（八卦），在科学方面我们所得的定律，常常是短命的，或被后来的事实所推翻，唯独中国的《周易》（八卦）相延六千年之久仍然具有价值，而且与最新的原子物理学颇有相同的地方。"伟大的物理学家爱因斯坦对《易经》赞不绝口，因为他的相对论的指导思想来源于《易经》。二是数学，用数学的逻辑和数学的方式来表现天下事物。恩格斯说，每一门学问只有最终能用数学表达时才可以被称为科学。《易经》中河洛数理至今仍是数学界的高深知识。三是哲学，人在天地之间要实现更好的生活，只有顺应自然、与自然相处和谐。19世纪德国著名的哲学家黑格尔凭借中国的易经取得了伟大成就。他在自传中说，他的著名的正反合的辩证逻辑定律，是受中国易经启发而写成的。并且说："'易经'代表了中国人的智慧，是有绝对权威的"。《易经》中的六十四卦的核心是围绕进德修善，以德行为根本。四是玄学，《易经》在思维方式上是有感应学说的。"易无思也，无为也，寂然不动，感而遂通天下之故。”很多人认为感而遂通就是迷信，其实不是，用我们现在的科学完全可以解释。感而遂通其实是一种波、一种磁场对应。人作为无线的信息接收体与宇宙事物的波、波段、频率进行沟通，每个人的先天禀赋不一样，所达到的结果也未必一样，所以会仁者见仁，智者见智，同样的问题有不同的看法。易经原理广大悉备，道法自然，其中蕴含了大量科学的基本原理，不但对中国古代科学有着巨大的潜移默化的推动力量，而且对世界近代科学产生了不可忽视的影响。

2. 《易经》文化的认识方式

《易经》描述的世界是灵动的，普遍联系的，天、地、人高度融合，息息相关。我们可以用一个近似的比喻，地球上万事万物好比一个个有一定波长的超级敏感波源，大家都在一定范围内波动着，每个波有各自的波长，互相干扰和衍射着，整个世界就是各种波综合作用后的效果。改变了其中的一波，必然就会对其他波产生影响，这影响会互相传递。《易经》首先是通过对事物的现象的认识，研究背后的道，达到认知本质。为什么把象放在前头，因为研究事物是通过象的研究得到，数则是表达认识象的结果。一旦人起心动念，数理就会存在于其中。人一旦有所抉择有所行动，必然会伴随着吉凶悔吝。偶然之中蕴含着必然。同样的，如果你拿同一个字去找几个人算卦，结果也不可能一样，因为根本上你因为一件事情多次去占问本来就不符合周易占筮的原则。《易经》的所有这些认识方式、结果都是对人而言，最后才是占卜。实际上，《易经》是把天下万物做一个定性和定量的象，当事物违反了象的时候，也就是事物的根本起因发生了变化。许多人把占卜看成迷信，实际上，占卜是通过现象的变化推导出事物将来发展的方向。《易经》中的八卦已经表示了立体的双重时空，也就是它既表示时间的存在，也表示了空间的存在。在一个空间内，时间会有八种现象，反之亦然。算卦与科学实验的一个最大区别就在于算卦的结论具有不可重复性。梅花易等算卦方法尤其如此。科学实验只要严格遵循相应的实验条件和操作规程，无论谁来操作试验都能得出相同的结果（除非试验者操作失误等人为失误）。而算卦，除了考虑排演出来的卦象，还得考虑算卦的时间和环境，甚至是算卦者的感受。八八六十四卦表达的是天下事物的最大象数，事物都是在六十四种现象之间来回游荡穿梭。当我们某一刹那大脑想到某一事物时，大脑的频率和波段与事物的频率、波段进行了一次沟通，得到一个卦象，从而得到一种信息的交流。

3.《易经》文化的变与不变

变与不变是《易经》的全部宗旨。《易经》认为任何事物都在发展变化的，都不是一成不变的。《易经》的易，它第一个也是最核心的意思，是变化，一切皆在变化中，类推到人世，说人世也一切皆变。另一个意思是不变，却是永恒不变。这种变与不变，要是不懂《周易》的人，一定会认为这是前后矛盾的，但读过《周易》之后，就不会如此简单地认为两者是相互矛盾的了。它其中的变与不变不是在一个共识的、水平面、横向上。在共同地评价一件事务，它是纵向的关系。所说的变化是就事物表象而言，现象变化的背后是规律，规律是不变的。应当看到，易经的“易”字有三说：一是简易，就是简易、平易的意思。因为天地自然的法则，本来就是那样简朴而平易的。一切事物和现象都可以装进这个“模式”里，都可以用这个“模式”来说明。即“大道至简是也”。二是变易，认为天地自然的万事万物，以及人事，随时在交互变化之中，永无休止。但是这种变化的法则，却有其必然的准则可循，并非乱变。即“易”是讲变化之道的，也就是讲“辩证法”的。三是不易，天地自然的万事万物以及人事，虽然随时随地都在错综复杂、互为因果的变化中，但所变化者是其现象。而能变化的，却本自不易，至为简易。即“易”虽讲变化，但这变化之“道”却是永恒不变的，也就是可以“以不变应万变”。一个人客观条件再好或再坏，也会发生变化的，变化是必然的、永恒的。但人的本性，人的生物遗传所既有的特性不会变，即“江山易改本性难移”。这就是变易和不易。

《易经》讲阴阳，阴阳是互相对立、互相统一、互相转化的。“物极必反，否极泰来”，“阴盛阳衰，阳盛阴衰”，讲的也是这个道理。有一句俗话“富不过三代”，就是指事物都会有变化的，即“人无千日好，花无百日红”。按生物学讲，各种生物在自然环境影响下，都可能发生不同程度的基因突变。农业良种，需要年年引进，否则一代代种下去就会退化。《易经》认为，环境改变人生。一个人的命运会受到环境的影响，“谋事在人，成事在天”，环境在一定程度上也会改变人，甚至在特定情况下，有一票否决权。如随着现代医学水平的不断发展，有些绝症就可以治疗，使寿命得以延长；如果一个国家社会秩序乱，安全系数就比较小，国民死于非命的几率就高；一对双胞胎姐妹，一个生活在大都市的知识分子家庭，一个寄养在山区中的一户贫困家庭，其受教育程度就一定会产生较大差别；一场大自然的灾害，夺去了几万人的生命，他们并非全是短命的人。类推到人世当中，人世存在不存在不变的东西？存在，父慈子孝，兄友弟恭等是不变的。具体问题具体分析，我们都知道这是马克思主义活的灵魂，但是我们当中的好多人，就不知道在我国的周朝时代，就已经有了具体问题具体分析的思想意识了。所以说，《易经》文化中的六十四卦，所说明的是不同的卦有不同的对策。《易经》与现代科学都反对宿命论。宿命论认为人的命运是由必然因素造成，是可预测，可预知而又是注定的、不可改变的一种观念。同时宿命论还认为，人生中早已注定的遭遇，包括生死祸福、贫富贵贱，认为一切事情都是由人无法控制的力量所促成的，认为在人类的命运中，存有一些定数，即称为必然法则的定数。虽然每个人一生都有自己的运行轨迹，但易经和科学一样，都是认为随着每个人的主客观条件的不断变化，必将不同程度地影响人生。

4. 《易经》文化的科学观

《易经》大约产生于七千年前，它对自然科学的指导，不是具体解决某个自然科学的难题，而是一种方法导论，我们把它称为“科学易”。18世纪一个当时在中国的德国传教士包威特，注意到中国的八卦太极图和易经。他把这个发现带回德国，告诉当时德国知名的哲学家和数学家莱布尼茨。莱布尼茨根据易经八卦原理，以易经的符号“阴爻”（--）代表0，以“阳爻”（—）代表 1，研究出二进位的数学原理，并写成论文“谈二进位制算术”，这一发明使他完成了二进制数学的创造。20世纪被称为第三次科技革命的重要标志之一的计算机的发明与应用，其运算模式正是二进制。它不但证明了莱布尼茨的原理是正确的，同时也证明，《易经》的象数学是一个很了不起的科学观，它所倡导的科学观是一种哲学科学观。《易经》中的六爻预测，包括纳甲法和梅花易数两种方法，纳甲利用六个爻、天干地支五行、六亲、世应及神煞等众多因素，来预测事物的发展过程和结局。梅花易数比较简便，主要依据内外卦、体用卦、互变卦及爻辞等来预测。六爻预测的神秘之处，就是一个看似“随机”的行为，却会导致一个确切的、可验证的结果。北京大学教授于希贤先生在《中国古代风水与建筑选址》一书中说："凡是能建立数理模型的知识，它一定是科学的。占筮本身就是一种极为严密的数理模型。"20世纪60年代以来，《易经》的科学原理推动了科技成果的不断诞生。世界上重大科研果共有14项，其中12项源于《易经》原理，如耗散结构理论、混沌理论、分形几何理论、一元数学理论、物元分析理论、天地生偶次序、全球地质构造吕德斯线、地球经济穴位理论、地球自然节律、自然同期可公度理论、生物全息律、宇宙全息论等。可以说，《易经》的科学原理，把世界推进了知识经济时代，为人类作出了巨大贡献。

5. 《易经》文化的处事方法

读过《易经》的都知道，《易经》整部书都是在讲宇宙人生、天地人，讲探索宇宙、大自然、生命的奥秘，强调要"道济天下"，要积极入世，积极参加社会工作，面对困难，要善于面对，而不是回避，逃离现实。不管历史怎么演变，人们总是生活在物质和精神的世界之中。《易经》六十四卦中的哲学思想为人们提供人生观、价值观、世界观和更好的处事方法。《易经》对现代生活仍然具有指导意义。《易经》教导我们不管富贵还是贫贱，都要自强不息、厚德载物。自强不息就是要与时俱进，厚德载物则是要爱社会，积善积德，这既是民族精神的要义，也是个人胸怀的修养。《易经》对人生似乎情有独钟，有10个卦都在专门讲述人生、启迪人生。这10个卦分别从各自角度告诉我们，面对纷繁复杂的社会，如何为人处世，如何处乱不惊，如何在困境中莫气馁，得意时莫骄傲，居安思危，进退有度。例如，旅卦就是困境中的处世方法，要换个环境，改正错误，塑造全新的自我；晋卦是想要晋职必须脚踏实地，实事求是；颐卦，颐养之道，养生不是共性的，是个性而不是范例，因材、因人、因地等差异性很大，要观颐，自求口实；家人卦是家庭内部建设和内部的教化，虽然时代不同了，中国文化中男主外女主内的思想还存在，现在很多以家庭伦理为题材的电视剧都在反映解决家庭内部问题，一个优秀的女人要有持家之道。虽然《易经》诞生时间很久远，但易学的哲学思想还是能指导人们，乐天知命故不忧！其实无论做人做事也好，学术研究也好，态度很重要，《易经》就是做人做事的指导，它涵盖了多方面的知识，为现代社会提供了坐标和检验标准，和单纯的占卜是两回事。人们应该加入到弘扬易经文化的行列中来，共同维护这个传承了几千年的生活智慧宝藏。《易经》的核心思想、最高境界就是天人合一。天地万物各得其位，各行其是，井然有序。不需要特殊强调的管理，需要的是自性的发挥，达到乾卦的最高境界——群龙无首，吉。如果我们大家的思想、行为高度和谐，与天道暗合，也就可以得到天地自然的庇佑。自天佑之，吉无不利！所以在我们的日常生活中，《易经》文化的处事方法处处可见，它“活”在我们的日常生活中，成为中华优秀传统文化的一种基因，它必将永远传承下去。

三、《易经》文化的内涵与特点

（一）《易经》文化的基本功能

《易经》文化的发明者，也就是人类的创造者或称为祖先，告诉她的后代们有两种生活方式：一种为顺向进化，可以体验及享受到无与伦比、丰富多彩的物质生活和情感体验，并面面俱到地告诉后代们如何来实现这一目的。这是一个人类在地球上产生，直至人类在地球上消亡的循环过程，人类将体会到作为不同物种的生活历练及生命的意义，以达到顺向进化意义的极致。第二种是逆向进化，通过人类对物质享受的控制，逐步减少对物质世界多样性的需求，而实现生命能量的归一。《易经》文化的基本功能，可以概括为以下四个方面：一是通过六十四卦，正确认识人类社会生存的空间；二是如何享受这个空间给人类带来的喜怒哀乐，如何更好地适应这个空间并与之和谐相处；三是人类生命能量提升的功法及心法；四是通过利用卜筮为人类解惑。

（二）《易经》文化的基本内涵与核心思想

1. 《易经》文化的基本内涵

《易经》文化的基本内涵大致可以概括为以下三个方面：一是《易经》文化的基本思想。《易经》文化的基本思想可以概括为：自强不息、厚德载物、崇德利用、天人协调。《易传》中提出的“天行健，君子以自强不息”及“地势坤，君子以厚德载物”，是中国民族精神的集中体现。“自强不息”就是“努力向上，决不停止”，是中华民族不断进取、奋发有为精神的写照；“厚德载物”

指君子应以大地一样的胸怀热爱社会、包容万事万物。中国历史上虽然也有哲学家主张清静、无为，但从总体上讲，《易经》历来关注现实人生，刚健有为、自强不息的进取精神和积极入世的人生态度一直居主导地位。二是《易经》文化的价值取向。《易经》文化比较注重人的内在修养，轻视对外在客观规律的探究，这是中国传统文化的一个重要价值指向。这种道德价值取向，是对社会理想和人格理想的追求，是中国传统文化和传统价值观中最为鲜明、持久的传统之一，至今仍有强大的生命力。三是《易经》文化的家庭伦理本位的价值观。《易经》文化最明显的价值观是重家族、重血缘的家庭伦理本位。这种价值观表现在大家庭中，就是家庭成员通常居住在一起，经济上实行统一收支和管理，家庭的命运也就是个人的命运。这种家庭本位主义的价值观，后来被引申发展为国家为本、君权至上的社会本位主义，正如“三纲”中所规定的“君为臣纲，父为子纲，夫为妻纲”。总之，《易经》文化有着丰富的内涵，虽然精华与糟粕并存，但是，《易经》文化和价值观的积极作用是不容抹杀的。它的整体性、系统性和传承性，使之构成了人们解读、理解现代化的整体背景；它所包含的丰富的思想原理，也是新的价值体系和文化体系成长和创建的必不可少的资源。

2. 《易经》文化内涵的核心思想

《易经》文化博大精深，总归之于“阴阳”二字。阴阳学说的基本内容包括阴阳一体、阴阳对立、阴阳互根、阴阳消长和阴阳转化等。阴阳是对自然界相互关联的某些事物和现象对立双方属性的概括，既是中国古代对立的哲学范畴，又是古人对世界起源的逻辑思维。《易经》认为，整个客观世界是由阴阳两大部分所组成，处于普遍的联系之中，是个一体化的大系统，表现为大化流行的动态过程，生生不已，变化日新，其内在的动力机制则是阴与阳的协调并济，相反相成。阳之性为刚健，阴之性为柔顺；阳之功能为创生，阴之功能为成全；阳居于领导的地位，阴居于从属的地位。这两者的关系是既对立，又统一，相互依存，彼此感应，由此而形成“天地交泰”，这就是宇宙的和谐，自然的和谐。宇宙间万物不出阴阳，一阴一阳之谓道。阴阳运行于宇宙，道弥纶于天地。阴阳的变化规律是宇宙间一切事物的根本规律。即：阴阳和则生，阴阳离则灭；阴阳错则变，阴阳平则佳；把握阴阳则统御整体。阴阳本身具有广义、相对、动态的涵义，对于具体事物而言其含义会随之具体变化。如此来述并非说“阴阳”可以替代万物、任意变化，而万物的确是由阴阳相互生发而成。因此，阴阳是指存在于宇宙间万物的任何对立而统一的两个因素或者是对多个因素的大致归纳后的泛指，它具有广义、相对、动态的涵义，因所分析事物的不同而被赋予了不同的具体涵义。比如，优劣、美丑、大小等。道者，核心（首）之路（道的左偏旁），隐于事物之中而非显于皮相。必须看到，人类社会的组织是效法宇宙自然的组织建立起来的，也相应地区分成为阴阳，既有合理的分工，又有相互之间的协作，从而形成一种“上下交而其志同”的社会和谐。阴阳观是《易经》文化内涵的核心所在，“一阴一阳之谓道”，这是适用于宇宙自然和人类社会的一条总的原则，统贯天、地、人三才之道，《易经》的核心思想完全是围绕着这个命题而展开的。

（三）《易经》文化的主要特点

《易经》文化是智慧之学，是文化之母，是宇宙万物与人生的指南针，而研究《易经》文化就必须学习八卦及六十四卦，只有深入学习和理解《易经》，才能了解《易经》文化的真实特点。

1.《易经》文化揭示宇宙万物与人生规律

《易经》文化讲的是太极、阴阳、四相、五行、八卦及六十四卦。中国古代的圣人伏羲用八卦符号代表八种自然现象。他用智慧观察宇宙万物与人生的变异规律。他把所观察到的现象用八种符号来表示，就是自然界的八种大现象。乾为天、坤为地、坎为水、离为火、巽为风、震为雷、艮为山、兑为泽，号名为八卦。通过八种自然现象，用八卦来了解它的变异规律对于人类所产生的影响。也就是说，认识自然、了解自然、应用自然、回归自然。《易经》为群经之首，被称为天人之学。历来广为人知却又神秘莫测，它是古人智慧的结晶，蕴含了天地万物变化的规则。《易经》八卦，八八六十四卦，三百八十四爻，字字体现先民智慧，句句包含先圣遗教，故被尊为“群经之首”。《周易》在春秋战国时代得到进一步完善，是我国先人的集体创作，中华民族智慧的结晶。几千年来，它以其无与伦比的魅力和博大精深的内涵吸引着历代学者及有志者驻足，成为中华文化的源头活水。《易经》里的思想已经渗透到中国人生活的方方面面，即使人们并没有意识到这一点，事实也是如此。孔子就说过，人们“日用而不知”。例如人的八字命局五行和大自然的规律有不可分割的关系，人生在不同的岁月里，度过每一年的春、夏、秋、冬，节气五行，春季为木、主肝，夏季为火、主心，秋季为金、主肺，冬季为水、主肾。这就是人生在四季生克的变化规律，人生的八字秘诀，是根据自然规律形成的乾坤定位。今天，我们谁不曾说过某某人阴阳怪气，某某人又变卦了，或者扭转乾坤，否极泰来之类的口语和成语，但不一定人人都知道而这些词汇都是直接从《易经》里来的。

2. 《易经》文化揭示宇宙变化的规律

《易经》文化中的八卦，到八八六十四卦，每一卦都揭示宇宙变化的规律。序卦是宇宙的自然规律，《易经》用图文并茂的形式记录了自然规律。其实六十四卦的易象就是图像，易辞就是文字，所以《易经》用图文并茂的形式记录了宇宙自然现象。乾为天，坤为地，有天地，然后万物才产生，盈满天地之间的，唯有万物，所以乾坤卦后，接着为屯卦。从乾坤的两大信息场，相对摩擦变化出六十四卦的大信息库，错综复杂而有序的全息定律，每一卦是一个太极点，每卦有六爻，每个爻的变化影响到卦的变化，也就一个场的变化，信息的变化，事物社会的变化，同时对方位形态也都在变化。《易经》文化中的六十四卦，是宇宙的规律，也是人生的规律。这个规律不受任何意识形态的制约，不受任何社会制度的制约，不受任何英雄好汉、风流人物的制约。法律可以修改，制度可以重订，而六十四卦是客观存在，不能修改和重订，不能人为操纵，所以六十四卦是人生的必然规律。一物一太极而一卦一太极的学说，每一个卦同样涵盖所有的信息，用易就是要学会观象，显什么象在社会上就有什么事，象是事的前兆，其象的方位时间，用《易经》的阴阳五行的生克制化，也就是象和数，用理来阐述它的结果定其凶吉，也就离不开六爻八卦的象辞、彖辞、爻辞来言说，圣人立卦观其相、明其理，用其吉避其凶，而事成矣。学习《易经》文化，要活学活用和知变通变，要想把握其准确性就必须清除自已的主观思维，以达到心平如镜，心明如镜，心身与天地同体，才能达到知变和通变的目的。

3. 《易经》文化揭示人的奋斗精神和品德内涵

《易经》是一部人与自然的大辞典，《易经》的乾坤两卦是易学的门户，乾卦告诉我们天行健君子以自强不息，揭示做人做事的奋斗方法和奋斗精神。中国文化历来关注现实人生，有“未知生，焉知死”，并有“天行健，君子以自强不息”。正是这种入世的人生哲学，培育了中华民族敢于向一切自然与社会的危害和不平进行顽强抗争。中国人自古以来就有不信邪、不怕鬼的精神，强调人生幸福靠自己去创造。而坤卦里面，强调的是厚德载物、海纳百川。告诉我们做人做事的品德和内涵，胸怀大志，海纳百川，包容万物，不弃万物的大怀大量，生而不争，养而不取。《易经》还告诉我们处理任何事情最好的方法是冷静处理、静观其变，观一切象的静动变化，取其数，明其理，以达到心平如镜，心明如镜，与天地同体与宇宙呼吸，才能做到宇宙万物与人、知变应变的能力，把一切应用在我们现实生活中。《周易》文化与我们每一个人的人生是息息相关的，它是每一个人生存、工作、生活的指南针，指导我们与宇宙万物和谐相处的行为标准规范。人与自然和谐，人与万物同体。一切来于自然，奉献于社会。

4. 《易经》文化揭示天、地、人统一观

《易经》文化的真正含义，是文化、智慧之学，是对生活、文化、农业、军事、经济、政治、科学、医学等各行各业，各个领域都有一定影响，尤其对天文、地理、人文文化和社会发展起着重要的作用。用易学的观念来指导我们在自然界的行为标准，体现人类精神文明和道德修养的法则。在《易经》里，天代表阳气，地代表阴气。日出日落、南北回归线的运动形成的温差变化，为物种的生衍提供了天时即天气。地球上的山川、河流、土壤等自然条件为物种的生衍提供了母体即地气。也就是所谓的天地通过气的感应，生成了万物。天的运行很单一永恒，就是日复一日，年复一年。地的包容很简单，包容万物，无一遗漏。单一永恒才能让人可亲近依附，包容万物才能够有大的功德事业。人类是自然的应用者，创造者，而不是破坏者，只有应用自然的权力而没有破坏的权力。只有与自然和谐才能真正体现人类文明发展和进步。《易经》的乾卦讲天行健，君子自强不息，这是讲人类奉献自我努力而不断进取。坤卦讲君子以厚德载物，德合无缰，坤卦告诉我们以广大厚实之德，承载万物，包容万物，体现人类的道德、品

德和思想观念，人与万物和谐相处，才能达到真正的和谐大同世界，那么人生或者是事业的成功就是自然而然的事情了。《易经》文化告诉我们，天、地、人三者一体的统一，是一种自然规律，无时无刻存在。这也说明物质文明是精神文明的一种体现，重点在我们怎样去把握、去体现和应用。

5.《易经》文化揭示做人做事的观念与方法

《易经》文化体现了中国人在历史积淀中形成的根深蒂固的观念，主要包括阴阳的观念、“时”的观念、“位”的观念、“中”的观念、“变”的观念等。这些观念流淌在中国人的血脉中，成为中国人特有的“标签”。《易经》文化的理念是根本学，以太极两仪四象八卦而八八六十四卦来阐述宇宙与人生，来体现人们的人生观和价值观。《易经》以象辞和爻辞来阐述宇宙与人生万物的全部信息，用象、数、理、占、断来体现，它是宇宙人生与自然的智慧大辞典。圣人垂象观天道，明人事识地理，断吉凶，判祸福，以寻找人与自然的和谐发展。老子曰知其子守其母就是我们了解自己，遵守天地之规律，顺应自然法则，才能吉无不利，在有限的生命中，无限去努力奉行。一切变化的规律体现在我们的生活中。一切以无为法而有差别，万事由心造，吉凶祸福是自找。《易经》是根据天地自然界的现象，总结归纳而建立起来的宇宙模型，是各种万物现象追本溯源，本质规律的最终大同和统一。所以，它能够代表万物，而又不能局限于某一物，即所谓的“道可道，非常道”。《易经》是中国文化之母，圣人做易外观内看，寂然不动，感而遂通天下，变化见矣。《易经》的理念告诉我们做人做事的方法，用正确的观念和方法去思维、去奉行，其结果必然正确。学易自自然然，把易用在生活中，用在万事中。

四、《易经》文化的和谐意识与基本精神

《易经》文化有着浓厚的和谐思想意识。人与自然的和谐，通过阴阳和谐、尚中正、交感比应等表现出来；人际关系的和谐，通过培养诚信、谦虚、宽容的性格、讲求家庭和谐，当政者和民众的交往沟通表现出来。与此同时，中华民族在悠久的历史发展中，在《易经》文化的引导下，积淀和形成了自己独特而伟大的民族性格和民族精神。形成了中华传统文化的和谐意识与基本精神，表现了自

强不息、厚德载物、居安思危、乐天知足、崇尚礼仪等特征。这些思想意识和基本精神对我们当今时代具有很好的借鉴意义。

（一）《易经》文化的和谐意识

中华传统文化的核心和精髓，就在于“和、合”二字；《易经》文化中贵和持中的和谐意识，主要表现在两个方面：一是“天人合一”，指人与自然关系的和谐；二是“中庸”，指人际关系，即人与人、人与社会关系的和谐。“天人合一”旨在承认人与自然的统一性，反对将它们割裂开来；“中庸”则强调对待事物关系要把握一个度，以避免对立和冲突。提倡“贵和”“持中”的和谐意识，有利于处理社会各种矛盾，以保持社会的稳定。

1. 格天格物

《周易》里面说“太极生两仪”，两仪是阴阳，太极是什么？有的说是元气，有的说是无，所以太极也叫无极。中国古代传统文化就是用“无极生太极，太极生两仪，两仪生四象，四象生八卦”，来解释自然，这就属于格天格物。老子说：“道生一，一生二，二生三，三生万物”，道生一，那道就不是一，道是无，认为世界是由无到有，古代来证明在无这个阶段，天人是合一的，都源于无，都起于无，所以西方天文学家证明这个推论是成立的。要想深入地了解中国传统文化，一定要从“天人合一”这四个字入手，这四个字是对中国传统文化了解的起点，它贯穿中国传统文化的始终，不管是思维方式、评价标准、推论方法还是最终追求的理想社会，天人合一既是理论依据，也是道德标准，更是人们追求的理想社会。用《周易》里面的话来说，就是“推天道明人世”，通过天象来感悟、推断当中所蕴含的抽象的天意、天道。悟是可以看到的，天意、天道是看不到的，也就是说天象是认识天意、天道的工具。

2. 天人合一

《易经》讲究“天人合一”，“天人合一”的易学思维是在“自然威胁到人类生存”的时候，由中国古代先辈们通过“仰观天文，俯察地理，近取诸身，远取诸物”，通过实践、思考和感悟，而建立的人与自然因地制宜、协调发展的思想信念。这一理念贯穿于中国五千年文明史，造就了中国文化，也造就了中国东西南北中各具特色的城市风貌、建筑景观、地域风情。对于天与人的联系，中国道家文化也十分重视，但其性质大异于《易经》。道家文化强调天与人的自然性，意在迫使“有思有为”的人回到自然的状态中去，像庄子所主张的那样“万物一体”；而《易经》则强调天与人的规律性，无论是天的运动，还是人的活动，都不是或不可任意而为的，都是有规律可循的。《易经》文化中的“天人合一”，其突出特征是：人是自然界的一部分，人服从自然规律，人性即天道，道德原则与自然规律一致，人生理想就是天人谐调。在古代中国人看来，自然过程、历史过程、人生过程、思维过程在本质上是同一的。这一思想特征贯穿了“天人合一”观念源起与演变的基本过程，贯穿于古代的哲学、科学和艺术中。必须看到，《易经》文化中的“天人合一”思想，在无声地告知世人为人处世，应力求进步，永不停息，增厚美德，容载万物；为人处世要合乎自然，一切都应遵循自然的规律，人和自然应和谐相处，坚持可持续发展，提倡构建和谐社会。在自然界中，没有绝对的，一切都是相对的，矛盾运动始终存在于一切事物的发展过程中。

3. 中庸之道

在《易经》文化中，“中庸”的“中”是中立、中正，不偏不倚，“庸”是平庸，普普通通，平平常常。意思是说：不偏不倚而又普普通通平平常的，是说人生行事，应该把握一个“度”，既不过分，也无不及，不好高骛远，平常人持平常心。还有另一种解释，“中”指“中和”，“庸”即“用”，“中庸”就是“中和之为用”，不偏激，不走极端，不浮躁冒进，以中为贵，以和为美，用于社会人生。要求人们在道德修养上的行为符合“时”与“中”这两个概念。“时”讲的是“识识之义，知时之行，观时之变，用时之机。”而“中”讲的是“中庸之道，时行时止”，识时之义：“察觉时机的来临，重视来到身边的时机。”知时之行：“知道时机来临时如何抓住机会。”观时之变：“能够看到时机的变化，并随着它的变化对自己的行为作出调整。”用时之机：“利用来到身边的时机，不要等错过了后悔。”《易经》的这种主动性适应，创造性顺应的“时”“中” 的生存智慧是和那种保守的、奴隶的、闭锁的、内省的、平庸的生存方式的本职是完全不同的。它构成了中国人积极进取和待时而动的精神品格。体味中和，和谐中正，修身心道，修道以仁，诚于中，信于外，情动于中，仁者爱人，天命之谓性，率性之谓道，道不远人，远人非道，审时度势，能屈能伸，人前藏智，话中藏锋，执其两端，取其中正，高标处世，低调做人。俗话说："给别人留条后路，也是给自己留点机会。"中庸的"中"即为不偏不倚，它告诉我们为人处世也要求同存异、和而不同。世界上没有完全相同的两片树叶，面对差异，互相尊重、互相包容，才是正理。《易经》还讲"明象位，立德业"。一个人的品德修养至关重要，做人要实在，做事要规矩。人首先该正确认识自己，认清自己的位置，才能知己知彼，发挥最大的潜力。

（二）《易经》文化的基本精神

《易经》自诞生以来，随着时间的流逝和时代的变迁，它早已成为指导中国人思维和行为的思想准则。它所揭示的感性和理性哲理已成为中国人精神思想中一个重要的组成部分。中华民族在悠久的历史发展中，在《易经》文化的引导下，积淀和形成了自己独特而伟大的民族性格和民族精神，形成了中华传统文化的基本精神，表现了自强不息、厚德载物等基本精神特征，其基本精神主要有：

1. 自强不息的奋斗精神

"天行健，君子以自强不息；地势坤，君子以厚德载物"，出自《易经》的这两句名言一度被冠以中华民族的精神概括。应当看到，《易经》最突出的精神是自强不息的精神。中国文化历来关注现实人生。孔子说："未知生，焉知死"，并说："天行健，君子以自强不息"。正是这种入世的人生哲学，培育了中华民族敢于向一切自然与社会的危害和不平进行顽强抗争。中国人自古以来就有不信邪、不怕"鬼"的精神，强调人生幸福靠自己去创造。要实现美好生活的中国梦，这种自强不息、自信自尊的精神是绝不可少的。

2. 天人合一的思想境界

《易经》的核心思想、最高境界就是天人合一，而天人合一的思想境界是易理精神的主脉络。天地万物各得其位，各行其是，井然有序。"天人合一"强调天与人的规律性，无论是天的运动，还是人的活动，都不是或不可任意而为的，都是有规律可循的。"天人合一"的思想，在无声地告知世人，为人处世，应力求进步，永不停息，增厚美德，容载万物；为人处世要合乎自然，一切都应遵循自然的规律，人和自然应和谐相处，坚持可持续发展，倡导和谐社会。

3. 阴阳和谐的价值取向

《易经》阴阳和谐思想是中国文化的重要内容，其宗旨在于阐释宇宙阴阳刚柔动静的变化，《易经》阴阳学说及整个和谐理论体系与中国传统哲学相一致而日趋完备和臻密，并逐步积淀为一种思维定势。《易经》阴阳和谐的思想深刻影响儒家文化，自中国汉代以来，中国文化以儒家为主流，兼容道家、阴阳家，其阴阳和谐思维代表了我国传统哲学和谐思维方式的基本特征。《易经》认为，“阴阳和谐是宇宙运动变化的基础，阴阳变易，整体和谐，化生万物。”千百年来，阴阳相互平衡原理告诉我们，阴阳达到平衡才是最稳固的。这种平衡我们也可以把它看做是“不偏不倚，恰到好处”，这也是《易经》主张的中庸之道。特别是阴阳相互消长原理告诉我们，阴消阳就长，阳消阴就长。阴阳之道运用于为人处世。欲想他人爱我，必须我先爱他人。阴阳的相互依存原理告诉我们，世界上任何事物都不是孤立存在的，而是相互依存的。因此，我们在平时的为人处世方面，首先要学会去爱他人，热爱人人。其实热爱人人就是热爱自己，你不热爱人人，人人怎么会热爱自己呢？故要想人人爱我，首先就应当我爱人人。因此，当我们处于矛盾的时候，既要有原则的坚定性，又要有策略的灵活性。不该退步的地方就坚决不能退，否则，你退一尺，他进一丈，但如果有退让余地的时候，还是应当稍作退让。当今世界祈盼和谐，只有中国才能提出和谐口号，去引领全球文明安全发展。

4. 厚德载物的人生哲理

《易经》中蕴含着丰富的人生哲理、道德箴言，对中国文化伦理思想的形成和发展，具有重要的影响。《易经》中蕴含着极为丰富的伦理道德思想，它的主要内容直接影响到儒家伦理学说的形成，是构成儒家伦理体系的来源之一。《易·坤》：“地势坤，君子以厚德载物”。土地的地势就是厚广，可以承载万物，君子取法地，要积累道德，方能承担事业。在这里面，强调的是厚德载物。它告诉我们做人做事的品德和内涵，胸怀大志，海纳百川，包容万物，不弃万物的大怀大量，生而不争，养而不取。《坤卦·文言》说：“积善之家必有余庆，积不善之家必有余殃”，余庆未必可靠，但不善之事做多了，确实难免结果不妙，除了良智自责，国家的法律也会惩罚。孟子的“老吾老以及人之老，幼吾幼以及人之幼。”一个社会只有严于律己，宽以待人，形成团结互助，尊老爱幼的社会风气，社会才能充满温馨与和谐，才能给人带来希望与力量。《易经·师挂》说：“师贞，丈人，吉，无咎”。“丈人”是指德高望重的人。就是说，正义之师，有德高望重的领军人物统帅，才会吉利而无过失。可见，对领导者的厚德诉求要求更高。从有利于团结视角看，主要是：宽宏大度、不计私怨，忠厚诚信、正义公平，虚己受人、从善如流等。尤其是“上善若水”，意思是说多做好事，善事日积月累就像滴水汇成江河湖海而升华为高尚的品德，具有高尚品德的人就会受到人们的拥戴，恪守道德准则的团体就会与时俱进，健康发展。中华民族之所以虽历尽沧桑却一脉相承依然屹立在世界东方，是一代代龙的传人上下求索、扬善弃恶的必然结果。孔子的“仁义礼智信温良恭俭让”，毛泽东的“为人民服务”，都无不劝诫提倡人们从善。从这个角度说，中华民族的发展史就是一部追求“善”的历史。所谓“善”就是“好”，“善事”就是遵循大多数人认可并遵守的行为准则或游戏规则所做的“好事”。

此外还有“居安思危”等原则。“居安思危”是历代开明的君王治国方略中最重要的原则；“否极泰来”是中国人面对逆境而自强不息的精神寄托的最好诠释；“谦虚慎行”是中国人修身养性而最重要的品质；“纯正守中”是中国人处世治国的最重要的追求；“阴阳平衡”是中医及宇宙观最根本的理论依据；“各司其职、分工合作”是中国人组织中最重要的管理指导原则，所有这些都是易理的集中体现。从儒释道兼容并奉的学说，到华夏几千年文化的各种现象；从老庄的逍遥人生，到儒家的“齐身，治国，平天下”，都无不体现了易理博大精深的无限容量而又周流旁通的宇宙精神。《易经》中呈现的这些基本精神，早已成为中国人血肉中的一部分，它是中华传统文化生生不息的一个重要载体，也是中国人血脉中永远清除不掉的DNA。

五、中国《易经》文化对中国文化的影响

《易经》对中国文化影响的领域十分广大且深远，可以说是无处不在。对儒

家、道家、佛家、中医、政治、军事、文化、民俗影响深广，是世界上传承无比完全、连绵不绝、生生息息的文化活化石。《易经》对现代生活仍然具有指导意义。不管历史怎么演变，人们总是生活在物质和精神的世界之中。《易经》文化中的哲学思想为人们提供人生观、价值观、世界观和更好的处世方法。不管富贵还是贫贱，都要自强不息、厚德载物。自强不息就是要与时俱进，厚德载物则是要爱社会，既是民族精神的要义，也是个人胸怀的修养。尤其是困境中莫气馁，得意时莫骄傲，居安思危，进退有度。应当看到，《易经》文化对中国文化的影响是深远的，贡献是巨大的。

（一）《易经》对中国文明的影响

《易经》是中华文化的根，大概在新石器时期就出生了，是中国进入文明社会的重要标记。它岂止是最早的文明典籍，同时也对中国的儒家、道家、佛家、中医、文字、数术、哲学、民俗文化等产生了重要影响。尤其是《易经》编码的含混观念，是后代的隐约数学的先驱。《易经》编码所根据的四论对中国文字构造、用字的“六书”有着直接影响，象形、会心、指事、形声、转注、假借都可以在《易经》的类似论、相应论、相干论、绝对论中找到依据。《易经》答复了诸多哲学、地理、预测等方面问题，是真正的一分为二的辩证观点，比马克思主义学说早了几千年。《易经》重视推理和前提束缚，通过象、数、理的推演，展现了独特的宇宙观，回答了物资、能量、信息、品质转换、辩证法令（主次要矛盾、广泛和特殊）、整体活动变更、人的意志等纯哲学命题，具备世界观和方法论方面的重要意义，自成一家，其辩证观念是唯物辩证法的先驱。《易经》猜测所应用的巧合律，最早找到必然性和偶然性的完美联合点，是探讨必然和偶然哲学范围的先声；其二元世界同一论思想，揭示了宇宙空间的真相，暗示了二元世界解决所有问题的不二法门。《易经》不仅同中国的最初的文字相关联，而且它给现代科学技术也带来了启示。《易经》的科学原理，把世界推进了“知识经济时代”。如果说由于计算机的数字化方式的出现，给人们带来了文字上的、中介系统上的另一次非常重要的革命，即虚拟化的革命，那么这种虚拟就把现实当中的不可能变成了可能。二进制数字化方式为人类创造了一个虚拟的空间、视听的空间、数字的空间，引起了思维空间、符号空间中的革命，使得我们整个思维方式、生活方式以及工作方式都发生了很大变化，《易经》为中国文明和世界文明的发展起着愈来愈大的作用。

（二）《易经》对中国哲学的影响

《易经》是中国一切科学和哲学的源头，它高于当时欧洲的科学和哲学。中国所有的哲学都是从《易经》中得来的。老子是替有很高智慧的人去解释易经，所以《道德经》是高难度的。仅仅一句“道可道，非常道”就搞不清楚。老子先说不能说，然后才来说，这样你就知道他对中国人的影响很大。中国的哲学思想发展，其基本的理论思维框架，很多都是来自《易经》。如两汉易学、魏晋玄学，特别是宋明理学。宋明理学家大都是以《易经》的思维为框架，比如说周敦颐的《太极图说》从无极而太极，他提出了一套概念，基本上就是从《易经》的框架来的。中国古代的兵书中的很多计谋都是出自《易经》的卦象之中；中医讲究的阴阳平衡更是出自《易经》的阴阳共体之说；电脑中的0就是阴，1就是阳，0101就构成了浩瀚无穷的网际网络，阴阳的变化就产生了宇宙万物，当今时代我们所用的电脑不外乎也是阴阳的变化。应当看到，《易经》是一部以自然辩证法为支点，从人生观、世界观的高度，指导人的思想、行为的哲学与社会学相融合的著作，充满了辩证思维，充满了真和善的动机，充满了忧患意识，同时也贯穿着人类的进取精神，是远古的中华民族智慧的结晶。《易经》中的卦辞、爻辞不但记述了我国古代的政治、经济、文化和社会生活的许多情况，为研究我国古代社会提供了可贵资料，其中的哲学思想特别是辩证法思想尤为珍贵。这使《易经》在中国文化中具有特殊价值。虽然其中的辩证法思想像古希腊罗马时期的一样，是朴素、直观的，甚至是带有猜测性的，但是在认识的万里长征中无疑是开始迈出了重要的第一步。《易经》语言高度精练，富于想象，且有音乐性。我国最早的一批成语，如谦谦君子、群龙无首、不速之客、无妄之灾、虎视眈眈、突如其来、匪夷所思、无始有终等，就是出自《易经》。学习学好《易经》，有助于我们建立正确的世界观、人生观、价值观。

（三）《易经》对中国宗教信仰的影响

《易经》文化对中国宗教信仰有着深远的影响。从中国文化的历史发展上看，中国《易经》文化贯穿于儒、释、道三大宗教文化之中，而且是经典中的精粹。中国春秋战国与先秦时期的诸家学派思想几乎源于《易经》，其中影响最大的是儒、道两家文化。儒家把《易经》作为传统经典来继承发展，道教对《易经》的弘扬应该说是举力甚伟，而外来的佛教文化也被打上烙印，对《易经》也是学习借鉴。例如“人法地，地法天，天法道，道法自然”，道家的“道”的最初原型，以及道家的辩证思维、直观思维、和谐思维几乎源于《易经》。从道教典籍中诸多的符号、咒法、数术中，不难窥见《易经》的踪迹，道家内外丹术的象数模型，更是易学象数精华的进一步拓展。尤其要指出的是，《易经》对中国宗教影响最大的是“和”的文化。西方中世纪，审判异教徒用绞刑或烧死，是很残忍的。但是，《易经》中有一个很重要的观念就是讲“和”，正因为讲“和”的文化，而具有包容性、多元性、多样性。因而，中国的各个宗教都可以互相包容、平等相处，互相交流，不要战争，也不要排斥。有些国家就很不同，你不信我的教，你就是异教徒，异教徒就得消灭。所以，在中国的宗教，没有像有些国家一样，发生过宗教战争。在中国一个家庭里，祖母祖父可以信佛教，外国留学回来的儿子、儿媳妇可以信天主教，一个家庭当中，可以三教并存，这在有些国家是做不到的。毋庸置疑，《易经》对中国儒、释、道文化的形成发展具有深远的影响。与此同时，《易经》对中国的民间宗教很有影响。中国文化的这种包容性，体现在一些寺庙当中，就是供奉儒、释、道三家。在一个寺庙中，有道教的太上老君、佛教的释迦牟尼，也有儒家的孔子或者民间信仰的关公。宗教文化创造性吸取了《易经》的思想精髓，反过来又通过解释《易经》经传，挖掘了各个宗教流派色彩各异的思想与智慧，虽说《易经》对它们的影响巨大，但是它们为《易经》文化的发展也增加了很多新的思想内涵。

（四）《易经》文化对中国伦理道德的影响

《易经》在中国伦理思想史上，一直占有崇高的地位，被称为圣学之本，性命之源，受到历代学者的重视。不少学者认为，《易经》文化中的伦理思想，高于《论语》《诗经》《孟子》，其原因在于《易经》注重天道阴阳的思想，并由此提炼出了“性命之理”的概念作为其理论基础。《易传》总结了儒家和道家思想成果，沟通了天人关系，得出了天道的阴阳就是人道的仁义，人道的仁义也就是天道的阴阳的结论。由此出发，引申出和谐、和顺等理念。通常来说，人们只承认《易经》是讲哲理的书，却忽略了《易经》在伦理方面的贡献，其实《易经》的伦理道德思想比儒家文化的代表人物孔子、孟子更全面。例如，《易经》极为重视人的主观能动性，一句“自强不息”就超越了儒家与先秦诸子的做人精神；《易经》重视仁的道德规范，仁要爱，仁包括知耻，知羞耻，不耻不仁，小人不知耻，小人不仁，把“仁义”作为“立人之道”，比《论语》《孟子》旗帜还要更鲜明。《易经》不仅其义理在社会学上很有影响，而且象数在自然科学上的影响也是其他诸子百家无法企及的。《易经》中有着丰富的伦理道德思想，特别是《易经》中讲仁义、刚健、中正，又比如讲柔顺宽厚、谦虚、忍让、节俭等。“节卦”节、亨，就是节俭。“节卦”讲得非常好，一方面不能厌恶节俭，厌恶节俭，就不能守正道；另一方面“节”应该是节以制度，通过制度来保证节俭的实现。

（五）《易经》文化对中国人文精神的影响

《易经》是中华文化的根，是中国进入文明社会的重要标志。它不但是最早的文明典籍，同时也对中国的道家、儒家、佛家、中医、文字、数术、哲学、民俗文化等产生了重要影响。《易经》是中国古人探索宇宙、人生奥秘的有效尝试，是中国古人创造的科学和真理。“观乎天文以察时变，观乎人文以化成天下”，上半句是指古人通过研究天象变动的规律来推知时节的变化，体现了科学精神；下半句是指古人通过观察社会现象来寻找治理天下、教化百姓的方法，充分体现了中华民族自强不息的人文精神。《易经》六十四卦自始至终都贯穿着一种强烈的人文主义精神，洋溢着一股浓厚的人文主义气息。“天行健，君子以自强不息”，“地势坤，君子以厚德载物”。可以说，《易经》中这种自强不息的人文精神，影响着一代代中国先民，也影响着近现代的中国各族人民。

《易经》文化从伏羲八卦算起，其起源最少也有七八千年的历史。易乃中国文化之源，诞生于甲骨文之前，是中华民族的祖先对待天文、地理、历史和生活环境的实践经验写照。因易而成道、儒、释文化，道学崇尚自然，儒家崇尚伦理，佛家崇尚觉悟。“天行健，君子以自强不息”“地势坤，君子以厚德载物”。系辞云：“乾知大始，坤作成物。乾以易知，坤以简能。易则易知，简则易从。易知则有亲，易从则有功。有亲则可久，有功则可大。可久则贤人之德，可大则贤人之业”。“天人合一”“内圣外王”“内外兼修”…… 因易而奠定了中国传统文化的结构，使上下五千年的文明一脉相传，造就了博大精深、包容开放的中国文化，形成了稳定的社会结构，使中华民族得以休养生息、安居乐业、薪火相传，塑造了富于创造和顽强的中华民族精神，哺育了一代代中华民族的英雄儿女。

第三章 中国的儒家文化

中国的儒家文化是以儒家思想为指导的文化流派。中国的儒家文化学说为中国古代春秋末期思想家孔子所创立。中国儒家文化长期以来是中华民族的主流文化，经过历代统治阶级的不断推崇，以及孔子后学的不断传承与发展，对整个中国文化的发展起到了非常重要的作用。在迄今两千多年的中国文化历史发展进程中，无不打着儒家文化思想的烙印。儒家文化所倡导的刻苦奋进、崇尚气节与民族自尊、诚实守信与宽容和谐的精神，是中国传统文化的精髓和现代中国文化构成的重要组成部分。儒家文化不仅对中国社会发展有着巨大的影响力，而且对世界各地也产生了巨大的影响。

一、中国儒家文化的历史起源

中国儒家文化指的是以孔子为代表的儒家学派的文化思想。中国文化史在经历了夏、商、周的几千年之后，到了春秋后期，孔子总结、概括和继承了夏、商、周三代传统文化的基础上，形成的一个完整的儒家文化思想体系。孔子的思想及学说对中国传统文化产生了极其深远的影响。

（一）中国儒家文化产生的历史背景

在中国历史上，春秋战国是思想和文化最为辉煌灿烂、群星闪烁的时代，也是中国古代历史上的大变革、大动荡、大发展时期。在这一时期，中国的政治经济取得了迅速发展，各国的多数君主，特别看重能使自己迅速发展称霸的学说，价值信念和道德霸权发生了危机。社会各阶层的代言人纷纷站在本阶级的立场上，对宇宙万物和社会变革做出解释，或提出主张，于是出现了“百家争鸣”的局面。

在政治上，以血缘关系为基础而建立起来的礼乐制度也受到了严重冲击，阶级矛盾日益尖锐，这种情况到了大变革的战国时代显得尤为突出。在战国时期，由于长年的战争与动乱，使一些贵族流落为普通民众，他们把原本只属于贵族阶级的文化教育带到了民间，私家之学在民间广泛兴起。这些贵族被称为士大夫，士这一新兴阶层对当时的“百家争鸣”产生了直接的推动作用。大量学者涌现，教授弟子也成为一种新的职业。在这一时期，不管是谁，只要他的学说能被哪个邦国国君采用，即可做官。这不仅刺激了当时各地文化的普及，士的地位也达到了前所未有的高度。

中国各地的诸侯，从自己国家的需求出发，积极招贤纳士以治理自己的邦国。这间接地造成了尊重多元文化的思想氛围，兴起重视士的风尚。当时代表社会各个阶级、阶层利益的诸子百家，纷纷登上历史舞台，著书立说，提出各自的主张，形成了诸子百家争鸣的繁荣局面。其中影响最大的是儒家、法家、道家、墨家，他们各自为新兴的地主阶级设计了一套套结束割据、实现统一的治国方案。

在这些治国方案中，其中一个最主要的争论焦点就是如何对待传统文化的问题。围绕这个问题而进行的思想交锋，儒、法两大思想流派最有代表性。他们旗鼓相当，针锋相对，英者云集，皆为显学。另外还有墨家、道家、阴阳家等学派。这一时期可谓学派林立，出现了以儒、道、法、墨、兵家为主流的文化现象。

（二）中国儒家文化思想的形成

经过几百年的历史文化积累，到了春秋后期，孔子继承和发展了中国上古“学在王官”时期的文化，总结、概括和继承了夏、商、周三代传统文化的基础上，开创私学，高扬仁义，创立了儒家文化思想，并且形成了一个完整的文化思想体系，成为儒家文化思想的集大成者。儒家文化思想对中国文化的影响很深，两千多年来，中国历代的社会，代代传授的不外《四书》《五经》，孔子成为历代人们敬仰的万世师表。

在孔子的思想体系中，“仁”是孔子思想体系的核心，主张体恤民情，爱惜民力，以德治民，反对苛政和任意刑杀，以仁爱之心调节社会人际关系；他主张“礼”，维护周礼，认为贵贱有序，维护周礼是孔子政治思想中的保守部分。儒家文化后来发展成为中国古代正统文化。孟子是战国时期儒家的杰出代表，他主张施行仁政，并提出“民贵君轻”思想；主张“政在得民”，反对苛政；主张给农民一定的土地，不侵犯农民劳动时间，宽刑薄税。

到了西汉初期，董仲舒以孔孟之道为基础，以阴阳五行为框架，兼采诸子百家，建立健全起新儒学。其核心是“天人感应”“君权神授”。他的思想集中于《天人三策》和《春秋繁露》。应当看到，董仲舒站在儒家文化的立场上糅合儒、法、道和阴阳五行学说建构新儒学，并提出“抑黜百家，表章六艺”的“尊儒”主张，使儒学走向体制化、政治化。至此，完成了对先秦诸子思想的吸收和整合，思想领域出现了“儒统百家”的局面。

到了唐朝中期，儒学大师韩愈，从维护封建统治出发，用儒家的天命论和封建纲常来反对佛家和道家的观点。

宋代的朱熹，以儒家思想为基础，吸收佛教和道教思想，形成了新的儒学。新儒学是宋代主要的哲学思想。朱熹是理学发展的集大成者，朱熹继承了北宋哲学家程颢、程颐的思想，进一步完善和发展了客观唯心主义的理学体系，后人称之为程朱理学。其核心内容为："理"是宇宙万物的本源，是第一性的；"气"是构成宇宙万物的材料，是第二性的。把"天理"和"人欲"对立起来，认为人欲是一切罪恶的根源，因此他提出"存天理，灭人欲"。到了明代中叶，王阳明反对朱熹把心与理视为两种事物的观点，创立与朱熹相对立的主观唯心主义理论——心学，即王阳明心学。理学由客观唯心主义向主观唯心主义演变。

（三）中国儒家文化的创始人孔子

孔子（前551—前479年），子姓，孔氏，名丘，字仲尼，祖籍宋国栗邑（今河南省商丘市夏邑县），生于春秋时期鲁国陬邑（今山东省曲阜市）。中国著名的思想家、教育家，与弟子周游列国十四年，晚年修订六经，即《诗》《书》《礼》《乐》《易》《春秋》。《论语》是儒家学派的经典著作之一，由孔子的弟子及其再传弟子编撰而成。它以语录体和对话文体为主，记录了孔子及其弟子言行，集中体现了孔子的政治主张、伦理思想、道德观念及教育原则等。《论语》一书的语言简洁精炼，含义深刻，其中有许多言论至今仍被世人视为至理。自从孔子之后，两千多年来，中国人视孔子为至圣先师，历代的学生进学堂，第一个要拜的就是先师孔子。孔子的思想及学说对后世产生了极其深远的影响，被联合国教科文组织评为"世界十大文化名人"之首。

孔子是中国乃至世界上最伟大的思想家、教育家之一，也是中国思想文化的创立者和奠基者之一。孔子为春秋末期中国儒学学派的创始人，他的一生大部分时间都从事教育，相传所收弟子多达三千人，其中贤人七十二人，教出不少有知识有才能的学生。他有众多著名弟子，如子贡、子路、颜回等。被后世尊为"亚圣"的孟子是他孙子孔伋（字子思）的再传弟子，孔子在世时已被誉为"天纵之圣""天之木铎""千古圣人"，是当时社会上最为博学之人，并且被后世尊为"至圣"、万世师表。孔子的思想及学说对中国传统文化的发展产生了极其深远的影响。

孔子的思想核心是“礼”与“仁”，在治国的方略上，他主张“为政以德”，用道德和礼教来治理国家是最高尚的治国之道，这种治国方略也叫“德治”或“礼治”。这种方略把德、礼施之于民，实际上已打破了传统的礼不下庶人的信条，打破了贵族和庶民间原有的一条重要界限。孔子的仁说，体现了人道主义精神，孔子的礼说，则体现了礼制精神，即现代意义上的秩序和制度。人道主义是人类永恒的主题，对于任何社会，任何时代，任何一个政府都是适用的，而秩序和制度社会则是建立人类文明社会的基本要求。孔子的这种人道主义和秩序精神是中国古代社会政治思想的精华。

中国文化源远流长，虽经千难万险，百转千折，仍浩浩荡荡，奔腾不息，焕发出永不穷竭的生命活力。在这个伟大的文化长河中，孔子占有极其重要的地位。司马迁说：“孔子布衣，传十余世，学者宗之。自天子王侯，中国言六艺者折中于夫子，可谓至圣矣！”由一介布衣之士，成为“学者宗之”“自天子王侯”都要尊礼的“至圣”，这是对孔子的文化贡献的肯定。

公元前195年，汉高祖刘邦在途经山东曲阜时，“以太牢祠孔子”。此后，孔子被历代王朝所尊崇，孔门后裔被封为“衍圣公”，曲阜的孔府、孔庙和孔林成为中国文化的“圣地”。虽然朝代有兴亡迭运，而孔子的“至圣”地位坚定不移，“衍圣公”也世代传衍，曲阜的“三孔”圣地总被世人所瞻仰。这是中国文化所独有的一种现象，它实际上成为中国文化生生不息的一个象征，成为中华民族认同的一个重要标志。

孔子一生的突出贡献之一，就是把《易经》整理出来，为《易经》做了《十翼》，把《易经》从一本用来占卜的书，提高为宣扬传统哲理的书。《易经》的原始作用是用来卜筮，一直以来是被统治者垄断，神秘而不可知的。孔子老而好《易》，发现了人道可以学习天道、地道，会通天人，可以改变命运的规律，作《易传》，号召人们法天正己，尊时守位，知常明变，开物成务，自强不息，建功立业。孔子发掘《易经》中形而上的终极原理，亦即是阴阳之道。所谓阴阳之道，亦即是生生之德，是宇宙人生的终极真理，亦是哲学上的最高智慧。把《易经》从单纯的占卜功能升华到哲学上的最高智慧，这就是孔子的伟大贡献。

二、中国的儒家文化经典与代表人物

（一）中国的儒家文化经典

中国历代以来，儒家经典流传很多，但比较一致的意见是儒家经典主要有儒学十三经。《十三经》是儒家文化的基本著作，就传统观念而言，《易》《诗》《书》《礼》《春秋》谓之“经”，《左传》《公羊传》《谷梁传》属于《春秋经》之“传”，《礼记》《孝经》《论语》《孟子》均为“记”，《尔雅》则是汉代经师的训诂之作。这十三种文献，当以“经”的地位最高，“传”“记”次之，《尔雅》又次之。

《诗经》

在中国的春秋战国时代，中国儒家经典有六经，《诗经》《尚书》《仪礼》《乐经》《周易》《春秋》。秦始皇“焚书坑儒”，据说经秦火一炬，《乐经》从此失传。到了中国东汉时期，增加了《论语》《孝经》，共七经。到中国唐代，加上《周礼》《礼记》《春秋公羊传》《春秋穀梁传》《尔雅》，增加到十二经。到了中国的宋代，又增加《孟子》，并有宋刻《十三经注疏》传世。

南宋时期，朱熹以《礼记》中的《大学》《中庸》与《论语》《孟子》并列，形成了今天人们所熟知的《四书》，并为官方所认可，《孟子》正式成为“经”。至此，儒家的十三部文献确立了它的经典地位。中国在清朝乾隆时期，镌刻《十三经》经文于石，阮元又合刻《十三经注疏》，从此，“十三经”之称及其在儒学典籍中的尊崇地位更加深入人心。

《十三经》的内容极为宽博，《周易》是占卜之书，其外层神秘，而内蕴的哲理至深至弘。《尚书》是上古历史文件汇编，主要内容为君王的文告和君臣谈话记录。《诗经》是西周初至春秋中期的诗歌集，内分“风”“雅”“颂”三部分，“风”为土风歌谣，“雅”为西周王畿的正声雅乐。“颂”为上层社会宗庙祭祀的舞曲歌辞。《周礼》主要汇集周王室官制和战国时期各国制度。《仪礼》

主要记载春秋战国时代的礼制。《礼记》是秦汉以前有关各种礼仪的论著汇编。《春秋》三传是围绕《春秋》形成的著作，其中《左传》重在史事的陈述，《公羊传》和《谷梁传》重在论议。《论语》是孔子及其门徒的言行录。《孝经》为论述封建孝道的专著。《孟子》专载孟子的言论、思想和行迹。《尔雅》训解词义，诠释名物，经学家多据以解经。

中国儒家文化在汉代成为封建时代的主流文化之后，千百年来，一直居于中国文化的主导地位。《十三经》作为儒家文化的经典，其地位之尊崇，影响之深广，是其他任何典籍所无法比拟的。最高统治者不但从中寻找治国平天下的方针大计，而且对臣民思想的规范、伦理道德的确立、民风民俗的导向，无一不依从儒家经典。儒家经典对于社会的影响无时不在，无处不在。了解和研究中国封建社会的方方面面，不能不阅读《十三经》。

（二）中国儒家文化的主要代表人物

中国儒家文化的创始人是孔子，之后中国儒家文化不断继承发展，产生一批批的传承与发展人物。中国儒家文化的代表人物比较多，从历史贡献上看，主要有孟子、董仲舒、韩愈、二程、朱熹、陆九渊、王阳明、程颐、张载、顾炎武、戴震等。

1. 孟子

孟子（前372—前289年），名轲，字号在汉代以前的古书没有记载，但曹魏、晋代之后却传出子车、子居、子舆等不同的字号（字号可能是后人的附会而未必可信）。山东邹城人。在十五六岁时到达鲁国后出现一种说法是拜入孔子之孙子思的门下。孟子是中国古代著名思想家，教育家，战国时期儒家代表人物。著有《孟子》一书。是记录孟子及其弟子言行的著作。继承并发扬了孔子的思想，成为仅次于孔子的一代儒家宗师，有“亚圣”之称，与孔子合称为

孟子

“孔孟”。

孟子根据战国时期的经验，总结各国治乱兴亡的规律，提出了一个富有民主性精华的著名命题：“民为贵，社稷次之，君为轻”。认为如何对待人民这一问题，对于国家的治乱兴亡，具有极端的重要性。孟子十分重视民心的向背，通过大量历史事例反复阐述这是关乎得天下与失天下的关键问题。“民为贵，社稷次之，君为轻。”意思是说，人民放在第一位，国家其次，君在最后。孟子认为君主应以爱护人民为先，为政者要保障人民权利。孟子赞同若君主无道，人民有权推翻政权。

孟子继承和发展了孔子的德治思想，发展为仁政学说，成为其政治思想的核心。孟子的政治论，是以仁政为内容的王道，其本质是为封建统治阶级服务的。他把“亲亲”、“长长”的原则运用于政治，以缓和阶级矛盾，维护封建统治阶级的长远利益。孟子一方面严格区分了统治者与被统治者的阶级地位，认为“劳心者治人，劳力者治于人”，并且模仿周制拟定了一套从天子到庶人的等级制度；另一方面，又把统治者和被统治者的关系比作父母对子女的关系，主张统治者应该像父母一样关心人民的疾苦，人民应该像对待父母一样去亲近、服侍统治者。孟子认为统治者实行仁政，可以得到天下人民的衷心拥护，这样便可以无敌于天下。

孟子以“仁政”为根本的出发点，创立了一套以“井田”为模式的理想经济方案。提倡“省刑罚、薄税敛”“不违农时”等主张。要求封建国家在征收赋税的同时，必须注意生产，发展生产，使人民富裕起来，这样财政收入才有充足的来源。这种思想，是应该肯定的。作为新兴地主阶级的思想家，孟子还提出重农而不抑商理论，改进了传统的“重农抑商”思想，这种经济观念在当时是进步的。孟子的“井田制”理想，对后世确立限制土地兼并，缓和阶级矛盾的治国理论有着深远的影响及指导意义。

孟子的“民本”思想是对孔子“仁学”的继承和发展。《孟子·尽心下》说：“民为贵，社稷次之，君为轻。”人民是政治的重心所在，“桀纣之失天下也，失其民也。失其民者，失其心也。得天下有道：得其民，斯得天下矣。得其民有道：得其心，斯得民矣。得其心有道：所欲与之聚之，所恶勿施尔也。民之归仁也，犹水之就下，兽之走圹也。”这里直接揭示了“得民心者得天下，失民心者失天下”这一真理。孟子的“性善论”“仁政说”“民贵论”“革命说”，确立了儒家人文主义的道德主体性，并且为政治注入了道德的正当性，在中国思想史上有着极其重要的政治意义。

孟子的教育思想，也是孔子“有教无类”的教育思想的继承和发挥。他们都把全民教育当做实行仁政的手段和目的。一方面，主张“设为庠序学校以教之”，加强学校教育；另一方面，要求当政者要身体力行，率先垂范。“君仁，莫不仁；君义，莫不义；君正，莫不正。”以榜样的力量，教化百姓。教化的目的，就是要百姓“明人伦”，以建立一个“人伦明于上，小民亲于下”的和谐融洽的具有人伦秩序的理想社会。

孟子一贯以孔子的正统的继承者自居，他的教育贡献也是无与伦比的。他不仅授徒讲学，培养出了乐正子、公孙丑、万章等优秀的学生，还与弟子一起著书立说，著《孟子》七篇，留给后世。犹如绵绵春雨，普降于漫漫的历史文化中。

2. 董仲舒

董仲舒（前179—前104年），中国西汉时期与时俱进的思想家，儒学家，哲学家。汉景帝时任博士，讲授《公羊春秋》。他把儒家的伦理思想概括为“三纲五常”，汉武帝采纳了董仲舒的建议，从此儒学开始成为官方哲学，成为中国社会的正统思想，影响长达两千多年，并延续至今。其教育思想和“大一统”“天人感应”理论，为后世封建统治者提供了统治的理论基础。他的著作汇集于《春秋繁露》一书。

董仲舒

董仲舒在著名的《举贤良对策》中，提出他的哲学体系的基本要点，并建议“罢黜百家，独尊儒术”，为汉武帝所采纳。其后，任江都易王刘非的国相十年；元朔四年（前125年），任胶西王刘端的国相，四年后辞职回家。此后，居家著书，朝廷每有大议，令使者及廷尉就其家而问之，仍受武帝尊重。董仲舒以《公羊春秋》为依据，将周代以来的宗教天道观和阴阳、五行学说结合起来，吸收法家、道家、阴阳家思想，建立了一个新的思想体系，成为汉代的官方统治哲学，对当时社会所提出的一系列哲学、政治、社会、历史问题，给予了较为系统的回答。董仲舒有一百多篇文章、词赋传世，但是今日除了《天人三策》《士不遇赋》之外大多散佚。

董仲舒主张行教化、重礼乐。董仲舒对统治者强调人事的重要，认为“事在强勉”，“治乱兴废在于己”，只要尽力“行道”，那就会“德日起而大有功”，就可以收到速效，统治地位就可以巩固。在董仲舒看来，君主的重要职责是实施教化。他认为仁、义、礼、乐都是治道的工具，古代圣王所以能够长治久安，都是礼乐教化的功效，所以王者的职责就在于“承天意以从事，任德教而不任刑”，“以教化为大务”。由此可见，董仲舒认识到教育作为统治手段的重要作用。在把教育工作放在政治的第一位的思想指导下，董仲舒要求汉武帝不但要“求贤”，而且更重要的是要“养士”。他要求汉武帝“兴太学，置明师，以养天下之士”。

董仲舒倡导和要求学习儒家的“六经”，他说：“《诗》《书》序其志，《礼》《乐》纯其美，《易》《春秋》明其知”。但他又认为“六经”各有所长，《诗》长于质，《礼》长于文，《乐》长于风，《书》长于事，《易》长于数，《春秋》长于治人，所以学者应“兼其所长”，不要“偏举其详”。这种“兼其所长”的教学观点是可取的。在学习上，他提出了“多连”和“博贯”的方法。他以为只要“连而贯之”，就可以推知天下古今的知识。这是一种唯心主义的方法论。但是联系和贯通，在一定条件下，在一定范围内，在教学上往往可以用来加强理解，融会贯通。在学习范围上，他认为不能太博也不能太节，太博会使人厌倦，太节又会使得知识暗昧，这种思想也有一定道理。

董仲舒要求教师尽量达到“圣化”的境地，“善为师者，既美其道，有慎其行；齐时早晚，任多少，适疾徐；造而勿趋，稽而勿苦；省其所为，而成其所湛，故力不劳而身大成，此之谓圣化，吾取之。他从要求教师以身作则开始，进而论及教学应该适时，应该注意受教育者的才性，要能从容引导，不急不缓。这种要求比较符合教学规律，也是孔子因材施教、循循善诱教学原则的具体发展。

3. 韩愈

韩愈（768—842年），字退之，邓州南阳人，唐代古文运动的倡导者。韩

韩愈（雕像）

愈是唐代古文运动的倡导者，被后人尊为“唐宋八大家”之首，与柳宗元并称“韩柳”，有“文章巨公”和“百代文宗”之名。后人将其与柳宗元、欧阳修和苏轼合称“千古文章四大家”。在旧《广东通志》中被称为“广东古八贤”之一。他提出的“文道合一”“气盛言宜”“务去陈言”“文从字顺”等散文的写作理论，对后人很有指导意义。著有《韩昌黎集》四十卷，《外集》十卷，《师说》等。其中《原道》《原人》《原鬼》《与孟尚书书》《谏迎佛骨表》等尤为著名。

韩愈是古文运动的倡导者，主张继承先秦两汉散文传统，反对专讲声律对仗而忽视内容的骈体文。韩愈文章气势雄伟，说理透彻，逻辑性强，被尊为“唐宋八大家”之首。时人有“韩文”之誉。杜牧把韩文与杜诗并列，称为“杜诗韩笔”；苏轼称他“文起八代之衰”。韩柳倡导的古文运动，开辟了唐以来古文的发展道路。韩诗力求新奇，重气势，有独创之功。韩愈以文为诗，把新的古文语言、章法、技巧引入诗坛，增强了诗的表达功能，扩大了诗的领域，纠正了大历（766年—780年）以来的平庸诗风。在封建思想道德方面，他也有独到的建树，大力提倡儒学，以继承儒学道统自居，开宋明理学家之先声。

在中国文化史上，韩愈是位重要的思想家。在宋儒眼中，孔、孟之下，便是韩愈。他在儒学式微，释、道盛行之际，力辟佛、老，致力于复兴儒学，取得了重大的成功。他所倡导的古文运动，其实就是复兴儒学的重要手段。在政治上，韩愈反对藩镇割据。而且他“反对藩镇割据的主张，还不仅表现在平定淮西的一时一事，他在一系列的文章里都贯穿着这个思想”。在儒学史上，韩愈他反对佛道二教，继承孔孟儒家，提出了“道统”论、“性情三品”说，实开宋明理学之先河。

韩愈提出“道统”论。主张回到先秦儒家的“圣人之道”而宗奉孔孟，认为孟子之后，其道失统。于是，他以传承道统自任，“使其道由愈而粗传，虽灭死万万无恨。”韩愈所提倡的“道统”，其实就是孔孟的仁义道德思想。“博爱之谓仁，行而宜之之谓义，由是而之焉之谓道，足乎己无待于外之谓德。”“仁”

就是博爱，处事合适得当就是“义”。所谓“道”就是按仁义的要求去做，而“德”指的是仁义本来就具足于人的本性之中。韩愈以仁义为道德直接赋予了形而上的意义，强调的是道德主体性，但另一方面也强调君臣父子之纲常伦理的重要性与“内圣外王”的统一性。

韩愈继承孔子“唯上智与下愚不移”和董仲舒的“性三品”说，提出了自己的“性情三品”说。他认为性有上中下三品，上品的人性生来就具有仁义礼智信五种道德，以一德为主，贯通其他四德；中品的人性对五德中的一德有所不足，而对于其余四种道德也杂驳不纯；至于下品的人性，则是违反一德也不符合四德。这就是“性”之“三品”。韩愈的“性三品”说其实是孟子、荀子、扬雄三家人性论的综合。另外，韩愈的“性情三品”说还吸收了“佛性”说，“以佛理证心”，为宋明理学家建立心性之学提供了理论根据和思维方法。

韩愈的思想是在佛教盛行、儒家处在变革转换时期的大背景下产生的。他做了既反佛又融佛、既崇儒又变儒的创造转化，是汉魏经学到宋明理学之间的转型期形态，为宋明理学提出了向道德主体性发展的方向，并开拓了理学的新思路，对儒学的变革起了重要作用。①

4. 程颢

程颢

程颢（1032—1085年），字伯淳，学者称明道先生。世居中山，后从开封徙河南（今河南洛阳）。北宋哲学家、教育家、诗人和北宋理学的奠基者。程颢是嘉祐年间进士，神宗朝任太子中允监察御史里行。反对王安石新政。学术上，程颢提出“天者理也”和“只心便是天，尽之便知性”的命题，认为“仁者浑然与物同体，义礼知信皆仁也”，识得此理，便须“以诚敬存之”。倡导“传心”说。承认“天地万物之理，无独必有对”。公元1085年（元祐元年），宋哲宗即位，召其为宗正丞，未行而卒，享年54岁。程颢

① 吴光：《儒学百问录（选辑）》，香港天地图书有限公司，2012 年 3 月版。

曾和其弟程颐学于周敦颐，世称“二程”，同为北宋理学的奠基者，其学说在理学发展史上占有重要地位，后来为朱熹所继承和发展，世称“程朱学派”。其所亲撰有《定性书》《识仁篇》等，后人集其言论所编的著述书籍《遗书》《文集》等，皆收入《二程全书》。

程颢的主要成就是他的理学主张。程颢与其弟程颐同为宋代理学的主要奠基者，世称“二程”。二程的学说在某些方面有所不同，但基本内容并无二致。皆以“理”或“道”作为全部学说的基础，认为“理”是先于万物的“天理”，“万物皆只是一个天理”“万事皆出于理”“有理则有气”。现行社会秩序为天理所定，遵循它便合天理，否则是逆天理。提出了事物“有对”的朴素辩证法思想。强调人性本善，“性即理也”，由于气禀不同，因而人性有善有恶。所以浊气和恶性，其实都是人欲。人欲蒙蔽了本心，便会损害天理。“无人欲即皆天理”。因此教人“存天理、灭人欲”。要“存天理”，必须先“明天理”。而要“明天理”，便要即物穷理，逐日认识事物之理，积累多了，就能豁然贯通。主张“涵养须用敬，进学在致知”的修养方法。

二程宣扬封建伦理道德，提倡在家庭内形成像君臣之间的关系，流毒颇深。究其内涵：一是“理”是宇宙的终极本原和主宰世界的唯一存在。“万物皆只有一个天理”。二是“天理”又是封建道德原则及封建等级制度的总称。“上下之分，尊卑之义，理之当也，礼之本也”。“君臣父子，天下之定理，无所逃乎天地之间”。三是“天理”也具有自然特性及发展变化规律的意义。“天下物皆可以照理，有物必有则，一物须有一理”。

二程在哲学上发挥了孟子至周敦颐的心性命理之学，建立了以“天理”为核心的唯心主义理学体系。二程在学术上所提出的最重要的命题是“万物皆只是一个天理”。他们认为阳阴二气和五行只是“理”或“天理”创生万物的材料。从二程开始，“理”或“天理”被作为哲学的最高范畴使用，亦即被作为世界的本体，而且人类社会的等级制度及与之相适应的社会道德规范，也都是“天理”在人间社会的具体表现形态，正如“君臣父子，天下之定理，无所逃于天地之间”。

程颢、程颐所创建的“天理”学说在中国古代思想史上具有重要地位，对中国古代政治思想和哲学思想都产生了重要而深远的影响，并受到了后世历代封建王朝的尊崇，以致逐步演变成为中国古代封建社会后期近千年的占有统治地位的思想。程颢、程颐经学思想以“经所以载道”和以义理解经为基本纲领，并在经学研究的基础上，提出天理论哲学，完成了伦理型儒学向哲理型儒学的转化，亦是经学史上的宋学发展为思想史上的理学的重要标志。二程以新儒学的义理来阐释儒家经典，是其与前代儒学的基本区别，具有新的时代特征。二程创立的天理论哲学代表了宋代理学发展的主要趋势，二程确立了理学的道统论，由此体现出其在理学发展史上占有重要地位。

5. 朱熹

朱熹

朱熹（1130—1200年），字元晦，又字仲晦，号晦庵，晚称晦翁，谥文，世称朱文公。祖籍徽州府婺源县（今江西省婺源），出生于南剑州尤溪（今福建省尤溪县）。宋朝著名的理学家、思想家、哲学家、教育家、诗人，闽学派的代表人物，儒学集大成者，世尊称为朱子，是孔子、孟子以来最杰出的儒学大师。朱熹是唯一非孔子亲传弟子而享祀孔庙，位列大成殿十二哲者中。朱熹是程颢、程颐的三传弟子李侗的学生，任江西南康、福建漳州知府、浙东巡抚，做官清正有为，振兴书院建设。官拜焕章阁侍制兼侍讲，为宋宁宗皇帝讲学。朱熹著述甚多，有《四书章句集注》《太极图说解》《通书解说》《周易读本》《楚辞集注》，后人辑有《朱子大全》《朱子集语象》等。其中《四书章句集注》成为明清两代科举考试的标准。

在中国宋朝，学术上造诣最深、影响最大的是朱熹。他总结了以往的思想，尤其是宋代理学思想，建立了庞大的理学体系，成为宋代理学之大成，其功绩为后世所称道，其思想被尊奉为官学，而其本身则与孔子圣人并提，称为“朱子”。朱熹撰《周易本义》列河洛、先天图于卷首，又与弟子蔡氏父子（蔡元定、蔡沉）编撰《易学启蒙》笃信和诠释河洛、先天之学，后世皆以此立言，阐发朱子的河洛先天思想。朱学遂成为巩固封建社会统治秩序的精神支柱。朱熹的学说，也对后来明朝王阳明的心学有深刻的影响。王阳明的知行合一思想正是在朱熹哲学基础上的突破。

朱熹主张“知先行后”。朱熹的知行观，是指儒家的个人道德修养和实践。由于道德实践需要封建伦理指导，因此“知为先”。又因封建伦理不能只流于空谈，所以“行为重”。“知先”“行重”是实践道德的两个方面，有其内在的逻辑一致性。如果从认识的角度看，“知先行后”颠倒了主次关系。认识来源于实践，知行之间应以“行”为第一性。“知为先”的主张显然是错误的。至于所谓“行为重”，虽有其合理因素，但它强调的也只是封建知识分子的个人道德实践。

朱熹教育思想博大精深，其中最值得关注的，一是论述“小学”和“大学”教育，二是关于“朱子读书法”。在总结前人教育经验和自己教育实践的基础上，基于对人的生理和心理特征的初步认识，把一个人的教育分成“小学”和“大学”两个既有区别又有联系的阶段，并提出了两者不同的教育任务、内容和方法。朱熹关于小学和大学教育的见解，为中国古代教育思想增添了新鲜的内容。他的《四书集注》被明清两代作为科举考试的内容。

朱熹强调读书必须精神专注，注意力高度集中。所谓“持志”，就是要树立远大志向，并以顽强的毅力长期坚守。“朱子读书法”六条，即循序渐进、熟读精思、虚心涵泳、切己体察、着紧用力、居敬持志。朱熹重视观察实证，“历法恐亦只可略说大概规模，盖欲其详，即需仰观俯察乃可验。今无其器，殆亦难尽究也。”提出要更好地研究历法，需要有好的观测仪器进行观察、检验。朱熹用浑天仪观测过北极星的位置与地面所构成的夹角，并试图通过比较各地北极星的高度及其与地中岳台的关系以证明大地的运动，表明了他通过对照比较各地不同的观测数据而进行怀疑思考的科学精神。

朱熹是中国历史上著名的思想家，又是一位著名的教育家。他一生热心于教育事业，孜孜不倦地授徒讲学，无论在教育思想或教育实践上，都取得了重大的成就。朱熹在世之时，曾经整顿了一些县学、州学，又亲手创办了同安县学、武夷精舍、考亭书院，重建了白鹿洞书院和岳麓书院，并且还亲自制定了学规，编撰了“小学”和“大学”的教材。为封建国家培养了一批批知识分子，其中包括不少著名的学者，形成了自己的思想文化学派。

6. 陆九渊

陆九渊

陆九渊（1139—1193年）号象山，字子静，书斋名“存”，世人称存斋先生，因其曾在贵溪龙虎山建茅舍聚徒讲学，因其山形如象，自号象山翁，世称象山先生、陆象山。汉族，江西省金溪陆坊青田村人。在“金溪三陆”中最负盛名，是著名的理学家和教育家，与当时著名的理学家朱熹齐名，史称“朱陆”。是宋明两代主观唯心主义——“心学”的开山祖。明代王阳明发展其学说，成为中国哲学史上著名的“陆王学派”，对近代中国理学产生深远影响。被后人称为“陆子”。

陆九渊为宋明两代“心学”的开山之祖，与朱熹齐名，而见解多不合。主“心即理”说，言“宇宙便是吾心，吾心即是宇宙”，“学苟知道，六经皆我注脚”。明王阳明继承发展其学，成为“陆王学派”，对后世影响极大。著有《象山先生全集》。

陆九渊一生的辉煌在于创立学派，从事传道授业活动，受到他教育的学生多达数千人。陆九渊官位不算显要，学术上也无师承，但他融合孟子“万物皆备于我”和“良知”“良能”的观点以及佛教禅宗“心生”“心灭”等论点，提出“心即理”的哲学命题，形成一个新的学派——“心学”。他的学说，经其弟子傅子云、傅梦泉、邓约礼、杨简等人的发挥，元代赵偕、祝蕃、李存等的继承和明代陈献年、湛若水的发展，经王阳明集大成，成为宋明理学的一个重要派别，影响极大。陆九渊的思想经后人充实、发挥，成为明清以来的主要哲学思潮，一直影响到近现代中国的思想界。

陆九渊还热心于讲学授徒，大力发展教育事业。“每开讲席，学者辐辏，户外屦满，耆老扶杖观听”，弟子遍布于江西、浙江两地。他在长期的讲学实践中，形成了一套独特的教育思想理论。他认为教育对人的发展具有存心、养心、求放心和去蒙蔽、明天理的作用。他主张学以致用，其目的是培养出具有强烈社会责任感的人才，以挽救南宋王朝衰败的命运。在教育内容上，他把封建伦理纲常和一般知识技能技巧，归纳为道、艺两大部分，主张以道为主，以艺为辅，认为只有通过对道的深入体会，才能达到做一个堂堂正正的人的目的。因此，要求人们在“心”上做功夫，以发现人心中的良知良能，体认封建伦理纲常。陆学为明代王守仁（阳明）所发展，世称“陆王学派”，著有《象山全集》行世。

陆九渊一生不注重著书立说，其语录和少量诗文由其子陆持之于开禧元年（1205年）汇编成《象山先生集》，共计36卷，并由其学生于嘉定五年（1212年）刊行。1980年1月中华书局整理为《陆九渊集》出版发行。为纪念陆九渊，江西省南昌市有一条街命名为“象山路”。金溪陆坊青田院山的陆九渊墓经过整修，列为江西省重点保护文物。

7. 王阳明

王阳明（1472—1529年）汉族。名守仁，字伯安，浙江余姚人，因曾筑室于会稽山阳明洞，自号阳明子，学者称之为阳明先生，是继朱熹之后的另一位大儒，“心学”流派创始人。

▬ 王阳明

王阳明是中国明代最著名的思想家、哲学家、书法家和军事家、教育家、文学家，官至南京兵部尚书、都察院左都御史。陆王心学之集大成者，与孔子（儒学创始人）、孟子（儒学集大成者）、朱熹（理学集大成者）并称为孔、孟、朱、王。他非但精通儒家、佛家、道家，而且能够统军征战，是中国历史上罕见的全能大儒，封“先儒”，奉祀孔庙东庑第58位。其著作有《大学问》《王阳明全集》《传习录》，作品收录于《明史》《古文观止》。其学术思想在中国、日本、朝鲜半岛以及东南亚国家乃至全球都有重要而深远的影响。

王阳明主张明“赏罚”以提高统治效力，行德治礼教以预防“犯罪”；主张行德治教化以缓和阶级矛盾，减少犯上作乱；强调执法要“情法交申”，区别对待；反对“贪功妄杀，玉石不分”；主张适用法律要结合当时当地的具体情况，特别是在“地理遥远，政教不及”的边远地区和“小民罔知法度”的情况下，一切“词讼差徭钱粮学校”等事务，都可以从当时当地的实际出发，作权宜的处置；重视“纲纪”，整肃执法之吏，杜绝“法外之诛”，认为“法之不行，自上犯之”，对那些寅缘窃踞官职的豪门富家子弟的不法行为，如居心刻薄，“骚扰道路，仗势而夺功，无劳而冒赏，懈战士之心，兴边戍之怨”的情况，要大力加以整肃，特别是对“戾于法”的执法之吏，应当严格要求；力主加强监狱管理，杜绝“法外之诛”，指出京师的“提牢厅”是“天下之狱皆在焉”的重地，负责提牢的官吏，不能不慎重对待，特别对于“桎梏之缓急，扃钥之启闭，寒暑早夜之异防，饥渴疾病之殊养”，甚至于微贱到“箕帚刀锥”“涤垢除下”的事，无不应当认真注意，“以身亲之”。

阳明学提倡“致良知”，从自己内心中去寻找“理”，“理”全在人“心”，“理”化生宇宙天地万物，人秉其秀气，故人心自秉其精要。在知与行的关系上，强调要知，更要行，知中有行，行中有知，所谓“知行合一”，二者互为表里，不可分离。知必然要表现为行，不行则不能算真知。王阳明悟到的“理”，即是“心”，即是“致良知”。他的“心即理”，就是变主客体二元对立为一元融合，他的“致良知”就是将真理与道德融为一体，智慧与慈悲合二为一。至于渐、顿的问题，实际上是认识论的一个共同规律，没有积累就没有飞跃，积累就是“渐悟”，飞跃那一刻就是“顿悟”。

王阳明是我国宋明时期主观唯心主义集大成者。他发展了陆九渊的学说，用以对抗程朱学派。他的学说以“反传统”的姿态出现，在明代中期以后，形成了阳明学派，影响很大。他广收门徒，遍及各地。他的哲学思想，远播海外，特别对日本学术界有很大的影响。日本大将东乡平八郎就有一块“一生伏首拜阳明”的腰牌。王阳明倡导“君子之学，唯求其是”的“求是”学风，并多有阐发。时至今日，“求是”精神仍然十分重要。浙江大学把它作为校训的一部分。

8. 顾炎武

顾炎武

顾炎武（1613—1682年），南直隶苏州府昆山人，著名思想家、史学家、语言学家，与黄宗羲、王夫之并称为明末清初三大儒。本名绛，字忠清；南都败后，因为仰慕文天祥学生王炎午的为人，所以改名炎武，字宁人，亦自署蒋山佣，学者尊为亭林先生。明季诸生，青年时发愤为经世致用之学，并参加昆山抗清义军，败后漫游南北，曾十谒明陵，晚岁卒于曲沃。学问渊博，于国家典制、郡邑掌故、天文仪象、河漕、兵农及经史百家、音韵训诂之学，都有研究。晚年治经重考证，开清代朴学风气。

顾炎武被称作是清朝"开国儒师""清学开山"始祖，是著名经学家、史地学家、音韵学家。他学识渊博，在经学、史学、音韵、小学、金石考古、方志舆地以及诗文诸学上，都有较深造诣，建树了承前启后之功。顾炎武以经世致用的鲜明旨趣，朴实归纳的考据方法，创辟路径的探索精神，以他在众多学术领域的成就，宣告了晚明空疏学风的终结，开启了一代朴实学风的先路，给予清代学者极为有益的影响。顾炎武还提倡"利国富民"，并认为"善为国者，藏之于民"。他大胆怀疑君权，并提出了具有早期民主启蒙思想色彩的"众治"的主张。他所提出的"天下兴亡，匹夫有责"这一口号，意义和影响深远，成为激励中华民族不懈奋进的精神力量。

顾炎武提倡"明道救世"的经世思想，反对空谈，注意广求证据，提出"君子为学，以明道也，以救世也。徒以诗文而已，所谓雕虫篆刻，亦何益哉？"更为突出的是他提出了"天下兴亡，匹夫有责"的响亮口号。顾炎武提倡"天下兴亡，匹夫有责"。《日知录》卷十三《正始》："保天下者，匹夫之贱，与有责焉耳矣。"另著有《日知录》《肇域志》《音学五书》《亭林诗文集》等。

顾炎武治学，以"明学术，正人心，拨乱世，以兴太平之事"为宗旨。他一生激烈批评空谈心性、剿说玄理的虚无之论，坚决反对雕琢辞章、缀辑故实的无用之学，极力倡导“博学于文”“行己有耻”的学术理念。他主张以“修己治人之实学”，代“明心见性之空言”，强调学问不仅要修诸身心，更要达于政事。他治学的精品意识和充分体现这种精品意识的力作《日知录》，时刻都在告诫学人：治学切忌心浮气躁！万不可“一年磨十剑”。

顾炎武用大半生的时间和精力写了一部洋洋八十万言的读书札记《日知录》。这部“负经世之志，著资治之书”的巨著，是寄托顾炎武经世思想的巨著，内容大体分为三类：经术、治道、博闻，而核心是治道。《日知录》问世近四百年来，始终被学术界尊为精品。

9. 戴震

戴震（1724—1777年），一字东原，二字慎修，号杲溪，汉族，休宁隆阜（今安徽黄山屯溪区）人，清代著名语言文字学家、哲学家、思想家。乾隆二十七年举人，乾隆三十八年被召为《四库全书》纂修官。乾隆四十年第六次会试下第，因学术成就显著，特命参加殿试，赐同进士出身。戴震治学广博，音韵、文字、历算、地理无不精通，又进而阐明义理，对理学家“去人欲，存天理”之说有所抨击。其视个体为真实、批判程朱理学的思想，对晚清以来的学术思潮产生了深远影响。梁启超、胡适称之为中国近代科学界的先驱者。

戴震

戴震一生先后撰成《筹算》《勾股割圆记》《六书论》《尔雅文字考》及《考工记图注》《原善》《尚书今文古文考》《春秋改元即位考》《诗经补注》《声类表》《方言疏证》《声韵考》及《孟子字义疏证》等，并应河北、山西等地官员聘请，纂修《直隶河渠书》《汾州府志》《汾阳县志》，主讲浙江金华书院。乾隆三十八年，开《四库全书》馆，以举人受特召任纂修官。在馆五年，疑文奇义，累有辨析。先后经手校订《水经注》《仪礼集释》《周髀算经》《孙子算经》《张丘建算经》《夏侯阳算经》《海岛算经》及《五曹算经》诸书。逝世前夕，写有著名的《答彭进士允初书》。

戴震著《考工记图》，妄谓通其语言；语言之鲜能有通，妄谓通其心志。戴震的意思是，义理、考据、文章（词章）同为学问之途，“义理即考核、文章二者之源”，义理是最为重要的，考据、词章只不过是通向义理的手段。这直接导致了戴震的考据学具有与众不同的性质。从现代解释学的角度看来，戴震“取证于经书”的训诂学，完全是一个主体意识呈现的过程，是通过传统经典的义理发现来揭示哲学思想的手段。

戴震所著《孟子字义疏证》《原善》及《答彭进士允初书》等，批判宋明以来程朱陆王之学，集中阐明其哲学主张，在清代思想史、哲学史上具有重要意义。书中提出了“气化流行，生生不息，是故谓之道”的见解。认为理就是条理，而宋明理学家的所谓理，不同于儒家经典中的理。他提出了“欲，其物；理，其则也”的命题，认为“凡事为皆有于欲，无欲则无为矣。有欲而后有为，有为而归于至当不可易之谓理。无欲无为，又焉有理？”从而建立起带有浓厚考证色彩的人性说。整个乾嘉时期，考据之学风靡朝野，戴震的义理之学一直未能引起学术界重视，他只是作为一个考据家而深为一时学者所推重。

戴震的哲学思想特别擅长于哲学分析、抽象与理性思辨。他重新梳理了“化之原”与“化之流”、“生生者”与“生生而条理者”以及“自然”“必然”“本然”的关系，认为宇宙生命及其变化的源头是“仁”，“仁”是“生生者”，“变化之流”是“生生之条理者”，即“理”。换言之，人道本于性，而人性源于天道；天道固无不善，人道、人性自然也就无不善；于是，人的生命价值与宇宙生命的意义就融汇于“天人合一”的境界：基于本然之德，归于必然之常，以全其自然之顺。

戴震最大的理论贡献在于打破了“天理”之“理”的神圣性、神秘性，他用分析的方法将其还原为不同类与不同事物的规定性，借助先秦两汉时期质朴、平实的经典释诂，指出所谓“天理”就是天然的、自然而然的道理。戴震认为，“理”与“欲”是统一的，欲望的适当满足就是“理”。“理者，存乎欲者也。”唯有欲有情而又有知，然后欲得遂也，情得达也。欲、情、知是天赋的人性，天赋人以“心”，即理性思维来调节作为感性存在的人。换言之，人欲并不可怕，也不是邪恶的，追求人欲的满足是正当的人性要求。欲、情、知三者条畅通达，才是人生的理想状态。戴震的这些思想在客观上反映了当时市民阶层的平等要求，包含着启蒙思想的因素，是中国文化现代转型的先声。

三、中国儒家文化的主要思想及其发展

中国儒家文化的主要思想也称为儒学，是中国影响最大的文化流派，也是中国自汉代以来历代的主流思想和社会主流意识。儒家的思想体系以“仁”的学说为核心，经过千百年来的发展，对中国文化和中国社会的发展产生了重大影响。

（一）中国儒家文化的主要思想

儒家文化作为中国的主流文化，是以“仁”为核心，以“义、礼、智、信、恕、忠、孝、悌”等内容为基础的思想体系。儒家的学说简称儒学，儒学维护“礼治”，提倡“德治”，重视“人治”。儒家思想对中国封建社会的影响很大，被封建统治者长期奉为正统思想。

1. 以“仁”为核心

“仁”是孔子儒家文化思想的核心。孔子把“仁”作为最高的道德原则、道德标准和道德境界。他第一个把整体的道德规范集于一体，形成了以“仁”为核心的伦理思想结构，它包括仁、义、礼、智、信、恕、忠、孝、悌等内容。其中孝悌是仁的基础，是仁学思想体系的基本支柱之一。他提出要为“仁”的实现而献身，即“杀身以成仁”的观点，对后世产生很大的影响。

仁：爱人。孔子思想体系的理论核心。它是孔子社会政治、伦理道德的最高理想和标准，也反映他的哲学观点，对后世影响亦甚深远。爱人既为仁的实质和基本内容，而此种爱人又是推己及人，由亲亲而扩大到泛众。“仁”的主张是“仁者爱人”，这一主张是要求统治阶级体察民情，反对苛政。孔子认为，要实现“爱人”，还要遵循“忠恕”之道，就是“己所不欲，勿施于人”的要求。

在《论语》一书中，“仁”字出现达109次之多，“仁”在孔子的思想体系中居于十分重要的地位。孔子在不同场合，不同时间，针对不同主体对象，所

阐述的“仁”的含义是不完全一样的，这就给不同的价值主体在施行“仁”的过程中造成了理解上的自由空间，任何一种学说都可以从孔子的论述中找到其需要的理论根据。因此，我们可以从以下四个方面来把握孔子的“仁”的思想学说。

一是对待“仁”的态度。孔子主张任何人都应该有一种为“仁”的愿望，应该诚心诚意去求“仁”，如果这样做了，那么就会得到“仁”。达到“仁”的境界的根源在于自己如何去做，而不是由他人来推动，只有主体自己的主动追求，才有可能达到“仁”的理想境界。二是“仁”的价值内涵。从《论语》中孔子论“仁”来看，其价值内涵主要指“仁”的情感性、自得性而言。孔子的思想是一门如何处理人与人、人与社会、人与自我之间关系的学问，是一门关注人的自身发展的学问。孔子所提倡的是人在实际生活中如何达到理想人格的问题，“仁”精神价值的一个重要体现就是“已立立人，已达达人”，“己所不欲，勿施于人。”三是“仁”的表现方式。以博大宽厚的胸怀来爱护民众是“仁”的一种表现方式，即“泛爱众而亲仁”。“仁”作为价值主体内在精神状态的反映，是实现理想人格过程中不可缺少的东西。只有内心以“仁”的标准严格要求自己，用“仁”的境界来考察自己的思想，是达到真善美崇高境界的前提条件。四是“仁”的实践价值。孔子关于“仁”的思想具有很强的实践性特征，他把关注的焦点投向社会，投向现实，时刻关注现实生活中如何实现人的全面发展问题。孔子还认为，“志士仁人，无求生以害仁，有杀身以成仁。”为了崇高的“仁”的境界，绝不做违背最高道德准则的事，必要的时候要不惜牺牲自己来成就这一事业。

孔子关于“仁”的思想在今天仍然具有其一定的合理性及适用性，这也是孔子思想的强大生命力之所在。孔子“仁”的思想为后来的孟子和荀子所提倡的“内圣外王”之道提供了理论参考，其中的某些行为甚至完全被后人所吸取，成为儒家人学思想中永恒的“不灭之火”。

2. 以“义、礼、智、信、恕、忠、孝、悌”等内容为基础

儒家思想以仁为核心，以“义、礼、智、信、恕、忠、孝、悌”等内容为基础的。义是原指“宜”，即行为适合于“礼”。孔子以“义”作为评判人们的思

想、行为的道德原则。礼是孔子及儒家的政治与伦理范畴。“礼”的主张是“克己复礼”，就是说要克制自己，使自己符合“礼”要求，孔子追求的“礼”是西周的等级名分制度。智同“知”，孔子的认识论和伦理学的基本范畴。指知道、了解、见解、知识、聪明、智慧等。内涵主要涉及知的性质、知的来源、知的内容、知的效果等几方面。关于知的性质，孔子认为，知是一个道德范畴，是人的一种行为规范知识。信是指待人处世的诚实不欺，言行一致的态度。为儒家的“五常”之一。孔子将“信”作为“仁”的重要体现，是贤者必备的品德，凡在言论和行为上做到真实无妄，便能取得他人的信任，当权者讲信用，百姓也会以真情相待而不欺上。恕是己所不欲，勿施于人，包含有宽恕、容人之意。忠是己欲立而立人，己欲达而达人。孔子认为忠乃表现于与人交往中的忠诚老实。孝是孔子认为孝悌是仁的基础，孝不仅限于对父母的赡养，而应着重对父母和长辈的尊重。悌是指对兄长的敬爱之情。孔子非常重视悌的品德，其弟子中有根据他的思想，把悌与孝并称，视之“为仁之本”。

3. 维护“礼治”、提倡“德治”、重视“人治”

儒家文化思想体系在以“仁”的学说为核心的基础上形成了它的仁政理论。儒家仁政理论主张维护“礼治”，提倡“德治”，重视“人治”。在“礼治”方面，倡导贵贱、尊卑、长幼各有其特殊的行为规范，只有贵贱、尊卑、长幼、亲疏各有其礼，才能达到儒家心目中君君、臣臣、父父、子子、兄兄、弟弟、夫夫、妇妇的理想社会。国家的治乱，取决于等级秩序的稳定与否。儒家的“礼治”也是一种法的形式。它是以维护宗法等级制为核心，如违反了“礼”的规范，就要受到“刑”的惩罚。在“德治”方面。儒家的“德治”就是主张以道德去感化教育人。儒家认为，无论人性善恶，都可以用道德去感化教育人。这种教化方式，是一种心理上的改造，使人心良善，知道耻辱而无奸邪之心。这是最彻底、根本和积极的办法，非法律制裁所能办到。在“人治”方面。儒家的“人治”就是重视人的特殊化，重视人可能的道德发展，重视人的同情心，把人当做可以变化，并可以有很复杂的选择主动性和有伦理天性的“人”来管理统治的思想。从这一角度看，“德治”和“人治”有很大的联系。“德治”强调教化的程序，而“人治”则偏重德化者本身，是一种贤人政治。由于儒家相信“人格”有绝大的感召力，所以在此基础上便发展为“为政在人”、“有治人，无治法”等极端的“人治”主义。[①]

4. 强调利民、富民、保民、爱民的思想

儒家文化在以“仁”为核心的思想引领下，从重视民生出发，倡导富民思想。孔子在重视民生，强调利民、富民、保民、爱民的思想。在儒家经典《周礼》中提出“保息养民”的六项措施，即“一曰慈幼，二曰养老，三曰振穷，四曰恤贫，五曰宽疾，六曰安富。”富而安之，充分体现了儒家早期的富民思想。孔子还提出富而教之的思想，“子适卫，冉有仆。子曰：‘庶矣哉！’冉有曰：‘既庶矣，又何加焉？’曰：‘富之。’曰：‘既富矣，又何加焉？’曰：‘教之。’”使众多的人民生活得到满足而富裕，然后施之以教，使人民有道德。孔子把富民作为施教的前提和基础，可见对富民的重视。孔子还把富民与利民、满足人民的物质生活利益联系起来。他说：“因民之所利而利之。”强调利民、富民、保民、爱民，体察和顺应民心的向背，这是儒家富民思想的特征。之后，孟子继承孔子的这一思想，他指出：“圣人治天下，使有菽粟如水火。菽粟如水火，而民焉有不仁者乎？”满足了百姓的生活需求，使之富足，就会使民众达到仁的境界而国安。而民穷则争，争则起暴乱，国难以治。可见民富才能国安，使老百姓安居乐业，民富而国富，是儒家政治思想的基本点。

（三）中国儒家文化的发展与演变

纵观中国儒家文化在过去两千多年的历史发展，可以大致分为三个大的历史发展阶段。一是先秦时期以“仁”为核心的发展阶段，二是汉代以来到清代末期的“罢黜百家，独尊儒术”的发展阶段，三是从清代末期到近现代的儒学反思与发展的阶段。

1. 先秦时期以“仁”为核心的发展阶段

在中国的先秦时期，即通常所谓“原始儒学阶段”，这是儒学创立与形成时期。孔子是儒家学派的创始人，孟子是儒家学派的重要奠基人，荀子继承儒家思

① 《〈儒学发展史〉——儒家思想评述》，中国儒商网，2013-07-19。

想，同时杂取百家，与孔孟不完全一致，但却是战国时期百家思想的集大成者。孔子的儒家文化，把“仁”作为最高的道德原则、道德标准和道德境界。他第一个把整体的道德规范集于一体，形成了以“仁”为核心的伦理思想结构，主张“修己安人”和“仁政”“德治”，强调“正名”，带有明显的“德性色彩”。孔子还提出要为“仁”的实现而献身，即“杀身以成仁”的观点。在孔子的儒学思想体系里，最高的道德标准是“仁”。一方面它被用来表达孔子对于现实政治问题的见解，表现出政治上保守的倾向；另一方面，它又是孔子关于伦理道德，人的品格修养，人对真理追求的广泛论述的理论结晶，表明孔子提出了“人”的问题，开启了对人的价值的探讨，对中国文化和社会的发展产生了重大影响。

孟子发挥了孔子的“仁说”思想，把仁同义联系起来，把仁义看作道德行为的最高准则。其“仁”，指人心，即人皆有之的“恻隐之心”，仁爱之心；其“义”，指正路，“义，人之正路也”。孟子在孔子仁说的基础上，提出著名的仁政说，要求把仁的学说落实到具体的政治治理中，实行王道，反对霸道政治，使政治清平，人民安居乐业。孟子还认为人皆有仁爱之同情心，即不忍人之心，主张“以不忍人之心，行不忍人之政，治天下可运之掌上”。行仁政，天下可得到治理；不行仁政，则天下难以治理。孟子认为，即使是百里小国，只要行仁政，天下百姓也会归之而王。

2. 汉代以来到清代末期的“罢黜百家，独尊儒术”的发展阶段

中国自汉代以来，到清代末期，是中国封建的帝制时代，是儒学走向民间，与社会密切结合的时期，可称之为“儒学发展阶段”。董仲舒在继承、发展先秦儒学的基础上，宣扬的“礼”“仁”与仁政和民本等思想，并在此基础上增加了“天人感应”“君权神授”和“三纲五常”等理论，强调深化王权和等级名分，符合君主专制中央集权的政治需要。汉武帝“罢黜百家，独尊儒术”，儒学被尊崇到极高地位，儒学成为统治学说，被确立为中央王朝的统治思想，成为中国传统文化中的主流地位。加上在当时的封建社会，政治上皇权至上，为适应专制政治的需要，逐渐强化君权、父权和夫权，儒学具有显著的“威权色彩”。

到了中国的宋代，理学兴起。理学是中国封建社会后期的统治思想。理学以儒学内容为主，同时吸收了佛家和道家思想，是在三教融合、渗透的基础上孕

育、发展起来的。宋明理学是继先秦子学、汉唐经学而兴起的新儒家哲学。它发端于唐代，兴盛于宋明，终结于清代，历经七百余年，构成了中国儒学发展的黄金时代。宋明理学是宋元明时期儒家主流学说的总称。它一改汉儒治经重训的学风，以阐发义理、兼谈性命为主。从其发展轨迹看，可以说是由韩愈、李翱开其端，周敦颐、张载奠其基，程颢、程颐成其说，朱熹、陆九渊分其流，王阳明开其新，刘宗周作终结的。

宋明理学的特点，一是在于确立了以“理”为最高哲学范畴的理论体系，注重探讨义理心性，对理、气、心、性等哲学范畴进行了比较深入的探讨，各派理学家的学说虽然有所差别，但使用的范畴大致相同，然后是批判佛老，力图划清与佛老的界限；二是采取援佛老入儒及融佛融道的手法，吸收佛、道的许多思想养料，来丰富自己的理论体系；三是把《大学》《中庸》与《论语》《孟子》相并列，重视其中的根本思想，强调“以修身为本”的修齐治平相统一的“内圣外王”理想。宋明理学家所说的“内圣外王”“修己治人”之道，是以“修身”为根本、以治国平天下为人生目标的，也就是首先注重于个人道德修养、成就君子人格然后扩充至齐家的伦理实践与治国平天下的政治实践的道德、伦理、政治三位一体的学说。①

到了明末清初，儒家学派出现三大思想家黄宗羲、王夫之、顾炎武，他们提倡务实的学风和行为，形成经世致用的思想。他们在政治上反对君主专制制度，提出限制君权的设想。在经济上反对“重农抑商”，提出“工商皆本”。到了19世纪末20世纪初，随着中国民族资本主义获得了初步发展，民族资产阶级登上了政治舞台，康有为主张通过改革的方式用君主立宪来代替君主专制；孙中山主张通过革命的方式摧毁君主专制，建立一个资产阶级民主共和国。

3. 清代末期到近现代的儒学反思与发展的阶段

从清代末期到近现代，尤其是自中日甲午战争以来，中国儒学进入第三个时期，可称为“儒学反思阶段”。近代中国社会特殊的历史变动，促使人们深刻反思自己的民族传统文化。到20世纪初期的辛亥革命及其之后的1919年五四新文化运动，儒家文化中的“三纲五常”价值观在中国受到“彻底批判”，从西方学

① 吴光：《儒学百问录（选辑）》，香港天地图书有限公司，2012 年 3 月版。

来的“民主与科学”价值观成为时尚新潮流。1949年，中华人民共和国成立，到1979年改革开放前，中国的广大民众崇尚的是以为人民服务的价值观和大公无私的共产主义价值观。1979年，中国实行改革开放以来，儒家文化的价值观念重新受到广大民众的认可。特别是2012年中国共产党第十八届代表大会以来，儒家文化的价值观念受到各级政府的重视和广大人民群众的接纳与青睐，同时也在世界各地受到重视与传播，各地不断建设孔子学院就是最好的证明。随着学术事业的进步，人们对儒学的变化看得更清楚了。正如有的西方人士所看到的，因为有了孔子的学说，“伟大的中华民族比世界上别的民族更和睦和平地共同生活了几千年”。时间虽然过去了两千多年，社会发生了巨大变化，人们却仍然立足于孔子所确立和阐述的那些价值观念。①

（三）中国儒家文化的价值观

自孔子创立儒家学派以来，经过历代大儒的丰富发展，形成了一整套儒家价值观念体系。孔子讲得最多的是仁与礼，但也论及义、知、圣、和、忠、恕、敬、恭、宽、信、敏、惠、温、良、俭、让、中庸等价值观念。孟子讲得最多的是仁、义、礼、智，但也多次阐述了恻隐、恭敬、辞让、善恶、诚信、良知、民本等价值观念。而自西汉至清末长达两千年的封建社会里，基本上把儒家的核心价值观概括为“三纲五常”，即所谓“君为臣纲，父为子纲，夫为妇纲”和“仁义礼智信”，但实际上只注重贯彻“三纲”伦理，而没有真正落实“五常”道德。中国历代对儒家文化价值观的认识与概述尽管存在异同，其中既有历久弥新的常道，也有与时俱进的变道，但是可以这样判断，在儒学核心价值观念体系中，仁爱、诚信、中庸、和谐这四大范畴是最核心、最重要的价值观。

1. 仁爱

仁爱是儒家思想的核心内容，这一思想贯穿于儒家政治、教育、伦理、文化主张的诸多方面，体现了人与人和谐相处、互尊互爱互助的崇高品德。孔子的“仁”学，可以说它是一种情感。一是指有“亲亲”“孝悌”等基于血缘亲情的家庭道德情感；二是指立足于人性之善而产生的“泛爱众而亲仁”的社会道德情

---

① 原载《光明日报》，2015年8月24日。

感。更重要的是，孔子的“仁”学，是人们的一种行为准则。指反映“仁”之特性的“恭、宽、信、敏、惠”等具体的做人原则，也是“为政以德”的治国之道。对于实践“仁道”的人们，“仁者，人也”。所谓“仁者”，就是人之所以为人的道理所在。孔子的“仁爱”精神，不仅是用于缓和阶级矛盾，君臣、君民矛盾的政治原则，而且也是协调家人、族人、国人以及天下人际关系的伦理原则。历史上，“爱人”“博施济众”以及“忠”“恕”思想，不仅造成家庭与家族内部的相互关心、相互爱护的人际关系，而且在社会上培养出救死扶伤、尊老爱幼的良好风尚，形成“四海之内皆兄弟”和有福同享、有难同当的普遍意识，培养了人们之间相互关心与和睦相处的有益气氛。从这方面说，仁的意义远远超出为封建社会服务的范围，具有普遍和永久的价值，成为人类世世代代共同赞美的思想与德行。应当看到，“仁”的本质，就是以人为本，尊重人的生存权、发展权，强调人的道德自觉。儒家文化的仁爱不仅是一种人格情怀，而且儒家的仁近似于“道”，具有崇高的境界。如果社会成员人人如此“爱人”，整个社会就会安定太平。由此发展出从民本走向民主的人文精神。

2. 诚信

诚信是儒家所一贯提倡并力求践履的道德原则和行为规范。其思想内涵主要有三层意义：一是“诚”作为哲学范畴，是为真实，亦即真实无妄的本然之道，系指宇宙万物之实有而言，不诚不能有万物，即所谓“诚者，物之终始，不诚无物”。二是“诚”作为道德范畴，是为诚实，这是为人的基本素质。《大学》将“诚意”列为“八条目”之一，而《中庸》更把“诚”视为一切德行之本，是承载三达德以实行五达道的坚实基础。三是“信”作为道德范畴和行为规范，是人的内在之“诚”的外化，体现为社会化的道德践行，亦即取信于人。故孔子说，人而无代主，不知其可也。因此，“诚”与“信”的结合，正体现了儒家所强调的为人必须表里如一、言行一致和知行合一的道德思想。“诚信”体现了实事求是、尊重客观实际和守信、守礼、守法精神。“诚”即真实无妄，“信”就是守这个“诚”。儒家历来重视“诚信”的实践，强调言行一致、知行合一。“诚信”之德，是个人立身之本，是国家立国之本。从继承儒家传统的基础上发展而来的现代诚信观，完全可能成为全人类普遍接受并且身体力行的基本价值观和道德观，因而具有普世性。

3. **中庸**

中庸是中国儒家道德智慧之精髓。“中”是恪守中正之道不偏不倚之意，庸是“平常”和“用”相联系。其首要的含义是指随时随地，为每一个人所能实践，所能实现的平常行为。平常的行为是过或者不及的行为。中庸就是永远恪守中道的意思，强调的是不走极端，体现了公正、务实、协调的精神。所谓“执其两端，用其中也”，是一种辩证的、和谐的思想方法与工作作风。可以说，中庸即是善，是适度。是最能体现伦理和道德的规范、要求。也就是说，人人应当实践的行为生活，即是中庸之道，即是孔子所要建立的人道。中庸之道出自于天，人秉承此道即是“性”，是人生命之内的道德性智慧；道体现在人身上，时时刻刻不离人，可以脱离人而存在的就不是道。这个“道”就是中庸之道。正所谓“天命之谓性，率性之谓道，修道之谓教”“道也者不可须臾离也，可离非道也”就是这个道理。中庸之道是来自于最高的价值实体“天道”，人人都秉承着这一共同的根源，因而，中庸之道是人人皆可成就的道德智慧。中庸的道德智慧是人人具有的，可以通过合理的方式证知的。实现中庸之道德智慧即是实现人性。道德智慧不离人性，不离人生，能离者就不是道德智慧。守住中庸之道，达则兼济天下，困则独善其身。处在自己该处的位置，做自己应该做的事情。不奢望自己位置以外的东西，无论富贵、贫贱、困境、患难之中，都能泰然处之。中庸之道是最高超的道德智慧，是极其高明的思想，体现了道德智慧的精神特质。它既以一系列博大精深的道德范畴为表征，如“道”“仁”“德”等，又表现在人们日常的、世俗的生活之中，表现为适恰地处理人与自然、人与社会、人与人之间关系的一种方法、态度和境界。是关于人与自然的和谐、人与社会的和谐、人与人的和谐、人的身心和谐的思想。

4. **和谐**

中国儒家文化的和谐思想，是在汲取“阴阳五行”和“天人合一”的思想精华中得以形成，逐步深化和不断丰富，最终由宋明理学集其大成而加以辩证发展，从而形成了完整的理论体系。儒家的和谐思想，主要体现在其对于人与自然的关系、人与人的关系、身与心的关系、处理国与国的关系等问题的论述中。可以说，“和谐”体现的是人与自然、人与社会、人与人的共生、共荣精神。这是对人类社会理想境界的追求，是人类永续性发展的生态需要。儒家的和谐思想包括三个层次：一是讲人与自然、人与宇宙万物的整体性和谐。其典型的范畴与命题即“天人合一”“万物一体”思想。二是讲人与社会、人与人的群体和谐。“和而不同”作为一种伦理学原则，是由孔子提出来的。孔子说：“君子和而不同，小人同而不和。”真正的团结不是没有意见分歧、思想交锋的一团和气，而是通过不同意见的交流、对话、切磋、讨论，从而达到互相理解，互相容忍，协调统一，和谐互动。《尚书·尧典》所谓“百姓昭明，协和万邦”的思想，宣扬的是邦国之间、族群之间的和谐局面，而在群体内部，儒家提出了以“君臣义，父子亲，夫妇别，长幼序，朋友信”为处理人际关系的伦理原则（即“五伦”），实际上是提倡协调人际关系的伦理和谐。三是讲个体的身心和谐。孔子提出的“克己复礼为仁”“为仁由己”“修己以敬”等等，都是要求人们通过道德修养达到身心和谐，成就君子人格。概言之，儒家的和谐思想，是整体和谐、群体和谐与道德和谐辩证统一的和谐观，是以承认“不同”为前提而以“太和”为最高境界的多元和谐观。必须看到，和谐的价值观不仅成为支撑中国封建社会两千多年的持续稳定发展，而且在世界范围内至今产生着深刻而广泛的影响。

四、中国儒家文化的精神内涵和主要特点

两千多年来，儒家文化之所以在中国历史上占据统治地位，与儒家文化思想内在的本质规定和伦理道德要求有着必然的联系，兼容并包的自我完善功能和开放性特质，使儒家思想更加符合统治阶级实现其统治的客观要求和广大人民群众要求和平、稳定建设家园的崇高愿望，也发挥着增强民族凝聚力的重大作用，显示了儒家文化思想的巨大变化。中国儒家文化具有丰富的精神内涵，同时也有着显著的特点。

（一）儒家文化的精神内涵

儒家文化作为一种世俗文化，更注重对人的关怀，体现了以人为本的思想，是一种关于人的文化。儒家文化的精神内涵可以概括为人本主义精神、内圣外王

精神、积极入世精神三个主要方面。

1. 人本主义精神

儒家文化思想非常崇尚和重视个人的价值和尊严，认为人可以与天地并重。中国古代典籍中，很早就有“人”是天地所生万物中最灵、最贵者的思想。《尚书·泰誓》中说：“惟天地，万物之母；惟人，万物之灵。”《孝经》借用孔子的名义说：“天地之性，人为贵。”《中庸》说：“能尽人之性，则能尽物之性；能尽物之性，则可以赞天地之化育；可以赞天地之化育，则可以与天地参矣。”在对待神鬼问题上，孔子主张“未能事人，焉能事鬼？”（《论语·先进》），把对人的尊重放在第一位。孟子更主张应该以民生为本，轻君贵民。在谈到为君之道时，他说：“乐民之乐者，民亦乐其乐；忧民之忧者，民亦忧其忧”（《孟子·梁惠王下》）。因此，他主张“民为贵，社稷次之，君为轻”。儒家认为，人不仅是万物之中的最贵者，而且是万物之本。可以说，正是由于孔孟等儒家的极力倡导，人类的地位才得以巩固和确立起来。儒家文化在处理人与自然的关系方面，更多关注人在社会中的位置，强调如何做人，如何处理好人与人之间的关系，主张通过个人的道德自我完善，实现人生的价值，从而形成了儒家文化注重人文、注重道德、注重感性的特点，并逐渐培养起一种道德的精神。西方文化则起源于古代爱琴海文明，是在希腊半岛恶劣的生存环境中逐步成长起来的，因此更加关注认识世界和改造世界的问题，从而形成了西方文化比较注重自然、注重思辨、注重理性的特点，并逐渐培养起一种科学的精神。西方文明直到文艺复兴时代，才开始强调人文精神和人本主义，包括西方最早产生的大学也开始注意培养学生的人文素质。东西方文化由于在起点时解释世界的方式有所不同，经过历史长河的洗练，最终走上了两条截然不同的发展路线。

2. 内圣外王精神

内圣外王精神是儒家文化的重要思想之一。内圣外王，指内具有圣人的才德，对外施行王道。内圣就是要重视对自我的关怀，追求自我道德的完善，也就要通过格物、致知、诚意、正心、修身，把自己修炼成圣人，至少是按照圣人的标准去修炼。儒家认为，人性是天道授予的，所以人在生理上的食色之欲与享乐之情都是人性固有的，所谓“食、色，性也”，儒家肯定了人在本性上的要求，但是其更注重人的理性和道德心，认为人性应该高于兽性，所以作为个体的人来说，应该要以理性去克制人的欲望，以理性和道德去完善自身，这就是儒家所谓的“内圣”。外王就是要重视对群体的关怀，强调通过个人的积极入世把修炼的内圣功夫释放出来，服务于社会，贡献于国家，从而达到齐家、治国、平天下的人生抱负。格物、致知、诚意、正心、修身、齐家、治国、平天下称之为八条目，另外还有所谓三纲领：在明明德、在新民、在止于至善，这是《大学》中提出来的。这种内圣外圣精神，培养了中国人注重群体的价值取向和位卑未敢忘忧国，时刻把自己当成人世间救世主的忧患意识，以及舍“小我”求“大我”的牺牲奉献精神。表现在人生价值的追求上，就是要以天下为己任；表现在对人的评价上，就是要以社会贡献大小论英雄；表现在义利关系上，就是要重义轻利，不为诱惑所动，宁可“杀身成仁”“舍生取义”，也不能损坏个人业已形成的良好的社会形象和道德风范。孔子说：“志士仁人，无求生以害仁，有杀身以成仁”“三军可夺帅，匹夫不可夺志也”。儒家文化的这种精神，完全不同于西方文化中强调个人本位主义的价值取向。但西方文化中的这种个人本位主义是有条件的，那就是高度完备的法律体系。也就是说，儒家文化更注重用道德手段对人进行约束，西方文化则更注重用法律手段对人进行管制。

3. 积极入世精神

在入世经世上，儒家主张自强不息、立功成器。儒家要求每一个人都要以天下为己任。当一个人通过系统学习和日常实践完成德的修养并具备了治家的经验后，就要积极入世，投身仕途，通过自己的努力实现儒家的政治思想，即所谓“修身、齐家、治国、平天下”。正是由于儒家的这种入世品格和刚健精神，才激发了“国家兴亡，匹夫有责”的担当意识和忧患意识。佛家则不然，佛家认为人生来是痛苦的，解脱的办法是看破红尘，升入极乐世界，用否定现实人生的办法去换取来世的幸福，因此佛家是主张出世哲学的。儒家文化作为封建社会的主流文化，千百年来，绝大多数中国人，很早就在对内在生命力量和外在环境变化的体验中，深刻领悟到了作为人的尊严、价值和意义。因此，更注重追求现实世界的幸福生活，这同古希腊伊壁鸠鲁学派的哲学思想有某种相似之处。儒家文化作为一种实践哲学、世俗哲学和人的哲学，主张积极入世，实现自己的理想和抱负。孔子本人就是一个积极实践者，但是很不成功。儒家文化教给人们一种乐观向上的、积极进取的精神，强调“天行健，君子以自强不息；地势坤，君子厚德以载物”，这与佛教、基督教又大不相同。佛教、基督教也强调修炼今生，但目的却是为了来世。佛教是为了生命轮回和清净涅槃世界，基督教是为了灵魂不死和进行天堂。即便是中国的本土道教，在追求生命永恒的方式选择上，也与佛教、基督教有所不同。道教采取了由人的肉体直接羽化登仙、长生不老的方式，而不是生命轮回和灵魂升天的方式。

（二）儒家文化的主要特点

中国儒家文化不仅具有丰富的精神内涵，同时也呈现出显著的文化特点，总的来看，中国儒家文化具有以下五个方面的特点：

1. 注重人生和社会相结合

中国儒家文化最为显著的特点是关注人生和关注社会。儒家文化不断思考社会、人生出现和面临的新问题，探讨解决新问题的有效途径。儒家提出的为政以德，基础的东西是讲做人，做人的问题解决好了，社会也就解决好了，国家也就太平了。儒家安身立命的人生哲学对现代人的人生观和价值观都有着深远的影响，它以积极进取的精神和崇高的理想信仰帮助人们树立起正确的人生观，对稳定社会和促进社会的发展都起到巨大的作用。儒家关注整个世界的运动变化，关注各个事物之间的相互关系，而不是每一个事物的具体构成。儒家坚持观察与处事的中庸原则。中庸是执两而用中，是和而不同，儒家依据这个原则观察与处理人与人、人与自然的关系，避免各种各样的片面性。儒家倡导人与人，人与自然，人与自身的和谐发展。以生生不已、大化流行的精神为本质，以各安其位、各正性命为表现，将宇宙自然和人类社会的理想秩序统一起来。儒家强调人与人、人与社会、人与自然之间的和谐统一，把人与人、人与社会、人与自然看成是不可分割的系统结构，培养了中华民族追求和谐统一的理想主义的心理特征。儒家坚持“己所不欲，勿施于人”和“己欲立而立人，己欲达而达人”的道德原则，要求人们推己及人，“老吾老以及人之老，幼吾幼以及人之幼”，追求一种和谐社会关系，把个人与社会看做是一个矛盾的统一体。儒家认为自然界与人类是一个统一的自然整体，人类是自然界的一个组成部分。人类只有视天地万物为一体，才能达到自然、社会、人与资源的协调发展。

2. 强调学术与现实相结合

中国儒家文化强调学术思想必须和社会现实相结合，力求经世致用，为当时政治经济服务。仁，其本意就是人与人之间和睦、亲密的关系，故儒家讲尊贤也讲亲亲。孔子主张“仁者爱人”，“爱人”就意味着不仅要求仁者爱人，而且包括许多其他方面的道德要求：“恭，宽，信，敏，德”这五者之中孔子比较重视“信”，他认为“信”是一个很重要的规范。“人而无信，不知其可也”。他还认为能做到“仁”的人其性格具有刚、毅、木、讷的特点，也主张“孝悌也者，其为仁之本”等等。孟子继承并发展了其“仁”的思想，提出了“仁政”的思想，并以人性论、良知论作为仁政说的人性论基础。性善论是他学说的核心。“礼”则是“仁”这一内在品质修养要求的外化，即一种外在他律性的规范和典章制度，孔子的“礼”却是积淀在“仁”中的孔子根据当时的社会背景，认为克己复礼是最能直接实现“仁”的。即“克己复礼为仁”。只有按照“仁”的要求来约束自己，才能做到“非礼勿听，非礼勿视，非礼勿言，非礼勿动”。“仁”是主观道德修养，“礼”是客观制度规范。“仁”是内心自觉，“礼”是外在控制，构成了“内仁外礼”的整合关系。特别是处于社会转型的春秋战国时期，孔子重视传统、注重继承，主张“祖述先舜 宪章文武”，欣赏古昔、效法先王，孔子就说他自己“述而不作，信而好古”，他整理六经也是为提倡古道。后来，孟子则提倡“法先王”少“言必称尧舜”。在重视传统、注重继承的基础上，孔子提出“仁学”与“仁政”，确立了儒家文化在中国的主流文化地位。到了汉代，针对西汉大一统的需要，董仲舒提出天人感应、三纲五常等观点，把儒家文化发展为新的儒学。佛教和道教的发展，挑战了儒学的思想统治地位，到了宋代，朱熹吸收佛、道思想，建立了理学思想体系，成为思想深刻、体系完备、方法周密的儒家学派。孔子、孟子和荀子批判暴政，强调仁、仁政、王道，致力于建立理想的社会政治新秩序。董仲舒提出“天人感应”学说，试图限制王权。针对理学空疏流弊，李贽提出“穿衣吃饭，即是人伦物理”，顾炎武、黄宗羲、王夫之等倡导经世致用。千百年来，儒家文化始终表现出对儒学自身和社会的反思和批判精神。

3. 坚持继承发展与包容开放相结合

两千多年来，中国儒家文化是继承发展的，也是包容开放的，而不是封闭保守的文化。以孔子为代表的儒家学派全盘吸收之前夏、商、周的文化要素，并继承和创新，将其上升到系统的理论高度。之后，中国儒家文化一直秉承继承发展与包容开放相结合原则。可以说，中国儒家思想文化之所以能够长期与中国时代政治相结合，保持其独尊地位，与其自身的包容与开放有着密切关系。孔子把传统的礼乐法规转化为人的自觉的道德实践，又通过“仁”的学说，把人所具有的道德属性扩展为社会伦理和政治伦理，用以处理君臣、父子、兄弟、夫妇、朋友之间的关系，从而奠定了儒家“内圣外王”之学的基础。孔子的思想经过孟子、荀子的发挥和宣扬，在先秦形成了一个具有巨大影响的儒家学派。到了汉代，儒家与阴阳五行等思想结合，产生了以董仲舒为代表的经学思想。董仲舒认为“天”是至高无上的，提出“天不变，道亦不变的”宇宙观，建立起“三纲”“五常”道德观，把先秦关于君臣、父子、兄弟、夫妇、朋友五伦发展为“三纲”，把仁、义、礼、智、信归纳为“五常”，作为调整这种关系的基本原则。董仲舒的经学思想得到汉武帝的认可，取得了“罢黜百家，独尊儒术”的政治地位，成为中国封建社会占统治地位的主流思想。到了宋代，宋儒对儒学进行了第二次改造，以适应儒、释、道三教合流的趋势。二程在宇宙观上吸收了佛教华严宗“法界无限”的理论，提出“天理”，作为哲学体系的最高范畴，在认识论上主张“格物穷理”，这是吸收了佛教“渐悟”“顿悟”的思想。南宋朱熹是二程哲学的集大成者，他以外来佛教和本土道教的宇宙观、本体论等为儒学做论证，建立了博大精深的理学哲学体系。明清时期，徐光启融合儒教与基督教，刘智会通儒教与伊斯兰教，都得到成功。近现代以来，现代新儒家的代表们试图把它和西方近代思想结合起来，这个工作正在继续。正因为儒学是包容开放的，所以它有很强的适应性。两千多年来，中国儒家文化坚持继承发展与包容开放相结合，并以其包容开放的精神，对其他各家文化思想的蕴涵不断地吸收、改造，丰富自己和发展自己，使儒家文化不断适应社会发展的需要。

4. 重视传统美德与追求精神相结合

中国儒家思想文化重视传统美德与追求精神相结合，并在这种相结合的进程中创造了灿烂的中华文明，形成了多数民族成员认同的心理素质、思想感情、理想信念、价值取向和道德准则。儒家非常重视人的精神追求，认为物质性存在的人和精神性存在的人共同构成了人本身。在物质性存在的人和精神性存在的人中，儒家更重视人的精神存在，认为人的精神性存在才使人的本质性存在。只有显现出人的精神性存在，人才能成为真正本质意义上的人。儒家重视人的精神追求的同时，也重视人的道德教育，倡导道德修养与传统美德，引导人们向往和追求讲道德、尊道德、守道德的生活，形成向上、向善的力量。儒家创造的传统美德包括：公忠爱国的爱国主义精神；自强不屈的进取精神；仁义博爱的利众精神；以及民为邦本、诚实守信、尊老爱幼、见利思义、扶危济困、公而忘私、任人唯贤、勤俭节约、谦敬礼让、尊师重教、贵和乐群、求真务实、廉洁勤政等范畴。尤其是儒家观念中自强不息的精神。《易传》的“天行健，君子以自强不息”，《大学》的“苟日新，日日新，又日新”，都是教导和鼓励人们刻苦自励，在道德与事业上不断攀登高峰。儒家非常强调“仁以待人”，尊老爱幼，爱国爱家，形成了具有亲和力和凝聚力的中华民族精神，即以爱国主义为核心的团结统一、爱好和平、辛劳勇敢、自强不息、不畏强暴、刚正不阿的民族精神。儒家倡导崇高的民族气节、情操，“杀身成仁，舍生取义”“不降其志，不辱其身”“富贵不能淫，威武不能屈，贫贱不能移”，这种强烈的民族自尊心和自信心，成为千百年来中国人民颂扬的典范与身体力行的准则，构成了中华民族所特有的心理结构和行为方式，成为中华民族团结奋斗的强大精神动力。自孔子以来中国的志士仁人，都用这种精神鼓舞自己，精进不已。近代以来，个人的自强又发展为民族的自强，这种精神支撑我们坚持抗击日本侵略者，并取得百年来反侵略斗争的第一次完全胜利。在儒家思想文化中，特别强调整体精神，国家利益、社会利益、民族利益和整体利益。

5. 倡导政治和伦理相结合

中国儒家文化倡导政治和伦理相结合。儒家学说认为，政治是伦理的扩大，伦理是政治的基础。他们认为修身、齐家是治国平天下的前提，名分制则是儒家伦理的理论基础。即“君君臣臣子子”，要按照礼的关系摆正君臣关系维护这种关系要靠内心的自觉性，即思孝梯。在治国方略上主张德治，以德为主，德刑相辅，强调为政以德。孔子说：“为政以德，譬如北辰，居其所而众星共之。”这是对德政可能产生的良好效果的总的描述。孔子还主张对民众要“道之以德，齐之以礼”，他认为应该用道德和礼教来管理民众，认为理想的政治是免刑。孟子继续了这个传统，主张“省刑罚”，提倡以礼化为主，强调道德礼教在稳定社会秩序方面的重要性。而德治的主体是统治者，统治者自身必须加强道德修养才能正人。君民同乐的太平治世，一直是先秦儒家笃信渴求的乌托邦以及性善的理论基础，注重对人进行利导的礼治而不是对人实施纯粹强制的法治成为一种必然。儒家提倡“仁政与德治”，反对暴政；强调严格的社会分工，把农业视为富国、强民的根本产业，把男耕女织视为最现实的社会生产途径，把自给自足的自然经济视为最理想的生产方式。儒家这种经济思想同封建统治阶级的“重农”主张相符合。同样，也符合了小农经济下农民安身立命的生活目标和他们的道德、心理要求。先秦儒家所推崇的社会组织形式可以归纳为“内仁外乱”。孟子认为行仁政首先要重民，“民为邦本”，继承并发展先贤的民本思想，提出“民贵君轻”的观念。“中庸”是儒家思想的重要道德观念，最早由孔子提出，核心是“致中和”，这正是对“中庸”思想的发展，要求事物的各个部分、各个方面都要适度，达到“中的状态，事物总体才能和谐，社会才能长治久安”。在天与人的关系上重于人事，虚于天命。在汉武帝以前，作为学术流派，儒学处于显学地位，但没有被统治者重视和采用。汉武帝“罢黜百家，独尊儒术”，确立了儒学的正统地位，儒学也由原来的民间学说变为官方学说。从明代开始，八股取士更加强化了儒学的正统地位和官学地位。政权与儒家思想相结合，政治儒学化，儒学政治化，形成“政儒一体化”的政治文化格局，是儒家思想内在特质的重要表现。在漫长而复杂的社会发展过程中，儒家思想的政治化是儒家演变的基本保障。政治化的儒学满足了时代发展的基本要求，使儒家思想成为国家实现其政治统治，调节人们思想、行为的基本原则。政治的儒家化使儒家思想在国家经济、政治和文化等方面居于支配地位。

可以说，儒家文化同中国社会发展的密切关系，成为中国传统文化的核心部分。儒家文化所倡导的刻苦奋进、崇尚气节与民族自尊、诚实守信与宽容和谐的精神，是中国传统文化的精髓和现代中国民族文化构成的重要组成部分。

五、中国儒家文化的地位与影响

儒家文化在中国和世界文化史上具有十分重要的地位。儒家文化思想是中国传统文化的主流思想，它不仅是中华民族的宝贵精神财富，也是世界文明史中极为重要的组成部分。儒家文化对中国、对东南亚乃至全世界都产生了巨大而深远的影响。

（一）中国儒家文化的地位

儒家文化自从孔子在春秋战国时代创立以来，在中国两千多年的历史发展中享有崇高的地位。特别是汉代的汉武帝实行“罢黜百家，独尊儒术”后，儒家文化独占大一统思想地位，儒家文化成为中国社会的主流文化。儒家文化坚持“亲亲”“尊尊”的立法原则，维护“礼治”，提倡“德治”，重视“人治”，对封建社会发展的影响很大，被封建统治者长期奉为正统思想。千百年来，儒家文化作为统治意识形态的主导地位在中国未曾改变。

在中国，从古到今的漫长历史进程中，儒家文化倡导德化社会、德化人生的思想对中国人产生了极其深远的影响，成为华人世界共同的文化心理基础。直至今日，儒家文化仍具有一种积存深厚的民族文化认同的凝聚力，起着中华民族团结和国家统一的重大作用。儒家文化提倡“夷夏之防”，十分注重激励民族精神与爱国主义，同时又以“近者悦，远者来”和“四海之内皆兄弟”的博大胸怀，倡导民族和睦，友好相处，对中华民族大一统的形成与巩固起了凝聚作用，因此儒学长期以来是中华民族共同的精神支柱。

必须看到，儒家文化主张礼治，强调传统的伦常关系，尤注重人与人之间伦理关系等。儒家在先秦遭墨、法、道等派的激烈批判，在秦代和汉初，遭统治者排斥；在六朝先后受玄学、佛学的挑战，在1919年的五四运动反孔非儒高潮下经历空前之厄，但还是绵延至今，其原因是因为儒家文化植根于中国固有的价值系统而又能随时自我调整，适应了时代和社会的变化。而且相当大的程度上由于它是世界东方最有价值的知识系统，以至于今天在某种意义上说，它是中国国学的代名词。

（二）中国儒家文化的影响

中国儒家文化是中国传统文化的主导，还表现在儒学广泛而深入地渗透到中国文化的政治、伦理、哲学、教育、文化艺术、科学技术、宗教等各个领域，并深刻影响着中华民族的价值取向、审美情趣、思维方式、风俗习惯等层面，从而主导着中国传统文化的发展方向，使中国传统文化深深地打上了儒学的烙印。儒家文化不仅在中国有巨大的影响，而且对世界各国也产生很大的影响。

1. 儒家文化对中国和谐政治的影响

儒家文化是中国文化的重要组成部分，恪守中庸、追求和谐是儒家文化的基本价值理想。儒家文化把社会和谐的追求作为人生与社会的理想境界，追求族群、邦国、社会中人与人关系的和谐、有序与协调，要求个人和社会要按照“礼”的道德生活规范和礼节仪式实践和运行。儒家强调“天人合一”“回归自然”“天人协调”，在对待和处理人与自然、个人修行、人际交往、统治意志等各方面，把和谐作为主题和目的所在。儒家“中庸和谐”思想贯穿于中国政治思想和传统文化的各个时期和各家各派之中，积淀为中国传统文化的基本精神，成为一个博大精深的思想体系，是我国传统文化核心精神的集中体现，对中国历史和社会和谐政治的影响广泛而深远。在当代中国，中国政府重视社会和谐，倡导和谐社会，强调必须处理好社会发展中的方方面面关系，妥善处理好各方面的利益关系，包括个人利益和集体利益、局部利益和整体利益、当前利益和长远利益的关系，营造一个稳定和谐的社会环境，坚持各方面的和谐发展。特别是中共十八大确立的社会主义核心价值观，就是吸取了儒家思想中的和谐思想精髓，把和谐作为社会主义核心价值观中的重要组成部分。

2. 儒家文化对中国伦理道德的影响

儒家文化重视人的精神追求的同时，也重视人的道德教育，倡导道德修养与传统美德，引导人们向往和追求讲道德、尊道德、守道德的生活，形成向上、向善的力量。在儒家文化中，孔子以智、仁、勇为三达德，孟子提出仁、义、礼、智为四端，董仲舒又提出仁、义、礼、智、信为五常。虽然，这些思想主张包含着一些封建性的糟粕，但是，更多的则表现为中华民族的传统美德。儒家倡导的孝、慈、悌观念，都是表达家庭成员互相的尊重，强调子女对父母的孝敬责任，哥哥对弟弟的照顾责任，这种责任其实也是一种义务。虽然儒家的尊重是不平等的，但是无论任何社会，都要倡导孝悌观念，倡导家庭成员之间平等的尊重，尊重自己，也尊重他人。尤其是儒家所倡导的以礼为用、以仁为本、以义为上、以和为贵的理念，对中华民族的思想观念、道德追求、行为方式和人格塑造产生了深远影响。千百年来，这些思想观念已经渗透到人们的家庭生活、社会生活和工作生活之中，对人们的品质塑造、道德水平等方面都起着重要作用和深远的影响。即使在当代中国，儒家文化对于弘扬和培育民族精神，加强全民族的思想道德建设和精神文明建设，践行社会主义核心价值观，仍具有重大的建设性意义。

3. 儒家文化对中国教育的影响

儒家文化是中国文化的主体，影响了中国几千年的教育体制，对中国教育的有着巨大影响。可以说，一部中国封建社会的教育史基本上就是一部儒家文化的传播史。千百年来，儒家文化一直占据着中国文化教育统治地位，儒家教育文化的价值观已经深深根植于人们的脑海中，成为中华民族的一种潜意识。儒家不仅十分重视教育，而且在教学理论、教学原则和教学方法等方面提出了极其丰富宝贵的思想见解。孔子无疑是中国最伟大的教育家，他兴办私学，推动平民教育的发展，其“有教无类”的思想可以说是最早的平等教育主张。比如“温故而知新”“三人行必有我师”“学而不思则罔，思而不学则怠”“学而时习之”“知之为知之，不知为不知”等思想已影响无数教育活动的参与者。孔子通过其经历以及理论为中国的教育开辟了一条崭新的道路。其后，宋代理学家朱熹对儒学文化的教育思想进行了继承与发展，不仅强调了学习的重要性与终身性，更提出了知行合一的观点。儒家文化教育制度规范了国家考试制度，从内容形式上都有了统一规范，使广大民众的子弟也有了走上仕途的可能。儒家“修身、齐家、治国、平天下”的理念，对中国的教育产生了决定性的影响，影响着一代代中国知识分子，成为中华民族的优良传统，不仅提高了中国知识分子在国内的地位，同时也树立了良好的国际形象。但是必须看到的是，儒家文化对中国教育的影响也有消极的一面，最主要的是儒家的实用主义、功利主义的价值观，从一开始就把人们的兴趣和追求引向了现实世界，引向了功名利禄，导致“官本位”的思想至今仍然在社会上产生一定的影响。

4. 儒家文化对中国哲学的影响

儒家文化在中国传统哲学史上占有重要地位。为了设计与建立一个理想的人类社会，孔子、孟子、荀子等人先后提出各项有关社会的、政治的、经济的或伦理的观点。《论语》标出圣人境界的理想，《孟子》说出修养功夫哲学及性善主张的人性论观点，《中庸》明确化天道有德的德性本体论思想，《易传》建构儒学的宇宙论、世界观。到了汉代，董仲舒深得春秋公羊学大义，融会儒家各流派及诸子百家的学术思想，创造性地继承和发展了孔子为代表的儒家思想，建立了以“天人感应”为核心的唯心主义哲学体系，与时俱进地适应和满足了汉武帝“大一统”的需求。到了宋代，宋明理学则吸取了佛家、道家的一些哲学思想成果，使儒学伦理与本体论、心性论等思想相结合，形成了具有高度哲理和精微思辨色彩的儒学。宋明理学所提出的许多哲学理论与命题，诸如本体论中的“理”论、“心”论、“气”论、人性论、格致说、知行观、“理一分殊”、“心统性情”等，都成了中国传统哲学的重要思想内容。千百年来，儒家哲学思想在中国哲学思维的构成与变化中起着决定性的作用，它不仅决定了中国哲学发展形态，决定了中国哲学发展功能作用，决定了中国哲学的社会地位，形成了中国哲学的整个本质特征。可以说，儒家文化对中国哲学发展产生了深刻与巨大的影响。

5. 儒家文化对中国文学的影响

中国文学的起源远早于儒学的形成，但就保存下来的文学遗产来看，儒学对中国文学产生了深远的影响。孔子是儒学的创始人，孔子的儒学继承了尧舜以至周公的宗法思想，并且反映了他那个时代的封建帝制的内容。中国文学最显著、最本质的特征之一是文学为政治教化服务。从思想内容到艺术形式，从作家的创作追求到读者的审美取向，都受到儒学的深刻影响。这种影响主要体现在儒家的文学观。文与道的关系是中国古代文学理论的中心问题之一。历代学者对于“道”的解释并不一致。但“道”对于“文”而言，永远处于中心、主宰的地位。而且究其实质，所有的“道”都离不开封建政治和伦理道德。儒家认为“文以明道”“文以载道”“作文害道”。儒学关于“文”与“道”关系的理论，集中体现了儒家的文学观。尤其是儒学重教化、尚伦理，以诗文为教化工具等观点对中国文学传统产生了深远影响。所谓“诗言志”“文以载道”的古代文论正是儒学基本理论作用于文学领域的结果。它强调文学作品的思想性、讽刺作用和教育意义，形成了中国文学传统的优良的一面，同时也带来了束缚文学自然发展的弊端。虽然其崇理抑情、重道轻文、存理去欲的思想影响了中国文学的自然发展，也遭到了历代崇尚自然的文学家的批评，但是，千百年来儒家文化始终影响着中国文学的发展。

6. 儒家文化对中国宗教的影响

儒家文化是中国文化的主流文化，儒家文化影响了一代代中国民众，在中国社会有着巨大影响。儒家思想的根基是“仁义”“礼知”“行善”“人性向善”，但最终的思想和核心是追求“和”或“和谐”。以和为本，寻求天下大同，为天下人塑造一个理想的桃源世界。千百年来，儒家思想在无形中影响人的行为与决定，在潜移默化中使人遵循行善积德，追求求同存异下的和谐。而中国的宗教因形式上呈现多样性，没有明确的形式，人人都可以是教徒，却人人也都可以不是，其影响力远不如儒家明显。人们相信宗教时大多带有一种功利性，以求通过精神或神的力量实现物质的追求。中国民众淡漠的宗教意识和对宗教无可无不可的意向，使超凡脱俗的宗教不得不依据中国民众的现实需要而改头换面，这在一定程度上阻碍了宗教制度在中国的出现。中国历来有非宗教国家之称，在这里没有高于王权的神权，没有统一固定的宗教信仰，更没有独立的、完全意义上的宗教制度；但中国同时也是一个多宗教的国家，除了土生土长的道教之外，佛教、伊斯兰教、基督教等也都在这里深深扎根。必须看到，由于儒家文化在中国传统文化中占据主导地位，它所具有的一种强烈的入世精神和深厚的人文传统，才使中国未曾出现过其他国家和民族大都有过的宗教全面统治的时代。

7. 儒家文化对东南亚各国的影响

千百年来，儒家文化思想不仅影响中国、主导中国社会历史的发展，在东南亚各国都有广泛的影响。可以说，儒家文化是具有国际性特殊文化现象的东方文化，它影响着中国，也影响日本、越南、韩国、泰国、新加坡和马来西亚等国，它不是单纯的政治、经济、地理等概念，当然更不是政治或经济等实体，但是它又与政治、经济、地理等有着密切的关联。它是一种简单但涵括精神及物质等领域的文化理念。中国周边各国的儒家哲学，是一种近似而又无束缚的文化共同体。中国的儒学和汉字、律令以及中国佛教，很早就传播到中国的周边国家，并对那里的思想和文化产生了重要影响。在越南、泰国、新加坡、马来西亚、朝鲜、韩国和日本，伦理和礼仪都受到了儒家文化中的仁、义、礼等观念的影响，至今都还很明显的。尤其是在这些国家中，有两千多万名华人华侨，约占东南亚总人口的5%，儒家文化在当地华人社会及华人家庭中产生非常广泛的影响。

8. 儒家文化对世界尤其是欧洲各国的影响

中国传统文化对于世界文明的贡献，不是只有四大发明，以儒家文化的四书五经为代表的政治文化，对于人类近代文明也有过积极的贡献。在17世纪的明清之际，欧洲的耶稣会士历经艰辛，沟通中西文化，把中国当时的主体文化儒学中的程朱理学，用“轮船”运往欧洲，在那里曾经形成过一百年的中国文化热。儒家文化思想与意大利文艺复兴以来所形成的欧洲新思想相结合，成为欧洲近代历史发展的主导精神，成为欧洲启蒙思想的一个重要思想渊源。法国启蒙运动的领袖伏尔泰是中国儒学在欧洲最有力的鼓吹者，他和他的“百科全书派”把中国儒学作为反对神权统治下欧洲君主政治的思想武器。德国哲学家莱布尼茨，把程朱理学作为创立古典哲学的依据，并用以反对罗马教廷的启示神学，被称为“欧洲孔子”的魁奈，以儒学为依据，开创了近代欧洲政治经济学的新纪元，为英国古典政治经济学的形成与发展奠定了理论基础。可以说，中国的儒家文化，打破欧洲封建世袭和神学统治，催生发展了自由观、平等观、民主观、人权观、博爱观、理性观、无神论观等现代社会观念，并在一定程度上促进了世界人文、政治、经济、社会乃至科学等方面学说的更大发展。

中国儒家文化经过历代统治阶级的不断推崇，以及孔子后学的不断传承与发展，对整个中国文化的发展起到了非常重要的作用。在迄今两千多年的中国文化历史发展进程中，无不打着儒家文化思想的烙印。儒家文化所倡导的刻苦奋进、崇尚气节与民族自尊、诚实守信与宽容和谐的精神，是中国传统文化的精髓和现代中国民族文化构成的重要组成部分。儒家文化在中国思想史上绵延两千多年之久，成为中国传统思想文化的主导思想，这不是偶然的，除了中国古代特殊的社会历史条件以外，最主要的还是因为儒学有其自身的特质。马克思曾经说过："理论在一个国家的实现程度，决定于理论满足这个国家的需要程度。"在诸子百家中，只有儒家学说能够最大限度地满足中国宗法制社会的客观需要，能够适应中国封建大一统的中央集权制政治的实际需要，因而自汉代以来，历代王朝均以儒家学说作为治国的指导思想，儒学也成了历代封建统治阶级的统治工具而取得了独尊的地位，同时儒学又得到了广大民众的认可，在社会生活中有着深厚的群众基础。因此，儒学不仅仅是统治阶级的统治工具，它的内涵和外延十分宽泛，在长期的社会历史演进过程中，同时凝聚着中华民族的集体智慧和力量，包含着许多积极因素和宝贵的精神财富，深刻影响着中华民族的价值取向、审美情趣、思维方式、风俗习惯等层面，从而主导着中国传统文化的发展方向，使中国传统文化深深地打上了儒学的烙印。此外，儒家文化还以开放的胸襟，不断吸取、融会道家、佛家的思想文化精髓，以不断丰富发展自己的思想内容，以适应中国社会历史发展的需要。儒家文化不仅在中国有巨大的影响，而且对世界各国也产生很大的影响。

第四章 中国的道家文化

中国的道家文化，是中华民族文化催生的中国本土的民俗文化。道家文化集中国古代文化思想之大成，以道学、仙学、神学和教学为主干，并融入医学、巫术、数理、文学、艺术、天文、地理、阴阳五行等，对中国的思想文化、政治秩序和社会历史进程产生过深远影响，对中华民族心理、民族性格和民族凝聚力的形成及其维系起到难以估量的积极作用。道家文化是中国传统文化的重要组成部分，是中华民族在漫长的历史发展过程中创造的宝贵精神财富。道家文化在理论能力上的深厚度与辩证法，为中国哲学思想中其他传统文化提供了创造力的源泉，产生了深刻的影响。

一、中国道家文化的历史起源

中国的道家文化，起源于春秋战国时期，是以先秦老子、庄子关于“道”的学说为中心的学术派别。老子是道家学派的创始人，庄子继承和发展了老子的思想，千百年来，道家文化经过不断的传承与发展，成为中国文化的重要组成部分。

（一）道家文化的起源

中国的道家文化，是中国春秋战国诸子百家中最重要的思想学派之一，它把“道”作为最高哲理范畴，主张遵道贵德，效法自然，以清静无为法则治国修身，因此被称作道家。中国道家文化的起源很早，根据有关文献的研究，道家文化的理论来自于老子。道家文化其他的代表人物还有庄周、列子、何晏、王弼、向秀、郭象等人。总之，道家文化的起源绝不是社会政治的积极参与者，他们从旁观察世局，认真思索宇宙的真相，使用着抽象度高且不带意识形态的执着语言，描述天道与人事变化的法则，属于原理性研究的层次是他们的专长。有学者认为：“道家文化思想可以看作为中华民族伟大的文化产物，是中国国民思想的中心，大有仁者见之谓之仁，知者见之谓之知，百姓日用而不知的气概。”

根据文献记载，老子集古圣先贤之大智慧，总结了中国古老的道家思想的精华，形成了“无为无不为”的道德理论，以《道德经》问世为标志，创立了中国的道家文化。《道德经》一书上下五千言，字字珠玑，书中广论道家文化的形上学义、人生智慧。《道德经》提出一种有物混成、且独立自存之自然宇宙起源论，提出了世界存在与运行原理是“反者道之动”的本体论思想，对于存活于其中的人类而言，应学习的就是处世的智慧。道家文化以“道”为核心，认为天道无为、主张道法自然，提出无为而治、以雌守雄、以柔克刚、刚柔并济等政治、军事策略，具有朴素的辩证法思想，是“诸子百家”中一门极为重要的哲学流派。《道德经》提出“无为而治”的思想主张，成为中国历史上某些朝代的治国方略。这种思想在政治经济上可以缓解人民大众的一些压力，对中国社会的稳定起到过一定作用。历史上《道德经》注者如云，甚至有的皇帝还亲自为其作注，例如中国唐朝的唐玄宗就亲注过《道德经》。

道家文化的哲学不是进取的、积极的哲学，因为社会只是天道的过程，而不是目的本身。道家的社会哲学不以自己发展规格为主，而强调应对的智慧。道家哲学不同于儒家的社会哲学，道家哲学认为社会只是一方存在的客体，在其中生存的人们，应有其独立自存的自由性，而不受任何意识形态的束缚。道家文化强调更多的是在社会生活中生存的智慧原理，而且这种智慧原理必须是在任何历史情境的社会之中都行之有效的生存之道。因此，道家的哲学的思想主张有利于人们休养生息的需求。

道家文化的另一个代表人物是庄子，庄子是老子之后道家文化发展理论最重要的继承者和发展者。庄子继承老子的思想，同样站在天道自然的命题基础上，提出了从人的自我修养到面对整个社会的处世之道。庄子著名的书内七篇之作，就是他从世界观到知识论、到工夫论、到社会哲学的内圣外王之道的理论。庄子在老子思想的基础上，更详尽地提出了处理人与自然的关系、人的开创能力，包括智慧上、认识能力上、身体能量上，等等。可以认为，道家文化的一系列思想主张，对中国乃至世界的文化都产生了巨大的影响。

（二）道家文化与道教的发展沿革

老子建立的道家文化学说，到了中国的战国时期，道家文化进入比较兴盛的阶段，在百家争鸣的推动下，道家文化形成了三个比较有代表性的文化学派，有杨朱派、黄老派和老庄派。除了老庄派外，杨朱派和黄老派都曾兴盛一时，并通过百家争鸣对诸子产生了巨大影响。到战国末期，道家文化形成了蒙文通先生所说的“黄老独盛压倒百家”的局面。

道家文化到汉代初期黄老之治的实施后，才正式被封建统治者所重视与试验。这是因为，中国在春秋战国、到秦始皇统一中国，继之是楚汉之争，直到刘邦建立汉朝，在社会战乱终告停止之时，人们才终于发现争强斗狠的害处，以及休养生息的重要，于是老子的政治哲学思想逐步受到人们的重视。特别是当时的汉文帝、汉景帝，以道家文化思想治国，使中国民众从秦朝苛政中得以休养生息，中国历史上称之为“文景之治”，道家文化成为当时社会的主流文化。

到了汉武帝时代，汉武帝采纳董仲舒的儒家思想，实行“罢黜百家，独尊儒术”的政策，道家文化从此走向民间，从主流文化转为非主流文化，但仍然继续在中国文化思想发展中扮演重要角色。到了东汉的汉安元年（142年），张道陵因厌于官场，毅然辞官修道，拜魏伯阳为师，在鹤鸣山中正式成立中国道教，奉老子为“太上老君”，自任教主。因凡初入教者需交五斗米为本，故称之为“五斗米教”，对当时和后世都产生极其深远的影响（关于道教，在本文后面有专门论述）。

到了中国的宋代，宋明理学更是糅合了道家文化的思想发展而成。道家文化对中国宋代及宋代之后的元明清社会的政治制度、学术思想、宗教信仰、文学艺术、医药科技等各方面的发展产生了重要的作用。中国人的价值观念、人格理想、思维方式、审美情趣乃至风俗民情等，无不深受道家与道教的影响。

到了中国的清朝末年，随着西方思想文化的冲击，儒家统治秩序受到强烈冲击，再加上道家与西方自由民主等观念颇有相合之处，故道家文化思想再次复兴，并提出了当代新道家的概念。新道家这个概念是从20世纪初提出的，起初人们用它来指代魏晋玄学和秦汉时期的黄老道家，但因为不如后者那样准确明白，所以逐渐被人们抛弃。

当今的道家文化，以现在的当代新道家为代表，它是董光壁先生在《当代新道家》一文中首先提出的。在董光壁先生的文章中，新道家指的是那些受道家文化思想启发作出卓越贡献的科学家。之后，宫哲兵先生进一步扩大了新道家的内涵，他认为凡是认同道，继承道家传统，在新条件下建立新体系并使之得到运用的人，都可称为新道家。道家文化的学习研究与传播，在当代中国方兴未艾。

（三）道家文化的主要学派

道家文化的代表人物和流派还是比较多的。在老子之后，道家文化的发展进入了一个黄金时期，人物众多，流派纷呈。具体来说，到庄子成为道家文化发展的另一个高峰之间，道家文化的各个学派与代表人物主要有：

1. 杨朱学派

杨朱学派在战国时期是一个比较有影响的道家学派。杨朱（约前450—前370年）是战国初期伟大的思想家、哲学家，主张“贵己”“重生”“人人不损一毫”的思想，是道家杨朱学派的创始人。他的见解散见于《列子》《庄子》《孟子》《韩非子》《吕氏春秋》等。在战国时期，有“天下之言不归杨则归墨的现象”，可见其学说影响之大。其学说并不是浅薄简单的“自私自利”，知名弟子有孟孙阳、心都子，学说继承者有告子、子华子、詹何、它嚣、魏牟等人。他们对老子的思想加以发展，旨在通过对个体的自我完善进而达到社会的整体和谐。他们的思想学说对之后的庄周很有启发。

2. 宋尹学派

宋尹学派是指以宋钘、尹文两人为代表的道家文化思想流派。关于宋、尹两人的情况今天已不能确知其详，也没有著作流传下来，宋尹学派的发展略早于庄子，应与孟子同在一个时期。在中国先秦时期的一些著述中，曾记录了宋尹学派的一些主张与言论，我们从中可以看出他们的学术思想在当时的有比较大的影响，并且就其思想的核心来看，宋尹学派着重发挥了老子思想中知足反战的主张，有比较强烈的救世精神。

3. 彭、慎、田学派

彭、慎、田学派是指彭蒙、慎到、田骈这三个人为代表的道家文化思想学派。他们这三个人的思想也是继承老子的理论学说而发展起来的。有关彭蒙与田骈，流传至今的资料很少，据说彭蒙是田骈的老师，但彭蒙的老师是谁，田骈又传给哪一个人，我们已无法知道。《吕氏春秋·执一》中曾记录田骈教授齐王如何治国之事，追求以不治为治，即不去治理就是治理。值得注意的是彭蒙、慎到、田骈这三个人中的慎到，他有《慎子》流传于世，并且他思想中的某些方面成为法家思想的重要来源，这也说明先秦百家争鸣中诸子是在相互的争论中互相吸收、共同成长的。

4. 列子学派

列子学派是以列子思想学说为主要内容的学派。在先秦时期，列子是可以与老庄并称，列子学派成为先秦时期道家文化的三大学派之一。列子从道家文化思想出发，并对道家思想中无为的人生观有所改造，强调人在自然天地间的积极作用，并认为人在一种不任强使力的生存状态下，不忧天，不畏天，才是最好的生存状态。列子学派冷眼旁观所有"钟贤世、矜巧能、修名誉、夸张于世而不知已者"的作为，并且不停质疑着当今之世扭曲失衡的社会秩序与浮躁空洞的生存意义。列子承传老子的思想，《列子》一书立足于经典传承，着眼于文化普及，层次明晰、内容丰富，是一部品质精良的《列子》读本。也是我国古代重要的哲学著作之一。

5. 庄子学派

庄子学派是以庄子的思想学说为主要内容的学派。庄子的学术思想主要渊源于老子。庄子继承和发展老子思想，成为先秦道家文化的集大成者。司马迁指出，庄子"其要本归于老子之言"，即是说庄子是传承老子的思想而来，但庄子及其学派又大大发展了老子的思想，成为道家中的一个高峰。后世将他与老子并称为"老庄"，他们的哲学思想体系，被思想学术界尊为"老庄哲学"。庄子最早提出"内圣外王思想"对儒家影响深远，他洞悉易理，深刻指出"《易》以道阴阳"，其"三籁"思想与《易经》三才之道相合，代表作品为《庄子》，名篇有《逍遥游》《齐物论》等。庄子学派的思想集中在《庄子》一书中，现存《庄子》有三十三篇，分内、外、杂三类，为晋人郭象所编定。庄子学派对于中国哲学思想和中国文学的发展，都曾起过重要作用。

6. 黄老学派

黄老学派是先秦道家的一个派别。根据有关文献介绍，"黄"指黄帝，"老"指道家文化创始人老子，尊黄帝、老子为学派的创始者，以"黄老之言"为学派的指导思想，故名黄老学派。黄老学派产生于战国中期，是齐国稷下学宫的一个学派。黄老学派在先秦道家文化中，是不同于庄子学派的另一类的道家流派。黄老学派的代表作是《老子》《黄帝四经》等，学说的核心是无为而治、与民休息。中国汉朝初期，总结秦朝骤亡的教训，主张黄老学派的学说作为治国的指导思想，将它运用到政治和法制实践中，并取得显著的成效结果，出现了中国历史上"文景之治"的盛世。根据1973年长沙马王堆3号汉墓出土的《道原》

《十大经》《称》《经法》等四种佚书，成于战国中期以后，反映了道家黄老学派的思想。黄老之学在汉朝初期进入了它的黄金时期，到东汉时，黄老之术与新产生的谶纬之说相结合，就逐渐演变为自然长生之道，对道教的形成产生了很大的影响。

道家文化对中国文化的贡献比起儒家文化更为重要，只是在政治思想上“儒”为表象，“道”为实质，以致世人忽视而已。而道家文化在理论能力上的深厚度与辩证性，则为所有其他中国传统文化提供了创造力的泉源。至于道家文化在中国音乐、绘画、文学、雕刻、中医等各方面的影响，则是占据绝对性的优势主导地位。道家文化中的哲学思想，也对中国政治思想活动提供了广阔的空间，使历代的中国知识分子，能更轻松地发现进退之道，理解出入之间的智慧。

二、中国道家文化的主要代表人物

中国道家文化的代表人物主要是老子和庄子，他们的思想核心是“道法自然，无为而治”。他们反对侵略，反对富贵，反对压迫，主张和平。为了实现自己的社会理想，他们主张小国寡民，公社复归，并主张实行“无为而治”“不尚贤，与民不争”，反对儒家提倡的礼制。从政治主张上说，老子、庄子都是反对封建压迫的哲人。道家文化历代的代表人物还有列子、鬼谷子、徐福、东方朔、张道陵、葛洪、王重阳和张三丰等等。

（一）老子

老子

老子是我国古代著名的哲学家，思想家和道家学派的创始人。老子所撰述的《道德经》，开创了中国古代哲学思想的先河。他的哲学思想和由他创立的道家学派，不但对我国古代思想文化的发展作出了重要贡献，而且对中国两千多年来发展的文化思想，产生了深远的影响。

根据《史记·老子列传》记载：“老子者，楚，苦县厉乡曲仁里人也。姓李氏，名耳，字伯阳，谥曰聃，周守藏室之史也。”姓李，名耳，字伯阳，谥曰聃，楚国苦县（今河南鹿邑）人，约生活于公元前571年至471年之间。曾为中国周代守藏史，因见周德日衰，退隐西游，不知所终。之后，道德学派推崇黄帝和老子为先王圣哲，与儒家之尧舜周孔相仿。在中国民间，老子被称为太上老君、道德真君，关于他有很多神话传说。

老子的哲学是从宇宙到人生再到政治。“道”是老子哲学思想的理论基础，是由人生论、社会论和政治论上升到本体论的高度概括。《老子》作为中国哲学史上第一部具有完整哲学体系的著作，其思想的传播，对整个中华民族的思想和心理都有深远的影响。特别是对中国知识分子追求的理想人格和人生境界都产生过很大的影响。老子一生中最大的成就是开创了道家文化学派，并为后人留下了一部五千言的《老子》。《老子》分《道经》《德经》，合称《道德经》，全书五千言，八十一章。《道德经》详细阐述了他的“无为”思想，认为“为无为，则无不治”，对中国文化产生了深远的影响，汉代黄老之术就是对“无为而治”的直接继承。

人和动物野兽的根本区别，就在于人有心智，而动物只有欲望。心智的发展带来了衡量道德价值的判断力和破除人类中心论，到达万物齐一，天人合一的境界。人类是地球上现存唯一有思考能力的生物，《道德经》给予人类一种大局观，打破人类原有的认知限制和人造价值观念，并上升到一种大气的世界观上，去俯视万物和自然，从而感悟“道”无所不在。

上善若水，是老子追求心安的法门。在《荀子·宥坐》中，子贡问孔子：“君子之所以见大水必观焉者，是何？”，孔夫子回答水有九德，是故君子逢水必观。作为道家的鼻祖，面对儒家响亮的“智者乐水”这千古圣言，老子淡然地说：上善若水。老子堪称“水哲学之父”，他将水融合于道，把深奥的宇宙人生真相通过水这最常见的自然现象加以阐述。在人生的旅程里，当我们疑惑的时候，老子告诉我们，水知道答案。上善若水至今仍然是我们做人的最高法则。

老子在《道德经》里指出，水最重要的特性和品质，可以概括为六个字：无欲，不争，柔弱。正是这简简单单的水之三性，却如指月之手，为我们道出了修行人最为关注的安心的大法门，我们称为“老子安心六字诀”，即“无欲，不争，柔弱”。无欲则心安。人的一生，从单纯到纷乱，是自然获得；而从复杂回归简单，却是修行的结果。生活这口大炼炉，在外锻炼我们的身，在内炼我们的心。无欲必定带来一种心理上的变化和行动上的改变，具体表现为不争。老子敏锐地觉察到，如果说贪念是人的一种意识行为，那么争就是贪念落实的过程，它如一股狂风吹向我们的心湖，争不止，心不宁。不争，不争则无险。

老子的处事之道是：大其心，容天下之物；虚其心，受天下之善；平其心，论天下之事；潜其心，观天下之理。谦退是保身第一法，安详是处世第一法，宽容是处事第一法；寡欲是养心第一法；勿言无益身心之语；勿为无益身心之事；勿进无益身心之人；勿入无益身心之境；勿展无益身心之书。老子为人，注重修身养性。之后产生的中国道教，将其奉为“祖师爷”。虽然道教的思想主张与老子的道家文化思想相比已经发生了一定的变化，但是道教主张清静无为、修身养性是与老子的隐居思想是一脉相承的。

（二）庄子

庄子

庄子继承和发展了老子的思想。在庄子之前或同时，有杨朱的“全性葆真”说，宋钘、尹文的“情欲寡浅”说，彭蒙、田骈、慎到的“弃知去己”说，都同道家思想接近，有称之为道家别派者。可以说，庄子是老子之后道家文化理论的最重要开创者，道家的哲学基本上也就是老庄哲学。

庄子（约前369—前286年），庄氏，名周，字子休（一作子沐），汉族，蒙（今安徽蒙城，又说河南商丘、山东东明）人。是我国先秦（战国）时期伟大的思想家、哲学家和文学家。庄子原系楚国公族，楚庄王后裔，后因战乱迁至宋国，是道家学说的主要代表人物。庄子与道家文化的始祖老子齐名，被人们并称为“老庄”，他们的哲学思想体系，被思想学术界尊为“老庄哲学”，然文采更胜老子。代表作《庄子》被尊崇者演绎出多种版本，名篇有《逍遥游》《齐物论》等，庄子主张“天人合一”和“清静无为”。

庄子的想象力极为丰富，语言运用自如，灵活多变，能把一些微妙难言的哲理说得引人入胜。他的作品被人们称之为“文学的哲学，哲学的文学”。据传，又尝隐居南华山，故唐玄宗天宝初，诏封庄子为南华真人，称其著书《庄子》为《南华真经》。《庄子》约成书于先秦时期。《汉书·艺文志》著录五十二篇，今本三十三篇。全书以“寓言”“重言”“卮言”为主要表现形式，继承老子学说而倡导自由主义，蔑视礼法权贵而倡言逍遥自由，内篇的《齐物论》《逍遥游》和《大宗师》集中反映了此种哲学思想。

《庄子》一书具有很高的文学价值。其文汪洋恣肆，想象丰富，气势壮阔，瑰丽诡谲，意出尘外，乃先秦诸子文章的典范之作。《庄子》这部文献的出现，标志着在战国时代，中国的哲学思想和文学语言，已经发展到非常玄远、高深的水平，是中国古代典籍中的瑰宝。因此，庄子不但是中国哲学史上一位著名的思想家，同时也是中国文学史上一位杰出的文学家。无论在哲学思想方面，还是文学语言方面，他都给予了中国历代的思想家和文学家以深刻的、巨大的影响，在中国思想史、文学史上都有极为重要的地位。

庄子继承老子“道法自然”，否定文化教育价值的思想，也说“绝圣弃智，大盗乃止”（《庄子·胠箧》）。他倡言“无以人灭天”（《秋水》），即不要用人力去改变自然。庄子的养性之道是：身安，不如心安，屋宽，不如心宽，以自然之道，养自然之身，以喜悦之身，养喜悦之神。有所敬畏，是做人基本的道义准则。所谓快乐，不是财富多而是欲望少。做人，人品为先，才能为次；做事，明理为先，勤奋为次。人生要学会平和心，喜乐心，慈悲心。

鲁迅先生指“其文则汪洋捭阖，仪态万方，晚周诸子之作，莫能先也”。郭沫若对庄子的评价是：“以思想家而兼文章家的人，在中国古代哲人中，实在是绝无仅有。”总之，道家文化学说以老庄自然天道观为主，强调人们在思想、行为上应效法“道”的“生而不有，为而不恃，长而不宰”。政治上主张“无为而治”“不尚贤，使民不争”。伦理上主张“绝仁弃义”，以为“夫礼者忠信之薄而乱之首”，与儒墨之说形成明显对立。

（三）列子

列子

列子，中国古代的战国人。现存有《列子》八篇，是东晋张湛所辑 ，一般认为该书反映了战国至魏晋期间的思想。《列子》从道家思想出发，并对道家思想中无为的人生观有所改造，强调人在自然天地间的积极作用，并认为人在一种不任强使力的生存状态下，不忧天，不畏天，才是最好的生存状态。

列子大约生活在公元前450年到公元前375年之间，本名列御寇（列子是后人对他的尊称），周朝郑国圃田（今河南省郑州市）人，古帝王列山氏之后 。列子是道家学派的杰出代表人物，先秦天下十豪之一，著名的思想家、文学家和寓言家。列子对中国人思想影响甚大，对后世哲学、文学、科技、养生、乐曲、宗教影响非常深远。

列子著有《列子》，其学说源于黄帝老子，归同于老、庄。创立了先秦哲学学派贵虚学派（列子学）。是介于老子与庄子之间道家学派承前启后的重要传承人物。列子隐居郑国四十年，不求名利，清静修道。列子才颖逸而性冲澹，曲弥高而思寂寞，浩浩乎如冯虚御风，飘飘乎如遗世独立。在先秦诸子中对生命表现出最达观，最磊落的就是列子。主张循名责实，无为而治。列子的活动时期晚于孔子而早于庄子。列子聚徒讲学，弟子甚众，后学众多。从《庄子》中可以看出列子学派在战国中后期影响很大。《列子》一书被誉为默察造化消息之运，发扬黄老之幽隐，简劲宠妙，辞旨纵横，是道家义理不可或缺的重要组成部分。

先秦道家创始于老子，发展于列子，而大成于庄子。《列子》一书深刻反映了夏末周初交替与春秋战国社会文化生活的各个方面，可以说是一篇恢宏的史诗，当时的哲学、神话、音乐、军事、文化以及世态人情、民俗风习等等，在其中都有形象的表现。《列子》一书保存了神话传说、音乐史、杂技史等众多珍贵的先秦史料，是先秦散文的代表作之一。《列子》中的“天体运动说”“地动说”“宇宙无限说”等学说，都远远早于西方的同类学说 ，开创融寓言与哲理为一体的先秦散文文风。

列子一生安贫乐道，不求名利，不进官场，一向低调，隐居郑地四十年，潜心著述二十篇，可见真正做到了老子所说的“和光同尘”的境界，故而列子在历史上的事迹也很少。列子等道家思想是除了儒学外唯一被定为官学与道举的学说。现在流传的《列子》一书，共载哲理散文、寓言故事、神话故事、历史故事等一百三十四章，基本上以寓言形式来表达精微的哲理。其中众多脍炙人口的寓言故事，可谓家喻户晓。

（四）鬼谷子

鬼谷子，姓王名诩，又名王禅，号玄微子。春秋战国时期人，华夏族，相传额前四颗肉痣，成鬼宿之象。一说春秋战国卫国朝歌（河南淇县）人；一说是战国魏国邺地（河北临漳）人；一说陈国郸城（河南郸城县）人。鬼谷子的师尊是道家文化创始人老子。鬼谷子是中国著名思想家、道家代表人物、兵法集大成者、纵横家的鼻祖，精通百家学问，因隐居清溪鬼谷，故自称鬼谷先生。鬼谷子常入山采药修道，于嵩山东南学仙。“王禅老祖”是后人对鬼谷子的称呼。

鬼谷子（雕像）

鬼谷子通天彻地，智慧卓绝，人不能及。一曰数学，日星象纬，在其掌中，占往察来，言无不验；二曰兵学，六韬三略，变化无穷，布阵行兵，鬼神不测；三曰言学，广记多闻，明理审势，出词吐辩，万口莫当；四曰出世，修真养性，祛病延年，服食导引，平地飞升。两千多年来，兵法家尊他为圣人，纵横家尊他为始祖，算命占卜的尊他为祖师爷，谋略家尊他为谋圣，名家尊他为师祖，道教尊其为王禅老祖。

鬼谷子是中国历史上一位极具神秘色彩的人物，被誉为千古奇人，长于持身养性，精于心理揣摩，深明刚柔之势，通晓纵横捭阖之术，独具通天之智。鬼谷子曾任楚国宰相，身怀旷世绝学，智慧卓绝，精通百家学问，是纵横家的鼻祖，是著名的道家、思想家、谋略家、兵家、阴阳家、外交家、语言学家、法家、名家、发明家、医学家，更是伟大的教育家。

鬼谷先生门人遍布各地，风云一时。他的智慧教育了苏秦、张仪、孙膑、庞涓、商鞅、李斯、吕不韦、白起、李牧、王翦、甘茂、乐毅、毛遂、赵奢、李悝、徐福等五百多位精英，他们个个都建立了不朽之功业。庞涓遇羊而荣，孙膑逢战不输，苏秦佩六国相印，张仪两次做秦国宰相，还有商鞅李斯，一个为孝公改革变法，一个帮助秦始皇一统山河。至于后来东渡日本的徐福，据传，成了日本的第一位天皇——神武天皇。如今日本民间遍立庙堂在朝拜，很多日本人甚至公开声称自己就是徐福后代，并留有家传徐氏族谱可供阅览。

鬼谷子著有《鬼谷子》《关令尹喜内传》《本经阴符七术》等书，是中国相学的创始人。《鬼谷子》这部两千多年的谋略学巨著，是乱世之治学，治世之哲学，又是谋略学巨著，成功学宝典，是中国传统文化中的奇葩。它集中了国人心理揣摩、演说技巧、政治谋略、军事外交、经商谈判的精华，一直为中国古代军事家、政治家和外交家所研究，现又成为当代商家的必备之书。它所揭示的智谋权术的各类表现形式，被广泛运用于内政，外交、战争、经贸及公关等领域，其思想深受世人尊敬，享誉海内外。然而，就是这一本赫赫有名的书籍，因为所崇尚的是谋略、权术及言谈，辩论之技巧，其思想与儒家所推崇的仁义大相径庭，因此，历来在公开场合被视为洪水猛兽，更有禁而毁之者，但是，私下却时而习之，乐此不疲。

在《关令尹喜内传》这部奇书里，鬼谷先生重点宣传了道家的理论原则，即尊崇自然、清静无争、不炫耀和斋戒、中食。阐发了贪心短寿、心诚得道、作恶受罚的道理，主张以“道”来普度众生，反映了道家的理论和观点，还记述了老子出关、尹喜拜师、老子惩罚徐甲、尹喜青羊肆寻师、老子化胡等事件。蜀郡西游日，函关东别时。群胡皆稽首，大道复开基。鬼谷子《本经阴符七术》，前三篇讲述如何充实意志，涵养精神。后四篇讨论如何将内在的精神运用于外，如何以内在的心神去处理外在的事物。

在当代中国，军事理论界、史学界、经济学者、外交界等对鬼谷子的研究方兴未艾，鬼谷子的学术思想被广泛运用于社会生活的诸多领域。1994年和2001年，两次召开的全国性的鬼谷子学术思想研讨会，引起了海内外学者的强烈反响。特别是近几年来，发表于各种报刊的鬼谷子研究文章达数千篇，新出版的研究专著一百多种。研究的范围越来越广，层次越来越高。

（五）徐福

徐福

徐福，秦代道士，世界上最早的航海家，探险家，琅琊人（今山东胶南、诸成一带），是道家医学的创始人。徐福，嬴姓徐氏。即徐市，字君房，齐地琅琊郡人。他博学多才，通晓医学、天文、航海等知识，且同情百姓，乐于助人，故在沿海一带民众中名望颇高。

徐福是鬼谷子先生的关门弟子。学辟谷、气功、修仙，兼通武术。他出山的时候，是秦始皇登基前后，李斯的时代。后来被秦始皇派遣，出海采仙药，一去不返。乡亲们为纪念这位好心的名医，把他出生的村庄改为“徐福村”，并在村北建了一座“徐福庙”。曾经在吕不韦门下，收有一徒，名为甘罗。徐福东渡寻仙，据传则成了日本的第一位天皇——神武天皇。如今日本民间遍立庙堂朝拜，很多日本人甚至公开声称自己就是徐福后代，并留有家传徐氏族谱可供阅览。

徐福的事迹，最早见于《史记》的“秦始皇本纪”和“淮南衡山列传”（在秦始皇本纪中称“徐市”，在淮南衡山列传中称“徐福”）。据《史记》“秦始皇本纪”记载，秦始皇希望长生不老。秦始皇二十八年（前219年），徐市上书说海中有蓬莱、方丈、瀛洲三座仙山，有神仙居住。于是秦始皇派徐市率领童男童女数千人，预备了三年粮食、衣履、药品和耕具，入海求仙，耗资巨大。但徐市率众出海数年，并未找到神山。秦始皇三十七年（前210年），秦始皇东巡至琅琊，徐市推托说出海后碰到巨大的鲛鱼阻碍，无法远航，要求增派射手对付鲛鱼。秦始皇应允，派遣射手射杀了一头大鱼。后徐福再度率众出海。

《史记》中记录徐福东渡之事比较多内容的是“淮南衡山列传”，其中包括徐福从东南到蓬莱，与海神的对话以及海神索要童男童女作为礼物等事，一般认为这是徐福对秦始皇编造的托辞，还记载了徐福再度出海携带了谷种，并有百工随行。这次出海后，徐福来到“平原广泽”（可能是日本九州岛），他感到当地气候温暖、风光明媚、人民友善，便“止王不来”，停下来自立为王，教当地人农耕、捕鱼、捕鲸和沥纸的方法，不回来了。

（六）东方朔

东方朔（前154—前93年），本姓张，字曼倩，西汉平原郡厌次县（今山东省德州市陵县）人。西汉时期著名的文学家。汉武帝时期广招人才，征四方士人。东方朔上书自荐，被汉武帝所欣赏，先诏拜为郎，后任常侍郎、太中大夫等职。他性格诙谐，言词敏捷，滑稽多智，常在武帝前谈笑取乐。他曾言政治得失，陈农战强国之计。但当时的汉武帝对东方朔虽然尊重亲热，但在委以大事上也不重任。

▬ 东方朔

东方朔一生著述甚丰，写有《答客难》《非有先生论》《封泰山》《责和氏璧》《试子诗》等，明人张溥汇为《东方太中集》。司马迁在《史记》中称他为“滑稽之雄”，晋人夏侯湛写有《东方朔画赞》，对东方朔的高风亮节以及他的睿智诙谐，倍加称颂，唐代大书法家颜真卿将此文书写刻碑。此碑至今仍保存在陵县。

东方朔终其一身最高职务为一千石的太中大夫，在“汉之得人，于兹为盛”的汉武朝，东方朔未能立下青史书名的政治功绩，然其以近侍的身份与汉武帝君臣相伴多年，亦对汉武帝的行为举措做出了一定影响。东方朔利用其接近汉武帝的机会，察言观色，一有机会便直言切谏。在修上林苑之事上谏武帝戒奢恤民，在昭平君杀人之事上谏武帝公正执法，在主人翁事件上谏武帝矫枉风化。诸如此等，不一而足。

（七）张道陵

张道陵，东汉人。他倡立中国道教，是中国道教的实际创立者，被尊称为

张天师（塑像）

“张天师”。

张道陵（34—156年）原名张陵，字辅汉，世称张天师，为汉朝张良之八世孙。其父张翳，字大顺，其祖为张刚。出生于东汉光武帝十年（34年）正月十五日，成仙于汉恒帝永寿二年（156年）正月初七。东汉时沛国丰县人，现为江苏省丰县宋楼镇费楼村人。西汉末年，王莽篡朝后，各地农民起义风起云涌，山东褚城人樊崇于新莽天凤五年（18年）在莒县率众起义，再次掀起天下大乱，张道陵之祖父张刚在此时携子，从山东滕州迁居于丰县费楼村（原名盘家村、阿旁村）。

张刚父子在丰县定居后，勤耕为本，苦心经营，家道颇为殷实。东汉光武帝建武十年（34年）正月十五日，张家添下一子，全家欢欣无比，为之取名张陵，字辅汉，以示缅怀先祖张良的辅汉之心，张陵实是来丰后的第一代后裔。张陵生性聪明，悟性极佳，七岁便能通读《道德经》，对天文地理、经书谶纬一点就通，举一反三。

建武中元（56年）四月光武帝举贤良方正，张陵被荐入太学学习，明帝永平年间授以江州令。因厌于官场，毅然辞官修道，拜魏伯阳为师，入阳羡山中修炼长生之道。后到天目山设坛讲道，声名远播，出浙江后，沿淮河、黄河、洛河游历，在洛阳北邙山修炼三年，功力大进，携弟子王长、赵升赴桐柏太平山、贵溪云锦炼天神丹。丹成之后，云锦山上时有龙虎之形显现，故人们将此山改称为“龙虎山”。后又在河南嵩山石室之中寻得《三皇内经》《黄帝九鼎经》《太清丹经》等秘籍符录，道业已出神入化。闻知巴蜀之地疹气为灾，遂带二徒急急赶去，解民困苦。

汉顺帝永和六年（141年）著称《道书二十四篇》，汉安元年（142年），在鹤鸣山中正式倡立道教，奉老子为“太上老君”，自任教主。因凡初入教者需交五斗米为本，故称之为“五斗米教”，对当时和后世都产生极其深远的影响。汉恒帝永寿二年（156年）正月初七日，张陵在众人目睹之下白日升天，时年

123岁。

清光绪《丰县志·仙释》载，季春煦（明代丰县人）在其《丰邑古今考》中曰："《列仙传》诸书，皆云道陵丰人，但未详其出处之实，及考元和刺史李正卿著《天师圣德碑》云：张天师以东汉汉安三年（即建康元年，公元144年）自沛（国）丰游蜀，则天师为丰人也。（来源：徐州市道教协会会长王中华博客）

（八）葛洪

葛洪（284—364年）为东晋道教学者、著名炼丹家、医药学家。字稚川，自号抱朴子，汉族，晋丹阳郡句容（今江苏句容县）人。三国方士葛玄之侄孙，世称小仙翁。他曾受封为关内侯，后隐居罗浮山炼丹。著有《肘后备急方》等。对中国的医学、制药学有重要的贡献。

葛洪

葛洪是中国东晋时期有名的医生，字稚川，自号抱朴子，丹阳句容（今属镇江）人，是预防医学的介导者，著有《肘后备急方》，书中最早记载一些传染病如天花、恙虫病症侯及诊治。"天行发斑疮"是全世界最早有关天花的记载。其在炼丹方面也颇有心得，丹书《抱朴子·内篇》具体地描写了炼制金银丹药等多方面有关化学的知识，也介绍了许多物质性质和物质变化。例如"丹砂烧之成水银，积变又还成丹砂"，即指加热红色硫化汞（丹砂），分解出汞，而汞加硫黄又能生成黑色硫化汞，再变为红色硫化汞。描述了化学反应的可逆性。又如"以曾青涂铁，铁赤色如铜"，就描述了铁置换出铜的反应，等等。

葛洪继承并改造了早期道教的神仙理论，在《抱朴子·内篇》中，他不仅全面总结了晋以前的神仙理论，并系统地总结了晋以前的神仙方术，包括守一、行气、导引和房中术等，同时又将神仙方术与儒家的纲常名教相结合，强调"欲求仙者，要当以忠孝和顺仁信为本，若德行不修，而但务方术，皆不得长生也"。并把这种纲常名教与道教的戒律融为一体，要求信徒严格遵守。在《抱朴子·外篇》中，专论人间得失，世事臧否。主张治乱世应用重刑，提倡严刑峻法。匡时佐世，对儒、墨、名、法诸家兼收并蓄，尊君为天。不满于魏、晋清谈，主张文章、德行并重，立言当有助于教化。

葛洪精晓医学和药物学，主张道士兼修医术。他的医学著作《肘后备急方》，书名的意思是可以常常备在肘后（带在身边）的应急书，是应当随身常备的实用书籍。书中收集了大量救急用的方子，这都是他在行医、游历的过程中收集和筛选出来的，他特地挑选了一些比较容易弄到的药物，即使必须花钱买也很便宜，改变了以前的救急药方不易懂、药物难找、价钱昂贵的弊病。他尤其强调灸法的使用，用浅显易懂的语言，清晰明确的注明了各种灸的使用方法，只要弄清灸的分寸，不懂得针灸的人也能使用。

葛洪的《肘后备急方》中还记载了一种叫犬咬人引起的病症。犬就是疯狗。人被疯狗咬了，非常痛苦，病人受不得一点刺激，只要听见一点声音，就会抽搐痉挛，甚至听到倒水的响声也会抽风，所以有人把疯狗病又叫做“恐水病”。葛洪对狂犬病能采取预防措施，可以称得上是免疫学的先驱。欧洲的免疫学是从法国的巴斯德开始的。他用人工的方法使兔子得疯狗病，把病兔的脑髓取出来制成针剂，用来预防和治疗疯狗病，原理与葛洪的基本上相似。巴斯德的工作方法当然比较科学，但是比葛洪晚了一千多年。

在世界医学历史上，葛洪还第一次记载了两种传染病，一种是天花，一种叫恙虫病。葛洪描写的这种奇怪的流行病，正是后来所说的天花。西方的医学家认为最早记载天花的是阿拉伯的医生雷撒斯，其实葛洪生活的时代，比雷撒斯要早五百多年。葛洪把恙虫病叫做“沙虱毒”。现在已经弄清楚，沙虱毒的病原体是一种比细菌还小的微生物，叫“立克次氏体”。有一种小虫叫沙虱，螯人吸血的时候就把这种病原体注入人的身体内，使人得病发热。葛洪不但发现了沙虱，还知道它是传染疾病的媒介。他的记载比美国医生帕姆在1878年的记载，要早一千五百多年。

据载， 葛洪还撰有《肘后救卒方》和《玉函方》。葛洪的一生可谓精彩，而且颇具传奇色彩，他的聪慧睿智帮助他开拓了医学上的新领域，在临床急症医学方面作出了突出的贡献。葛洪一生著作丰富，自谓有《内篇》二十卷，《外篇》五十卷，《碑颂诗赋》百卷，《军书檄移章表笺记》三十卷，《神仙传》十卷，《隐逸传》十卷，又抄五经七史百家之言、兵事方技短杂奇要三百一十卷。另有《金匮药方》百卷，《肘后备急方》四卷。唯多亡佚，《正统道藏》和《万历续道藏》共收其著作十三种。

（九）王重阳

王重阳，全真派创派祖师，天下五绝之首的“中神通”，身材甚高，腰悬长剑，风姿飒爽，英气勃勃，飘逸绝伦。是“老顽童”周伯通的师兄，“全真七子”的师父。王重阳也是一个独步武林的奇才，具绝代天资，武功造诣深不可测，已经达到出神入化的地步，世称“天下第一”。

王重阳

王重阳（1112—1170年），原名德威，字世雄，入道后更名哲，字知明，号重阳子。陕西咸阳大魏村人。金代道士，全真道创立者。据终南山重阳宫中《全真道祖碑》记载：“王重阳始业儒，少年读书，又隶名武选，任气好侠，卒成道。凡接人初机，必先使读《孝经》《道德经》，又教人以孝谨纯一。”

王重阳早年是位抗金英雄，失败后出家修道，在终南山创立全真教，在武林中享有“天下武学正宗”的美誉。在“华山论剑”之时，以先天功及全真剑法力挫四绝，夺得“天下第一高手”之称和道家至高的武学宝典《九阴真经》。然情深不寿，与林朝英感情纠葛过甚，英年早逝。但临终前以“一阳指”重创“西毒”，使之数十年不敢踏入中原。

金大定元年（1161年），于南时村自掘一墓，穴居其中，称之为“活死人墓”。又在“墓”四隅各植海棠一株，人问其故，曰：“吾将使四海教风为一家耳。”他在墓中修炼两年后，又迁往距南时村不远处的刘蒋村结芭而居。当时许多人信奉他，追随他，但遗憾的是没能从中找到一位足以实现其“使四海教风为一家”理想之帮手和高徒，于是决定前往“海上仙山之祖”的胶东昆嵛地区收徒立教，从此开始了他在胶东的传教布道活动。他先后于文登、宁海、福山、登州（今蓬莱）、莱州等地创立“三教七宝会”“三教金莲会”“三教三光会”“三教玉华会”“三教平等会”五大法会，同时收取马丹阳、丘处机、谭处端、王玉阳、郝大通、孙不二、刘处玄七人为徒，世称“北七真”或“海上七真人”，从而正式创建了道教全真派。

王重阳主张儒、释、道三教合一，提倡“全神炼气”“出家修真”，并制定了道士出家的制度。元世祖于至元六年（1269年）追封王重阳为“全真开化真君”，武宗于至大三年（1310年），又追封王重阳为“全真开化辅极帝君”，全真道尊其为北五祖之一。著有《重阳全真集》十三卷、《重阳教化集》三卷、《立教十五论》一卷等，是中国养生学的倡导者。

（十）张三丰

▬ 张三丰

张三丰，名君宝，明代道士，道号昆阳，冀川寥阳（今河北）人，是道教中的武当派创始人，精通武术、音乐和丹术，著有《全丹玄要》三篇。对道教武术和道教音乐有重要贡献。

张三丰为武当派开山祖师，明英宗赐号“通微显化真人”，明宪宗特封号为“韬光尚志真仙”，明世宗赠封他为“清虚元妙真君”。张三丰是丹道修炼的集大成者，主张“福自我求，命自我造”。张三丰是太极拳创始人，所创的武学有王屋山邋遢派、三丰自然派、三丰派、三丰正宗自然派、日新派、蓬莱派、檀塔派、隐仙派、武当丹派、犹龙派等至少十七支。清代大儒朱仕丰评价张三丰说：古今练道者无数，而得天地之造化者，张三丰也。

张三丰倡三教同一之说，实际上是为道教辩护，替“邪道”开脱。他只承认有正邪之别，否认有三教之分，所谓三教不过是创始人不同而已。他说，儒、佛、道都讲道，它们的社会功用都是“修身利人”，“儒离此道不成儒，佛离此道不成佛，仙离此道不成仙”，儒家“行道济时”，佛家“悟道觉世”虽然教义偏颇但也有良做，道家“藏道度人”，同孔子一样，老子所传的也是“正心修身治国平天下”的理论。儒家修养人道，仙家修炼仙道。张三丰把二者联系起来，以修人道为炼仙道的基础，强调无论贵贱贤愚，老衰少壮，只要素行阴德，仁慈悲悯，忠孝信诚，全于人道，离仙道也就自然不远了。他巧妙地把道家的内炼思想同儒家的道德学说合在一起，说：“人能修正身心，则真精真神聚其中，大才大德出其中”。

张三丰把儒家倡导的仁义与道家炼丹的铅汞划等号，称“仙家铅汞即仁义的种子”。在他那里，阴阳家五行的金木水火土、儒家五德的仁义礼智信和人体五经的肝肺心脾肾是一一对应的。他在《五德篇》中说：“仁属木也，肝也；义属金也，肺也；礼属火也，心也；智属水也，肾也；信属土也，脾也。”心有五德，身有五经，天地有五行，皆缺一不可，心无仁者必无养育之念，其肝已绝，而木为之枯槁；无义者必无权宜之思，其肺已绝，而金为之朽钝；无礼者必无光明之色，真心已绝，而火为之衰熄；无智者必无清澄之意，其肾已绝，而水为之昏涸；无信者必无交孚之情，其脾已绝，而土为之分崩。所以说“德包乎身，身包乎心，身为心用，心以德明，是身即心，是心即身，是五德即五经，德失经失，德成身成，身成经成，而后可以参赞天地之五行。”

张三丰著述丰富，诸如《大道论》《玄机直讲》《玄要篇》，被后代收积成集，这就是流传至今的《张三丰先生全集》。其中不少篇章为后代奉道者所推崇，称他的《大道论》穷尽性命归真之道，发微圣贤仙佛之理。不过，张三丰的杰作当称《无根树》丹词。千百年来道家理论玄奥，文字晦涩，不能为社会所广泛接受，从而阻碍了道教的深入传播。张三丰采用歌词的体裁、通俗的文字把玄奥的修真理论化为脍炙人口的曲词《无根树》。这篇无根树共24首，包含了张三丰的全部修真理论和方法。只要细细领悟他的《无根树》，就会打开通玄路，就能步入仙道门，正如他在“自题无根树词”中所说的那样“要知端的通玄路，细玩无根树下花”。

三、中国道家文化的主要思想及其发展

道家文化是中国文化的重要组成部分。道家文化以老子、庄子为代表，主张

清静无为，反对斗争；提倡道法自然，为而不争，自然无为，与自然和谐相处。西汉初年和唐朝初年，汉文帝、汉景帝、唐太宗、唐玄宗以道家思想治国，使广大人民群众得以休养生息。历史称之为文景之治、贞观之治、开元盛世。

（一）道家文化的主要思想

道家文化思想丰富多彩，道家倡导“道法自然”，以“道”为世界的最后本原，所以称之为道家。在中国历史上，道家文化的思想主张对中国文化的发展产生了巨大的促进作用，道家的哲学还深深地影响到中国的道教与佛教两大宗教哲学思想的发展。道家文化的主要思想是：

1. 道法自然

道家文化思想促进中华文明的发展。道家的主要思想是：“人法地，地法天，天法道，道法自然”。道家第一思想原则是“道法自然“。也就是说，整个大自然，都是在“道”的管理下，按照一定的法则在运行着。顺应自然，不要过于刻意，“去甚，去奢，去泰“。人要以自然的态度（三个层面）对待自然，对待他人，对待自我。所以会有“自然——释然——当然——怡然”。这是老子为我们提供的最高级的方法论。道法自然即道效法或遵循自然，也就是说万事万物的运行法则都是遵守自然规律的。最能表达“道”的一个词就是自然规律，同样我们可以反过来说与我们这里所说的自然规律最相近的一个字就是“道”。这包括自然之道，社会之道，人为之道。道就是对自然欲求的顺应。任何事物都有一种天然的自然欲求，谁顺应了这种自然欲求谁就会与外界和谐相处，谁违背了这种自然欲求谁就会同外界产生抵触。所以在这里蕴含了我们看待世界的基本的认识论和方法论。每一件事物都有着它本身的天性和本质，每个人都有自己独特的思维方式和个性特征。我们应该意识到的是，改造一个人的效果是有限度的。我们需要做的不是试图消除这些缺失，而是把他们的优点合理地加以利用，尽量避免他们的缺失，并力图帮助每个人在其独特天性的基础上持续进步，去放大其中有益的部分。可见，道法自然的思想，形象生动地显示了道家学派对世界的认识。

2. 为而不争

“天之道，利而不害；人之道，为而不争”“夫唯不争，故天下莫能与之争”“厚德载物，上善若水”。在老子的《道德经》当中，它表述出来的思想是天地不争，所以讲天地无私，它哺育万物，它让四季更替，让万物生长，既然天地的自然是这样一种自然，我们人作为自然的一种存在，人就应该效仿天地的自然的德性，这个德性，老子就把它称之为“为而不争”。在老子看来。正因为你不争，所以谁都不能跟你争，以《道德经》的话，夫唯不争，故天下莫能与之争，因为你不争，天下的人谁能跟你争呢。所以他有一种智慧叫不争之争，老子在《道德经》里面，曾经多次以水作为比喻而讲这样一个道理。比如水是最体现这种为而不争的德性的，它是一种自然存在，它最无为无私无欲，没有颜色，没有形状，没有气味，但是，又总是在很下的这样一个位置上，什么东西越洗越脏——水，它所有的东西都能包容，它来包容你。所以，老子说，上善若水。上善若水，也就是说，最高的上，最体现为而不争的德性的自然存在是水。诸葛亮很喜欢老子倡导的上善若水这个说法。

3. 清静为天下正

道家的“清静为天下正”，清静，是道的本性，也是学道者境界的基本标准。清静之道，自然之道。在老子看来，清静之道，实际上为自然之道，以这样的自然之道，去治理天下，它才是一种真正的道，是一种真正的大道，或者是一种大智慧。大自然的一切，按照《易经》的说法，易是变化，易为不易之者，讲变化是不变化的，那么这个说法当然是对的。但是在老子看来，在变化的背后，它的一个本质的东西是清静。比如说白天，生机勃勃，日出而作，但是，日落而息，也就是说，白昼的归宿，它最终也是到静，动只是它的表象，只是它一种表现形式，最终它是走到一种清静的归宿当中去。那么，人效法自然的原则，或者说道家讲的自然的智慧，就体现为一种清静。“治大国若烹小鲜，不可烦，不可挠；烹小鲜者不可挠，治大国者不可烦，烦则人劳，挠则鱼烂。”老子这句话的意思就是说，治理一个大国家，就像做一条小鱼，做小鱼的秘诀在哪里？要清静，就像后人解释的那样，你做小鱼如果说你不清静，你老想有为，这个鱼一会儿正面煎煎，一会儿反面煎煎，一会儿胡椒面撒一点，一会儿辣椒粉弄一点的，这个鱼肯定会被你给煎烂了。因此，做小鱼最好的办法就是清静。道家的智慧是一动不如一静，一进不如一退，这样一种自然之道就是无为而治。清静为天下正，让老百姓能够休养生息。

4. 虚其心

道家文化倡导的“虚其心”，其语序排列是“强其骨，实其腹；弱其志，虚其心”。“强其骨，实其腹”，指的是统治者治理国家，保障人民的温饱和身体健康是第一位的，是最基本的要求。“弱其志，虚其心”，指的是治理国家在精神面貌维护上的要求，弱化人们的不合理欲望，教化人们之间保持一种淳真的心态，要有虚怀若谷的心态。道家的“虚其心”思想是中国古代真正的治国思想。道家智慧的虚其心，实其腹，也是老子设想的一种意境。虚心实腹，是指人的一种心境下的两个状态。“虚其心”，不能简单地解释为心不在焉，无所事事，然后，“实其腹”，饱食终日，朝不虑夕。老子讲的虚其心，是指率性虚淡，随遇而安，虽外有大千世界，而内心虚旷无垠，小小心房，能容得下天地；拳拳之心，可比容于江海，进而达到物我两忘的境界。也就是说处世要淡泊。虚心实腹的人生是一种享受，一个完美的人生，不见得要赚很多的钱，也不见得要有很了不起的成就，在一份简朴平淡的生活中，活得快乐而自在，也是一种上乘的人生境界。历代人们普遍认为，“虚其心”，主要是指心量，你越虚，你的心量越大，你的空间越大，你容人的空间越大，你所可能拥有的能量也就越大。道家的这个心量也是一种德性，告诉我们要善于放下过去的东西，哪怕恩恩怨怨，相逢一笑泯恩仇，我们古人讲的一种境界，实际上是一种容人之量。这种容人之量就是心量，这个心量的前提就是你要虚其心。你要对自己心里面的一些成见和想法，要把它虚掉，要把它删除掉，这是德性。所以它不仅是智慧还是德性。道就是虚，去除心中的念想，即让心虚着，没有心事，才能体验生命的乐趣。虚心可以学习新知识、更新知识，可以更加包容一切，不提成见。只有虚其心，才能有容人之量。虚心是一种智慧，可以超越自己，否定自己，不断提升自己。虚心是一种美德，心量特别大，能包容各色各样的人，特别是一些有个性的人才。一个有虚其心之人，能不断地超越自己，不断地提升自己。

5. 正言若反

道家文化的“正言若反”，语出《道德经》，就是把正直的话当成反话，主张从相反的角度考虑同一个问题。“祸兮福之所依，福兮祸之所伏”“大勇若怯，大智若愚”，认为自然是阴阳对立统一的，阴中有阳，阳中有阴，对立统一。《道德经》第七十八章，“天下莫柔弱于水，而攻坚强者莫之能胜，以其无以易之。弱之胜强，柔之胜刚，天下莫不知，莫能行。是以圣人云：‘受国之垢，是谓社稷主；受国不祥，是为天下王’。”正言若反，其意思是遍天下再没有什么东西比水更柔弱了，而攻坚克强却没有什么东西可以胜过水。弱胜过强，柔胜过刚，所以有道的圣人这样说：“承担全国的屈辱，才能成为国家的君主，承担全国的祸灾，才能成为天下的君王。”正面的话好像在反说一样。老子认为，水虽然表面上看来是柔弱卑下的，但它能穿山透石，淹田毁舍，任何坚强的东西都阻止不了它和战胜不了它，因此，老子坚信柔弱的东西必能胜过刚强的东西。老子所说“正言若反”，是老子对全书中那些相反相成的言论的高度概括。例如：“大成若缺”“大盈若冲”“大直若屈”“大巧若拙”“大辩若讷”“明道若昧”“进道若退”“夷道若类”“上德若谷”“大白若辱”“广德若不足”“建德若偷”“质真若渝”“大方无隅”“大器晚成”“大音希声”等等。他们本来是对立的、互相排斥的，但在某种条件下，某种意义上，表示某种特定事物的概念和它的对方具有了统一性，二者互相包含，互相融合，互相渗透，彼此同一或一致。

（二）道家文化中的哲学

道家文化中的哲学，由老子创立，经过了庄子学派、秦汉黄老道家、魏晋玄学新道家等的传承与发展而成的，对中国社会发展的影响是巨大和深远的。道家文化中的哲学，其发展大致经历了五个阶段：先秦道家、秦汉黄老之学、魏晋玄学、隋唐重玄学与宋元内丹生命学等五种历史形态。玄学过后，道家文化虽然不在占据社会主流，但道家哲学思想则主要通过道教、儒学以及中国化佛学而得以不同程度的体现。

道家哲学以“道”为中心，是一门最朴素的社会科学。“道”是中国古代哲学的重要范畴，用以说明世界的本原、本体、规律或原理。在中国哲学史上，“道”这一范畴为道家首先提出。春秋后期，老子最先把“道”看做是宇宙的本原和普遍规律。道家文化中的许多经典著作都精辟地阐述了社会和自然的发展规律。特别是《道德经》，这部道家经典作品中的观点博大精深，其理论包罗万象，能跨越时空应用世间万物。《道德经》广论道的形上学义、人生智慧义，提出一种有物混成且独立自存之自然宇宙起源论，也提出世界存在与运行原理。特别是老子的虚怀若谷、宽容谦逊的思想，恬淡素朴、助人为乐、反对争名夺利的思想，以柔克刚、以弱胜强的思想等，对中国文化和中国哲学产生了重要而深远的影响。

在老子的《道德经》中，老子用自己独特的见解，为我们解化宇宙苍生。他的中心思想是道。道，具有自然无为，无形无名，既看不见又摸不着，又不可言说的特性，它是天地开辟之前宇宙浑沌混一的原初形态，又是超越一切有形事物的最高自然法则。老子最先提出“道常无为而无不为”的命题，以说明自然与人为的关系。他认为道作为宇宙本体自然而然地生成天地万物，就其自然而然来说，天道自然无为，就其生成天地万物来说，天道又无不为。无为与无不为，即有为，无为为体，有为为用。也就是说，必须无为才能有为，无为之中产生有为。这就是“道常无为而无不为”的基本含义。

老子哲学以无为为本。老子明确提出“道法自然”，意思是，道的法则就是自然而然。道本身自然而然，道听任万物自然而然地发展，生长万物而不据为己有，推动万物而不自恃有功，长育万物而不作其主宰。老子还把天道自然无为推衍为人道自然无为，提出“绝圣弃智”“无为而治”的政治主张。他建议统治者顺应自然，效法自然，奉行“我无为而民自化，我好静而民自正，我无事而民自富，我无欲而民自朴”的政策，最终实现“道常无为而无不为”“为无为，则无不治”。

在社会制度上，道家哲学维护私有制的社会利益促进社会的“大同”，这跟当今的资本主义社会制度的私有制度有所区别，道家的观点是用私有去促公有，最终实现社会的和谐与繁荣。道家哲学不同于儒家社会哲学的进路，直接从天道运行的原理侧面切入，开展了以自然义、中性义为主的“道”的哲学。天道运行有其自然而然的原理，道家的哲学即是解释此原理的内涵，从而得以提出一个活泼自在的世界空间。透过对此一世界运行秩序之无定限、无执着的认识。

在社会理想方面，道家哲学并不否定儒家的社会理想，但对于社会责任的态度并不先存立场，而能有更尊重人类自主性的态度与存在定位。道家文化主张“齐物”“逍遥”，对万物的态度是“无所恃”。在庄子的《逍遥游》中，所谓“逍遥”，指一种个人精神绝对自由的境界。他认为，真正的逍遥是无恃，是任其自然。所谓无恃，就是无条件限制，无条件约束。庄子认为天地万物都是“有所恃”的，大至鲲鹏，小至蜩鸠，都需要凭借一定的外部条件才能活动。而他的最高境界是“无所恃”，这样才是真正的“逍遥游”。

在个人利益方面，道家哲学从维护个人利益的角度出发，在经济理论、社会实践方面创立了“人本”的思想观点，主张通过维护每个人的个人利益来达到社会的和谐繁荣。道家哲学主张以私有来促公有，主张保护个人利益，不能侵犯个人利益，个人利益得到社会应有的保障，个人利益不受到任何侵犯，甚至包括自然界的动植物的利益也不受到侵犯，只有每一个人的利益得到了有效保护，才能使整个国家利益得到保护，国家才能实现真正的繁荣。

道家哲学重视人性的自由与解放。一方面是人的知识能力的解放，另一方面是人的生活心境的解放。前者提出了“为学日益、为道日损”“此亦一是非彼亦一是非”的认识原理，后者提出了“谦”“弱”“柔”“心斋”“坐忘”“化蝶”等的生活功夫来面对世界。道家文化强调并倡导“人天合一”“人天相应”“为而不争、利而不害”“修之于身，其德乃真”“虚心实腹”“乘天地之正，而御六气之辩，以游无穷”“法于阴阳，以朴应冗，以简应繁”等。

尤其要提到的是《孙子兵法》一书，《孙子兵法》是一部以道家哲学为理论的兵法，堪称众兵法之纲，其军事理论沿用至今，其正确性仍被证明是无懈可击的，备受国内外军事家推崇。此外许多国粹如武术、中医等皆与道家哲学理论有着密切的关系。

（三）道家文化的历史发展

道家思想起始于春秋末期的老子，历经兴盛、挫折与复兴。到了当代，道家文化有了新的复兴，同时出现了新道家的概念。1991年董光壁先生首先精炼提出了当代新道家的概念，并得到陈鼓应等人热烈响应，此后有唯道论、道商、天道自由主义、自化论等新的理论相继出现，道家文化又迎来了新的发展春天。

1. 道家文化的发源与夏商文化密切相关

道家文化起源于中国春秋战国时代。根据《汉书·艺文志》记载，道家书籍有《黄帝四经》《黄帝铭》《黄帝君臣》《杂黄帝》《力牧》《伊尹》《太公》《辛甲》《鬻子》《管子》等，暗示道家思想与伏羲、女娲、神农、黄帝、伊尹、许由、巢父、伊尹、姜太公、辛甲、鬻子、管子等人的治世思想有关。另外，与儒家文化起源于周文化不同，道家学者多出自宋、楚、秦、齐等国，暗示道家思想的发源与夏朝、殷商文化密切相关。

2. 道家文化成型的标志

道家文化成型于中国春秋末年，以老子《道德经》的问世为标志，道家思想已经完全成型。老子的《道德经》，记录了春秋晚期思想家老子的学说。是中国古代先秦诸子分家前的一部著作，为其时诸子所共仰，是道家哲学思想的重要来源。《道德经》分上下两篇，原文上篇《德经》、下篇《道经》，不分章，后改为《道经》在前，《德经》在后，并分为81章。是中国历史上首部完整的哲学著作。《德经》在前是谓先修自身心意，后《道经》是谓以身心精进，在体悟道之所传。据文献记载，老子静思好学，知识渊博。他的老师商容教授知识过程中，老子总是寻根问底，对知识非常的渴望。为了解开自己的疑惑，他经常仰头观日月星辰，思考天上之天为何物，以至于经常睡不着觉。后来，商容老师以“实乃老夫之学有尽”，推荐老子入周都深造。文献记载：“老子入周，拜见博士，入太学，天文、地理、人伦，无所不学，《诗》《书》《易》《礼》《乐》无所不览，文物、典章、史书无所不习，学业大有长进。博士又荐其入守藏室为吏。守藏室是周朝典籍收藏之所，集天下之文，收天下之书，汗牛充栋，无所不有。”通过这段经历，老子积累了丰富的学识，也使他远近闻名。当时函谷关的守关关令尹喜对《道德经》的成书也起了巨大作用，他少时即好观天文、爱读古籍，修养深厚。司马迁在《史记老子传》中记载老子“居周久之，见周之衰，乃遂去。至关，关（令）尹喜曰：子将隐矣，强为我著书，于是老子言道德五千言而去，莫知始终”，尹喜感动了老子，老子遂以自己的生活体验和以王朝兴衰成败、百姓安危祸福为鉴，溯其源，著上、下两篇，共五千言，即《道德经》。《道德经》道可道，非常道；名可名，非常名。这与佛祖释迦牟尼当年证得的："如来说是世界，即非世界；所谓佛法者，即非佛法也"一样。

3. 道家文化兴盛于战国时期

老子以后的战国时期，道家内部分化为不同派别，著名的有六大派，除了老庄学派外，杨朱学派、黄老学派、彭蒙田骈慎到派、老子学派和宋尹学派都曾兴盛一时，其中以黄老派最盛。其时，黄老思想不但成为田齐的治国思想，并通过百家争鸣对诸子产生了巨大影响，而且在楚国和吕不韦统治时期的秦也发挥过一定作用，以至于在战国末期形成了蒙文通先生所说的"黄老独盛压倒百家"的局面。之后道家思想渗透在中国文化的各个方面中，魏晋玄学是最明显的复兴思潮。 先秦各家内，一般都可以区分出众多派别，道家也不例外。东汉班固所作的《汉书艺志》中，共列有道家著作37种，933篇，他们大多作于先秦的各个时期。

4. 道家文化受挫于秦始皇的焚书坑儒

道家文化在秦国统一中国之前，吕不韦组织人员编撰《吕氏春秋》，此书以道家思想为主干，融合各家学说，显然，吕不韦想以此作为大一统后的意识形态。但后来执政的秦始皇却选择了法家思想，并在统一中国后不久焚书坑儒，使包括道家在内的诸子百家的著述几乎全部受到严重挫折。

5. 道家文化的辉煌时期

汉朝建立后，由于长期战乱的破坏，在反思秦统治思想的基础上，开始选择道家作为治国思想，并造就了一个名为"文景之治"的盛世。汉景帝"以《黄子》《老子》义体尤深，改子为经，始立道学"，黄老之书在汉武帝尊六经之前升格为经。道家文化成为这个时期的社会主流文化。

6. 道家文化的受压于汉武帝独尊儒术

到了中国汉朝的汉武帝执政，汉武帝采纳儒家文化代表董仲舒的建议，"崇尚儒术"，道家文化的发展受到压制。自从汉武帝独尊儒术后，千百年来，道家文化从此不再是中国社会的主流文化。但是，在汉安元年（142年），当时道家文化中的代表人物张道陵，在鹤鸣山中正式倡立道教，把道家文化创始人老子尊为祖师，奉老子为“太上老君”，自任教主。从此以后，道家文化在道教的发展与推动下得以发扬光大，并能持续发展。

7. 道家文化的复活与潜藏

在中国的魏晋南北朝时期，谈玄之风兴起，道家文化思想重新复活，不过这一次的重点不是黄老，而是对老庄的重新阐释，并形成了影响深远的魏晋玄学。此后老庄成为道家正统，一直延续至今。魏晋南北朝后，虽然道家思想屡次成为大乱之后治国的急救包，也是士大夫失意之后的精神寄托，但它绝大多数只能在哲学科技等方面继续发挥作用。直到唐宋时期道家又发展至鼎盛，故有学者指出，唐之佛教思想、宋之佛儒思想均处“伟大时期”，但其间道家文化的实力却压倒儒佛二家，到了元朝，道家文化逐渐走向民间。另外，历史上道家文化思想曾和佛教结合，形成了中国佛教中的禅宗，尤其是道家文化对儒家宋明理学和阳明心学的形成，起过重要作用。

8. 道家文化的复兴

到了中国的晚清时期，随着西方思想文化的冲击，儒家统治秩序受到强烈冲击，再加上道家与西方自由民主等观念多有相合之处，故道家思想再次复兴。1991年，董光壁先生首先精炼提出了当代新道家的概念，并得到陈鼓应等人热烈响应，此后有唯道论、道商、天道自由主义、自化论等新的理论出现，其中像道商这样的理论还在实际生活中得到了应用和推广，社会影响日益增强。

（四）道家文化经典

道家文化经典非常丰富，除了《道德经》外，主要经典有《道家易学》、《太一生水》、《文子》、《庄子》、《列子》、《六韬》、老子甲本卷后古佚书（《五行》、《九主》、《明君》、《德圣》）、老子乙本卷前古佚书（《经法》、《十大经》、《称经》、《道原经》）、《黄帝内经》、《易传》、《金人铭》、《巾几铭》、（《语丛四》说话之道）、《鬻子》、《鬼谷子》、《恒先》、《彭祖》、《太公》、《周训》、《凡物流形》、《尹文子》、《慎子》、《素书》、《孙子兵法》、《守白论》、《楚辞》、《鹖冠子》、《尸子》、《行气玉佩铭》、《关尹子》、《子华子》、《吕氏春秋》、《淮南子》、《管子》 、《引书》、《脉书》、《老子指归》、《老子河上公章句》、《太玄经》、《论衡》、《灵宪》、《张河间集》、《道家易》、《守弱学》、《世说新语》、《苻子》、《天文大象赋》、《刘子》、《步天歌》、《乙巳占》、《李白全集》、《元次山集》、《化书》、《玄真子》 、《无能子》、《千金方》、《伯牙琴》、《逍遥咏二百首》、《易龙图序》、《皇极经世书》、《东坡易传》、《道家佚书辑本十七种》、《郁离子》、《傅山全书》、《各晋魏玄学著作》、《老藏（《老子集成》）》、《各道家诸子典籍注疏》、《道藏》等等。可以说，道家典籍浩如烟海，除上述所列主要典籍外，还有众多经典著作，留待道家文化热爱者去查阅学习。

可以看出，中国道家文化中的许多经典著作都精辟地道出了社会和自然的发展规律。如《道德经》这部道家经典作品中的观点博大精深，其理论包罗万象，能跨越时空应用世间万物。《庄子》这部文学成就很高的哲学经典所阐述的人生观、世界观是如此之精辟，以至于可以治疗现代人的精神空虚。《庄子》一书中早就具备了“自由平等”的观念，其思想之先进可见一斑。《孙子兵法》是一部以道家哲学为理论的兵法，堪称众兵法之纲，其军事理论沿用至今，其正确性仍被证明是无懈可击的，很受世界各国军事家推崇。

四、中国道家文化的特点与影响

道家文化是中国传统文化的重要组成部分，是中华民族在漫长的历史发展过程中创造的宝贵精神财富。道家文化思想所形成的鲜明特点，同儒家文化一样，对中国的文化思想、政治秩序和社会历史进程产生深远而巨大的影响。

（一）道家文化的特点

道家文化提出的顺应自然、超然物外，守朴尚俭、以退为进、以柔克刚和不以物迁的行为原则与道德要求，不仅在中国历史上发挥着指导人生、净化风俗、稳定社会秩序、协调人际关系的积极作用，而且，时至今日，其中的思想精华并未随着时间的流逝而失去光彩。道家文化对实现心理平衡是十分具有现实意义的。通过对道家文化的分析，其特点可以概括为以下几个方面：

1. 道统万物，尊道循道的理性精神

道统万物，“道”是道家文化思想中最为重要的范畴。这一关于世界总体和本质的理性观念，否定了上帝、鬼神等传统人格神的主宰地位。道家认为，“道”是天地万物的根源和基础，又是统领、支配天地万物和人的总规律、总法则，“有物混成，先天地生。寂兮寥兮，独立而不改，周行而不殆，可以为天下母”，“道者，万物之所由也”。由于“道”是天地万物的根本规律，故人类必须循道而行，“是以万物莫不尊道而贵德，道之尊也，德之贵也，夫莫之命而常自然”，“以辅万物之自然而不敢为”。“尊道”而“不敢为”，不是无所作为，而是顺应自然规律，不强作妄为，以求达到“无为而无不为”的效果。道家文化强调“依乎天理”“因其固然”的重要性，启示人类发挥主观能动性，掌握“道”的理性精神，进而利用自然规律为人类造福。

2. 率性而行，探玄索隐的人生旨趣

《庄子·至乐》篇中说：“鱼处水而生，人处水而死。彼必相与异，其好恶故异也。故先圣不一其能，不同其事。”这就启示人们，万物各有特性，各有好恶长短，应该充分认识和应顺万物的自身规律，任何事物都是自己自然而然地生发出来的，“物各自生而无所出焉”，“无恃”于任何力量的主宰。《庄子》中庖丁解牛的故事就是一个较典型的例子，从那些对高超的解牛技术的生动描写中，人们不仅感受到那位率性而行的庖丁“好道”的求索兴趣和热情，更体现出作者循道率性的思想主张和追求本质规律。对行为主体而言，“技”主要是谋生的工具，它是与世俗的功利联系在一起的，而“好道”“率性”则是超越了功利层面而达到了精神的升华和人性的觉醒，它蕴含着一种率性而行，乐于探索的可贵精神。

3. 兼收并蓄，中立不偏的倾向

兼收并蓄，中立不偏是道家学派的共同倾向，《道德经》说：“圣人常善救人，故无弃人；常善救物，故无弃物……故善人者，不善人之师；不善人者，善人之资”。圣人能够包容一切，兼收并蓄，因性而治，使人尽其才，物尽其用。《庄子》体察到个体的知识和能力的局限性，故书中强调“百家众技皆有所长”；《淮南子》亦强调应充分认识人才的特性，使天下之才“大小修短各得其所宜……无可弃者”。兼收并蓄、中立不偏的主张体现出道家对学术自由、思想自由的追求，弘扬这一精神是极具意义的。在人类认识客观世界的过程中，人们会由于知识背景、观察角度、思维方法、知识结构和认知程度等差异而导致不同的结论或观点，形成不同派别，但这一切都在某种程度上反映了客观世界的不同侧面，即使是谬误，也能从反面给人以启迪。因此，尊重并能够宽容地对待这一切，允许各种意见或学派的并存和自由争鸣，才能促进对客观世界认识的不断深化，克服片面性，取长补短，促进文化思想的更新与发展。

4. 不为物役，宠辱不惊的独立风骨

道家主张超越世俗的物质欲望，倡导淡泊名利、俭啬寡欲的人生态度。老子告诫人们，“祸莫大于不知足，咎莫大于欲得”，不要为财货物欲或名利地位而抛却人格，丧失自我；庄子反对“丧己于物”。这种价值取向，不是来自外在的权威或舆论压力，而是出自主体对生命的珍爱，对自然的热爱等更高层次的精神需要。道家认为，人生的真正幸福或快乐不在于外在的感官享乐，“借外物以乐之，外物虽丰，哀亦务矣。有主于中，以内乐外，虽无钟鼓，乐已具矣”。依靠外在的物质享受所获得的快乐是短暂而且浅薄的，“有主于中”的精神充实和“以内乐外”的精神快乐才是持久和可贵的。这既是一种淡泊名利的高贵品德，又体现出宠辱不惊的心理调适能力。现实生活中，很多意志薄弱者因随之而来的荣誉、地位变得忘乎所以，在鲜花和掌声中走向平庸甚至陷入深渊。而不为物累、宠辱不惊的恬淡心态则可帮助人们从容坦荡地对待人生历程中的成败得失，既能从挫折和失败中较快地摆脱出来，又能在成功的喜悦中保持清醒和冷静。

5. 见素抱朴，去伪弃诈的价值观念

道家主张保持淳朴天真的自然本性，保持和发展自身的本质和规定性，“见素抱朴”，渴望改变浮华的世风，使天下“复归于朴”。老子视“朴”“真”等品质为最高的理想道德。道家求真尚朴、去伪弃诈的思想是针对人类文明发展所带来的虚伪欺诈等各种弊端而提出来的，它启示人类，文明的进步不应桎梏人类的自然本性，科学技术的发展应该合乎人性，如果高科技的发展不以道德和人性为标准，势必造成灾难，甚至带来人类的自我毁灭。存朴去诈又体现为对于理性之真的向往，理性之真用于衡量主观与客观的一致性程度。这是人们认识客观世界不可或缺的基础原则。要获得对于客观世界的正确认识，需要斥虚去诈，实事求是才能更好地达到目的，才能及时地将人们的行为调整到最佳状态，取得预期的效益。[①]

6. 守住精神，重视人性的自由与解放

道家文化倡导人性的自由与解放，自由与解放主要指两个方面，一方面是对人的知识能力的解放；另一方面是人的生活心境的解放。对于前者提出了“为学日益、为道日损”“此亦一是非彼亦一是非”的认识原理；对于后者提出了“谦”“弱”“柔”“心斋”“坐忘”“化蝶”等的生活功夫来面对世界。道家文化启示人们，打破思想僵化闭塞，摆脱世俗束缚，去获得精神自由，创造人的自由与解放。《逍遥游》中庄子和惠子关于有用、无用的论辩，就是这种启示的一个方面。道家文化高度重视人的精神自由，重视对人的精神的涵养，认为“养生”之“主”在于“养神”。道家强调“神全”“纯气之守”，实质上都是要求人们守住“精神”这条生命的根。道家认为一旦人的精神失落了，生命就枯萎了，人就成了徒有躯壳的“几死之散人”，生命的创造就停止了。道家认为“物役”“物累”是造成人的精神不自由、精神失落的重要原因，只有从“物役”“物累”中解放出来，才能获得精神的自由，果敢开拓创新。

7. 维护个人利益，以私有促进社会的“大同”

道家文化还有一个特点，就是重视和维护个人利益。道家主张不损害个人利益，也不能侵犯个人利益，每一个人的利益得到应有保障，每一个人的个人利益不受到侵犯，甚至包括自然界的动物植物的利益不受侵犯，只有个人的利益得到保护，社会的利益才能得到保障；只有每个人的利益得到了保护，整个国家才是真正的繁荣。在社会制度上，道家文化主张以维护私有制的利益，以促进社会的“大同”。这与现代的资本主义社会制度的私有制度有所不一样，道家的观点是以私有来促公有。道家文化从维护个人利益的角度出发，在经济理论、社会实践

---

① 新浪博客、妙宜 2007.3。

方面创立了“人本”的思想观点。主张通过维护每个人的个人利益来达到社会的和谐繁荣，尖锐批判了以天下为根本的政治观点，认为这是“悉天下奉一身”的表现。道家的这种思想对今天的政治经济发展起到了一定的促进作用。

（二）道家文化的社会影响

道家文化的创始人老子，是中国古代的一位伟大的思想家、哲学家，他所撰述的《道德经》，开创了中国古代哲学思想的先河。他的哲学思想和由他创立的道家学派，不但对中国古代思想文化的发展作出了重要贡献，而且对于当代中国的思想文化的发展和社会经济发展也产生了一定的积极影响。概括起来，主要有以下几个方面。

1. 遵循自然规律行事的价值取向

道家文化要求人们应该按照自然规律行事。老子论“道”是当时思辨哲学的最高成果。他不仅对世界的本原作出了“道”的最高理论抽象，而且对“道”的运动规律作出了最高理论概括。他说：“反者道之动”，意思是向相反的方向转化是“道”的运动规律。他认为自然界和人类社会是变动不居的，变动不居的原因是天地万物都存在两个互相矛盾的对立面以及对立面的互相转化。老子“道”的思想核心，就是要求人们应该按照自然规律行事，不凌驾于自然规律之上。在处理人与自然的关系上，人需要顺应自然之道以实现人与自然的和谐相处。他说：“正复为奇，善复为妖”；“曲则全，枉则直；洼则盈，敝则新；少则得，多则惑”，认为正常能转化为反常，善良能转化为妖孽，委曲反能保全，屈枉反能伸直，低下反能充满，少取反能多得。中国传统思维中通常所说的“物极必反”，就是对“反者道之动”的通俗表达。具体表现在人与资源和环境的问题上，人与自然的关系紧张，导致人类的生存环境恶化，人类无节制与不合理的对待资源，产生由资源导致的人与人关系紧张，甚至产生资源大战。“天之道，利而不害；从之道，为而不争”，“天之道，损有余而补不足；人之道，则不然，损不足以奉有余”，《道德经》七十三章提出人类应按照道的规律来行动，反对自私妄为，强调人的行为应该合乎天道。老子的这些思想对中国历代以至当代仍有着重要的社会影响和借鉴意义。

2. 道法自然的本然价值

在道家文化的哲学中，“道”既是世界的本原和万物存在的根据。老子十分强调“道”的自然性与无为性，他说“人法地，地法天，天法道，道法自然”，它揭示了人之所以应该效法“道”，是因为“道”具有“自然无为”的特性，体现着宇宙秩序的和谐。“道”就是万事万物生长发展的原动力和规律，顺之则昌，逆之则亡。“道法自然”意味着人类要懂得敬畏自然，并向大自然学习，使人道合于天道。从本质上说，“道法自然”即“法自然之道”，亦即要符合各种事物的“本然”之理并顺应之。“道法自然”最一般的涵义，用今天的语言来解读，就是倡导一种善待自然、师法自然、遵循自然之道的理性态度，要求从自然界学习人类生存发展之道，自觉维护生态和谐。人与自然和谐最基本的层面是人与物的和谐。人们的实践和认识活动，要遵循万事万物本身的客观规律和主体自身本然的发展趋势。应当看到，“道法自然”是道家文化哲人为万事万物，包括人类社会在内，所预设的根本价值原则，它深刻地反映了道家哲学反对社会文明异化，守护人的本然价值的思想主旨。道家文化中的“道法自然”的思想，深刻地影响着中国文化的不断发展。自人类进入工业文明以来，由于人与自然关系的失衡，导致了生态环境的恶化、自然资源的锐减等一系列的问题。如何才能克服这些危机，从而重建人与自然之间的和谐发展，道家文化的生态智慧无疑具有重要的启示作用。

3. “知足知止”的价值取向

道家文化的知足知止其本意是知道满足、知道适可而止。“知足知止”，是道家用来调节、处理“身”与“心”关系的思想主张，也是道家文化中非常可贵和独特的价值取向。老子指出：“知足不辱，知止不殆，可以长久！”知足常乐，能忍恒安；知足常足，终身不辱；知止常止，终身不耻。老子认为，人的祸患多源于自身永不知足的贪婪本性，因此，圣人不仅要有优秀的道德修养，完美的人格魅力，还要筑牢廉洁自律的思想防线。“知足”是对于“已经得到满足后”的精神反刍：“知止”却是“获取过程中”的主动放弃。知足是不贪，知止是不随。知道满意知足就不会遭到侮辱，知道适可而止就不会导致危险。这样，就可以长长久久。可见，“知足知止”思想的可贵和独特之处就在于：它用辩证的智慧教导人们如何对待成功，如何把握名利财富，如何正确处理“身”与“心”的关系。一个人生活在世上，尤其是当今物欲横流的时代，要想超然物外，像道家、佛家那样看破红尘，何其容易？非但不易，甚而至于引得千万人因此而殚精竭虑、兀兀穷年。于是，道家也好，佛家也罢，一般人也只是读其经，拜其神而已，真正从言行上信奉者，真正从思想上认可者，可以说在当今时代不多。话又说回来，谁也不会强迫谁去严格奉守教律，每个人都有自己生活和追求的自由与权利，只是我们应当在法律和道德规范的约束下行为，就个人目标而言，是“有所为，有所不为”的好。应当看到，道家文化的“知足知止”的价值取向，对人们的道德修养和行为目标产生深远的社会影响。

4. 对人规范的行为准则

道家文化倡导人的行为准则，提出“天有天道、地有地理、人有人论、物有物性”的法则。善恶报应是一种必然的伦理律令，在道家经典中得到反复的申述。如“积功累仁，祚流百世”“施恩布德，世代荣昌”“人行善恶，各有罪福，如影之随形，响之应声”等等。道家的善恶观深深地影响了中国民众的善恶选择和善恶行为，并衍生为中国根深蒂固的慈善伦理传统。老子说：“人生于世，有情有智。有情，故人论和谐而相温相暖；有智，故明理通达而理事不乱，情者，智之附也，智者，情之主也。以情通智，则人昏庸而事易颠倒；以智统情，则人聪慧而事合度。”老子还讲：“人生天地之间，乃与天地一体也、天地、自然之物也；人生，亦自然之物；人人有幼、少、壮、老之变化，犹如天地有春、夏、秋、冬之交替，有何悲乎？生于自然、死于自然，任其自然，则本性不乱；不任自然，奔忙于仁义之间，则本性羁绊。功名存于心，创焦虑之情生；利欲留于心，创烦恼之情增”。《道德经·五十章》说：“五色令人目盲，五音令人耳聋，五味令人口爽，驰骋畋猎令人心发狂。”认为沉溺于声色犬马等感官享受之中，将会大大地损害身体。有些人本来可以长寿，之所以短命，也是“以其生生之厚”，即放纵嗜欲的结果。因此，老子主张在简单而质朴的生活中体验纯洁而原始的生命乐趣，进入一种“见素抱朴，少私寡欲”的境界。老子在《道德经》中以个体的生命为价值标准，阐明了节欲、崇俭的必要性，将少私寡欲、崇俭抑奢这些道德要求与人们希图健康长寿这一生理需要密切结合起来，将做人之道与养生之道密切结合起来。这就是老子对人规范的行为准则的精辟之道，对中国文化发展有着重要的社会影响和借鉴意义，对于当今人与人之间的交往有很好的指导作用。我国古代思想家孔子对老子的对人的规范的行为准则曾经给予高度的评价。

5. “法天贵真”的价值诉求

“法天贵真”是道家哲人用来揭示生命与生存内涵的思想主张。庄子认为，法天，就是法自然，自然是真实的存在，它从不说谎，人要法天，就是要真诚地坦露自身的真性情，真性情的敞开就具有感人的力量，反之则不然，不真不诚则不能动人。庄子在这里所强调的，是关乎人的内在情感与外在表现形式的统一问题。道家哲学认为“真”是“道”的本然属性，“甚真”“贵真”澄明了“道”是究竟真实；其次，道家反对“伪学”而主张“真知”，道家提倡“真其实知”的致思之路；再次，道家看重“抱朴含真”而“天人合一”的生存取向，提倡由抱朴显道，由含真达道。同时，道家哲学之“真”也具有淳厚的人性关怀，道家认为人人具有“真”性，人的存在、活着应保持全真、质真的自然本性。在中国几千年的封建社会中，人性往往被世俗的情欲、名利、财货所牵引，以致于物欲横流。在虚伪丛生的社会里，如何安顿生命和生存，是道家哲人思考与关注的重心。在现实生活中，人们往往不敢以真面目示人，他们严严实实地把自己包裹起来，行事完全背离了自己的真性情，所谓“法自然”在如今的时代成了奢望。可见，道家关于生命和生存要“法天贵真”，内在地具有反对世俗之“伪”，守护人“真”性的价值诉求。道家文化的“法天贵真”的思想价值取向，对于中国文化发展中人的情欲修养产生一定的社会影响。

（三）道家文化的世界影响

中国的道家文化，不仅影响着历代中国人的思想和行为，也影响着世界，尤其是对东南亚地区各国的影响。

1. 道家文化对东亚各国的影响

道家文化对东南亚地区各国的影响是普遍的，尤其是对越南的影响。公元2世纪至10世纪，越南一直是中国的附属国，所以受中国文化的影响很大。对普通人来说，老子“柔弱胜刚强”的思想在一定程度上指导着他们的处世方法。越南历代统治者也多按照老子的“以无事取天下”的思想来治国安邦。对广大民众来说，年轻得志时学习孔孟，遇到乱世或未得到重视时就隐居起来研究老庄思想。与此相反，由于韩国古代统治者长期崇儒贬道，所以道家的影响乏善可陈，但到了20世纪，道家对韩国的影响力逐渐加强，不但研究道家思想的韩国学者层出不穷，而且道家思想开始对韩国社会产生实质上的影响。韩国外交家潘基文2012年1月1日就任联合国秘书长时，也曾引用老子的话：“天之道，利而不害；圣人之道，为而不争”，以此来表达自己的工作理念。比起越南和韩国，道家思想对日本的影响要大得多，道家思想在日本长期传播和普及，已经成了日本传统文化的重要内容之一。日本著名学者福永光司甚至认为：“国学（指日本本国文化，非儒学）和老庄哲学具有共通性。”有资料表明，早在6世纪中叶，老庄思想就和汉译的佛教经典一起传入日本。7世纪中叶日本圣德太子制定的“17条宪法”，就包括一些道家思想的成分。江户时代道家思想开始在日本普及，不但产生了一批有关老庄思想的注释及研究成果，出版了一批批有关老庄思想的通俗读物。如今的日本，对道家思想的热情不减，许多日本学者对道家思想有精深的研究，日本企业家也把《道德经》作为必备读物。加岛祥造先生在2007年出版的《不求人》中，用亲切的语言，叙说自己对道家思想的亲身感受，首发两个月，各大书店纷纷脱销，成为同类专著的佼佼者。

2. 对西方社会的影响

道家文化对西方社会的影响也是巨大的。据西方学者统计，从1816年至今，出版的各种西文版的《道德经》已有250多种，如今几乎每年都有一两种新的译本问世。又据联合国教科文组织的统计，在被译成外国文字发行量最大的世界文化名著中，《道德经》排名第二，仅次于《圣经》。在Google网站上，检索到的Taoism（天道思想）比naturallaw（自然法）条目比《圣经》还要多。在美国最大的购物网站亚马逊的图书搜索一栏，输入Dao、Tao、Taoist等这些与“道”有关的英文单词，会得到近8万个的搜索结果，其中绝大多数都是英文著作。美国如此，其他西方国家也不例外。据德国电视台最近的一项调查表明，老子还是德国人心中“最知名的中国人”，每四个德国人家里就有一本《道德经》。一位叫马克的德国人说："这是中国的经典，也是我们的经典。""足球皇帝"贝肯鲍尔因为迷恋老子思想，以至于德国媒体将其专机命名为"空中老子"。就连冰岛，也出版了两种版本的《道德经》译本。俄罗斯前总统梅德韦杰夫也对道家文化思想情有独钟，《道德经》不但是他处理国内事务时的重要参考，而且他还建议国际社会遵老子教诲应对1998年以来的金融危机。而纪伯伦、奥克塔维奥·帕斯等文学巨匠则从《庄子》中汲取文学灵感和素养，著名科学史家、生物化学家李约瑟热爱道家文化，自号"十宿道人"。20世纪60年代，著名的摇滚乐队披头士将《道德经》四十七章改编成歌曲*The Inner Light*。许多西方的古典自由主义对老子和天道思想十分推崇，认为道家思想是人类自由大传统的重要组成部分。信奉自由主义的美国总统里根曾引用老子"治大国若烹小鲜"来阐明自己的执政理念。需要特别指出的是，老子的精神特质系反对文明的异化，他的自然无为、去伪存真、知足不争和贵柔守雌等理念，在文明高度发展因而其负面问题愈发显现的西方社会，自然会受到人们越来越多的认同。

五、中国的道家文化与道教文化

道家文化发展到中国的东汉时期，逐步演变成独具中国本土特色的教派——道教。"道家"与"道教"二词，常被不加区别地使用。从历史来看，这两个词包涵过很多不同的内容，也曾混为一谈，虽然道教在理论上汲取了道家文化思想的大量因素，甚至把老子奉为教主，但是两者还是不能混为一谈。道教与道家文化思想，既有区别又有联系。道教尊老子为太上老君，奉《道德经》为道教基本经典，奉《庄子》为《南华真经》，并且用老庄哲学来论证道教的神仙学，建立了道教的宗教哲学体系。

（一）道教文化与道家文化的区别

道家文化和道教文化是有着一定的区别的。从总的方面看，宗教文化与文化思想流派的区别也适合解释道家文化和道教文化的区别。道家文化是指一种思想体系和哲学流派，而道教是指一种宗教体系流派。道家文化的创始人是老子，道教的创始人是张道陵。虽然道教的教义是以道家思想为基础，讲究无为而治，顺其自然，还供奉老子为道德天尊，但它有教徒组织，有比较严密的教规仪式，有自己的禁忌和制度等等，其主要派别的传承是比较明显的。

道教是中国唯一土生土长的宗教，是从中国道家文化发展而来的。道教是以“道”为最高信仰的具有中华民族文化特色的本土宗教，是中国文化催生的，是中国人的根蒂，是东方科学智慧之源，是促进世界科技发展的宗教，也是全球最珍爱生命和尊重女性的一方宗教。

中国道教以道学、仙学、神学和教学为主干，并融入医学、巫术、数理、文学、天文、地理、阴阳五行等学问。道教讲求长生不老，画符驱鬼。道教创立后尊道家文化的老子为教主，尊道贵德。道教的称呼在形成初期有所不同，在中国先秦时期的诸子百家中许多人都曾经以“道”来称呼自己的理论和方法。佛教刚刚从印度传入中国时，把“菩提”翻译成“道”，因此也被称为“道教”。一直到了东汉的汉安元年（142年），张道陵在鹤鸣山中正式倡立道教，取“以善道教化”之意。自此，其他各家为了以示区别，也就不再以“道教”自称。

中国道教将“道”和“德”作为基本的信仰。道教认为“道”是宇宙万物的本原和主宰，无所不在，无所不包，万物都是从“道”演化而来的。而“德”则是“道”的体现。道教以太上老君为教主，也就是老子。道教以玉清元始天尊为最高天神，又称“虚皇道君”，尊居三十六天之上的清微天玉清境。他主宰和象征宇宙混沌初显、阴阳未判的第一个大世纪，道教称“混元”时期。道教以上清灵宝天尊为最高天神，又称“太上道君”。灵宝天尊居三十六天之上的禹余天上清境。他主宰和象征混沌初判、阴阳分明的第二个大世纪，道教称“洪元”时期。道教以太清道德天尊为最高天神，又称“太上老君”。道德天尊居三十六天之上的大赤天太清境。他主宰和象征天地形成、万物化生的第三个大世纪，道教称“太初”时期。后来又演变成三位一体的老子，有“一气化三清”的传说。

道教以道为至高信仰，认为无形无象、玄之又玄、无法言说。道在人和万物中的显现就是德。故万物莫不尊道而贵德。道散则为气，聚则为神。道教主张对老子之道一要学习，二要信仰，三要继承，四要发扬。其教义就是以“道”及“道德”为核心，认为天地万物都有“道”而派生，即所谓“一生二，二生三，三生万物”，应法“道”而行，最后回归自然。必须看到，道教有着各种积极的社会意义：道法自然，珍爱生命，珍爱自然环境，追求人与自然和谐，实现修身养性，延年益寿，得道成仙。通过度化自己，提升个人的生命质量与灵魂能量，再进一步为人类社会作贡献。道教以一定的方式和方法，对精神和肉体进行自我控制，达到“我命由我不由天”，突破生命的桎梏，掌握自己的命运。

道教重生恶死，追求长生不老，认为人的生命可以自己做主，而不用听命于天。认为人只要善于修道养生，就可以长生不老，得道成仙。因此也就产生了许多修炼方法：炼丹、服食、吐纳、胎息、按摩、导引、房中、辟谷、存想、服符和诵经。应当看到，道教作为一种宗教，经过多年的不断发展，已经形成了极其高雅、极其通俗的自己特有的文化体系。道教文化在中国民间的影响深入持久，其中的一部分文化主张，已经逐步演化为中国民间的世俗，成为广大劳动人民群众精神生活的组成部分。

（二）中国道教的起源与历史发展

中国道教是中国土生土长的宗教，并经过长期的历史发展而形成的。道教与中华民族同呼吸、共命运，道教的发展历史与中国的发展历史紧密相连。

1. 道教的思想起源

道教的思想起源最早可追溯于上古时期的崇敬自然与鬼神，从最早的人神沟通的占卜等多种方术，逐渐演变成殷周时期的祭祀上天和祖先。鬼神崇敬早在原始社会甚至之前的洪荒时期便已存在。先民们将日月星辰、风雨雷电、山川河岳，皆视为有神主宰，因而产生敬畏感，乃对之顶礼膜拜。那时中国的先民们除认为万物有灵而产生自然崇敬外，还认为人死后灵魂不灭，因而又产生了对鬼神的敬仰。各种丧葬礼仪和祭鬼、驱鬼仪式随之逐渐形成。

《竹书纪年》中载：“黄帝崩，其臣左彻取衣冠几杖而庙祀之”。至殷商时代，史前时期的自然崇敬已发展到信仰天帝和天命，初步形成了以天帝为中心的天神系统，遇事便由巫祝通过卜筮以向天帝请求答案；原始的鬼神崇敬也逐渐发展到以血缘为基础，与宗法关系相结合的祖先崇敬，其祭祖活动定期举行。这时期已出现专门从事沟通鬼神和人类的宗教职业者——巫祝。其中巫以歌舞降神，并有一套专业驱鬼的巫术；祝以言辞悦神，是宗教祭祀活动中负责迎神祈祷的司仪者。他们替人治病、卜筮吉凶，施展神通。他们一则手握神权，二则是帝王的老师和谋士，当时的国家和社会均受巫祝支配，是神权统治的代表时期。

随着中国周代鬼神崇信进一步发展，所敬的鬼神已形成天神、人鬼、地祇三个系统。并把崇敬祖宗神灵与祭祀天地并列，称为敬天尊祖。盖所谓万物本乎天，人本乎祖。到春秋战国时期，上古宗教经历了显著的理性化演变，与社会文化知识的分化相结合。诸子百家尤以道、儒、墨为显学且当时的阴阳家、神仙家的大兴，对后世历史文化有巨大的影响。

到了中国的汉代，社会因为战乱连年与秦朝统治的崩溃导致对宗教产生急迫的需求，于是原本儒学逐渐宗教化，此时也传入新兴佛教。在这种社会背景下，需要一种适应国情的宗教出世为百姓解决痛苦的根源、战祸的伤痛。综合传统的鬼神崇敬、神仙追慕、阴阳术数等终于与汉代所崇尚黄老的思潮逐渐融合，道教教派也于此时应运而生。后世道教所以成为多神教，即源于上古甚至洪荒时代之鬼神信仰，后世道教做斋醮法事，亦与古人千年流传下的鬼神祭祀礼仪和礼制有着密不可分的关系。

人们崇拜神灵，敬仰神灵，信任神灵，与神沟通，就必定要定期举行祭祀活动，而祭祀活动离不开礼乐，礼乐文明随着春秋时期的礼崩乐坏，逐渐由高不可攀的帝王贵族阶级走下高台，流向民间，被后来的民间方士和巫祝所继承，道教成立后，舍弃糟粕，取其精华，渐渐演变为道教极为重要的斋醮科仪。所以说，夏商周三代的礼乐文明有相当的一部分被道教保存下来，道教实际上是礼乐文明的继承者。

2. 道教的历史发展

道教的历史发展一般分为汉魏两晋的确立时期、唐宋的兴盛时期、元明期间全真教的出现和清以后衰落四个时期。

一是汉魏两晋的形成和确立时期。是一个缓慢的发展过程。作为道教最终形成的两个标志性事件：第一是《太平经》的流传，第二是张道陵的五斗米道（天师道）。汉顺帝时（126—144年），于吉（一说干吉）、宫崇所传的《太平清领书》得到广泛传播。到汉灵帝时，张角奉《太平清领书》传教，号为太平道，自称大贤良师，信徒遍布天下九州，已是颇有影响。后来，黄巾起义失败，太平道日趋衰微。同样是在东汉顺帝时，张道陵学道于蜀郡鹤鸣山，招徒传教，信道者出米五斗，故称五斗米道。其子张衡、其孙张鲁保据汉中多年，后又与最高统治当局合作，使得五斗米道的影响从西南一隅播于海内，遂发展为道教正宗天师道。随着两晋南北朝时期中国炼丹术的盛行和相关理论的深化，道教获得了很大发展。同时道教也吸取了当时风行的玄学，丰富了自己的理论。东晋建武元年，葛洪对战国以来的神仙家理论进行了系统地论述，著作了《抱朴子》，是道教理论的第一次系统化，丰富了道教的思想内容。南北朝时，寇谦之在北魏太武帝支持下建立了北天师道，陆修静建立了南天师道。

二是唐宋的兴盛时期。到了唐宋，唐高祖李渊认老子为祖先，推崇道教；宋真宗、宋徽宗也极其崇信道教，宋徽宗更自号“教主道君皇帝”，道教因而备受尊崇，成为国教。此时出现了茅山、阁皂等派别，天师道也重新兴起。自汉晋以来一直隐而不显的道教丹鼎一派，由于汉钟离、吕洞宾等人的大力倡导，内丹之学始露于世。在理论方面，陈抟、张伯端等人阐述的内丹学说极为盛行。此阶段不仅中国内部道教有所发展，更借由迁徙与文化交流发扬至亚洲其他各处。东晋末期，五斗米道在中国南方发动起义失败后，卢循率部逃至越南（交州）。越南人李脱帮助卢循进攻交州府城，失败后自尽。这是道教传入越南最早的记载。在宋代的道教，信州龙虎山天师世系之受封，始自宋真宗大中祥符九年（1016年）赐张正随为贞静先生。又据《宋史·仁宗本记》记载：天圣八年（1030年）五月甲寅，赐信州龙虎山张乾曜号澄素先生。到宋徽宗时，虽宠信道士林灵素，但对天师世系亦只给予一般封赠。

三是元明期间全真教的出现。宋末元初的道教，在北方出现了王重阳创导的全真道。后来，王重阳的弟子丘处机为蒙古成吉思汗讲道，愿其勿滥杀无辜，颇受成吉思汗信赖，被元朝统治者授予主管天下道教的权力。而同时，为应对全真道的迅速崛起，原龙虎山天师道、茅山上清派、阁皂山灵宝派合并为正一道，尊张天师为正一教主，从而正式形成了道教北有全真派、南有正一派两大派别的格局。明代时，永乐帝朱棣自诩为真武大帝的化身，而对祭祀真武大帝的张三丰及其武当派大力扶持。此时，道教依然在中国的各种宗教中占据着主导的地位。

四是清代以后衰落时期。清代开始，清统治者信奉藏传佛教，并压制主要为汉族人信仰的道教，道教基本停止发展，并从此逐步走向了衰落。进入近现代社会以后，道教更是衰落衰微。1949年，正一道的63代天师张恩溥辗转到达台湾，1969年羽化后，迁台江西省国大代表推张恩溥堂侄张源先为代理掌教，现居台湾嗣汉天师府。2008年张源先掌教羽化，现任张天师为第六十四代天师张道祯。现据台湾民政部门统计道教乃为台湾第一大宗教。

中华人民共和国成立以后，随着中国政府新的宗教政策的推出，1957年，中国大陆成立了中国道教协会，管理中国道教内部的事务。改革开放以来，道教有了新的发展，可是正式出家的道教徒并不多。目前内地的全真派和正一派道士近10万人，初步统计住观道士有近3万人，散居正一派道士约6万多人，登记备案的道教活动场所3万多座。在政府的大力扶持下，道教组织得到一定发展。目前，道教组织有中国道教协会、省一级地方道教协会、地区（市）一级地方道教协会。

（三）道教文化的主要思想内容

道教作为中华民族自创的宗教，它是在神州大地的怀抱中诞生，为中国传统文化的乳汁养育而成，和我国传统文化的许多领域都有血肉相连的密切关系，是我国整个思想文化的一个有机组成部分。中国道教文化纷繁绚烂，包罗万象，其内容庞杂多端，概括起来，主要有以下几个方面：

1. 道教神学

道教是一个崇拜诸多神明的多神教，有着特色鲜明的宗教形式，主要宗旨是追求得道成仙 、垂法济人、无量度人。道教有一套自己的神学理论，有一种能够吸引人们进行追求的宗教信仰目标。这种信仰就是，人可以通过努力追求而成为长生不死、神通广大的神仙。这种神仙信仰乃是道教所阐发的神学理论核心。同时，这一时期的道教还从古代哲学、原始宗教及古人的养生锻炼等行为中吸取了许多成分，用来组建其有关神仙信仰的理论和行为体系，奠定了道教神学发展的基础。道教在“神仙信仰”这块磁石的吸引之下，进行了种种吸收，创建一系列的文化活动，营造出一个庞大的道教文化体系。道教早期的主要思想以《易经》和老子的《道德经》为主要经典。道教的第一部正式经典是《太平经》，而《太平经》《周易参同契》《老子想尔注》三书是道教信仰和理论形成的标志。

它不仅在中国传统文化中占有极为重要的地位，而且对近代世界也有着不可小窥的影响性。道教经书的内容包罗万象，不仅记录了道教的教理教义、教规教戒、修炼方术、斋醮科仪，还保留了中国古代哲学、文学、医药学、养生学、化学、音乐、地理等多种学科的珍贵资料，堪称中国传统文化的一个宝库。

2. 道教伦理

道教的伦理道德思想，反映在道教的教规和戒律当中。道教的伦理道德观念，既吸收了道家文化的伦理道德观念，同时也吸收了儒家、释家两家的伦理观念。道教的经典《太平经》，包含了丰富的伦理思想。它提出了守道而行的道德准则，强调父、母、子三人相通和君、臣、民并力同心，把乐生、好善看做人生的最高追求，并且提出了善恶报应的思想以及更为精致的承负说。魏晋时期神仙道教的重要代表葛洪追求修道成仙，但明确提出“为道者当先立功德”，并且还对善事和恶事做了具体的规定。同时，他还认为，修道求仙必须“以忠孝和顺仁信为本”，而且，他还推崇道家的“不言而化行”，并把道家的修道成仙与儒家的修身养性融合为一体。但和儒家不同的是，道教的伦理道德，主要是靠神灵的威力来贯彻的。道教一方面以长生成仙的美好幻想来引导人们自觉地遵守伦理道德；另一方面又用赏善罚恶的神灵威力来迫使人们遵守伦理道德。因此，中国道教的道德伦理准则，在社会上产生越来越大的影响。此外，中国道教的劝善书，使道教的伦理道德思想更加集中、更加系统化和通俗化。必须看到，在中国古代伦理思想的发展中，道教发挥了重要的作用，主要表现为三个方面：一是道教对伦理道德作了宗教的诠释，使之得以强化；二是道教对伦理思想作了重要的补充，使之更加完善；三是道教为道德教化提供了可行的方法，使之更加广泛深入社会。

3. 道教哲学

道教哲学是为其教义服务的，是其教理教义的思想理论基础。换言之，对道教教义的哲学论证就是道教哲学。道教哲学的思想素材一开始就来自中国哲学，主要是道家文化的哲学。葛洪的构建道教理论体系过程即对《庄子》接纳、吸收并通过其主观改造而最终内化的过程。葛洪对《庄子》文辞、典故及其基本哲学概念，都有意识地进行了继承与改造。同时，葛洪还将《庄子》“齐死生”论与道教神仙思想进行了调和，最终构建了较为完备的道教理论体系。展现了魏晋之际葛洪在道教理论与信仰实践模式的建设中对以庄子为代表的道家思想有意识地汲取与改造。在庄子哲学的基础上，葛洪发展了“气”的哲学内涵，认为气的流转（即“化”）能使物体的性质发生转移。万物本体的同一性，使得物与物之间可以相互转化和增益，这成为葛洪神仙思想和炼丹等宗教实践的理论基础。道教大量地利用了道家文化的哲学进行理性论证，使道教思想中包含着丰富的世界观、认识论、人生论、伦理学等哲学内容。这些哲学内容是道教哲学的基本范围和主要构成成分。

4. 道教丹术

道教丹术是道教的一项重要方术，包括外丹和内丹。外丹即通常所说的炼丹术，也称外丹黄白术。因相信服食金丹才能长生成仙，故历来道士莫不投入毕生心力加以炼制。随着东汉末年道教的创立，早期的神仙方术衍化为道教的修炼方术，神仙方士也逐渐化为道士。道教为达到肉体长生，羽化成仙的目标，极为重视修炼方术。金丹派道教则把服食人工炼制的还丹、金液作为成仙的重要手段。魏晋南北朝时期，社会动荡，但江南一带相对稳定。不少道教金丹家纷纷南迁入闽，著名的人物有左慈、葛云、郑隐、葛洪等。在道教金丹术中，值得重视的是东晋著名金丹大师葛洪。葛洪一生遍游名山大川，访师学道，从事炼丹活动，著书不辍。他的《抱朴子》内篇中写有《金丹》《黄白》等20卷，是现存最完整、最系统、条理清晰、逻辑严密的一部金丹术经典。虽然服食金丹最后并不能长生不老，但道士在炼丹过程中，却意外地推动了中国古代科学的发展。随着外丹术的逐渐衰落，代之而起的是炼养人体精、气、神的内丹术。内丹术继承综合了服气、胎息、守一、存思等功法，对中国后来的气功发展产生很大的影响。

5. 道教医学

自道教创兴之时，为追求长生成仙，继承和弘扬中国传统医学的成果，在内修外养过程中，积累了大量的医药学知识和技术。道教把中国医学医术作为其传道济世的工具。而且随着魏晋神仙道教理论体系的建立，道教徒更是把医学视为其追求和达到长生的必要辅助手段和必备知识。道教医学包括服食、外丹、内丹、导引以及带有巫医色彩的仙丹灵药和符咒等，与中国的传统医学既有联系又有区别，其医学和药物学的精华，成为中国医药学的重要组成部分。道教医学通过认识自然界的变化规律来研究掌握人体生命活动的变化规律，发现自然界的运动变化常常影响着人体，会使人产生心理、生理及病理的变化。如自然界的风寒暑湿燥火六种自然气象被称为六气，正常时不会引起人们疾病，若太过、不及或不应时，则成为六淫，影响到人体的调节适应机能及病原体的孳生传播，成为致病的因素，侵犯人体而造成疾病的发生，这种取类比象的方法不但阐述了人与自然之间的关系，而且广泛应用于医疗保健之中。它是中国传统医学的一个重要流派，也是道教医学研究中极有价值的前沿学术领域之一。必须看到，道教在对不死之药的代代相继追求中，炼“仙丹”以求长生不老之药，服金石以求长生不老之道的风气曾炽盛。但守一、内视、存思、存神、行气、胎息、导引、按摩、辟谷、服食、房中术、调摄、外丹术、内丹术等，虽然掺有一丝神秘色彩，但也不乏医学底蕴和“合理内核”。道教医学家经过长期济世行医的医疗实践活动，积累了丰富的医疗经验，并且发明创新了各种能强身健体、延年益寿的养生功法。

6. 道教文艺

道教文化艺术与中国数千年文明浑然交融为一体，既具有中华文明的同质，又具有自己独特的风骨和特色，是中国传统文化与时偕行的重要因素。道教文艺就是以宣传道教教义、神仙长生思想以及反映其宗教生活为题材的内容的各种形式的文学艺术作品。通过道教的文学艺术，可以扩大道教的社会影响力，进而提高道教的宗教素质。反过来，道教的神仙信仰也给中国文学艺术的发展带来巨大的影响。在道经中，不仅有些道经本身就是文学作品，而道经中的音乐、宫观建筑、神仙图像等，也有很高的艺术价值。在中国的文学艺术作品中，以道教和神仙为内容的作品更是不可胜计，从中也可以看出道教与文学艺术的密切关系。在历代道士传教修行的同时，道教创造了灿烂的文化与艺术。在科学、天文历法、医药、数学、建筑、园林、养生、音乐和乐器等领域领先世界各国，在哲学、文学、武术、饮食、书法、绘画、舞蹈、服饰、礼仪、旅游等许多方面都留下了极为宝贵的文化遗产。对中国乃至整个人类文明的发展起到了不可替代的重要作用。鲁迅先生说过：“中国文化之根柢全在道教”。

当然，道教文化的内容还不止上述六个方面，如果深入地加以探究起来，必将会更多地发现道教文化的丰富多彩。道教文化之所以在中国存在了两千年，就是因为它的主张符合人们热爱和平、向往自由的美好愿望。它对人类要求的行为规范，符合历代统治者的意愿，对于稳定社会，发展生产有着一定的现实意义和深远的影响。

（四）道教文化对中国文化的影响

道教文化在中国长期的历史发展过程中，对中国的政治、经济、哲学、文学、艺术、音乐、绘画、建筑、医学、药物学、养生学、气功、化学、武术、天文学、地理都产生了不同程度的影响。尤其是它对于中华民族的思维方式、伦理、道德、民俗、民族关系、民族心理、民族性格等思想文化和社会生活都产生了比较深刻的影响。

1. 在学术思想方面

从中国学术思想的历史来看，道教对中国学术思想的贡献非常大。道教与一般的宗教不同，其宗旨是追求长生不死，得道不死，看重个体生命的价值，相信经过一定的修炼，世间的个人可以脱胎换骨，直接成仙，不必等到死后才灵魂超度，它注重的是现世的幸福，主张人要活得适意、洒脱，超尘脱俗，高雅飘逸。道教的这些思想向度，很迎合文人士大夫的精神需求。特别是当他们在现实生活中感到压抑失意的时候，他们的灵魂便亟须一个道教这样的栖息地。所以，很多文人士大夫都信奉道教。道教那种既能免除生老寿夭之苦，又能安享尘世之乐，既能满足心中情欲，又能活得高雅脱俗的生活情趣弥漫开来，使他们的灵魂能够得一些安适。中国历史上有许多道教学者，如晋代的葛洪，南北朝的陶弘景，唐代的成玄英、李荣、司马承祯、吴筠，五代十国时的杜光庭、谭峭，宋代的陈抟、张伯端、陈景元、白玉蟾等以及南宋著名理学家朱熹，都对道教经典下过许多搜集整理和研读的功夫。朱熹曾托名“空同道士邹訢”为道经《周易参同契》作注，并对《阴符经》作过考订，尝自谓“终朝读道书”。他们对中国学术思想的历史发展方面都各有一定的贡献。此外，发端于唐代、兴盛于宋明的道教内丹心性论，是中国古代心性哲学的重要组成部分。特别是道教与儒家和佛教在学术思想上互相吸收、互相渗透与不断发展，从而促进和推动了整个中国学术思想的不断发展。

2. 文学艺术方面

从中国文学艺术的历史来看，道教对中国古代文学艺术的影响也是非常突出的。中国历代的优秀文学作品中，有不少是以道教为题材或涉及道教文化内容的，受到道教影响的文人墨客更是不计其数。魏晋时期，文坛上盛行的游仙诗，即是一种以歌咏神仙漫游之情为主题的诗篇。例如，志怪小说《搜神记》，其中即记载了许多道教故事。魏晋笔记小说中的代表作《世说新语》同样涉及道教内容。在唐诗宋词中，描写道教的作品也不少。被人们称为“诗仙”的李白，其所作的诗中，道教内容也比较多。宋词中有不少词牌都与道教文化有关。如《临江仙》《望仙门》《献仙音》等等，莫不与道教神仙故事都有关联。宋代不少填词大家如苏轼、黄庭坚、秦观、周邦彦等，都有以道教为题材的词作。元曲中反映道教的内容也不少，如杰出作曲家马致远的神仙道化剧《马丹阳三度任风子》和《西华山陈抟高卧》等。明清小说中，也有不少是以道教为题材的。如《封神演义》讲述的商周战争，其实质就是道教的两个派别阐教和截教的斗争，书中出现的各色神仙和宝物等，也都来自于道教文化。《西游记》的内容虽然是佛教取经故事，但也受深道教思想影响，书中充满了各路神仙等内容。《三国演义》中关于诸葛亮登坛借东风、五丈原布灯祈续命，都是道教文化思想的反映。《水浒传》是以“张天师祈禳瘟疫”发端的，《红楼梦》则是由一个空空道人把“石头记”抄下来传到人间。

3. 音乐艺术方面

从中国音乐艺术的历史来看，道教对中国古代音乐艺术的影响也是非常明显的。道教与中国音乐艺术的关系非常密切，道教音乐是中国传统音乐的一个有机组成部分，它在发展过程中广泛吸收宫廷音乐和各地民间音乐的成分，并按道教信仰对之作了新的综合融合，从而在中国乐坛上独树一帜。著名的《二泉映月》，就是无锡道士华彦钧（阿炳）创作的。当代中国非常出名的纳西洞经音乐也是道教音乐。应当看到，道教音乐艺术是中国传统音乐艺术的一个有机组成部分，它在历史发展过程中，不断广泛吸收宫廷音乐和各地民间音乐的成分，并按照道教信仰对之作了新的综合融合与提炼，从而在中国乐坛上独树一帜。

4. 书法艺术方面

从中国书法艺术的历史来看，道教与书法的关系非常密切。道教认为，其神圣的经书，原本是宇宙形成过程中自然凝结而成的天书，蕴藏着无穷的奥秘和巨大的能量，由天上神仙摹写之后，才传到人间的。道教对本教神圣的经书极为重视，更由于道教经书的神圣性，故抄写经书对书法提出了很高的要求。因而对书法要求与造诣就成了一个优秀道士必备的宗教素养。道教的文字要求与文字观，以及在此文字观影响下进行的写经活动，也对中国历代文人的书法创作产生了深远影响。从书法艺术史的角度来看，书法在魏晋南北朝时期就已经开始成为一门独立的艺术。根据近代著名历史学者陈寅恪先生的考证，南朝的王、郗，北朝的崔、卢等以书法闻名的大家族都是奉道世家。王羲之写经换鹅的故事大家都熟知。可以说，道教文化对中国书法艺术的发展起到了非常重要的促进作用。

5. 绘画艺术方面

从中国绘画艺术的历史来看，道教与绘画的关系，也是十分密切的。中国历代善于绘画的道士比比皆是。如唐代的张素卿、元代的黄公望、张雨、倪瓒等，均为中国绘画史上的大家。举世闻名的山西芮城永乐宫壁画，场面浩大，人物众多，生动逼真，堪称中国美术史上的杰作。中国的历代绘画名家，根据道教题材，创作了许多名画。如东晋著名画家顾恺之，曾绘有《列仙图》《洛神赋》等。唐代著名画家如阎立本曾绘有《元始像》《行化太上像》《北帝像》等近二十幅道画。吴道子则绘有《天尊像》《列圣朝天图》等。宋真宗崇道，为营造玉清昭兴宫，征天下画家三千余人，以著名画家武宗元为首，作壁画饰于宫观中。现存武宗元的传世之作《朝元仙杖图》，即为壁画之底本。与此同时，道教的造像艺术也很出名。道教造像艺术大约起于南北朝，至宋元时期，已达十分高超的水平。现存宋元道教造像有泉州北郊清源山老君像巨形石刻、太原龙山石窟神仙塑像、晋城玉皇庙二十八宿像等，均为世界著名的中国古代雕塑珍品。

6. 建筑艺术方面

道教文化源远流长，最早吸收了先秦道家关于“道”“气”“玄”等哲学概念，建立起一套宇宙本体论、形神论、生死观和修炼方法，是中国古代哲学的基础。浓厚的道教文化对汉地民俗、文艺、建筑等产生了深刻的影响。从中国建筑艺术的历史来看，道教对中国建筑艺术的影响也是非常明显的。道教建筑也是中国古代建筑艺术的典型代表之一。北京白云观、苏州玄妙观、嵩山中岳庙，都已被列为国家级重点文物保护单位。武当山宫观建筑群，更是已入选世界文化遗产名录。道教宫观是祀神、修道和举行宗教仪式的场所，故而往往引水入观，绕其屋舍，因此许多宫观建筑的前后都有桥。除了有助于营造道观殿宇的庄严气氛外，桥在道教文化中还有改善风水的作用，在民间，桥常被道教的阴阳术士用来作为趋吉避凶的一种工具，从而蒙上神秘色彩。道教文化对桥的直接影响还反映在古桥建筑装饰方面，桥栏板上的饰刻图案，往往反映道教学说和崇拜神灵的寓意，在石桥的构件上雕凿道教文化的标志图案如“太极阴阳图”“八卦图”“暗八仙”等，带有镇桥的寓意。道教开放兼容的心态，使体现道教文化的图案在古桥建筑中的运用屡见不鲜，在桥顶的定心板上经常浮雕“束带笛”等图案，在桥底拱券的龙门石上经常以浅浮雕的形式制成阴阳八卦图。如浙江省德清县德武桥桥中央面石上刻有阴阳八卦图，桥栏板上则刻有“八仙过海”的形象，等等。这种道教文化的装饰反映了造桥者的精神祈望。必须看到，古代石桥作为中国传统建筑的形式之一，集中体现了一个时期桥梁科技、桥梁美学、桥梁艺术和民俗风情的面貌。因此无论是石拱桥还是石梁桥，它们反映的不仅是建筑技术，更大层面上反映的是中国传统文化，其中道教文化对中国古桥建筑有着深远的影响。

7. 科学技术方面

从中国科学技术发展的历史来看，道教对古代科学技术发展的影响也是不容忽视的。道教对我国古代化学有着重要贡献，不少道教炼丹家发展成为医学和药物学专家。葛洪、南天师道代表人物陶弘景都有大量的医学著作，对古代医学和药物学的发展作出重大贡献。历代道士在炼制丹药的过程中，积累了丰富的化学知识，促进了中国古代化学的发展。作为我国四大发明之一的火药，就是道士们在炼丹时发明的。在制造、传播经书的过程中，道教对印刷术的发明作出了很大的贡献。雕版印刷术的起源与道教法印有着直接的关系，它在道教系统内经过了印章的捺印、玉印玉版的吹印和道经的雕版印纸的发展过程，在年代上要比现今流行的隋代或唐代发明雕版印刷术早，因此可以认为，雕版印刷术是六朝时期道教发明的。道教与指南针的制作也有着密切的关系。从早期的“司南”磁石，到以磁针制作的罗盘，标志着指南针制作技术的发现。罗盘又有旱罗盘和水罗盘之分。过去国际上有人认为，水罗盘是中国人发明的，旱罗盘是欧洲人发明的，明清时期才传人入中国。但是，考古发现已证实，中国早在南宋已发明旱罗盘。1985年，在江西省临川县宋墓中出土了两件“张仙人瓷俑”，俑右手竖持一罗盘，置于左胸前。俑底座有“张仙人”墨书。著名道教考古专家王育成先生由此推测：“道士很可能是现知最早的中国古代旱罗盘磁针指南技术的发明人或使用人。”道士朱思本（1272—1333年），字本初，号贞一，临川江西人。早年学道龙虎山，后从玄教宗师张留孙居京师二十余年，晚年主持南昌西山万寿宫。朱思相利用奉诏代祠名山大川的机会，实地考察了河北、山西、山东、河南、江苏、安徽、浙江、江西、湖北、湖南等十省区许多地方，取得大量调查材料，再结合文献资料，花了十年时间，绘成《舆地图》二卷，刊行于世。《舆地图》以其先进的地理思想和独到的制图科学方法，形成中国地图思想史上独有的“朱思相地图系统”，成为元、明、清各代绘制全国总图的主要蓝本。总之，道教有“众术合修”的传统，因而在中国古代科技的许多方面作出了巨大的贡献。

8. 中医学方面

从中国医学发展的历史来看，道教对中国中医学的发展有着重大的影响。道教重视人的生命，追求长生不老，故特别关注生命的养护和疾病的防治。中国有句俗话，叫“十道九医”。许多知名道士都是医学名家。历代知名道士在继承中国传统医学的同时，结合自己的实践，在医药学方面卓有成就，并形成了颇具特色的“道医”形象和道教医学流派。著名的“道医”有东晋的葛洪、梁代的陶弘景和唐代的孙思邈等。东晋葛洪是“道医”的第一位代表人物。他广泛收集民间医疗成果，辑集《玉函方》100卷，又作《肘后备急方》3卷，全是验方，药物均用易得的草木，不用贵品，诊治各种急病的方剂都很齐备。特别需要指出的是，在该书中载有以青蒿治愈疟疾的方子。20世纪80年代，我国以青蒿素制成了一种新型的高效、速效、低毒的植物类抗疟新药。特别是隋唐之际的著名道士孙思邈，对医学理论和临床经验，著有《备急千金方》30卷，《千金翼方》30卷，合称《千金方》，共收集800多种药物，5300多个处方。他首创复方，提出一方治多病或多方治一病的方法，主张独立设科，重视妇科和儿科。他晚年又撰有《千金翼方》，对前书做了全面的补充。这两本书被后人通称为《千金方》，孙思邈对今天中国的医学和医学院的学生仍有积极的影响。

9. 食疗养生方面

道教医学主张多样化的治疗方法。除了药物疗法外，还可以应用针灸疗法、物理疗法、气功按摩疗法、精神疗法、食疗养生等。运用多种疗法，既可以减少药物对人体的副作用，也有利于疾病的有效治疗。在疾病问题上，道教主张预防重于治疗，葛洪在《抱朴子内篇·地真》中指出："至人消未起之患，治未病之疾，医之于无事之前，不追之于既逝之后。"在平时应注意保健，如起居要有规律，饮食要有节制，经常换洗衣服，动静要结合等，尽量防止疾病的发生。一旦生病，则应早治，不使小病变成大病。道教医家在处方用药上所坚持的以贱代贵、方便实用的原则，不仅体现了其医学的平民化倾向，而且对于今天保护野生生物也是十分重要的。名贵药材多取自一些濒临灭绝边缘的野生生物，如虎骨、羚羊角等，少用名贵药材即是保护野生生物。与此同时，道教医学积极开发药物来源，注重各种资源在临床治疗上的综合利用。道教十分重视日常饮食在防病治病中的作用，他们对各种蔬菜的成分、营养价值、医疗效果曾进行过详细精微的研究。孙思邈进一步将这种颇具特色的饮食法加以完善，称之为"食治"。其弟子孟诜承其传授，著有《食疗本草》三卷。通过饮食的进补及禁忌，即可达到治疗一些疾病的目的，也能养生强体，这是中国传统医学的一大宝库。道教中人为充实、丰富这一宝库作出了巨大的贡献。

10. 武术发展方面

中国武术之所以博大精深，很重要的原因就是因为它内部饱含着丰富的中国古代哲学理论和方法。中国传统武术文化在其自身的发展中从道教思想中汲取了许多重要内容，对武术自身的发展起到了重要作用。"道"是宇宙万物之本源。中华武术吸收了这一思想，认为"道"也是武术的最根本的本质特征。道教认为，“道是万物之始，万物之宗”。而武术理论中的“一招变万招、万招归一”的理论思想正是从“道”的思想中领悟而来。“一招变万招、万招归一”的思想指的是武术的动作是从原始单一的进攻防守动作，按一定的路线演变成千万个技术动作，而千万个技术动作又通过长期演练最后形成一种形神合一。这种形神合一就是武术训练阶段的至高境界。从中国武术发展的历史来看，道教对中国武术的发展有着重大的影响。在中国的传统武术中，最著名的是少林和武当。道教中一些宗派都师徒相传一些武术和气功，据说武当的武术就是武当山上的许多道士传承的武术。道教的武术也和许多武术不同，讲究圆柔、后发制人，充分体现了道教“道”的教理。其中，像太极拳这样的武术套路，已经逐渐成为广大人民群众的日常健身活动。道教气功也是中国气功中的一大流派，全真道的修炼方法基本上就是气功，对气功的探索和发展，其贡献很大。

11. 妇女地位方面

从中国尊重妇女地位的历史来看，道教对妇女的尊重，在中国传统文化中表现得非常独特。在道教的神仙理想中，女仙具有与男仙相同或相近的地位，道姑可以与道士一样直接成为神仙。尤其是道教的婚姻观，在一定程度上表现了男女平等的思想理念。《太平经》认为，“女之就夫，比若男子之就官也，当得衣食也。”这就是说，做妻子如同做官，应当享受“俸禄”。男女之间一旦婚姻关系成立，夫妻双方就应当共同生产劳作，共同创造家庭的美好生活。“女之就夫家，乃当相与并立同心治生，乃共传天地统，到死尚复骨肉同处，当相与并力，而因得衣食之。”不仅如此，这种共同的生产劳作，还是巩固婚姻关系的重要因素。“夫人各衣食其力，则令妇人无两心，则其意专作事，不复狐疑也。”这种强调在共同劳动基础上的夫妻平等观念，能出现在一千九百多年前的道教经典中，不能不令人叹服。

六、中国道家文化的历史贡献

道家文化对中国文化的发展有着重大的历史贡献。尤其是道家文化在理论能力上的深厚度与辩证性，为中国哲学思想提供了创造力的泉源。在中国的哲学、文学、中医学、建筑艺术、绘画雕刻、生活作风和生态伦理等各方面的贡献与影响，则是占据绝对性的优势地位。以下列举道家文化对中国文化的一些主要的历史贡献。

（一）朴素辩证法的思想贡献

春秋时期，老子集古圣先贤之大智慧。总结了古老的道家思想的精华，形成了“无为无不为”的道德理论。这是道家从哲学的高度，从本体论的意义上解决了权力与社会关系问题，解决了权力在整个社会系统中的位置和功效的问题。“无为无不为”思想中包括了对人民群众的尊重和信任，包括了给人民、给社会以自由、自行发展空间的深刻主张。在中国古代哲学以及政治思想历史上，这样的境界是绝无仅有的。道家哲学是一门最朴素的社会和自然科学。道家的许多经典著作都精辟地道出了社会和自然的发展规律。道家以“道”为核心，认为天道无为、主张道法自然，提出无为而治、以雌守雄、以柔克刚、刚柔并济等政治、军事策略，具有朴素的辩证法思想。尤其是《庄子》一书，是一部文学成就很高的哲学经典，非常精辟地阐述人生观、世界观，以至于可以治疗现代人的精神空虚。这种朴素的辩证法思想，影响着中国文化的各个领域，甚至对中国乃至世界的文化都产生了巨大的影响。有学者认为，道家思想可以看成中国民族文化伟大的产物，是中国国民思想的中心。又有学者认为，中国文化就像一棵参天大树，而这棵参天大树的根，源于道家文化。近代以来，大量的中外学者自觉吸取道家文化的积极思想，英国近代生物化学家和科学技术史专家李约瑟在《中国的科学与文明》中指出，在中国人的特性中，很多最吸引人的地方，都来自道家的传统。中国如果没有道家，就像大树没有根一样。

（二）天人合一的思想贡献

道家文化的第二个贡献是天人合一的思想。道家的天人合一思想，是中华民族五千年来的思想核心与精神实质。它首先指出了人与自然的辩证统一关系；二是表明人类生生不息、则天、希天、求天、同天的完美主义和进取精神；三是体现了中华民族的世界观、价值观的思维模式的全面性和自新性。在天人合一价值成就系统中，天人合一是描述了事物的矛盾变化以及反应进程与指向的观察工具、思维模式。天与人各代表了万物矛盾间的两个方面，即内与外、大与小、静与动、进与退、动力与阻力、被动与主动、思想与物质等等对立统一要素。天人合一构成了人类社会中最根本矛盾对立统一体，在万物诸矛盾中，又按照由内到外的顺序，存在着四大层级矛盾，即人、地、天、道，而人类活动的一切起点、指向与归宿，又全在这天人合一的四大矛盾运动之中。在道家天人合一的思想中，天人合一的思想最终理想归宿就是为人们涉及一个圆满的至高的人生境界，其所主张的和谐思想就是讲求通过个人道德修养完成自身的和谐，进而促使人与人以及人与社会的和谐共处，最终达到人与自然交融的目的，促进人类自身的和谐发展。道家文化中的天人合一的思想中就蕴含了丰富的对和谐社会的深刻理解，天人合一思想所追求的人与自然和谐相处和尊重自然规律和生命价值的理念，有助于当代创建和谐的社会与和谐的世界。中国政府所提倡的建设和谐社会，这不仅代表了对中国优秀传统文化的一种承接，最主要的是对和谐观念的延伸及创新，这对我们如今创建和谐社会具有极其重要的启发效果。

（三）济世利人的思想贡献

道家文化的另一个贡献是济世利人的思想。道家以道德为宗本，围绕着“济世”与“利人”展开了许多教说，并身体力行，丰富了道教教义，贴近了社会人群，在中国人观念中影响深远。其核心内容主要体现在以下四个方面：一是主张要有修道一样的德行；二是倡导贵生重人的理念；三是树立乐善好施，积功累德；四是强调以忠孝和顺仁信为本。两千多年以前的中国，道家文化就清楚地看到个人与社会的这种共生、互存关系。社会是由一个个活动着的个人构成的庞大群体，任何社会活动都离不开个人的参与，因而任何个人的意志和活动对于整个历史进程都会产生或多或少的作用。因此，每一个人都应该对他所处的社会的发展和进步负有责任。道家文化认为，社会进步是大家共同努力的结果。同时认为，人离不开社会，主张人应该具有奉献社会、服务社会的责任。要求人们不仅要度己，而且要济人，就是时刻想着帮助他人。只有这样，才会赢得到别人的尊重和社会的尊重，这是实现自我价值的体现。道家文化这种济世利人、服务社会的价值理念，对过去的中国社会历史发展进程中正确处理人与人、人与自然、人与社会的关系产生极大影响。

（四）为而不争的思想贡献

道家文化还有一个贡献是为而不争的思想。道家文化的思想主张是“人法地，地法天，天法道，道法自然”，“道法自然”就是顺应自然，不要过于刻意，“去甚，去奢，去泰”。人要以自然的态度对待自然，对待他人，对待自我。更重要的是，道家文化提出“为而不争”的思想。“天之道，利而不害；人之道，为而不争”“夫唯不争，故天下莫能与之争”“厚德载物，上善若水”。“为而不争”的思想体现道家文化的处世态度，即平和、宽容、自然。在道家文化中，我们可以将其精髓概括为尊重生命，关爱自然与和谐共处。为而不争、虚怀若谷的精神，其精髓即是积极服务人群和社会，却又不争天下先，奉行谦让。古往今来，尊重生命，关爱自然与和谐共处都是不同的文化背景下所有人类共同的愿望与期盼，同样这也是人们的本性所致。早在先秦时期，道家就对这一理念开始了研究和论述，在处理人与人，人与自然，人与社会关系的方面，为而不争的思想得到了完美的展示。道家文化思想之所以在中国存在了两千多年，就是因为它的主张符合人们热爱和平、向往自由的美好愿望。它对人类要求的行为规范，符合中国历代的统治者的意愿，对于稳定社会，发展生产有着一定的现实意义和深远的历史意义。

（五）崇俭抑奢的生活信条

在中国传统文化中，儒、释、道都主张崇俭抑奢。事实上，崇俭抑奢既是一种生活方式，又是一种积极向上的精神状态。有了崇俭抑奢的精神和作风，在物质匮乏、环境艰苦的条件下，能使人保持不畏艰难、锐意进取的意志，去战胜一切困难，实现理想的目标；在物质丰富、条件优越的情况下，也能使人不沉醉于物质享受、不奢侈腐化，而是保持勤劳节俭之风，继续奋发向上、开拓进取，创造更加美好的未来。因而，人们常说：“成由勤俭败由奢”。在中国传统文化中，道家文化尤其推崇俭朴的生活方式，反对奢侈浪费。它要求人们做到“见素抱朴，少私寡欲”“去甚、去奢、去泰”“知止、知足”。道家认为，只有这样，一个人才可持盈保泰；否则，器满则倾，人生必将招致失败，社会也将陷入浮华而致动荡不安。中华民族之所以能够历尽苦难而生生不息，备遭浩劫而巍然屹立于世界民族之林。在一定意义上说，正是因为道家具有这种崇俭抑奢的精神。我们在今天仍要继续弘扬中华民族的优秀传统，而道家文化崇俭抑奢、摒弃浮华的生活信条，也因此凸现出鲜明的时代价值。

（六）中医养生的理论贡献

道家文化对中国文化的贡献，不能不提到中医养生的理论贡献。从中国医学发展的历史来看，道家文化对中医学的发展有着重大的影响，特别是继承道家文化的道教。道教重视人的生命，追求长生不老，故特别关注生命的养护和疾病的防治。中国有句俗话，叫“十道九医”，许多知名道士都是中医医学名家。历代知名道士在继承中国传统医学的同时，结合自己的实践，在医药学方面卓有成就，并形成了颇具特色的“道医”形象和道教医学流派。中国道家养生最早可追溯到《黄帝内经》，《黄帝内经》是中国传统医学四大经典著作之一，是我国医学宝库中现存成书最早的一部医学典籍。它是研究人的生理学、病理学、诊断学、治疗原则和药物学的医学巨著。在理论上建立了中医学上的“阴阳五行学说”“脉象学说”“藏象学说”“经络学说”“病因学说”“病机学说”“病症”“诊法”“养生学”“运气学”等学说。其医学理论是建立在我国古代道家理论的基础之上的，反映了我国古代天人合一思想。 道家文化还重视养生，即以老庄道家思想为宗旨，太极八卦阴阳五行学说为指导，以调阴阳，和气血、保精神为原则，运用调神、导引吐纳、四时调摄、风水环境、道乐书画，茶养、食养、药养、节欲、辟谷、食气等多种方法。使精气神的后天转化先天，运用先天之气滋养后天，来调和阴阳、疏通气血、培补精气、锻炼筋骨，颐养脏腑，调理肌肤。达到性命双修、身心和谐健康的目的。应当看到，道家文化的中医养生的理论对中国乃至世界人类作出的巨大贡献。

道家文化是中国传统文化的重要组成部分，是中华民族在漫长的历史发展过程中创造的宝贵精神财富。道家在理论能力上的深厚度与辩证性，为中国哲学思想中所有其他传统文化提供了创造力的泉源。特别是道家文化在中国艺术、绘画、医学、文学、雕刻等各方面的贡献与影响，则是占据绝对性的优势主导地位。在漫长的中国历史文化发展进程中，道家文化同儒家文化、佛教文化一样，对中国的思想文化、政治秩序和社会历史进程产生过深远影响，对中华民族心理、民族性格和民族凝聚力的形成及其维系起到过难以估量的作用。今天，在新的历史条件下，在建设有中国特色社会主义文化的进程中，我们必须珍惜道家文化在当代的意义，剔除其带有封建性的糟粕，重视吸收其优秀、合理的成分，发掘道家文化的时代价值。

第五章 中国的佛家文化

佛家文化即佛教的文化。佛教是世界三大宗教之一，历史最为悠久。佛教自东汉时期从古印度传入以后，逐步中国化，并与中国文化相融合，成为中国佛家文化。中国佛家文化具有独特的智能，佛家的慈悲、平等、无贪、净心、普度众生等一系列颇具人文精神的价值理念，对于构建和谐社会，维护世界和平，促进全人类可持续发展都有重要的现实启示意义。特别是佛家文化的因果观念，对社会上的民心团聚与安定，产生了巨大而积极的影响。近两千年来，佛家文化与儒家文化、道家文化一样，成为中国文化的重要组成部分。

一、中国佛家文化的历史起源

佛教文化起源于古印度佛教，距今已经有两千五百多年，由古印度迦毗罗卫国（今尼泊尔境内）王子乔达摩·悉达多（前565—前486年）所创，悉达多因为属于释迦族，人们又称他为释迦牟尼，意思是释迦族的圣人。佛教、基督教和伊斯兰教并列为世界三大宗教。

（一）佛教文化的起源

“佛”，意为觉悟者。佛教可以说是佛陀的教育，而不是拜佛的宗教，佛教重视人类心灵和道德的进步和觉悟，人们的一切烦恼（苦）都是有因有缘的，“诸法因缘生，诸法因缘灭”。人和其他众生一样，沉沦于苦迫之中，并不断的生死轮回。佛家文化认为，唯有断灭贪、嗔、痴的圣人（佛陀、辟支佛、阿罗汉）才能脱离生死轮回，达到涅槃（清凉寂静之意，即无有烦恼）。释迦牟尼在35岁时成佛，并对众人宣扬他所发现的真理，此后被尊称“佛陀”，意为觉悟者，简称“佛”，所传宗教被称为“佛教”。

根据文献记载，佛陀于世间说法四十九年，说大乘佛法经典约三千部，小乘经典约两千部。佛陀于八十岁时，度缘已尽，即入涅槃。佛陀去世后的数百年间，佛教传遍印度次大陆。佛教在印度本土的流行约有一千八百年的历史（自公元前6世纪至12世纪）。粗略划分，可分三期：初六百年，为部派佛教形成时期；中六百年，为显教大乘发展时期；后六百年，为秘密佛教流行时期。

释迦牟尼

原始佛教内部由于对教义的理解不同，发生分裂，进入部派佛教时期，主要分为上座部和大众部。初期佛教以上座、大众两部为主，三四百年中分化为十余种部派。其中上座部，分为南北二传。南传上座部，在阿育王时传入斯里兰卡，并盛行于斯里兰卡，之后传入缅甸、泰国、柬埔寨等地区；约7世纪后又自缅甸传入中国云南省，迄今流行于傣族地区，形成中国的巴利语系佛教。

中期的大乘佛教，于2世纪中传入中国汉地，7世纪起又自汉地和印度传入西藏。11世纪起，印度后期逐渐盛行的秘密佛教，又大量传入西藏。印度这后二期的佛教，又在中国形成汉语系和藏语系两大系统的佛教。佛教在历史上曾对世界文化传播作出了不可磨灭的贡献，至今依然深深地影响着我们。

据史册记载，中国佛教起源于古印度，一般认为传入中国的年代始于汉明帝。汉明帝永平七年（64年）派遣使者12人前往西域访求佛法。公元67年他们同印度僧人迦叶摩腾和竺法兰回到京城洛阳，带回经书和佛像，同时在洛阳建造中国第一所佛教寺院“白马寺”。于是，摩腾与竺法兰在寺里译出《四十二章经》。这几乎是汉地佛教初传的普遍说法，也为我国历史教科书所采用。

佛教传入中国，并与中国文化相碰撞与相融合。佛教文化在与中国文化的碰撞融合进程中，逐步中国化。特别是佛教传入藏地，藏语系佛教与本民族的文化融为一体，一方面在教义上保持印度原来的传统，另一方面在形式上也吸收了汉地文化和印度文化之长，创造了极为光彩夺目的西藏佛教文化。傣族巴利语系佛教基本上保持南传上座部佛教的传统，在傣族各地区形成傣族文化的主体。

追溯中国佛教文化的起源，我们认为佛教源自印度，传入中国后经过长期的经典传译、讲习、融化，受到中国传统文化的深刻影响而逐渐中国化，并在建筑、造型艺术等各方面都形成中国自己的特点，从而形成具有中国民族特点的中国佛教文化，并外传朝鲜、日本和越南等地。中国佛教文化从西汉至当代，经历了传入、传播、兴盛和时盛、时衰的几个历史阶段，逐步发展成为中国影响最大、传播最广泛的宗教之一。

（二）佛教的代表人物

佛教的代表人物主要有：

（1）佛陀释迦牟尼佛，阿弥陀佛，药师佛。

（2）诸大菩萨，分别是：观世音菩萨、文殊菩萨、地藏菩萨、普贤菩萨、弥勒菩萨、大势至菩萨、药王菩萨、药上菩萨等。

（3）诸大弟子，分别是：目犍连—神通第一，富楼那—说法第一，须菩提—解空第一，迦旃延—论议第一，大迦叶—头陀第一，阿那律—天眼第一，优波离—持戒第一，阿难陀—多闻第一，罗侯罗—密行第一。

（4）禅宗诸祖师，分别是：商那和修、优婆鞠多、提多迦、弥遮迦、婆须蜜、佛陀难提、伏驮蜜多、婆栗湿婆、富那夜奢、阿那菩提、迦毗摩罗、那伽阏剌树那、迦那提婆、罗侯罗多、僧伽难提、伽耶舍多、鸠摩罗多、阇夜多、婆须槃头、摩拏罗、鹤勒那、师子菩提、婆舍斯多、不如蜜多、般若多罗，至菩提达摩，慧可，僧璨，道信，宏忍，法融，六祖惠能，马祖道一，百丈怀海、南泉普愿、西堂智藏、大梅法常、章敬怀晖、大珠慧海，黄龙慧南等。

（5）净土宗诸祖师，分别是：慧远大师、善导大师、承远大师、法照大师、少康大师、延寿大师、省常大师、祩宏大师、智旭大师、行策大师、实贤大师、际醒大师、圣量大师。

（6）汉地密宗诸祖师，分别是：善无畏、金刚智、不空，还有龙树菩萨、无著菩萨、世亲菩萨、世友尊者、鸠摩罗什、戒贤法师、玄奘法师、杜顺和尚、永明延寿禅师、莲花生大师、宗喀巴大师等。

（7）近代比较著名的有：虚云大师、印光大师、弘一大师、太虚大师等。

以上这都是标杆式的佛教代表人物。

当代著名的佛教代表人物是本焕长老，世寿106岁。

（三）佛菩萨信仰与中国民俗文化

佛教传入中国之后，中国民间对于佛教的认知，大多落在观世音菩萨、文殊菩萨、地藏菩萨、普贤菩萨和弥勒佛等身上。近两千年来，佛菩萨信仰在中国民间逐步兴起，佛菩萨信仰与中国民俗文化关系越来越密切，各种各样的传说非常多，特别是以下五位佛菩萨，是中国民众最崇奉的菩萨，深植于广大民众心中，对中国民俗文化产生很大的影响。在中国，佛菩萨信仰几乎家喻户晓，其中观音菩萨的形象更是深入人心。观音菩萨不仅救苦救难，而且还会显灵送子、有求必应，因而在民间被普遍信仰。可以说，佛菩萨信仰既表达了人们对生活的美好愿望，也体现了中国传统宗教和哲学都以现世现生的生存与幸福为出发点和归宿点的中国文化的独特精神。

1. 观音菩萨

观音菩萨，梵文Avalokiteśvara，又作观世音菩萨、观自在菩萨、光世音菩萨等，从字面解释就是“观察（世间民众的）声音”的菩萨，是四大菩萨之一。她相貌端庄慈祥，经常手持净瓶杨柳，具有无量的智慧和神通，大慈大悲，普救人间疾苦。观世音菩萨是中国民间流传最广泛的菩萨人物，她的形象遍布全国各地的寺庙之中，绘画、雕塑及许多工艺品中也有其形象。她集智慧、慈悲、救苦救难等良好品德于一身，受到人们的爱戴和尊重。她的很多传说经常出现在中国的文学作品及民间传说之中。

观音菩萨

观世音是“南无大慈大悲救苦救难广大灵感观世音菩萨摩诃萨”的简称，又作南无观世音、师子无畏音、大慈柔软音、大梵清净音、大光普照音、天人丈夫音、能施众生乐、济度生死岸等。因观世音菩萨曾经发愿，任何人在遇到任何灾难时，只要一心虔诚念诵观世音菩萨的圣号，即会得到观世音菩萨的救度。“观其音声，皆得解脱”，因此名为“观世音菩萨”。

观音菩萨与文殊菩萨、普贤菩萨、地藏菩萨一起，被称为四大菩萨。观世音菩萨在佛教诸菩萨中，位居各大菩萨之首，是我国民间老百姓最崇奉的菩萨，拥有的信徒最多，影响最大。菩萨端庄慈祥，手持净瓶杨柳，具有无量的智慧和神通，大慈大悲，普救人间疾苦。她是大乘佛教慈悲救世精神的最深刻诠释。古印度佛教中，观世音菩萨像既有现男相也有现女相的。到中国南宋以后，女性的观音菩萨像已深植于中国百姓心中。

“家家弥陀佛、户户观世音”。慈悲即观音，在中国妇孺皆知。观世音菩萨象征泛在的真理，无形而无所不在，在国际上有“人类的仁慈保护者”之称。菩萨行无缘大慈，运同体大悲，大慈与人乐，大悲拔人苦，在智、悲、行、愿之中，观音菩萨在娑婆人间救苦救难的品格，使其成为慈悲的化身。“天有不测风云，人有旦夕祸福，”在自然界的灾变与人间社会祸难不可能消除的情况下，观世音菩萨就是人们心中永远的信仰希冀。

从中国隋唐以来，民间观音信仰日趋深入和广泛，并渐形成了以敬奉观音为主的三个农历宗教节日：二月十九为观音诞生日，六月十九为观音成道日，九月十九为观音出家日，民间有的将这三日并称为观音菩萨圣诞。观音圣诞是大节日，这天，大家一起素食斋戒，或者一起朝圣，或参加庄严的观音法会，沐浴佛法梵音，净化心灵。菩萨生日，其实是娑婆世界人们的一种表法需要。每逢这三个节日，寺院均要举行庆祝仪式，其一般祝仪是：唱《香赞》，诵菩萨名、《大悲咒》，唱《观音大士赞》、《观音菩萨偈》、念观音圣号，拜愿，三皈依毕。广大佛教徒庆祝观音圣诞的香会称作观音会。

观音菩萨的应化道场，到处有记载。例如，陕西的南五台山、大香山，浙江天竺山、南海普陀山。尤其是位于浙江舟山群岛的普陀山，世称观世音菩萨道场，其名载于《华严经》。历代皇帝屡屡敕建，举世钦崇，各国景仰。普陀山是观音会的中心，为观音道场，因而香会更是盛大、壮观。不仅仅在寺院，在中国几乎大多普通百姓的家庭，都供着观音像，早晚一炉香。观音信仰在民间历久不衰，许多并没能深入了解佛法三昧的普通人们对观音菩萨的崇拜，其实是一种对“真善美”的希望和追求，也是国人心灵深处对大士慈航普度的伟大精神的信仰和希冀。

（二）文殊菩萨

文殊菩萨，梵名Mañjuśrī，音译作文殊师利、曼殊室利菩萨，亦称妙吉祥菩萨，佛教四大菩萨之一，释迦牟尼佛的左胁侍菩萨，代表聪明智慧。文殊菩萨的名字意译为“妙吉祥”，Mañju，文殊或曼殊，意为美妙、雅致、可爱，śrī，师利或室利，意为吉祥、美观、庄严，是除观世音菩萨外最受尊崇的大菩萨。

▬ 文殊菩萨

文殊菩萨常与普贤菩萨同侍释迦牟尼佛，是释迦牟尼佛所有菩萨弟子中的上首，所以又称为文殊师利法王子。文殊菩萨形象则为仗剑骑狮之像，代表着其法门的锐利，以右手执金刚宝剑，断一切众生的烦恼，以无畏的狮子吼震醒沉迷的众生，这是文殊菩萨的基本形象。文殊菩萨诞辰纪念日是农历四月初四，文殊菩萨出家纪念日是农历十月二十日，文殊菩萨成道纪念日是农历腊月二十二。

根据传说，五台山最早是道家的地盘。《道经》里称五台山为紫府山，曾建有紫府庙。《清凉山志》称文殊菩萨初来震旦（古代印度人称中国为震旦）时，居于石盘洞中。而石盘洞是在道家的玄真观内，这说明五台山为道家所踞。五台山取佛教替代道教，最终成为中国的佛教名山，来源于佛祖的明示及佛道两家的争斗。据《文殊师利法宝藏陀罗尼经》记载，佛祖释迦牟尼对金刚密迹主菩萨说："我灭度后，于此瞻部洲东北方，有国名'大振那'。其国中有山，号曰'五顶'。文殊师利童子，游行居此，为诸众生，于中说法。"这里所说的"五顶山"，就是指现今的五台山。

佛教传入五台山，史载始于东汉永平十一年（68年），被汉明帝请来的两位印度高僧迦叶摩腾和竺法兰从洛阳来到五台山（当时叫清凉山）。由于山里很早就有了阿育王的舍利塔，再加上传说中五台山又是文殊菩萨演教和居住的地方，他二人遂产生了在此建寺的想法。据《清凉山志》记载："在大塔左侧，有释迦佛所遗足迹，其长一尺六寸，广六寸，千辅轮相，十指皆现。"相传他二人不仅发现了此足迹，而且还发现有"舍利"，再加上此处山势奇伟，气象不凡，与印度的灵鹫山（释迦牟尼修行处）相似，故决定在此建寺，并取名灵鹫寺。明帝为表示信佛，追命"大孚灵鹫寺"。"大孚"即弘信的意思。"大孚灵鹫寺"就是今显通寺的前身。从那时起，佛教就在五台山深深扎下了根，并开始成为中国的佛教中心。

（三）地藏菩萨

地藏菩萨，梵语Ksitigarbha，因其"安忍不动，犹如大地，静虑深密，犹如秘藏"所以得名。地藏是佛教中一位愿力深厚的菩萨。佛典载，地藏菩萨在过去世中，曾经几度救出自己在地狱受苦的母亲，并在久远劫以来就不断发愿要救度一切罪苦众生尤其是地狱众生，所以这位菩萨同时以"大孝"和"大愿"的德业被佛教广为弘传。也因此被普遍尊称为“大愿地藏王菩萨”，并且成为了汉传佛教的四大菩萨之一。唐朝来华求法的地藏比丘被认为是地藏菩萨的化身。这位出身新罗王族的僧人所在的安徽九华山也被视为地藏菩萨的应化道场，并因此成为了中国佛教四大名山之一，千百年来香火鼎盛。

▬ 地藏菩萨

地藏菩萨有两个显著特点：一是常居秽土。“我今学世尊，发如是大愿，当于此秽土，得无上菩提”。地藏菩萨精神的伟大在于，越是浊恶世界越要去，越是恶业深重众生越要去度化，释迦佛是在秽土成佛的，地藏菩萨发愿学习释迦佛在秽土成佛的高风，可见他是释迦精神的真正继承者。因此释迦佛将灭度后在秽土教化众生的艰巨任务，交给地藏菩萨，自然是十分放心的。二是现出家相。在诸菩萨中，地藏菩萨与众不同的是现出家相。地藏菩萨为了令众生“尊敬三宝，深信因果”，故现出家相。《十轮经》说：出家的僧相，是秽土世界的清净幢相，可使大家见闻熏习，达到身心清净。为人们提出一条远离罪恶，解脱苦难的途径。

按佛教说法，地藏菩萨受释迦牟尼佛的托付，在释迦寂灭后未来佛弥勒降生前这一段无佛世界里，担当起教化六道众生的重任，其地位相当于“代理佛”。《地藏本愿经》又说，释迦佛召地藏大士，令其为幽明怙主，使世人有亲者，皆得极本荐亲，共登极乐世界，地藏受此重托，遂在佛前立下宏大誓愿：“为是罪苦六道众生广设方便，尽令解脱，而我自身方成佛道”。因此地藏又被称为“大愿地藏”，以与观音的“大悲”、文殊的“大智”、普贤的“大行”相呼应。

（四）普贤菩萨

普贤菩萨，梵音名号Samantabhadra，或Vishvabhadra。音译三曼多跋陀罗菩萨、三曼陀菩萨。又作遍吉菩萨。我国佛教四大菩萨之一。普贤菩萨辅助释迦佛弘扬佛道，且遍身十方，常为诸佛座下的法王子，他和释迦牟尼、文殊菩萨合称

普贤菩萨

为“华严三圣”。

普贤菩萨是大乘佛教的四大菩萨之一，象征着理德、行德，与象征着智德、正德的文殊菩萨相对应，同为释迦牟尼佛的左、右胁侍。普贤菩萨是礼德和大行愿的象征，象征真理。他以智导行，以行证智，解行并进，完成求佛者的志愿，所以又称“大行普贤菩萨”。在《华严经·十忍品》里，普贤为菩萨摩诃萨提出十忍，若得此十忍，即能于一切佛法无碍无尽。一是音声忍；二是顺忍；三是无生法忍；四是如幻忍；五是如焰忍；六是如梦忍；七是如响忍；八是如影忍；九是如化忍；十是空忍。

中国四大名山之一的峨眉山，是普贤菩萨示现教化众生的道场。峨眉山在中国四川省，峨眉县之西南，与嵋山相对，宛如两眉，因名峨眉山。其山脉自岷山分出，蜿蜒南来，至县境突起三峰，故有大峨、中峨、小峨之称。有善财童子伫立妙高峰上，观此山如满月，大放光明，因此峨眉山又称大光明山。

峨眉山的最高处是金顶，上建金顶寺，威镇全山。金顶寺又称光明寺，因山顶常有光明而得名。每当午夜，在金顶上看群峰中，有千百万点晶莹闪耀的光亮，从山沟里慢慢地升起来，像一盏盏明灯，忽上忽下，灿若明星，人称此奇景为万盏明灯朝普贤。

（五）弥勒佛

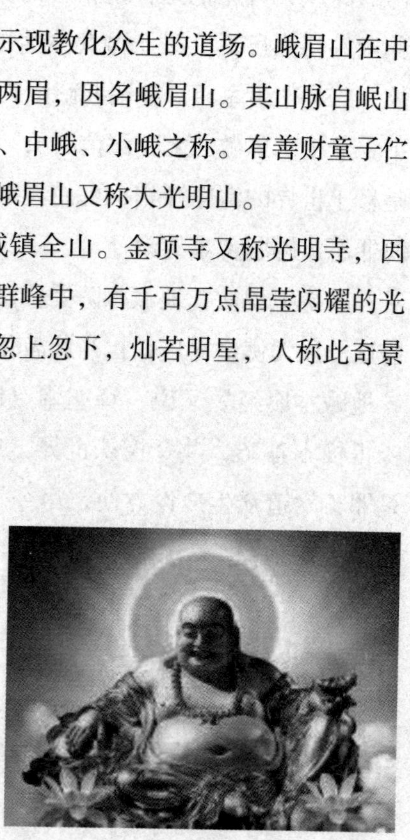
弥勒佛

弥勒佛，梵文Maitreya，意译为慈氏，音译为梅呾利耶、梅怛俪药，中国大乘佛教八大菩萨之一。大乘佛教经典中又常被称为阿逸多菩萨摩诃萨，是释尊的继任者，将在未来娑婆世界降生世尊 ，成为娑婆世界的下一尊佛，在贤劫千佛中将是第五尊佛，常被尊称为南无弥勒尊佛。被唯识学派奉为鼻祖，其庞大思想体系由无著菩萨、世亲菩萨阐释弘扬，深受中国大乘佛教大师支谦、道安和玄奘的推崇。弥勒佛以超世间的忍辱大行于世，所谓“大肚能容，容天下难容之事；开口便笑，笑世间可笑之人”。

弥勒佛在中国民间普遍受到信奉。早在西秦（4—5世纪）时期，甘肃炳灵寺石窟已有弥勒佛像的绘制。早期的弥勒佛是根据《弥勒上生经》和《弥勒下生经》绘制、雕塑的。形象有菩萨和佛两大类。根据《弥勒上生经》塑造的弥勒形象为菩萨相，表现的是弥勒上生兜率天宫为诸天说法的形象。其特点为弥勒身着菩萨装，双脚交叉而坐，后以左脚下垂，右腿曲屈，右手扶脸颊，称作“半跏思维像”此为弥勒菩萨在兜率天等待下生的情景。云冈石窟第十三窟有一尊北魏时期的交脚弥勒佛坐像，像高13米，为早期的石窟弥勒。注维摩经一曰：“什曰：弥勒，菩萨姓也。阿逸多，字也。南天竺婆罗门子。”

从弥勒菩萨的法相中，我们不仅能够得到弥勒象征意义的启迪，而且还能够培养自己慈悲、忍辱、宽容与乐观的品格。弥勒菩萨作为诸佛菩萨的形象代表，具有不可替代的象征意义。他的形象不只是让我们能够对其产生恭敬之心。更重要的是，他还象征着慈悲、忍辱、宽容和乐观的深刻涵义。

弥勒菩萨曾经作过一首《布袋偈》：“行也布袋，坐也布袋。放下布袋，何等自在。”布袋和尚作为一位出家人，四海为家，无产无资，只有一只化缘用的布袋随身携带。这只可容纳万物的布袋，他走到哪里，带到哪里，从不离身。所以说“行也布袋，坐也布袋。”因为他胸怀豁达，无忧无虑，无牵无挂，安贫乐道，所以能够“放下布袋，何等自在”。活得十分快活。这首偈语告诉我们一个哲理：一个人活在世上，只要清心寡欲，就能知足常乐，潇洒自在。反之，如果一味追求欲望，就会追求越多，失望越多，永远处于烦恼之中。

布袋和尚在《忍辱偈》中也劝人不管遇到世间再多的是非爱憎，都应当不以为意，而是要学会以忍辱宽容的心态来对待。并且无论身处何种境况，都应当不失去豁达开朗的心态。同时，在遇到令自己不开心的事时，也应当通过适当的方式来化解这些矛盾，争取让这些问题得到圆满的解决。从而让自己做到心无挂碍。也只有做到心无挂碍了，你才会过得欢乐自在。诚如偈语所云：“宽却肚皮需忍辱，豁开心地任从他。若逢知己需依分，纵遇冤家也共和。若能了此心头事，自然证得六波罗。”所谓大肚能容天下难容之事，笑口常开，笑天下可笑之人。百子戏嬉，嬉尽世间百态。佛经有云：“人之一切烦恼皆由心生”，观此尊铜佛，一切烦心之事所以然抛至九霄云外，其意境之深远，耐人寻味。

二、佛教中国化的历史进程

佛教于中国的汉代从印度传入，即公元1世纪左右。佛教进入中国之后，传播迅速，在经历了初传、普及和义理研究的阶段之后，到了隋唐时期，在中国产生了一些比较有影响的佛教教派，佛教已经形成带有鲜明中国民族特色的佛教。以禅宗为代表的中国佛教宗派的建立，标志着佛教中国化过程的基本完成。之后，中国佛教的教制、教仪基本上是对隋唐时期之佛教的继承与发扬，这一历程一直延续到近现代。

（一）中国佛教历史发展的几个主要阶段

印度佛教传入中国之后，在中国流传、发展了近两千年历史，深深渗透入传统的中国文化之中，和中国文化融合发展为一体。从佛教文化传入中国的历史发展看，可以概括为五个历史发展阶段：一是西汉时期的传入阶段，二是南北朝时期的发展阶段，三是隋唐时期的鼎盛阶段，四是宋朝至清朝时期的儒化阶段，五是近现代的复兴阶段。

1. 西汉时期佛教传入阶段

佛教起源于古印度，西汉时期开始传入中国时，先依附于流行于汉代的道术（方术），魏晋时，又依附于玄学，发展缓慢，仅流行于宫廷。这时的佛教学说大体上为神不灭说和因果报应说，佛成为中国传说中的天地神仙。佛教从印度传入到中国，特别强调因果报应，跟中国原有的福善祸淫思想相通，尤其是传播佛教的传播者首先学习中国方术，以方便传播佛教文化知识。到了魏晋时期，由于学术大变，以老庄思想为骨架的玄学流行，佛经译家即用老庄学说中的概念、词来比喻佛家经典中的名词，僧肇的般若理论是佛教中国化的典型，也是对魏经玄学的深化总结，这个时期的佛教的传入传播活动主要是译经。通过译经，把佛教的思想首先传播给中国社会的知识阶层，一开始中国社会的知识阶层就把佛教作为一种学术思想来接受，钻研讲习，不遗余力。由于当时书写工具的便利，每一新译经论一经面世，不久即可传遍全国各地，讲、录、注、述，蔚然成风。因此，在教理、教义的学术研究方面很快就达到很高的水平，赢得当时国外佛教学者的赞美和崇敬。

2. 南北朝时期的发展阶段

魏晋南北朝是佛教传入中国并迅速得到发展的重要时期。魏晋南北朝三百余年，政权更换快速，篡弑频仍，故政治混乱，民不聊生。加上外族入侵，造成生灵涂炭，人民生活艰苦。普通百姓在现实生活既找不到出路，乃寄心于宗教，寻求心灵的慰藉，于是各种宗教均甚盛行，而佛教也就在这背景下兴起。另一方面，魏晋以来，由于政治黑暗，士人为求明哲保身，多不谈政治，于是儒家所崇尚的纲常名教及积极入世的思想大受打击。士人精神无所寄托，于是讲求个人逍遥的道家哲学及出世的宗教思想随之兴起。佛教之所以能在众宗教中特别盛行，主要是因为它的教义适合时代需要。当时的佛教以小乘为主，其教义主要为四个方面：一是人死后精神不灭；二是因果报应；三是轮回之说；四是布施。一般来说，小乘是专修个人的，此等教义，正好给予在现实生活中受尽折磨、困苦和灾难的人们对来世有所企望，因而得以盛行。更为重要的是统治阶层需要运用宗教来支撑不稳定的社会秩序。佛教在统治阶层的支持下，在中国有了更加广泛深入的传播。与此同时，民间佛教菩萨信仰日益广泛和深入。

3. 佛教在中国的鼎盛阶段

佛教在中国经过四五个世纪的流传，到隋唐时期达到了鼎盛时期。佛教在整个隋朝时期都处在高度发展阶段，隋文帝和炀帝本人与佛教关系亲密，由于有封建皇帝的支持提倡，佛教在隋代得到很大发展，仅隋文帝仁寿年间（601—604年），就在全国修建113座舍利塔。隋炀帝时僧尼受到和贵官一样的尊重，凡在宫廷设宴，除帝后一席，亲信权贵一席外，僧尼道士也都另设一席。当时寺院众多，寺院经济发达，隋朝文帝、炀帝二君，在位期间重视佛寺建设，37年间把全国寺院发展到3985所。

到唐朝时，虽在佛教发展的历史上曾几度有所曲折，但实际上佛教仍在迅速发展。例如唐太宗时，一次下令剃度天下僧尼即达18500多人。武则天时代，因为篡政的需要，更是借用佛教压制道教，于天授三年（691年）下令“释教在道法之上，僧尼处道士女冠之前”，到唐武宗时，佛教已经发展到“僧徒日广，佛寺日崇，劳人力于土木之功，夺人利于金宝之饰”的程度。尤其是隋唐时期佛经翻译数量之多，和佛教各宗派形成之众，是以前任何时期所不可比拟的。根据费长房《历代三宝记》载，隋代共有佛经2146部，共6235卷。唐代时比前更为增多，据德宗时圆照的《贞元新定释教目录》，共为2447部，7399卷。所以，隋唐时期是我国佛经翻译史最辉煌的一个时期。

在中国佛教史上，一些有影响的佛教教派，也大多是在隋唐时期产生并形成。比如，隋朝时形成的天台宗，唐朝时形成的唯识宗、华严宗、禅宗、密宗、净土宗、律宗等，这些中国佛教宗派各有高僧，如天台宗的智者大师，唯识宗的玄奘，华严宗的法藏，禅宗的慧能，密宗的不空，净土宗的道绰，律宗的道宣、怀素、义净等，皆是当时学问很高深的佛教大师。至此，佛教中国化基本完成。特别是随着禅宗提出顿悟成佛的出现，成为佛教中国化的主要标志。随着中国佛教的形成和发展，中国佛教被并传播到日本、朝鲜等国。传播到日本、朝鲜的中国佛教又在那里产生了新的佛教流派。

4. 宋朝至清朝时期的儒化阶段

中国佛教到了宋代，主要流传的是禅宗。这一时期，中国佛教各宗派已走向融通，禅宗大师们大谈其儒家学理，而且产生了佛学儒化、儒学佛化的迹象，而且非常明显。佛、儒、道之间日益相互调和，形成了宋明理学，儒学是主流，吸收了佛教的心性学说、理学理论；程朱一派吸收了华严宗理事无碍理论，建立了以理为本体的形而上学的理论体系；陆王心学，吸收禅宗心性学说，心外无物。宋代以后，佛教总的情况是大势已去、高潮已过，逐渐走向衰落。之后到了元、明、清三朝，中国佛教的情况，可以说是每下愈况。这个时期的中国佛教，几乎已经缩减混杂成净土一宗了。一般的说法是：“天华同信，禅净双修”，这就是说，大体而言，中国佛教徒在理念上，同时接受天台宗和华严宗的原理。但在修持上，又会依照禅宗的传统来坐禅，也依照净土宗的习惯颂念佛号。然而实际上，天台和华严的“一切即一”和“一即一切”的哲学，在中国佛教徒中，只有少数人明了。

5. 近现代的复兴阶段

中华民国初年，中国佛教在诸教内大德如太虚大师、印光大师、虚云大师、弘一大师等出世，大力倡导与推动复兴佛教。太虚大师力倡佛教的现代化运动，有改革佛教的思想与举措，对内整合佛教的现代思维，主八宗并弘外，将汉传佛教分为法相唯识、法性空慧、法界圆觉三大系。印光大师的《印光法师文抄》被龙天推出后，更是广为传播，道风所播，遐迩景从，法化广被，名遍远近，一本印祖文抄，度化众生无以计数。中华人民共和国成立之后，人民政府非常重视佛教的复兴与发展，在虚云大师的推动下，成立中国佛教协会，在赵朴初等佛学大居士的支持和协助下，各地先后成立佛教学院，为汉传佛教复兴立下汗马功劳。目前中国佛教已传播到世界各大洲，尤其是在东亚和东南亚一带，中国佛教信徒的人数远远超过其他宗教信徒的人数。

（二）中国佛教宗派的产生

佛教传入中国后，经过五六百年的传播发展，在思想上已经与中国传统文化融汇结合，在经济上建立了与中国封建经济制度相适应的以土地经营为中心的寺院经济，从而为隋唐时期建立富有民族特色的佛教宗派提供了条件。在隋唐时期，产生了一些比较有影响的中国佛教教派。当时成立的佛教教派主要有天台宗、三论宗、法相宗、律宗、华严宗、净土宗、禅宗、密宗。这些佛教宗派除密宗情况稍有不同外，都是由中国僧人直接创立的，所奉经典中虽也有一部或几部汉译印度佛经，但大多都是各宗创始人的著作。其中的天台宗、华严宗、禅宗的中国民族特色最为鲜明，影响也大。概括地说，这些佛教宗派具有以下特点：

（1）把中国道家和玄学的本体论与印度大乘佛教的以空、真如或佛性为本体的宇宙论会通结合，并依据般若中观学说的不二法门，提出现象与本体圆融无碍，真俗不二，体用相即的佛教哲学。

（2）依据色与心、能与所、正报与依报不二的理论，把本体论与心性论融会贯通，认为真如佛性不仅是宇宙万物的本源和本体，而且也是人的觉悟基因，在论证中又吸收了儒家人性论的思想。

（3）发挥真俗不二，即烦恼是菩提的理论，主张出世不离入世，生活日用即为佛道。这方面禅宗尤为突出，寄坐禅于日常生活之中，说平常心是道、不修不坐，即是如来清净禅等，在宋代以后影响更大。

（4）把儒家的善恶伦理规范和道德说教，吸收到佛教中的最通俗最易于为民众接受的善恶报应和轮回的说教之中，在统摄人的精神世界和制约人的行为方面起到了儒家所起不到的作用。

（5）受中国宗天法祖，以父系为中心的封建宗法制度的影响，一方面把佛教教团看作以释为姓的大的家族，僧尼自称释子，彼此为兄弟姐妹，另一方面又在各宗各个寺院建立具有严格上下等级的传承嗣法制度。

（三）佛教中国化的启示

佛教中国化，是指印度的佛教传入到中国之后与中国文化相融合，传播迅速，在经历了初传、普及和义理研究的诸阶段之后，到了隋唐时期在中国形成产生了带有鲜明中华民族特色的佛教宗派，变成了中国的佛教。中国佛教宗派的产生，标志着佛教中国化过程的基本完成。佛教的中国化对中国文化的发展有以下启示：

1. 体现了特殊性与普遍性的关系

佛教中国化的产生体现了特殊性与普遍性关系。一个文化总有其不同于其他文化的特点，作为一种独特的文化存在，最基本的特征就需要保存，否则，就会成为历史的沉积，就不能推动时代文化。在中国汉代，中国文化以儒家文化为主流文化，其基本特征之一是教人入世。儒家文化的“修、齐、治、平”和印度佛家出世大相径庭，在融合佛教过程中，中国文化的入世精神没有被外来文化改变，相反，印度佛教进入中国之后，越来越走上中国世俗化道路。在中国的经济、政治、文化等条件的影响下，又发展形成了具有中国社会特点的佛教文化。这又从一个侧面告诉我们，特殊性与普遍性的关系，要具体问题具体分析，要用特殊性的普遍存在的观点看问题看文化。应当看到，佛教传入中国后，得益于中国传统文化厚重的承载包容胸怀，受惠于其自身的教理依据，在与中国本土文化不断冲突中互相融摄、交相争鸣中互补融合。以至于魏晋南北朝以来的中国传统文化已不再是纯粹的儒家文化，而是儒佛道三家汇合而成的文化形态。隋唐时期中国佛教宗派的创立，标志着佛教中国化的基本完成和中国佛教文化的鼎盛，这在世界文化传播史上是一个独一无二的现象。纵观世界文化传播历史，文化的传播无不伴随着文化集团的扩张与侵略，刚性的战争机器用野蛮杀戮为柔性的文化形态开拓生存领域是一种常态。而外来佛教与中国本土文化自由交融，互相借鉴，直至取得你中有我、我中有你的中国化成果，和平友好的氛围始终是交汇环境的主流。两种文化交流之广，影响之深，世界上唯有佛教中国化这一现象。

2. 吸收外来文化才能不断发展壮大

任何一种文化与其他文化相比较，既有优秀的一面，也都有其不足的地方。因此，任何文化在他的发展过程中要保持优秀的一面，也要不断吸收外来优秀的文化，以滋养自己，丰富自己。佛教中国化启示我们要不断地吸收新的东西。任何一种文化与其他文化相比较，都有其不足的地方。因此，在他的发展过程中要保持活力，只有不断吸收外来文化才能不断发展自己，滋养自己，丰富自己。中国历史上，从来没有一种外来文化像佛教那样，既猛烈冲击着中国的本土文化，又经过长期的碰撞、磨合，逐步被改造、被消化、被吸收，最终成功地融入了中国文化的血脉，成为中国传统文化的一部分。在当今世界多元文化的背景下，应该以开放的胸怀，包容的眼界，大胆吸纳古今中外人类优秀的文明成果，才能创造出更绚烂的中国文化，实现中华民族的伟大复兴。中国文化要在全球文化的氛围里，不断地吸取世界人类优秀文明成果，吸收一切优秀的文化内容与形式，这样才会不断地进步，不断地发展，不断壮大。

3. 必须坚持走符合自身发展的道路

在中国文化与佛教文化的融合过程中，中国文化的入世精神没有被外来文化改变，相反，佛教越来越迎合中国的主流文化。印度式佛教从最初传入到依附方术，到渗透、变形、流传矛盾冲突、 互适交流、融合入中国文化，成为中国文化的组成部分。佛教融入中国文化，对我们今天的意义和启示是无处不在的。可以说，佛教是积极进取，也是与时俱进的，她并不抽象，小到我们身边琐事，大到整个宇宙，她的教义渗透在无尽的虚空之中，并且越来越被近代和现代科学所证实。实践证明，在任何的环境之下，中国都得坚持走符合自身发展的中国式道路，在国外文化的影响之下，我们不能盲目地跟从，要根据自身的特点制定出符合自身发展道路的策略。

三、中国化佛教宗派与代表人物

（一）中国化佛教的三个支系

中国佛教分为三个支系——北传佛教（汉传佛教）、南传佛教（上座部佛教）、藏传佛教（喇嘛教）。所以所谓“一处体现佛家文化和历史”的景点其实没有。不过北传佛教有几个代表性的景点，从传入线路看，有西域的麦积山石窟、敦煌石窟，中原有陕西法门寺、洛阳白马寺（中华第一古寺）、北岳恒山、五台山（文殊道场）、中岳嵩山少林寺（禅宗祖庭），浙江有普陀山（观音道场），安徽有九华山（地藏道场），四川有峨眉山（普贤道场），等等。

1. 北传佛教

北传的佛教分陆路和海路两条线进行，陆路经西北印度和西域诸国古丝绸之路传入中国（印度大月氏贵霜皇朝等时代，其势力范围曾直接覆盖到西域诸地，与中国西部边境接壤），另一路由海路直接传入中国南方，如达摩、真谛等大祖师，均从海路直接来到中国，在广州登陆后北上。印度大陆的声闻佛教和菩萨乘佛教是同时传入东土的。除大乘经典外，中国现存的印度大陆各部派的声闻乘经典也很丰富。达摩祖师西来，曾赞叹“东土汉地，好一派大乘气象！”由于中华文化的社会环境和人文根性，汉传佛教主流为大乘佛教。鉴于汉传佛教所使用的语言是以汉语为主，故也称为“汉语系佛教”。到了唐朝的玄奘法师到印度取经，遍参天竺数十国经典，并在大小乘各派均取得最高成就圆满归唐后，印度佛教大小乘各部派的主要经典都逐渐翻译到了中国。中国此时的各大宗派纷纷成熟，高僧辈出，证者无数，从教理研释证悟到民间百姓的广泛传弘，大乘佛教在中国的辉煌实践与大唐盛世交相辉映。

2. 南传佛教

南传佛教也称上座部佛教，属于巴利语系佛教。我国云南傣族等少数民族佛教，属巴利语系，亦即南传的上座部佛教，但是也有自己的民族特色，它和汉传佛教、藏传佛教在教义上有很大的不同。中国南传佛教即上座部佛教主要分布于云南省的西双版纳傣族自治州、德宏傣族景颇族自治州、思茅地区、临沧地区、保山地区，傣族、布朗族、阿昌族、佤族的大多数民众信仰南传佛教。

3. 藏传佛教

藏传佛教的戒律体系是完整的佛教体系，有严格的比丘、比丘尼、居士瑜伽士等戒律，而且一应俱全。藏传佛教有两层含义：一是指在藏族地区形成和经藏族地区传播并影响其他地方（如蒙古、锡金、不丹等地）的佛教；二是指用藏文、藏语传播的佛教，如蒙古、纳西、裕固、土族等民族即使有自己的语言或文字，但讲授、辩理、念诵和写作仍用藏语和藏文，故又称“藏语系佛教”。藏传佛教主要集中在藏区和内蒙古，由于中国的元明清时代都比较重视与蒙藏关系，因而在全国各地都有不少地方传授藏传佛教。西藏的布达拉宫、大小昭寺，四川色达县的五明佛学院、德格印经院以及北京雍和宫、八大处等。千百年来，藏传佛教主要流行于西藏、云南、四川、青海、新疆、甘肃、内蒙古等地区，尤其是藏族、蒙古族、裕固族、门巴族、珞巴族、土族群众都普遍信仰。

（二）中国佛教十三宗

中国佛教十三宗乃佛教诸宗之总称。中国佛教十三宗，是指毗昙宗（或以俱舍宗代之）、成实宗、三论宗、涅槃宗、律宗、地论宗、净土宗、禅宗、摄论宗、天台宗、华严宗、法相宗、密宗。

1. 毗昙宗

毗昙宗亦称毗昙学派，是中国佛教学派之一，为中国十三宗之一，起于南北朝，以研习说一切有部阿毗昙义学而得名，东晋以来，译出阿毗达摩论书多种，主要有前秦僧伽提婆于建元十九年（383年）译出《阿毗昙八犍度论》即《发智论》30卷，于东晋太元十六年（391年）译出《阿毗昙心论》4卷，该派以慧数或法数为基本，故又称数家、数论。

2. 成实宗

成实宗以成实论为所依的宗派，又作成论家、成实学派，中国佛教十三宗之一。其宗祖为中印度之诃梨跋摩，梵语Harivarman，约生于佛陀入灭后七百年至九百年间，初于究摩罗陀处修学小乘萨婆多部（说一切有部）教义，继而研习大小诸部，乃撰述成实论，批判有部理论，未久即震撼摩揭陀国，王誉称为“像教大宗”。其后于印度之弘布情形不详。

3. 三论宗

三论宗是隋唐时代中国佛教十三宗之一，发源地为陕西西安户县草堂寺，江苏省南京市郊栖霞山栖霞寺。因据印度龙树《中论》《十二门论》和提婆、《百论》三部论典创宗而得名。又因其阐扬“一切皆空”“诸法性空”而名空宗或法性宗。后秦鸠摩罗什传译《三论》，盛倡龙树、提婆之学，为创立三论宗奠定了理论基础。后来，南朝刘宋时僧朗将鸠摩罗什、僧肇的学说传入江南。僧朗弟子僧诠，僧诠门人法朗，数代相传，教义渐趋成熟。法朗门人吉藏集鸠摩罗什、僧肇、僧诠、法朗等人的三论学说的大成，创立三论宗。吉藏门下有慧远、硕法师等，硕门人有元康，继续弘扬“三论”。但是流行不久，该宗即渐趋衰微。

4. 涅槃宗

依大乘涅槃经，弘布“一切众生皆有佛性，如来常住，无有变异”之教派，是中国佛教十三宗之一。涅槃宗是法显在中印度华氏城写的《大般涅槃经》初分的梵本。返国后，于东晋义熙十三年（417年）在建康和佛 陀跋陀罗共同译出，题名《大般泥洹经》，凡六卷，世称“六卷泥洹”。同时，昙无谶于北凉玄始三年（414年），在北凉译出自己从东印度带来的《大涅槃经》初分十卷；玄始十年又译出在于阗寻得的中、后分，共成四十卷十三品，世称“大本涅槃”。该派以大般涅槃经之译者昙无谶为开祖，隋唐以前颇为盛行，尔后衰颓于天台宗崛起之时。

5. 律宗

律宗是中国佛教十三宗之一，发源地是陕西西安净业寺。因着重研习及传持戒律而得名。实际创始人为唐代道宣。复因道宣住终南山，又有南山律宗或南山宗之称。律宗的教理分成戒法、戒体、戒行、戒相四科，也称四分律宗。戒法是佛所判定的戒律；戒行是戒律的实践；戒相是戒的表现或规定，即五戒、十戒、二百五十戒等。该宗的主要学说是戒体论。戒体是受戒弟子从师受戒时所发生而领受在自心的法体。即由接受的做法在心理上构成一种防非止恶的功能。这是律宗教理的核心理论。北魏孝文帝时，法聪在平城讲《四分律》，并口授弟子道覆作《四分律疏》6卷，内容只是大段科文。因此法聪被认为是四分律师。及至慧光造《四分律疏》，并删定羯摩，始奠定该宗基础。慧光弟子道云传道洪，道洪弟子智首，慨叹当时五部律互相混杂，即研核古今学说，撰《五部区分钞》《四分律疏》，影响很大。智首的弟子道宣，专研律学。继入终南山潜心述作，著《四分律比丘含注戒本》《四分律删补随机羯摩》《四分律删繁补阙行事钞》《四分律拾毗尼义钞》《四分比丘尼钞》，后被称为五大部。他在终南山创设戒坛，制订佛教受戒仪式，从而正式形成宗派。

6. 地论宗

地论宗也是中国佛教十三宗之一，又作地论家、地论学派。该宗依据十地经论之说，主张如来藏缘起义之大乘宗派，有南道系与北道系之分。南道系传自勒那摩提。北魏永平元年（508年），他到洛阳弘法。译出《十地经论》、《宝性论》等20余卷。慧光传承他的法与律学。勒那摩提与菩提流支在翻译《十地经论》时，发生意见分歧。慧光参与其事，折衷笔受为一本，并著论疏，使《十地经论》得以畅行。慧光门下高材很多，知名的有法上、道凭、昙遵、僧范、慧顺、灵询、僧达、道慎、安廪、昙衍、昙隐、洪理、道云、道晕等人，其中以法上为上首。他担任魏齐两代僧统，著有《十地论义疏》《大乘义章》等。法上的著名弟子有净影寺慧远，他对《大乘义章》作了详细的注疏，阐述了地论师南道的教说，并集南北朝佛学的大成，在教理史上有着重要的意义。

北道系传自菩提流支。他于北魏永平初年来洛阳，住永宁大寺，与勒那摩提等创译《十地经论》，后随东魏迁邺。前后20余年，译《楞伽经》《金刚经》《无量寿经》《大宝积经》《法华经论》等共39部，129卷。其杰出弟子道宠，从他学《十地经论》，随闻出疏，名扬邺下。门下以志念、僧休、法继、诞礼、牢宜、儒果等为最有名。志念撰《迦延杂心论疏》及《广疏》各9卷，盛行于世。

7. 净土宗

净土宗，既是中国佛教十三宗之一，又是汉传佛教十宗之一。根源于大乘佛教净土信仰，专修往生阿弥陀佛净土之法门而得名的一个宗派。中国净土宗祖庭是陕西西安香积寺。众多佛经记载，佛在很多法会中均无问自说，宣讲了净土法门。在大藏经中，专谈净土以及带说净土的经论，有数百种之多。印度著名马鸣菩萨，龙树菩萨，天亲菩萨等均有净土论著，解释与弘扬净土法门。净土宗与禅宗是对中国汉传佛教影响最大的两个支派，其影响深远，自东晋创立后流传于中、日、韩、越等地，至今不衰。净土宗独尊念佛，以之为一代佛教归宗结顶之法。净土宗由东晋慧远大师（334—416年）创立，奉《无量寿经》《观经》《阿弥陀经》为正依经典，依龙树菩萨《易行品》、天亲菩萨《往生论》、昙鸾大师《往生论注》《赞阿弥陀佛偈》、道绰大师《安乐集》、善导大师《观经疏》《观念法门》《法事赞》《往生礼赞》《般舟赞》为相承祖师论释；尤尊善导大师《观经疏》为开宗立教之根本祖典。净土宗共有13代祖师，分别是：慧远大师、善导大师、承远大师、法照大师、少康大师、延寿大师、省常大师、袾宏大师、智旭大师、行策大师、实贤大师、际醒大师、圣量大师。

8. 禅宗

禅宗是中国佛教十三宗之一，又是中国佛教的主要派别之一，主张修习禅定，故名禅宗。又因以参究的方法，彻见心性的本源为主旨，亦称佛心宗。最早由菩提达摩传入中国，下传慧可、僧璨、道信，至五祖弘忍之后分为南宗惠能，北宗神秀，时称“南能北秀”。慧能著名的弟子有南岳怀让、青原行思、菏泽神会、南阳慧忠、永嘉玄觉，形成禅宗的主流，其中以南岳、青原两家弘传最盛。南岳下数传形成沩仰、临济两宗；青原下数传分为曹洞、云门、法眼三宗；世称“五家”。其中临济曹洞两宗流传时间最长。临济宗在宋代形成黄龙、杨岐两派，合称“五家七宗”。惠能传承的禅宗，让中国人知道佛教不从外来，如众生的佛性本具。得佛心者知佛不从外得，信佛教不从外来。达摩西来传的就是这个心印。惠能指出佛性人人皆有，创顿悟成佛之学，一方面使繁琐的佛教真正简易化，一方面也使从印度传入的佛教真正中国化。因此，他被视为禅宗的真正创始人。

9. 摄论宗

摄论宗为中国佛教十三宗之一，依摄大乘论，主张无尘维识义，倡对治阿梨耶识，证入阿摩罗无垢识之宗派。举其大纲则都以《摄大乘论》的十种胜相为依据，主要说第八阿梨耶识是妄识，为一切法之所依，但此妄识中又有一分纯净之识。这略同于真妄和合之说，而与当时地论师北道派主张相近。于八识之外，又将阿梨耶识中纯净之识立为第九阿摩罗识（无垢识），亦即真如佛性。修行的人由于阿梨耶识中纯粹之识（净分）继续发展，对治妄识（染分），这样就可以证入阿摩罗识而成为佛，因此说一切众生皆有佛性，没有永不能成佛的众生。

10. 天台宗

天台宗，又作华严宗，中国佛教十三宗之一。该宗以龙树为初祖，北齐慧文为二祖。慧文禅师学行精严，读《大智度论》中“三智实在一心中得”一语和《中论》中“因缘所生法，我说即是空，亦为是假名，亦是中道义”一偈，于是朗然顿悟一心三观的哲学，口传弟子南岳慧思。思受心观后，在禅定中悟得法华三昧，后入南岳，广开法门，教化群众。天台宗始创于南北朝的北齐，慧文禅师因诵读龙树的《中论》及《大智度论》，智者大师而证悟“一心三观”的心要，后以心观传授慧思禅师；慧思将“禅”与“观”融和并重，实践一心三观，悟入法华三昧。据天台宗系谱，初祖为印度龙树，二祖为北齐慧文，三祖为慧思，而实际创始人则是陈隋之际的智者。因智者常住天台山，故名该宗为天台宗，又因该宗奉《法华经》为主要教义，故也称法华宗。天台宗学统自称是龙树、慧文、慧思、智顗、灌顶、智威、慧威、玄朗、湛然九祖相承。该宗思想，虽称出自龙树，实则启蒙于北齐慧文。

11. 华严宗

华严宗，又称贤首宗，中国佛教十三宗之一，也是汉传佛教的主要流派之一。此宗以《华严经》为所依，故称为华严宗。以唐之帝心杜顺和尚为始祖，云华智严法师为二祖，贤首法藏法师为三祖，清凉澄观法师为四祖，圭峰宗密禅师为五祖。宋朝加入马鸣、龙树而为七祖。实际创始人是法藏，但传统上以龙树菩萨为初祖。因法藏受封贤首国师，故此宗或称为贤首宗。大唐道璇律师于日本天平八年，赍《华严宗章疏》入日本，新罗之审祥往大唐，从贤首学华严，后至日本，住于大安寺。日本始有华严宗。十宗略说华严为经中之王，秘于龙宫，龙树菩萨乘神通力诵出略本，流传人间。有唐杜顺和尚者，文殊师利化身也。依经立观，是为初祖。继其道者，云华智严贤首法藏以至清凉澄观，而纲目备举，于是四法界十玄门六相五教，经纬于疏钞之海，而华严奥义如日中天，有目共睹矣。后之学者，欲入此不思议法界，于诸祖撰述，宜尽心焉。在判教上尊《华严经》

为最高经典，并从《华严经》的思想，发展出法界缘起、十玄、四法界、六相圆融的学说，发挥事事无碍的理论。此派从盛唐立宗，至武宗灭佛后，逐渐衰微。

12. 法相宗

法相宗是中国佛教十三宗之一，发源地为陕西西安的大慈恩寺（即大雁塔和陕西长安区的兴教寺），因剖析一切事物（法）的相对真实（相）和绝对真实（性）而得名，又因强调不许有心外独立之境，亦称唯识宗。由于创始者玄奘及其弟子窥基常住大慈恩寺，故又称慈恩宗。法相宗是中国众多佛教派系中以法相立宗的大乘佛法派系，也是直接修证和修炼佛法的融理论与实践于一体的最高佛学宗派。法相宗源起于到印度游学18年而后回国的唐代高僧陈玄奘，是陈玄奘全面学习印度佛教理论和全程考察如来佛业迹、了悟佛及佛法之后而创立的有益于修行、修炼、修持的方便之门。陈玄奘回国后致力于佛教经书的翻译工作，其翻译活动达到了相当于国家编译局的规模，翻译了数千卷的经书，并被誉为“正遍知”和“法门领袖”，被当时的最高统治者视为“国宝”。撇开数以千卷的经书译作不谈，陈玄奘留给后来人的核心概念就是“法相”，而“法相”在修炼佛法的实践中具有核心指导作用，是无字真经。

13. 密宗

密宗也是中国佛教十三宗之一，由僧一行创始。包含真言宗、金刚顶宗、毗卢遮那宗、秘密乘、金刚乘等宗派。佛教密宗综合了各国家地区密宗的传承。密宗起先是有融合了中国道教内容的印度密教，公元8世纪时印度密教由善无畏上师、金刚智上师、不空法师等宗派祖师传入中国，并传唐僧一行。僧一行从此修习传授形成密宗，被称为密宗领袖，并著有《大日经》。此宗派依《大日经》《金刚顶经》等建立三密瑜伽，事理观行，修无上本尊秘法。此宗以密法奥秘，不经灌顶，不经传授不得任意传习及显示别人，因此称为密宗。

（四）中国佛教在各个历史时期的代表人物

根据记载，佛教于中国东汉时期从印度传入中国，逐步与中国文化相融合，成为中国化佛教。近两千年来，佛教在中国各个历史发展时期，产生了一批批的高僧大德，成为各个历史时期中国佛教的代表人物。这些代表人物主要有：

1. 道安

道安

道安是东晋时代杰出的佛教学者，生于东晋怀帝永嘉六年（312年），卒于孝武太元十年（385年），年七十四（一说年七十二），出生于常山扶柳县的一个读书人家里。由于世乱，早丧父母，从小就受外兄孔氏的抚养，七岁开始读书，到十五岁的时候，对于五经文义已经相当通达，就转而学习佛法。十八岁出家。后事佛图澄为师，甚受赏识。因北方战乱，南下襄阳，居十五载。后入长安，居七载，竟卒。道安著述、译经很多，对佛教贡献很大。自汉以来，佛学有两大系，一为禅法，一为般若，道安实为二系之集大成者。他提倡“本无”（即性空）之学，为般若学六家之一；确立戒规，主张僧侣以“释”为姓，为后世所遵行。弟子甚多，遍布南北，慧远、慧持等名僧皆出其门下。道安是当时译经的主持者，在他的监译下，译出了《四阿含》《阿毗昙》等经共百余万言。他对以前的译本作了校订和整理工作，并编出目录。其提出的翻译文体问题和“五失本”“三不易”的翻译原则，对后世影响颇大。由于道安综合整理了前代般若、禅法、戒律等系佛学，遂使原本零散的佛学思想，得以较完整的面目呈现于世，因此，道安大师被视为中国汉晋时期佛教思想的集大成者。

2. 鸠摩罗什

鸠摩罗什

鸠摩罗什（344—413年），梵语Kumārajīva，音译为鸠摩罗耆婆，又作鸠摩罗什婆，简称罗什。其父名鸠摩罗炎，母名耆婆，属父母名字的合称，汉语的意思为“童寿”。东晋时后秦高僧，著名的佛经翻译家。与真谛、玄奘、并称为中国佛教三大翻译家。另说还有义净（又说为不空）并称为四大译经师。原籍天竺，生于西域龟兹国。幼年出家，初学小乘，后遍习大乘，尤善般若，并精通汉语文，曾游学天竺诸国，遍访名师大德，深究妙义。在东晋后秦弘始三年（401年），姚兴派人迎至长安从事译经，成为我国一大译经家。鸠摩罗什率弟子僧肇等八百余人，译出《摩诃般若》《妙法莲华》《维摩诘》《阿弥陀》《金刚》等经和《中》《百》《十二门》和《大智度》等论，共七十四部，三百八十四卷。所介绍之中观宗学说，为后世三论宗之渊源。佛教成实师、天台宗，均由其所译经论而创立。著名弟子有道生、僧肇、道融、僧叡，时称“四圣”。中国之佛教由鸠摩罗什而面目一新。

3. **佛陀跋陀罗**

佛陀跋陀罗（359—429年），后秦时来华印度僧人。亦称佛大跋陀、觉贤。古印度迦毗罗卫国（今尼泊尔境内）人。族姓释迦，系释迦牟尼叔父甘露饭王的后裔。5岁丧父，17岁出家，以禅定和戒律驰名。在宾国遇游学西域中国僧人智严，被邀来华。约后秦弘始十年（408年）到长安，后至庐山。据说其背诵经典，一日能完一月之业。佛陀跋陀罗曾与同学僧迦达多游罽宾，与后秦僧人智严同从大禅师佛大先（觉军）受禅法。后受智严之请东来，于后秦弘始八年（406年，另有九年或十年之说）至长安。

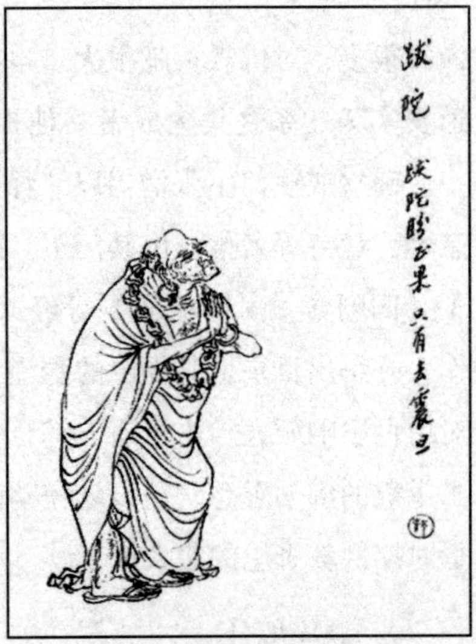

佛陀跋陀罗

因与鸠摩罗什不和，被迫与弟子慧观等40余人赴庐山，备受慧远欢迎。留居庐山年余，译出《达摩多罗禅经》2卷。东晋义熙八年（412年）赴荆州，其后又到建康（今江苏南京）住道场寺。从义熙十二年到十四年与法显等译出《摩诃僧祇律》40卷，同时译出《大般泥洹经》6卷。后又创译《华严经》60卷，经重校至宋永初二年（421年）完成。其所译经论共13部，125卷。所译《华严经》对中国佛学的发展影响很大。

4. 达摩

达摩禅师像

达摩是中国禅宗的始祖。他生于南天竺，婆罗门族，出家后倾心大乘佛法。他自印度航海来到广州，到处以禅法教人。据说他在洛阳看见永宁寺宝塔建筑的精美，自言年已一百五十岁，历游各国都不曾见过，于是“口唱南无，合掌连日”。达摩在中国始传禅宗，“直指人心，见性成佛，不立文字，教外别传”。佛陀拈花微笑，迦叶会意，被认为是禅宗的开始。不立文字的意思是禅是脱离文字的，语言和文字只是描述万事万物的代号而已。只要明心见性，了解自己的心性，就可以成佛。经二祖慧可，三祖僧璨、四祖道信、五祖弘忍、六祖慧能等大力弘扬，终于一花五叶，盛开秘苑，成为中国佛教最大宗门，后人便尊达摩为中国禅宗初祖，尊少林寺为中国禅宗祖庭。

5. 慧远

慧远（334—416年），山西代县人，中国佛教净土宗的开山祖师、创始人之一、庐山白莲社创始者。俗姓贾，十三岁随舅父游学，精通儒学，旁通老庄，二十一岁往太行恒山参见道安，听讲《放光般若》，豁然开悟后，以为佛教远胜儒和道，遂从而出家。入庐山住东林寺，领众修道，为道安的上座弟子，善于般若，并兼倡阿毗昙、戒律、禅法。因此中观、戒律、禅、教及关中胜义，都仗慧远而流播南方。曾与刘遗民等人，在阿弥陀像前立誓，这是佛教史上最早的结社，这一结社的目的就是专修“净土”之法，以期死后往生“西方”。故后世净土宗尊为初祖。当时的名仕谢灵运，钦服慧远，替他在东林寺中开东西两池，遍种白莲，慧远所创之社，逐称“白莲社”，因此，后来净土宗又称“莲宗”。

慧远

6. 法显

法显大师像

法显（334—420年），东晋司州平阳郡武阳人，一说是并州上党郡襄垣人。他是中国佛教史上的一位名僧，一位卓越的佛教革新人物，是中国第一位到海外取经求法的大师，杰出的旅行家和翻译家。主要作品《佛国记》，又称《法显传》。译《摩诃僧只律》四十卷、《僧只比丘戒本》一卷、《僧尼戒本》一卷、《大般泥洹经》六卷、《杂藏经》、《杂阿毘昙心论》等，共计百万余言。《佛国记》记载求法经验、见闻及游历各国的风土民情、佛教状况等，提供后人西行求法的指南。这本书是我国僧侣旅游印度传记中，现存最古的典籍。书中内容保存有关西域诸国的古代史地资料，为研究西域及南亚地区的古代历史、文化的重要历史文献。至今，《佛国记》仍是世人公认的不朽之作，近代并有英、法、德等译本，备受各国历史学者和考古学者的重视。

7. 慧观

慧观生卒年不详。清河人，俗姓崔。弱年出家。后秦弘始三年（401年），鸠摩罗什入关中，乃从罗什受学。师风神秀雅，思入玄微，时人有谓："通情则生（道生）、融（道融）上首，精难则观（慧观）、肇（僧肇）第一"。师曾着法华宗要序，颇受罗什称扬。未久，佛驮跋陀罗被迫出关至庐山，师亦随之，深服慧远之高风。晋义熙八年（412年），师随从佛驮跋陀罗往荆州高悝寺。晚年居止杨都道场寺，敷扬法化。师又精研十诵律，兼善老庄。

8. 慧严

慧严豫州人，俗姓范。十二岁为诸生，博晓诗书。十六岁出家，深究佛理。闻鸠摩罗什至关中，乃从罗什受学。师深解经论，复善言说，识者莫不敬重。罗什示寂后，还止建康东安寺，甚为刘宋高祖所重。曾撰无生灭论及老子略注，又与谢灵运、慧观等合译南本涅槃经。元嘉二十年示寂于东安寺，世寿八十一。

9. 玄奘

▬ 玄奘

玄奘（600—664年），名陈祎，洛州缑氏人。家族本是儒学世家。为东汉名臣陈寔的后代，曾祖陈钦曾任东魏上党太守，祖父陈康为北齐国子博士，父亲陈惠在隋初曾任江陵县令，大业末年辞官隐居，此后潜心儒学修养。他有三个哥哥，二哥陈素，早年于洛阳净土寺出家，以讲经说法闻名于世，号长捷法师。玄奘是唐代著名三藏法师，佛教学者、旅行家，与鸠摩罗什、真谛并称为中国佛教三大翻译家，唯识宗的创始者之一。出家后遍访佛教名师，因感各派学说纷纭，难得定论，便决心至天竺学习佛教。唐太宗贞观三年，从凉州出玉门关西行，历经艰难抵达天竺。初在中印度那烂陀寺从戒贤受学。后又游学天竺各地，并与当地学者论辩，名震五竺。经十七年，贞观十九年（645年）回到长安，组织译经，共译出经、论七十五部，凡一千三百三十五卷。曾编译《成唯识论》，论证“我”“法”不过是“识”的变现，都非真实存在，只有破除“我执”“法执”，才能达到“成佛”境界。

10. 善无畏

善无畏（637—735年），唐代高僧。中印度摩伽陀国人。甘露王的后裔，十三岁继承焉荼国王位，后出家，向达摩掬多学习密法。唐玄宗开元四年（716年），善无畏以八十高龄抵达中国长安，玄宗礼之为国师，奉诏住兴福寺南塔院，后移西明寺。翌年，奉诏于菩提寺译经，译出《虚空藏菩萨能满诸愿最胜心陀罗尼求闻持法》一卷。此后，致力于翻译密教经典，为密教传至中国的先河，与后来的金刚智、不

▬ 善无畏祖师

空，并称为“开元三大士”，共同奠定中国密教的基础。

11. 金刚智

金刚智（671—741年），梵名Vajrabodhi，是中印度国王伊舍那靺摩（Isana-varma）的第三王子（另说为南印度婆罗门出身）。十岁能背诵婆罗门的经典，后来在中印度的那烂陀寺出家，随寂静智学习《声明论》，十五岁到西印度留学，回到那烂陀寺后，于二十岁受具足戒。此后，修学大乘律学，研读《般若灯论》《百论》及《十二门论》等以大乘空观思想为主的论著。二十八岁，就胜贤论师学习《瑜伽论》《唯识论》及《辨中边论》，研究大乘有宗思想三年。三十一岁，到南印度就龙智修学密教，研究《金刚顶瑜伽经》《大日总持陀罗尼经》等密教经典，并得受金刚界的密法灌顶。

▬ 金刚智

12. 不空

▬ 不空

不空（705—774年），译名不空金刚，梵文阿目祛·跋折罗（Amoghavajra），原籍北天竺，一说狮子国（今斯里兰卡）人。唐代高僧，幼丧父，随叔父至中国，师事金刚智，奉命至天竺及狮子国求密藏，玄宗天宝五载再入唐，加号智藏国师，居京兆大兴善寺，译出密部经七十七部。自玄宗迄代宗，皆为灌顶国师，官至鸿胪卿，封肃国公。不空为中国密宗创始人之一，与善无畏、金刚智并称“开元三大士”。

13. 神秀

神秀（606—706年），唐代高僧，为禅宗五祖弘忍弟子，北宗禅创始人。俗姓李，汴州尉氏人。少习经史，博学多闻。年轻时博览群书，隋朝末年出家当和尚。后来碰上蕲州双峰山东山寺和尚弘忍，以每天定时静坐、排除一切杂念、使得心神恬静自在的“坐禅”为修行功课，就赞叹佩服说：“这才真正是我

神秀

的师父”。于是就去侍奉弘忍，专门用打柴挑水来磨炼自己，以求学习弘忍的佛法。神秀继承了道信、弘忍以心为宗的传统。认为“一切佛法，自心本有”，反对“将心外求”。禅风以“拂尘看净，方便通经”为特点。其门下传有他所作的《大乘五方便》（一作《北宗五方便门》，又作《大乘无生方便门》），晚近在敦煌石窟发现它的写本（巴黎图书馆藏有两本）。另有《观心论》残本，亦于敦煌发现。他曾经写道“身似菩提树，心如明镜台。时时勤拂拭，勿使惹尘埃”。根据李邕、胡适等学者的研究，熟知的惠能与神秀根据禅悟而争得禅宗六祖衣钵的故事很可能是不属实的，根据《唐中岳沙门释法如禅师行状》石碑等资料记载，神秀应是达摩弘忍正统的继承人。《六祖坛经》里“五祖弘忍传慧能法衣”的故事只是慧能的弟子神会和尚为了和北宗争夺皇室的供养所编造出的神话。佛教南宗慧能和北宗神秀的弟子们争法统无果，最后因为慧能的弟子帮助朝廷募款成功，终于南宗胜利，而如今六祖地位是南北宗争夺正统，重写系谱的结果。

14. 惠能

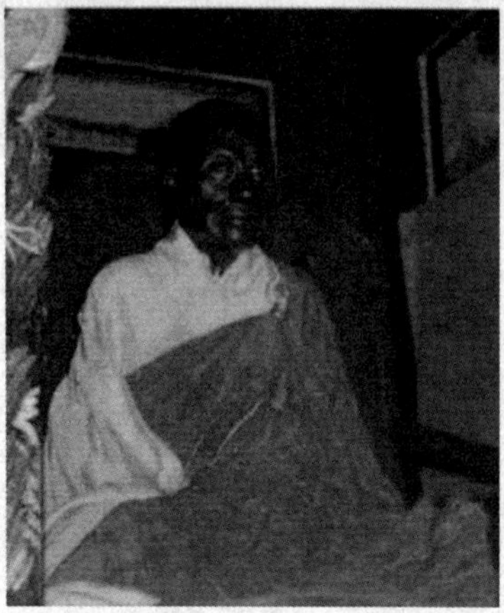

惠能（南华禅寺六祖遗身）

惠能大师（638—713年），唐代高僧，中国佛教禅宗六祖，著有六祖《坛经》流传于世，至今仍有不腐肉身舍利久存于世，成为佛法修行之见证。惠能祖师，俗姓卢。幼随父流放岭南新州（今广东新兴）。父亡随母移居南海，艰辛贫困，以卖柴为生。24岁时，得人资助，北上参学。唐龙朔元年（661年）在黄梅谒见禅宗五祖弘忍。后得五祖衣钵，创立禅宗南派，史称“六祖”。与先哲孔子、老子，并列为“东方三圣人”。被尊为禅宗六祖的曹溪惠能大师，对中国佛教以及禅宗的弘化具有深刻和坚实的意义。惠能得到五祖弘忍传授衣钵，继承了东山法脉并建立了南宗，弘扬“直指人心，见性成佛”的顿教法门。他弘化于岭南，对边区以及海外文化，也具有一定的启迪和影响，王维《能禅师碑铭》谓其：“实助皇王之化”。同时也引起了中原皇室的尊重和供养，皇室屡次迎请惠能进宫，并为其建寺造塔。在滑台大云寺的无遮大会之后，通过对南北是非的辩论，奠定了曹溪禅在禅宗的地位。在惠能入灭一百年后，禅者已非曹溪不足以谈禅。柳宗元撰《赐谥大鉴禅师碑》说：“凡言禅，皆本曹溪。”武宗灭法之后，曹溪禅即位居中国佛教的主流地位。

15. 法藏

法藏

法藏（643—712年），唐代僧人。华严宗实际开创者，宗内称为三祖。本康居国人，其祖父侨居长安，以康为姓。17岁入太白山求法。后去云华寺师事智俨，听讲《华严经》，得其嫡传。先后于太原寺、云华寺讲《华严经》，武后命京城十大德为授具足戒，并赐以贤首之名，人称“贤首国师”。为使武则天契入华严境界，法藏指殿前金狮子为喻，深入浅出广阐妙义，其文字记录便是著名的《金狮子章》。此后，广事讲说、著述并参加译经。证圣元年（695年）于阗沙门实叉难陀在洛阳大遍空寺，重译《华严经》，他奉诏笔受。新译《华严经》，虽较旧译增加了《如来现相》《普贤三昧》《华藏世界》《十定》等品，却仍有脱漏。他用晋、唐两译对勘梵本，并把中印度沙门地婆诃罗在长安补译的《入法界品》阙文补在新译的脱漏处，使现行《华严经》得以完善。圣历一年（699年），新译《华严经》告成，诏令法藏在洛阳佛授记寺宣讲，深得武后赏识。他还参加翻译了《密严经》《金光最胜王经》《大宝积经》《显识论》《大乘法界无差别论》等多种经论。

16. 道衍

道衍（1335—1418年），原名姚广孝，幼名天僖，法名道衍，字斯道，又字

道衍

独暗，号独庵老人、逃虚子。长洲（今江苏苏州）人。明朝政治家、佛学家、靖难之役的主要策划者。姚广孝年轻时在苏州妙智庵出家为僧，精通儒、佛、道、兵诸家之学，与高启、杨基等人结为好友，后被明太祖挑选，随侍燕王朱棣，主持庆寿寺，成为朱棣的主要谋士。朱棣靖难时，姚广孝留守北平，建议朱棣轻骑挺进，径取南京，使得朱棣顺利夺取南京，登基称帝。成祖继位后，道衍担任僧录司左善世，又加太子少师，被称为“黑衣宰相”，同时奖赏道衍冠带而朝，退仍缁衣。此后，成祖开始偏袒佛教，并且为《法华经》作序，颂扬佛教功绩，又亲自编写《神僧传》。成祖对西藏喇嘛教非常重视，1403年，邀请哈立麻到京师，颁发“大宝法王”称号，又给西藏宗喀巴“大慈法王”称号，并且担任国师。永乐年间，受封的藏族喇嘛共有五王、二法王、二西天佛子、九大灌顶国师、十八灌顶国师。

17. 紫柏真可

紫柏真可（1543—1603年），明代四大高僧之一，俗姓沈，名真可，字达观，晚号紫柏。吴江（江苏）人。他主张儒、道、佛一致，不执守佛教的一宗一派，融会性、相、宗义，贯通宗、教。德清大师曾称赞紫柏：“予以师之见地，足可远追临济，上接大慧之风。”德清大师曾称赞紫柏：“予以师之见地，足可远追临济，上接大慧之风。”紫柏主张佛、道、儒一致，他融和佛教的五戒与儒家的五常，提出：“不杀曰仁，不盗曰义，不淫曰礼，不妄语曰信，不饮酒曰智”。并写有五首偈颂，对照佛、儒二家五种人伦道德。紫柏对佛教各宗派思想主张调和态度，“不以宗压教，不以性废相，不以贤首废天台”，同时认为文字经教是禅僧得悟的先决条件，不通文字般若便不能契会实相般若。

紫柏真可大师铜像

18. 莲池袾宏

莲池大师

莲池大师（1535—1615年），明代四大高僧之一，中国净土宗第八代祖师。俗姓沈，名袾宏，字佛慧，别号莲池，因久居杭州云栖寺，又称云栖大师。与紫柏真可、憨山德清、藕益智旭并称为明代四大高僧。融合禅净二宗，定十约，僧徒奉为科律。清雍正中赐号净妙真修禅师。莲池大师出生于世代望族之家。二十七岁丧父，三十二岁母亦永诀，大明世宗嘉靖四十五年（1566年），袾宏三十二岁，投西山无门性天禅师落发，并于昭庆无尘玉禅师座下受具足戒。大师一生致力于弘扬净土法门，主持云栖道场四十余年，言传身教接引无数佛子同归净土。莲池大师因弘扬净土宗贡献颇大，被后世尊为中国净土宗第八代祖师。

19. 憨山德清

憨山德清（1546—1623年），明代四大高僧之一，俗姓蔡，字澄印，号憨山，全椒人。宣讲三教一理，主张禅净双修。其佛学思想受莲池袾宏的影响颇深，与紫柏真可堪称至交，突出功业是中兴曹溪。憨山德清精通释、道、儒三家学说，主张三家思想的融合。倡导禅净双修，教人念自性佛，其思想见解颇与禅宗六祖惠能大师相契。中国禅宗的祖庭-曹溪，经过憨山德清的锐意经营，由荒废恢复旧观，因此被称为曹溪中兴祖师。其功德巍巍，为后人所敬仰。他的学问，幼师孔子，少时师老庄，最后皈于佛。德清一生著述甚丰，注疏类作品主要有：《华严经纲要》八十卷、《法华击节》一卷、《金刚经决疑》一卷、《圆觉经直解》二卷、《般若心经直说》一卷、《大乘起信论疏略》四卷、《大乘起信论直

憨山德清

解》二卷、《肇论略注》六卷、《观楞伽经记》八卷，还著有《性相通说》二卷、《憨山绪言》一卷以及一些分析和发挥儒道两家思想的作品，如《观老庄影响论》《大学直指》《中庸直指》等。其门人编有《憨山老人梦游集》行世。

20. 藕益智旭

▬ 藕益智旭

藕益智旭（1599—1655年），明代高僧，中国净土宗第九代祖师。吴县木渎人，俗姓钟。字蕅益，号八不道人。由于晚居灵峰建寺、创社、著书，故世称灵峰蕅益大师。少好儒学，誓灭释老，偶阅袾宏之《自知录》《竹窗随笔》，遂取已所著辟佛论焚之。服父丧期间，闻地藏菩萨之本愿，始萌出家之志。二十二岁专致念佛。翌年发四十八愿，自称“大朗优婆塞”。二十四岁就憨山大师之门人雪岭剃度。师尝学华严、天台、唯识，欲统一禅、教、律，综合佛教诸家体系，唯于实践上侧重念佛。并兼治儒家、景教。主张融合佛、道、儒三教。著作极多，其中《阅藏知津》，系解说大藏经之经、律、论、杂等四部。并融会诸教学，注释《大乘起信论》《大乘止观论》。著《弥陀经要解》一书，乃调和禅与念佛之作。门人成时别编其遗文为《灵峰蕅益大师宗论》十卷。

21. 太虚大师

▬ 太虚大师

太虚大师（1889—1947年），近代高僧，以倡导人间佛教而著称。俗姓吕，名淦森，法名唯心，号太虚。浙江崇德人。生于清光绪十五年（1889年）。光绪三十一年16岁，入苏州小九华寺披剃为僧。出家后即往宁波天童寺依寄禅和尚受具足戒。嗣往永丰寺就歧昌和尚学经。越岁复住天童寺修禅学佛。时与闽僧圆瑛、会泉为同参，相与参究禅学。太虚大师提倡“人生佛教”的根本宗旨是在于：以大乘佛教“舍己利人”“饶益有情”的精神去改进社会和人类，建立完善的人格、僧格。太虚大师是中国近代佛教改革运动中的一位理论家和实践家。他早年受资产阶级改良主义和民主主义思想的影响，因此他把自己的一生都献给了振兴佛教、建设新佛教文化的事业，鞠躬尽瘁，死而后已。他创办僧伽佛学院，培养新僧人才；组织居士正信会，团结各界信众；出版书报杂志，宣传佛教等，作出了卓越的贡献。他对于佛教改革的某些主张和意见，就是在今天也还有其重要的参考价值。

22. 印光大师

印光法师

印光法师（1861—1940年），即释印光，法名圣量，字印光，近代高僧。自称常惭愧僧，又因仰慕佛教净土宗开山祖师——当年在庐山修行的慧远大师，故又号继庐行者。大师俗姓赵，名丹桂，字绍伊，号子任。陕西郃阳孟庄乡赤城东村人。大师振兴佛教尤其是净土宗，居功至伟，是对中国近代佛教影响最深远的人物之一。大师在佛教徒中威望极高，与近代高僧虚云、太虚、谛闲等大师是均为好友，弘一大师更是拜其为师，其在当代净土宗信众中的地位至今无人能及。印光大师化人无数，最被人称道的是，无论是谁，只要写信请教，大师都回信指点迷津，由其回信集结而成的《印光大师文钞》，被认为是佛教徒尤其是净土宗信众的修行宝典。

23. 虚云大师

虚云禅师

虚云禅师（1840—1959年），近代高僧，祖籍湖南湘乡，生于泉州，俗姓萧，名古岩，字德清，六十岁后改字幻游，号虚云，乃近代“一身而系五宗法脉”之禅宗大德。虚云禅师，十九岁出家，二十岁依福州鼓山涌泉寺妙莲老和尚受具足戒；四十岁发心朝五台山，以报父母深恩，由普陀山法华寺起香，三步一拜备受饥寒而道心愈朗，三年遂愿；终于到达五台山，亲见文殊菩萨金颜。后在滇中传教近二十年；九十五岁返曹溪，重建南华，中兴云门。历任福建鼓山、广东南华、云门大觉诸大寺院住持。1953年发起成立中国佛教协会，被选举为名誉会长。是年，当选为全国政协委员。虚云禅师一生一衲、一杖、一笠、一钟行遍天下，由自度而度人。于一九五九年农历九月十二日示寂，世寿一百二十岁，戒腊一百零一。在现代佛教史上，坚持苦行长达百余年，历坐十五个道场，重兴六大祖庭，以一身兼承禅门五宗，法嗣信徒达数百万众的高僧，唯有禅宗泰斗之誉的虚云。虚云禅师作为近代禅门泰斗，其在中国佛教界所作出的贡献，除了上述恢复重兴寺院功德之外，更重要的是为后世禅宗复兴而选择培养储备了大量的护法居士和弘法高僧，其门下嗣祖沙门比丘较为著名的有十余人，其中释一诚、释传印两位大德高僧先后担任中国佛教协会会长。

24. 弘一大师

弘一大师（1880—1942年），俗名李叔同，又名李息霜、李岸、李良，谱名文涛，幼名成蹊，学名广侯，字息霜，别号漱筒，祖籍浙江平湖，生于天津。中国话剧的开拓者之一，在音乐、书法、绘画和戏剧方面，都颇有造诣。从日本留学归国后，担任过教师、编辑之职，后剃度为僧，法名演音，号弘一，晚号晚晴老人。弘一法师是中国新文化运动的前驱，卓越的艺术家、教育家、思想家、革新家，是中国传统文化与佛教文化相结合的优秀代表，是中国近现代佛教史上最杰出的一位高僧，又是国际上声誉甚高的知名人士。他在音乐、美术、诗词、篆刻、金石、书法、教育、哲学、法学、汉字学、社会学、广告学、出版学、环境与动植物保护、人体断食实验诸方面均有创造性发展。在中国近百年文化发展史中，弘一大师李叔同是学术界公认的通才和奇才，作为中国新文化运动的先驱者，他最早将西方油画、钢琴、话剧等引入国内，且以擅书法、工诗词、通丹青、达音律、精金石、善演艺而驰名于世。被佛门弟子奉为律宗第十一代世祖。他

▬ 弘一大师

为世人留下了咀嚼不尽的精神财富，他的一生充满了传奇色彩，他是中国绚丽至极归于平淡的典型人物。太虚大师曾为赠偈：以教印心，以律严身，内外清净，菩提之因。赵朴初先生评价大师的一生为："无尽奇珍供世眼 一轮圆月耀天心。"

25. 赵朴初

赵朴初

赵朴初（1907—2000年），安徽省太湖县人，是中国当代杰出的爱国宗教领袖，是著名的社会活动家，伟大的爱国主义者。一生追求进步、探索真理，孜孜以求，矢志不移。在近七十年的漫长岁月中，与中国共产党风雨同舟，亲密合作，为中国人民解放事业和社会主义建设事业，为造福社会、振兴中华，作出了不可替代的卓越贡献。在国内外宗教界有着广泛的影响，深受广大佛教徒和信教群众的尊敬和爱戴。他佛学造诣极深，《佛教常识答问》等著述深受佛教界推崇，多次再版，流传广泛。他告诫佛教弟子，佛教的利益必须与人民的利益结合起来。我们的生命好比一滴水，只要我们肯把它放到人民的大海中去，这一滴水是永远不会干涸的。他恪尽职守，殚精竭虑，为宗教与社会主义社会相适应的理论与实践作出了杰出的贡献。赵朴初一生致力于中外友好交流活动，充分发挥了宗教在国际交往中具有联系广泛的积极作用，向世界人民广泛宣传了中国政府的宗教政策，加深了中国人民与世界人民的友谊，为维护亚洲和世界和平作出了贡献。赵朴初又是一位以慈善为怀的慈善家，长期从事社会救济救灾工作，做了许多慈善事业，直到晚年体弱多病时，还亲自为遭受地震和洪水灾害的地区筹集救灾资金。他率先垂范，为自然灾害和希望工程捐出个人大笔资金。

四、中国佛家文化的主要思想与文化特色

中国佛家文化继承了印度佛陀创教的根本情怀和基本精神，同时又在中国传统文化的土壤中，生成了它鲜明的不同于印度佛教的思想与文化特点。

（一）中国佛教文化的主要思想

佛家文化最主要的思想可以认为是四谛、缘起性空、平等观、六度与四摄。

1. 四谛

四谛是佛祖释迦牟尼最主要、最集中的思想。一是苦谛。人生如苦海泛舟。佛家认为人的一生贯穿着许多苦恼，概括起来有八苦：一曰生苦，诞生之痛苦也；二曰老苦，老年之痛苦也；三曰病苦，疾病之痛苦也；四曰死苦，死亡之痛苦也；五曰怨憎会苦，“所不爱者而共聚集”也；六曰爱别离苦，不由己与所爱之人之事离别之痛苦也；七曰求不得苦，有所欲求而不得满足也；八曰盛阴苦，由色、受、想、行、识五种因素组成，生灭变化无常，盛满各种身心痛苦也。二是集谛。苦从何来。佛说一切苦恼，起于贪嗔痴三种意恶，既贪欲、如貪、嗔恨、傲慢。以此三者，有招集苦果之义，故称曰集如貪、瞋、癡等煩惱。三是灭谛。放弃贪欲，灭绝苦恼。所谓灭谛，就是要灭绝情欲，无所追求，便可以脱离痛苦，获得精神上的解脱，在精神上进入一种超越的，清明的，无所欲望的涅槃状态。四是道谛。正确驾驭人生之舟，脱离苦海，到达幸福的彼岸。道为通达之意，也是道路的意思。这种道路是达到寂灭解脱的方法和手段，原始佛教认为道谛是指八正道。以后大、小乘又各有发展。佛教认为依道谛去修行，就能达到寂灭解脱的灭谛，由此途径确实可以达到解脱生死的目的。

2. 缘起性空

缘起性空正如拳头与手掌，五个指头合起来成为一个拳头，这叫缘起；放下来变成手掌，这叫性空。因为性空，所以才能缘起；因为缘起，故知本性是空。缘起性空的道理不容易懂，不过从因果法则的六条定律，我们可以进一步认识“缘起性空”。一是果从因生，缘起的先决条件是“因”，有“因”再加上“缘”，条件具足，才能生“果”。“因”是生起万事万物主要的、内在的条件，是生果的直接力；“缘”是外在的条件，能助因生果，是生果的间接力。所以，万有诸法之所以存在，必定有其生成的因缘，这就是“果从因生”的理则。二是相由缘现，“法不孤起，仗境方生”，这个“境”就是因缘，世间一切现象都是因缘和合所产生的假相，本身并无自性，所以说“缘起性空”；由于无自主性，所以能随着缘生而现，缘灭而散，因此说“相由缘现”。三是事待理成，宇宙万法的生起，因然是要有因有缘，但是在因缘果报的生起上，还有着普遍的理则，也就是因果的法则。譬如：种瓜得瓜，种豆得豆；种瓜不能得豆，种豆不能得瓜。“如是因感如是果”，违背了这个“理”则，便不能成其“事”，所以说“事待理成”。四是多从一有，在一般人的观念里，“一”就是只有一个，“多”就是有很多个；但是在佛教看来，一就是多，多就是一，甚至“多从一有”。譬如把一粒水果种子埋到泥土里，经过灌溉施肥，而后长大开花，结出一树累累的果实，这都是由一粒种子而来。五是有依空立，世间上的人，往往有一个错误的观念，以为空是没有。在佛教里面，空才能有，因为空，才有一切，有是依空而立的，所以《般若心经》云：“色即是空，空即是色”。六是佛是人成，佛陀悟道之初，曾经宣示说，众生皆有佛性，人人皆可成佛，但因烦恼无明覆盖，因此不能证得；只要断除无明，拂塵去垢，开头佛性，自能证悟成佛，因此有所谓“佛是已觉悟的众生，众生是未觉悟的佛”。

3. 平等观

平等观也是佛教的一个重要思想，佛教在印度一度消失与平等观念有很大关系，“平等”是佛教大力弘扬和提倡的一个重要理念，是佛教的世界观、人生观和价值观的重要内容。佛教的平等，是指一切现象均平齐等，无本性、本质，乃至高下、深浅的差别。佛教还特别突出世间一切生命的平等，不仅强调人与人、众生平等，还强调众生与佛的平等。这个平等是指在成佛的可能性上是平等的，并不是说人与人之间的现象完全是平等的。任何一个生命都可以成佛，大乘佛教不吃肉也跟这个有关系。众生都是平等的，其他生命都可以成佛，如果吃肉不等于把未来可能成佛的生命体吃了。平等是慈悲的思想基础，慈悲是平等的道德体现。慈悲，按照佛教的通常解释，“慈”慈爱，“悲”就是怜悯，二者合起来就是称之慈悲，就是“予乐拔苦”。慈悲的实践原则是：不杀生、布施报恩。佛教的平等思想体现了生命观、自然观和理想价值观的统一。强调一切生命平等，关爱生命、珍惜生命、尊重生命；主张无情无性，敬畏自然，珍爱自然、保护自然；宣扬众生以解脱为最终目标，进入清净、美妙、庄严的佛国净土为最高理想。这些思想和理念对世界和平和可持续发展都是具有重要的启导意义。也可以这样说，佛家的平等理念是和平思想和可持续发展的主张的哲学基石之一。在平等思想的基础上，佛教还确立了非暴力原则，以“不杀生”为全部戒律的首戒。也可以这样理解，非暴力，不杀生是佛教伦理中最重要的乃至是核心的内容。

4. 六度与四摄

大乘佛教（主要在中国）的核心思想是六度。六度是菩萨所修炼的六种法门。第一是布施，给人以财物和知识的布施。第二是戒度，要求一切信佛学佛的人都要遵守戒律，远离过失，身心安定，开发智慧，圆成佛道。第三是忍度，忍受一切困苦和羞辱，断除烦恼。第四是精进度，勇猛精进，精修一切大行，对治懈怠。第五是禅度，通过禅定产生智慧，定止散心，心一境性调伏眼耳等诸根，会趣寂静妙境。第六是慧度，含义深广，有了知、分别、简择、决断等许多意义，是通达真理的最高智慧。四摄，四摄的“摄”字有导引、摄受之义，四摄即布施、爱语、利行、同事，是菩萨摄受众生时所应坚持的四种方法。布施：财施，以金银、财宝、饮食、衣服、医药等物惠施众生，这叫外财施；以体力脑力，施舍他人，这叫内财施。法施，顺应人们的请求，将佛法道理讲给他们听，将佛经印送给人看，或将自己礼诵修持功德回向众生，这都是法施。无畏施，对疾病者，施与医药；对迷路者，指明方向；对冤仇者，调解道歉；对受灾者，解救危难等等，凡促使世界和平，社会安宁的，都叫无畏施。爱语：对人说话，都要和颜悦色，善言慰喻，说诚实话、质直语，调解语、柔和语，使他对三宝起恭敬之心，方能依教奉行。利行：修菩萨行的人，于身口意三业，做事、说话，存心动念，要以利益众生为出发点，助人为乐，与人为善，人们自然欢喜受教。菩萨为了利益众生，必须广学多闻。同事：随类化身，同止同作，同学同修，既然志同道合，便易成就菩提。以上四摄法，都是菩萨利益众生的方便。“善知方便度众生，巧把尘劳作佛事”即是此意。

（二）佛教的最基本教条

佛法流传于世间，是以人类为中心，而施设契合时机的教法。“五戒十善”即是佛教最基本的教条。五戒十善的内涵是：戒，有所不应为也。所谓“五戒”，即是不杀生、不偷盗、不邪淫、不妄语、不饮酒。“十善”是将五戒中的“不妄语”分解为不两舌、不妄言、不恶口、不绮语，将“不饮酒”扩展为不贪、不嗔、不痴，加上不杀生、不偷盗、不邪淫而成，称作“十善戒法”，或称“十善业道”。五戒是十善的基础，十善是对五戒的扩张和加深，其内容并没有多少差别，只是五戒侧重于身的修为，而十善兼明心的动态。由于佛教徒修持的层次不同，分有在家的（居士）五戒十善或八戒，出家的十戒、比丘戒、比丘尼戒，还有大乘的菩萨戒，但都是以上述五戒十善为基础作些升格或详析，大同小异。

（三）佛家的语言和礼仪

佛家在称呼上有一些特殊的名词，有特定的规矩。比如一寺的主持叫“方丈”，也叫“住持”。住持是“住于世而保持法统传承”的意思。一般人容易把“住持”写成“主持”，这不仅是文字错误，也是理解上的错误。“方丈”的原意，即一丈见方之室，又作方丈室、丈室。禅寺中住持的居室或客殿，也叫函丈、正堂、堂头。印度的僧房多以方一丈为制，进而用来指住持的居室，后来又转为对住持的尊称。

在住持下面，一般寺院则设有四大班首、八大执事。四大班首是指导禅堂或念佛堂修行的，八大执事是专管全寺各项事务的。四大班首分别叫做首座、西堂、后堂、堂主；八大执事则是监院（库房负责人）、知客（客堂负责人）、僧值（又教纠察）、维那（禅堂负责人）、典座（厨房、斋堂负责人）、寮元（云水堂负责人）、衣钵（方丈室负责人）、书记。其中，维那负责寺中的法务，在做法事时，是领众的带头人，寺院中如有犯清规戒律的，也由维那执行处分之事，因此维那有维持纪纲的意思。

有一些称谓，往往是对某一僧人或居士的道德、学问表示尊敬。也是出于礼节性的自谦，如“法师”是常修梵行，通晓佛法，而且能引导、教化众生修行的人。澄观《华严经大疏钞》卷三十八列举了法师必须具备善知法义、能广宣说、处众无畏、无断辩才、巧方便说、法随法行、威仪具足、勇猛精进、身心无卷、成就忍力十种德性。法师的种类，依据《法华经·法师品》的记载，可分为受持、读经、诵经、解说、书写五种，称为五种法师。现在法师已经成为汉地出家人的通称，遇见出家人，称其为某某法师，是完全可以的，它成为世俗人称呼出家人最常用的敬词。

（四）中国佛教的文化特色

中国佛教文化的特色是由中国文化的独特性造就的，从思想文化的角度，中国佛教文化的特点可以概括为以下五个方面：一是强调心性学说。无论是天台宗的“性具”，还是华严宗的“性起”，无论是唯识宗的“五种性”，还是禅宗的“识心见性”“见性成佛”，心性论始终是各个宗派学说的重点。二是强调人人皆有佛性、人人能成佛的众生平等说。佛教鼓励每个人靠自己的努力来实现解脱，这既是对佛陀基本精神的继承和发挥，也特别反映了中国佛教对个人道德完善和自我价值实现的追求。三是重“顿悟”的直观思维方式。重“顿悟”与中国道家所倡的重直观、重体悟的思维方式不谋而合，因而在中国佛教中成为主流。六祖惠能在前人的基础上对顿悟说作了创造性的发展。四是崇尚简易性。崇尚简易性适应了中土社会和民众的需要，促进了佛教在社会中的广泛传播。五是佛学的特质在禅。“禅”是指通过心注一境而使心处于宁静思虑的状态以观悟特定对象或义理的思维修习活动。禅的精神和修行方法深深地浸淫到中国佛教的方方面面，影响到教、净、律各派的发展。六是佛教的文化精神。从思想文化的角度，中国佛教文化精神的主要表现有：圆融精神、伦理精神、人文精神、自然精神、实践精神等多个方面，其中圆融精神、伦理精神和人文精神是中国佛学精神的最主要方面。[①]

五、佛教对中国文化的积极影响

源远流长的佛教思想文化，不但是中国各民族传统文化的一个重要组成部分，而且还对中国的社会经济文化等诸多方面产生过重大影响和积极作用。特别是在哲学、伦理道德、文学艺术、科学技术和民间风俗等方面产生积极的影响。

---

① 洪修平：《中国佛教思想的主要特点及其人文精神》，原载《南京大学学报》2001年第3期。

（一）哲学方面

佛教哲学蕴藏着极深的智慧，它对宇宙人生的洞察，对人类理性的反省，对概念的分析，有着深刻独到的见解。在世界观上，佛教否认有至高无上的“神”，认为事物是处在无始无终，无边无际的因果网络之中。在人生观上，佛教强调主体的自觉，并把一己的解脱与拯救人类联系起来。佛教哲学是中国传统哲学的重要组成部分，它以独特的思想方法和生活方式，给予人们以新的启发，使人们得以解放思想，摆脱儒学教条，把人的精神生活推向另一个新的世界。佛教哲学丰富了中国哲学的内容，同时又不同程度地推动了中国哲学的发展。

（二）伦理道德方面

佛教伦理学以对人的本质、本性的思考为基础，提出佛性论，倡导在人性面前，人人平等，没有尊卑贵贱之分。特别是在孝道理论方面，佛教认为孝为人道的基本伦理准则，人而不孝，则连畜生都不如。父母恩沉似海，应该如何报答？《五分律》卷二十说：“若人百年之中，右肩担父，左肩担母，于上大小便利，并以极世珍奇衣食供养，犹不能报须臾之恩，故当尽心尽寿供养父母，若不供养，必得重罪。”佛教又将孝道分为世间孝与出世间孝，供给父母衣食等为世间之孝，以佛法开导父母为出世间之孝。佛教伦理学为中国社会提供了尊老敬老的良好风尚。

（三）文学艺术方面

佛教进入中国之后，佛教为中国文学带来了新的文体，新的意境，新的命意遣词方法，也就是带来了形式和内容两方面的重大变化。在形式方面，佛教直接或间接地促成了戏曲、律体诗、通俗小说、语录等文体的产生。在内容方面，由于佛教的价值观与人生观之冲击与影响，许多文学都有浓厚的佛教思想，甚至是以佛教为主题。前者如《红楼梦》，后者如《西游记》。从而为文人开拓了新的意境及超现实的想象力，表现出浓郁的浪漫主义色彩。在艺术方面，佛教传入中国后，对中国原本水平很高的雕塑艺术，还是带来极大的冲击，也使得内容和技巧更为丰富。这可以从敦煌、龙门、云冈等地的佛像雕塑显示出来。此外，在绘画和建筑艺术方面，佛教的影响也很大。

（四）科学技术方面

佛教对于中国的科学技术方面有比较大的影响。具体来说，主要是对天文、地理和历史学有比较大的影响。佛教从印度传入，中国的僧人来往于丝绸之路，见识广阔，著作颇多。如法显的《佛国记》、玄奘的《大唐西域记》等，都对中国和亚洲地理学、历史学作出过重大贡献。尤其是唐代僧人一行大师，精于历象阴阳五行之术，是著名的天文学家，他改撰《天元大衍历经》，续成《魏书·天文志》，在世界上第一次算出子午线的长度，对天文学作出了卓越的贡献。此外，佛教对中国印刷术也有突出贡献。长期以来，佛教的刻经活动促进了我国印刷术的发展，至今被保存下来的世界上最古的版刻印本，几乎都是佛教经书图像。

（五）民间风俗文化方面

佛教对于中国的民间风俗文化方面的影响也是很大的。自从佛教传入中国之后，民间对于佛教的认知，中国民众最崇奉的菩萨，大多落在观世音菩萨、文殊菩萨、地藏菩萨、普贤菩萨和弥勒佛等佛菩萨的身上，因为他们大慈大悲，慈悲救世。近两千年来，佛菩萨信仰在中国民间逐步兴起，对中国民间风俗文化产生很大的影响。在中国民间，佛菩萨信仰几乎家喻户晓，其中观音菩萨的形象更是深入人心。观音菩萨不仅救苦救难，而且有求必应，因而在民间更受到了普遍的信仰和崇奉。尤其是佛教的“种瓜得瓜，种豆得豆”的因果观，指出了生死轮回的问题，以及善恶报应的问题，它鼓励人们要积极地去恶从善，为民众带来了新兴而有力的希望。佛教的因果观念，对于千百年来的中国的民心与社会的安定，产生了巨大而深远的影响。

中国佛家文化是中国文化的重要组成部分。中国佛教作为一种普世宗教，关注人类的生存现状、精神危机以及社会领域中出现的诸多问题。佛教道德具有独特智能，慈悲、平等、无贪、净心等一系列颇具人文精神的价值理念，对于构建和谐社会，维护世界和平，促进全人类可持续发展都有重要的现实启示意义。佛教将孝的观念与戒结合起来，认为孝道是成就佛道的必备因素，甚至有“百善孝为先”的说法。佛教又将孝道分为世间孝与出世间孝，供给父母衣食等为世间之孝，以佛法开导父母为出世间之孝。出世间孝扩大世间孝的局限性，将所有的人作为自己的父母，“一切男子皆我父，一切女子皆我母”，而供养承事。这是超越家庭观念的普遍孝道论，为社会提供了尊老敬老的良好风尚。佛教不杀、不盗的道德戒规和“诸恶莫做，众善奉行”的伦理训条也对中国传统的伦理道德产生了一定的影响，特别是大乘佛教慈悲度人、普度众生的精神，曾对儒家“爱有差等”的仁爱精神有过重要的补充，并在近代以来曾激励过许多志士仁人为救国救民而奋斗。近两千年来，佛教一直是中国人民的主要信仰之一，其间经过历代高僧大德的弘扬倡导，许多帝王卿相、饱学之士也都加入这个行列，终于使佛教深入社会各个阶层。而佛家文化的哲理与中国的儒家文化、道家文化相结合、相融汇、相激荡，然后汇入了中华文化源远流长的大海里，形成了中国文化的重要组成部分，为中国文化放射出灿烂辉煌的光芒。

第六章 中国的红色文化

中国红色文化是中国共产党领导中国人民在长期的革命、建设实践和改革实践进程中创造的文化。中国红色文化是中华优秀传统文化的继承、发展与创新，又是马克思主义基本原理同中国具体实际相结合的精神结晶，蕴含着丰富的红色革命精神和厚重的历史文化内涵，在中国的革命和建设的各个历史阶段都发挥了难以估量的重要作用。红色文化体现了中国共产党人鲜明的精神追求，是信仰的文化、革命的文化、大众的文化，是中国文化的重要组成部分。红色文化对于促进中国特色社会主义的先进文化建设，具有十分重大的历史意义和现实意义。

一、中国红色文化的历史起源

中国红色文化起源于中国新民主主义革命时期，是在以毛泽东同志为代表的中国共产党人领导人民进行革命的历史进程中最终得以创建、形成并在社会主义建设时期得到进一步的丰富和发展。红色文化体现了中国共产党人鲜明的精神追求，是革命的文化、大众的文化。

（一）中华民族艰难的探索与实践

中华民族有着辉煌的过去。然而，自1840年鸦片战争以后，受到西方列强的侵略和欺压，中国遭遇数千年未遇之大变局，中华民族逐渐陷入苦难的深渊，这是一个富有进取心和自尊心的民族所不能接受的。于是，推翻骑在中国人民头上的三座大山，实现中华民族伟大复兴便成为近代以来中国人民梦寐以求、舍身奋斗的理想。中国命运何去何从，成为当时中国知识分子极为关注的问题之一。无数仁人志士为了寻求革命道路，在探索救国救民的道路上前赴后继。

1. 以西方资本主义为师的探索

在探索救国救民的道路上，由于鸦片战争的失败教训，中国的仁人志士首先选择以西方资本主义为师。一是以中国的洋务派对于资本主义“长技”的学习与仿效；二是以维新派为首的对于君主立宪制的追求与倡导。但是，中国人民在资本主义道路上前赴后继的探索与奋斗，都无一不以失败而告终。同样是搞资本主义，为什么西方可以而中国就不可以呢？这是因为，西方列强在侵略中国的过程中获得了巨大的利益，他们绝对不可能放弃在中国的既得利益，更不容许在中国产生一个民族独立、人民解放、经济富强的资本主义国家来与之争夺国际市场。

2. 孙中山先生领导的辛亥革命

以孙中山先生为首的革命派，对于民主共和制进行了积极的探索与实践。在经过多次的革命、失败，再革命、再失败的革命实践进程之后，孙中山先生领导的辛亥革命成功了。虽然辛亥革命成功了，结束了中国的封建统治，赶走了两千年的封建皇帝，但是，旧的封建思想意识与消极文化始终盘踞在中国的大地上。最终，辛亥革命的果实被袁世凯窃取，中国进入军阀统治与地方割据的半封建半殖民地的时代。以陈独秀等为首的中国知识分子，曾经主张以美国独立战争、法国大革命和俄国二月革命为“吾民之师资”，“以厚我共和政治之势力”。但是，中国人民在资本主义道路上前赴后继的奋斗，无一不以铩羽饮恨而告终。

3. 新文化运动的兴起

新文化运动的兴起，给中国革命带来前所未有的新希望。特别是俄国十月革命胜利，给中国人民送来了马克思列宁主义。马克思列宁主义传入中国，从而启示中国人民，寻求民族独立、人民解放的道路，必须在科学社会主义理论的指导下进行。新文化运动从某种意义上说，主要集中在两条战线：一是推翻旧社会，创造新社会，二是接纳新理论，创造新文化。这是中国近代史上划时代的重大转折。这种新文化在新民主主义时期称为新民主主义文化。

4. 中国共产党登上中国历史的舞台

马克思主义传入中国，中国共产党人开始登上中国的历史舞台。1921年7月中国共产党成立，中国共产党人把马克思主义引进中国并开始和中国具体实际相结合，初步引领和影响了中国革命的发展方向和进程，中国革命开始进入一个崭新的阶段。从此，中国有了共产党，中国人民在中国共产党领导下开始了全新的革命实践进程。在中国共产党领导中国人民进行的新民主主义革命的斗争中，中国的红色文化也开始萌芽与发展。

（二）中国红色文化的产生

中国红色文化产生于中华民族的危难之际，在中国革命最艰难的岁月中成长。中国的革命者牢牢把握最先进的马克思主义中国化革命理论，紧紧植根于广大人民群众之中，焕发中华优秀传统文化的最大创造力，发展了全新的中国红色文化。以毛泽东等为代表的中国共产党人把马克思列宁主义的基本原理同中国革命和建设的具体实际结合起来，领导各族人民推翻了帝国主义、封建主义、官僚资本主义的统治，取得了新民主主义革命的胜利。在这一革命历史进程中，形成了内涵丰富、博大精深的科学思想体系——毛泽东思想。中国红色文化也正是在以毛泽东为代表的中国共产党人领导人民进行革命和建设的历史进程中最终得以创建、形成并得到丰富和发展。红色文化体现了中国共产党人鲜明的精神追求。

（三）中国红色文化与其他文化的区别与联系

红色文化有别于其他文化的根本点在于红色。中国人的红色情结与生俱来，它流动在中华民族的血脉里，遗传在中华民族基因中。可以说，在中华民族的血脉里，红色有多种含义，它代表平安、喜庆、光荣和革命。在中国近代革命的历史上，红色代表革命的含义尤其突出。回顾中国共产党领导中国进行革命斗争的光辉历程，与红色息息相关，时时刻刻未能分离过。红色文化可以有广义和狭义的理解，广义的红色文化是指世界社会主义运动历史进程中人们的物质和精神力量所达到的程度、方式和成果；狭义红色文化是指中国共产党在领导中国人民实现民族的解放与自由以及建设社会主义现代中国的历史实践过程中凝结而成的观念意识形态。本文所阐述的是狭义的红色文化。中国红色文化是马克思列宁主义、毛泽东思想与中华民族革命历程紧密融合而形成的优秀文化。与其他文化最大的区别与联系在于中国红色文化是对中华民族传统文化的继承和弘扬，是以爱国主义为核心的民族精神、革命精神和时代精神相统一的凝结，是马克思主义中国化、时代化、大众化的载体，是中国共产党和中国人民极其宝贵的精神财富，是中华民族共有的精神家园。

二、中国红色文化的思想内涵与本质特征

中国红色文化有着特定的主要思想与丰富的精神内涵。在不同的历史发展时期有着不同的思想内涵。一般来说，在新民主主义革命时期，红色文化指的是自1921年中国共产党成立以来，中国共产党人为共产主义信仰、理想和目标所产生的革命精神。中国共产党经过长期革命战争的洗礼，所形成的革命文物、文献、革命文艺作品，还包括革命根据地、纪念地、战争遗址、领袖人物的故居，以及革命的传统、革命的精神。其思想内涵是以毛泽东思想为活的灵魂，是中国共产

党人为共产主义奋斗终生的理想目标所形成的红色革命精神。

（一）中国红色文化的思想内涵

在中国新民主主义革命时期，毛泽东思想是红色文化活的思想灵魂。因此我们认为，从红色文化产生的历史背景与形成发展看，红色文化的主要思想内涵，离不开马克思主义普遍原理和中国革命具体实践相结合所形成的毛泽东思想，离不开中国共产党人为共产主义奋斗终生的信仰、理想和奋斗目标所形成的红色革命精神。

1. 红色文化产生的历史背景

中国红色文化产生于中国共产党成立之后，孕育于中国共产党领导的武装斗争所建立的红色政权和红色根据地。1927年春夏，中国共产党遭受到创立以来的最严重的一次挫折，以蒋介石、汪精卫为首的国民党先后在上海和武汉发动反革命政变，大肆屠杀共产党人和革命群众，国共合作的统一战线破裂，第一次大革命失败。在反革命的白色恐怖面前，中共中央于8月7日在汉口三教街41号召开紧急秘密会议，研究解决中国革命的前途和命运问题。这次会议是在中国革命的危急关头召开的，主要目的是总结大革命失败的经验教训，严厉纠正了陈独秀的右倾主义错误，确定了土地革命和武装斗争的总方针，确定今后革命斗争的方针。并把领导南昌起义和湖南农民进行秋收起义作为当前党的最主要任务。特别是毛泽东同志在会上提出“须知政权是由枪杆子中取得的”，为挽救党和革命作出了巨大贡献，中国革命从此开始由大革命失败到土地革命和武装起义兴起的历史性转变。随后，中国共产党人在全国各地先后发动了100多次武装起义。但是，它们中的大多数都失败了。面对新的失败，共产党人仍然没有被吓倒，被征服，被杀绝；面对新的失败，共产党人从地下爬起来，揩干身上的血迹，掩埋好同伴的尸首，又继续革命、继续战斗了；面对新的失败，中国共产党人开始了新的思索。怎样进行土地革命，怎样进行武装斗争，怎样积蓄和发展革命力量？这些问题归结到一起就是怎样革命，怎样取得胜利。

2. 毛泽东是红色文化最杰出的代表

在中国新民主主义革命时期，代表中国最先进思想并集合了中华民族最优秀儿女的中国共产党内，始终存在着一股不屈不挠为真理而奋斗的健康力量。他们善于利用马克思列宁主义的普遍原理来分析中国的实际情况，并善于把二者很好地结合起来，从而走上了一条寻找革命新道路的征程。毛泽东同志就是这批人中最杰出的代表。1927年毛泽东同志领导秋收起义，领导并建立井冈山革命根据地，在之后的几年间，毛泽东把马克思列宁主义普遍原理和中国革命具体实践相结合，不仅率先在实践中通过井冈山革命根据地的建立和发展，走出了一条先在农村中实现“工农武装割据”，积蓄和发展革命力量，然后再农村包围城市，最终夺取全国胜利的道路，而且在理论上也初步论证了中国革命走这条道路的可能性和必要性，并对和这条新道路相关的一系列的革命的基本问题，如中国革命的性质、任务、方向和前途等问题作出了科学的论证。这期间，毛泽东撰写了《中国的红色政权为什么能够存在》《井冈山的斗争》《关于纠正党内的错误思想》《星星之火，可以燎原》《反对本本主义》《怎样分析农村阶级》等重要文章。这些文章指导与指引中国共产党人继续革命和发展革命武装斗争，有力的推动各个革命根据地红色文化的发展。特别是1930年初，毛泽东同志在《星星之火，可以燎原》中确立了“以农村为中心”的观念，并且把小块红色政权的发展同全国政权的取得联系起来，初步形成了通过农村包围城市，最后夺取全国政权切合中国国情的革命道路理论。

3. 毛泽东对党的思想建设和红军建设的贡献

毛泽东把马克思主义普遍真理同中国实际结合起来，初步解决了中国革命道路应当怎样走以及与之相关的一系列重要问题之后，1929年，在毛泽东同志的主持下，在福建古田召开著名的古田会议。古田会议的决议把中国共产党的思想建设同执行党的政治路线和完成党的政治任务紧密结合起来，从理论和制度上正确解决了党的思想建设如何服务于党的政治任务问题。明确指出：“中国的红军是一个执行革命的政治任务的武装集团”，军队必须绝对服从党的领导，必须全心全意地为党的纲领、路线和政策而奋斗，强调红军必须健全党的各级组织，每连建设一个支部，每班建设一个党小组，这是红军中党的组织的重要原则之一，是党指挥枪的创立，是新型人民军队建设与红军作战的基本原则，从而也开创了探索党的基层组织建设的先河，为之后的红军长征、抗日战争、解放战争的胜利奠定了坚实的基础。

4. 毛泽东思想的初步形成

在20世纪30年代的中国，毛泽东把马克思主义普遍真理同中国实际结合起来，初步解决了中国革命道路应当怎样走以及与之相关的一系列重要问题。他在《星星之火，可以燎原》中，确立了“以农村为中心”的观念，并且把小块红色政权的发展同全国政权的取得联系起来，初步形成了通过农村包围城市，最后夺取全国政权的革命理论。更为重要的是，他撰写的《反对本本主义》这篇文章，深刻阐明了坚持马克思主义的唯物主义思想路线，坚持革命理论与革命实践相结合的原则的重要性。在这篇文章中，毛泽东强调无产阶级的革命事业需要学习别国的经验，但是这种学习并不是要求人们去照抄书本上的某个结论，提出了离开实际调查，就要产生本本主义，其结果不是机会主义就是盲动主义。这些论述，成为实事求是、群众路线、独立自主三个方面的基本理论，成为毛泽东思想的活的思想灵魂。实事求是，就是理论联系实际，解放思想，用客观实践检验真理；群众路线，就是一切为了群众，一切依靠群众，从群众中来，到群众中去；独立自主，就是要把党的方针放在本国实际和本国人民力量的基点上，找出适合本国情况的前进道路。这三大理论，标志着毛泽东思想的初步形成。

5. 毛泽东思想丰富和发展了马克思主义

毛泽东思想是马克思主义普遍原理和中国革命具体实践相结合的产物。它是以毛泽东为主要代表的中国共产党人，继承中国优秀的文化传统，运用马克思主义的立场、观点和方法，把中国长期革命和建设实践中的一系列独创性经验作了理论概括而形成的适合中国情况的科学的指导思想。毛泽东思想以独创性的理论丰富和发展了马克思主义。一是关于新民主主义革命的理论；二是关于社会主义革命和社会主义建设的理论；三是关于革命军队的建设和军事战略的理论；四是关于革命斗争的政策和策略的理论；五是关于思想政治工作和文化工作的理论；六是关于党的建设的理论。毛泽东思想比较突出的内容有“星星之火可以燎原”“枪杆子里出政权”“农村包围城市”“游击战十六字方针”“群众路线”“团结一切可以团结的人”“文艺为无产阶级革命服务”“继续革命理论”等等。毛泽东思想把辩证唯物主义和历史唯物主义运用于无产阶级政党的全部工作，在中国革命长期艰苦斗争中形成了具有中国共产党人特色的这些立场、观点和方法，丰富和发展了马克思列宁主义。

6. 毛泽东思想是中国红色文化活的思想灵魂

毛泽东思想不仅是中国共产党的宝贵的精神财富，又是中国红色文化能够形成发展的思想基础、活的思想灵魂。红色文化之所以能够成长发展，靠的是中国共产党为共产主义奋斗终生的理想信仰，靠的是毛泽东同志提出的实事求是、群众路线、独立自主的三大基本理论。在中国新民主主义革命的斗争中，毛泽东提出的三大法宝基本理论，集中代表一种全新的革命理念，重视群众，服务群众，成为新的文化发展方向，为最广大的人民群众服务，成为新的时代精神与文化理念。新民主主义革命的实践中，革命者代表人民群众的基本利益，人民群众支持革命者的英勇斗争，革命者与群众之间实现了真正的鱼水之情，从而使中国人民的革命热情和革命勇气得到前所未有的开发与拓展，人们为了实现自己的权利与梦想，展现了巨大的斗争精神和崇高的革命勇气。红色文化体现了中国共产党人鲜明的精神追求，具有强大的生命力。在红色文化的孕育下，爆发出崇高的无产阶级革命精神，如井冈山精神、长征精神、延安精神、抗战精神、西柏坡精神等革命精神。特别是井冈山精神，其内涵可以用五句话来概括：一是坚定不移的革命信念；二是坚持党的绝对领导；三是密切联系人民群众的思想作风；四是一切从实际出发的思想路线；五是艰苦奋斗的作风。在井冈山艰苦创业的实践过程中，红军始终关心群众，相信和依靠群众，同群众打成一片。为了人民的利益和革命事业的需要，无数革命者抛头颅、洒热血，甘愿奉献自己的青春和生命。

（二）中国红色文化的本质特征

红色文化的成长与中国革命发展交相辉映。红色文化的成长发展过程是一个不断接受革命实践检验，又从革命实践中吸取经验和教训，丰富和创造自我的过程。红色文化吸收五千年中华优秀传统文化的精华，红色文化把马克思主义的基本原理与中国革命和建设实际相结合，形成了毛泽东思想。红色文化体现了中国共产党人鲜明的精神追求，是信仰的文化、革命的文化、高尚的文化、大众的文化。

1. 红色文化是信仰的文化

在新民主主义革命时期，红色文化指的是自1921年中国共产党成立以来，中国共产党人为共产主义信仰、理想和目标所产生的文化。可以说，红色文化就是中国共产党人的信仰文化。自从有了马克思主义，才有了中国共产党；有了中国共产党，才有了中国红色文化；有了中国红色文化，中华民族才逐步从鸦片战争后迷茫委顿、备受欺凌的状态中挣脱出来，实现了从不断探索、不断革命到为共产主义奋斗终生的崇高信仰的伟大转折。红色文化是中国共产党人信仰的文化，是中国共产党人强大的精神支柱。在红色文化的熏陶下，人们能够源源不断地获得精神的养分和心灵的充实，是激励人们追求理想和信仰的动力与源泉。红色文化形成于新民主主义革命时期，在革命的斗争实践中所形成的井冈山精神、长征精神、延安精神，是红色文化的精髓。红色文化精神在不同的革命历史阶段都不断地激励着中国共产党人和全国各族人民为追求民族独立、国家富强的共同理想而不懈奋斗。中国共产党人和广大革命者在革命斗争实践中展现出的顽强、大无畏的革命精神，体现了以爱国主义为核心的民族精神和以英雄主义为核心的革命精神，体现了党和群众在革命年代的精神风貌、价值取向及人生追求，成为中华民族共有精神家园的重要支撑。

2. 红色文化是革命的文化

红色文化是广大人民群众在中国共产党领导下，以马克思主义、毛泽东思想的科学理论为指导而生成的革命的文化。在中国共产党领导的新民主主义革命的不同时期，共产党领导产生的红色文化，是根据革命斗争发展的客观要求而产生不同的表现。在井冈山革命斗争时期，红色文化呈现出的是艰苦奋斗的井冈山精神为代表；长征时期的红色文化，是以大无畏革命理想为支撑，以“一不怕苦，二不怕死”的革命英雄主义精神闻名于世的红军精神；抗日战争时期的红色文化，以自力更生、不屈不挠、代表中国新希望的延安精神为代表；解放战争时期的红色文化，则以心系人民、众志成城，艰苦奋斗、谦虚谨慎、不骄不躁的西柏坡精神。红色文化在革命的不同阶段展现出不同的时代特征，始终与中国的革命实践保持密切的联系，从而保持着旺盛的生命力，推动中国革命不断向前深入，最终取得新民主主义革命的伟大胜利。红色文化不仅是革命的文化，它蕴涵了中国共产党人的政治哲学、历史意识、政治追求和道德取向，彰显并表达着中国共产党人的世界观与价值理念。

3. 红色文化是高尚的文化

红色文化是革命的文化，又是一种高尚的文化。红色文化中的理想信念、实事求是、联系群众、艰苦奋斗、开拓创新、集体主义、爱国主义等，充分体现了崇高的无产阶级革命精神。红色文化中的以最广大人民群众的根本利益为本，尊重劳动、尊重知识、无私奉献等，充分体现了高尚的无产阶级革命文化。红色文化中所表现的自强不息、厚德载物等的民族精神；强调勤俭节约、克己奉公、勤政爱民等，充分体现了红色文化继承发展了源远流长的中华传统文化。红色文化中的精神内涵包含了中华民族在悠久历史实践过程中形成的精神追求和行为准则，并吸收五千年中华优秀传统文化的精华，拥有了强大的生命力。红色文化具有塑造新人、涵养人心、促进民族自新的价值与功能。红色文化的广泛传播，可以凝聚时代人心、彰显时代精神、锤炼民族性格、锻造民族风骨、提升民族品格。在红色文化的熏陶下，人们能够源源不断地获得精神的养分和心灵的充实，是激励人们追求理想和信仰的动力与源泉，对于形成健康向上的价值导向和社会道德风尚具有引领与促进作用。

4. 红色文化是人民大众的文化

红色文化既是中国革命的主流文化，也是大众文化。红色文化坚持为最广大人民群众服务，是人民大众的文化。红色文化具有鲜明的大众性，它崇尚底层文化，坚持为人民服务，坚持密切联系群众的新理念和新作风，展示与传统文化截然不同的一面；它始终反映广大人民大众的意志和愿望，代表着广大人民群众的根本利益与要求，服务于人民大众，满足着人民大众日益增长的精神文化生活的需要，发挥着不断提高广大人民群众的科学文化素质和思想道德素养的作用与功能；它不是为少数人垄断的精神产品，而是来自于人民、服务于人民，由人民中的先进分子创造的思想文化，是一种群众性的大众文化；它着眼培育有崇高理想、坚定信念和道德追求的时代新人，不断满足人民群众日益增长的精神文化需求，促进人的全面发展。红色文化的主体是人民群众，人民群众既是红色文化的创造者和传播者，也是红色文化的接受者。红色文化源于群众生活，高于群众生活。在新民主主义革命的斗争中，在中国共产党的领导下，中国人民的革命热情和革命勇气得到前所未有的开发与拓展，人们为了实现自己的权利与梦想，展现了巨大的斗争精神和崇高的革命勇气。新民主主义革命实践中，革命者代表人民群众的基本利益，人民群众支持革命者的英勇斗争，革命者与群众之间实现了真正的鱼水之情。革命军队的“三大纪律、八项注意”，土改中的分田分地，展示出一种全新的平均理念和公正思想。中国共产党人更是集中代表一种全新的革命理念，重视群众，服务群众，成为新的文化发展方向，为最广大的人民群众服务，成为新的时代精神与文化理念。

三、中国红色文化的表现形式与表现特征

红色文化是中国共产党人继承民族优秀传统文化和汲取人类先进文化的文明成果，是中华民族共有精神家园的文化支撑。我们听到的红色歌曲、红色戏剧是红色文化，看到的红色标语、革命旧址也属于红色文化。红色文化有着丰富的表现形式和突出的表现特征。

（一）中国红色文化的表现形式

红色文化有着丰富的表现形式和突出的表现特征。中国红色文化的表现形式有两种：一是物质形态，指革命战争年代留下来的革命旧址旧居，以及诗歌、歌曲、戏剧、标语、出版物和革命文献等历史遗存；二是精神形态，指在马克思主义的传播和马克思主义中国化、时代化、大众化过程中，所形成的具有中国风格、中国语言、中国气派的革命精神和优良传统，如井冈山精神、长征精神、延安精神、西柏坡精神等。在血雨腥风、战火纷飞的中国国内革命战争年代，红色文化点燃了那个年代岁月的激情，成为团结人民、教育人民、打击敌人、消灭敌人的有力武器，发挥了不可替代的作用。

在井冈山斗争和中央苏区的艰苦岁月里，红色文化十分活跃，发挥了教育、娱乐、鼓舞士兵和群众的巨大作用。据陈毅同志1929年9月写给中央的报告记载，从三湾改编开始，红军士兵委员会内新设了娱乐科，连队、营部专设五名宣传兵，分为两组，一组为演讲队，担任口头宣传，一组为文字宣传组，负责写

标语。许多群众说，红军一到满街红，就像过年一样。仅于纪念日或每月举行工农兵联欢会，或红军纪念会，有演说，有新剧，有京剧，有双簧，有女同志跳舞，有魔术，这些不仅教育了士兵和群众，也给士兵和群众带来了快乐，鼓舞了斗志。

毛泽东在《井冈山的斗争》一文中提到："红军每到一地，群众冷冷静静，经过宣传之后，才慢慢起来。"部队每到一个地方，派出五至七人组成的宣传队，展开形式多样的红色文化宣传。其中最常见有效的，也深受军民欢迎的，是一种统称为"文明戏"的化装演出，介于话剧与歌剧、活报剧之间，不需要舞台幕布，不要太多的道具乐器，只需挑选稍有表演能力的战士，做些又说又唱、又做又跳的表演就行。表演内容从当地发生的事情中撷取。在那个革命激情燃烧的年代，离不开这种红色，离不开这种文化。可以肯定的指出，那个年代中国的劳苦大众之所以能激情燃烧，就是因为受红色文化的影响。①

（二）中国红色文化的表现特征

中国红色文化在新民主主义革命时期不仅具有丰富的表现形式，而且具有突出的表现特征。概括起来主要有以下三个方面：

1. 强烈的战斗性

红色文化的表现特征最为突出的是强烈的战斗性。其基调激扬奔放，铿锵有力，给人以信心和力量，提倡什么、反对什么，旗帜鲜明。安源工人大罢工时提出的"从前是牛马，现在要做主人"，既是声讨旧社会的檄文，又是激励工人斗志的号角，表达了强烈的抗争精神和彻底的革命精神。可以看到，红色文化渗透了崇高的理想信念，体现了一往无前的战斗精神。

2. 广泛的群众性

红色文化具有广泛的群众性。红色文化的主体是人民群众，人民群众既是红色文化的创造者和传播者，也是红色文化的接受者。红色文化源于群众生活，高于群众生活。革命战争时期，红军中一些具有文学素养的战士，利用当地流传较

① 王二路：《中国红色旅游网漫谈红色文化》，原载中红网，www.crtcom.cn.

广的旧山歌、唱腔、快板等，加以文学方面的加工，使内容与先前迥然不同，政治层次上升，起到很好的宣传作用。

3. 大众的通俗性

红色文化还有一个突出的表现特征，就是明显的通俗性，其成本的内容简洁、明快，通俗、易懂，大众化。当时有一幅宣传画叫“党支部是火车头”，画面就只画个火车头，其上写了“党支部”三个字，不用多做解释，一看就明白。而歌曲《当兵就要当红军》《大刀向鬼子们的头上砍去》《解放区的天是明朗的天》等等，朴实无华中表现深刻的革命道理，通俗易懂，人人明白。

四、中国红色文化的精神内涵

中国共产党成立90多年来，在领导中国革命的征程中形成的红色文化精神，在早期等同于革命精神，其后内涵在不断丰富拓展。红色文化精神大致可以划分为三个历史时期。一是在1949年之前是名副其实的革命精神，如井冈山精神、长征精神、延安精神、抗战精神、西柏坡精神等。二是1949年之后中华人民共和国成立，中国共产党领导中国人民转向社会主义建设，红色文化精神的内涵已超越了革命主题，出现了“建设精神”，如“两弹一星”精神、雷锋精神、焦裕禄精神、大庆精神。三是1978年之后中国进入改革开放时期，红色文化精神的内涵又出现了改革创新精神、抗洪抢险精神、抗震救灾精神等。这些红色精神是中国红色文化的精髓，是激励人们不断开拓进取、矢志不渝的强大精神支柱，是实现中华民族伟大复兴的现实需要。

（一）新中国成立前的革命精神

中国红色文化在1949年之前出现的革命精神主要有井冈山精神、长征精神、延安精神、抗战精神、西柏坡精神等。

1. 井冈山精神

井冈山精神产生于开创井冈山革命根据地的伟大实践。1921年中国共产党建立，从此中国革命的面貌一新。中共一大、二大、三大、四大，均以马列主义为指导，结合中国民主革命的实际，认真探索民主革命的规律，逐步弄清了新民主主义革命进程中的若干问题，从不同角度深化了对中国民主革命的认识。这些论述，正确地提出了反帝反封建的民主革命纲领。

1924年，国共实现第一次合作，工农运动得到大发展，北伐战争节节胜利，沉重打击了帝国主义及其走狗北洋军阀的反动统治，锻炼了中国共产党和工人阶级，扩大了党在人民群众中的影响，为即将到来的土地革命准备了条件。但是，1927年，轰轰烈烈的大革命失败了。叛变革命的国民党按照蒋介石“宁可枉杀一千，不可使一人漏网”的旨意，对共产党人和革命群众进行了疯狂的屠戮。

革命志士的血没有白流，中国共产党从中深刻懂得了一定要掌握枪杆子，有一支自己独立领导的革命军队的极端重要性和紧迫性。八一南昌起义打响了武装反抗国民党反动派的第一枪，接着，秋收起义、广州起义、百色起义等标志着中国共产党开始了创建红军的历史新时期。其中，毛泽东领导的秋收起义为中国共产党开辟一条崭新的民主革命道路，作出了具有开拓性的贡献。根据中共八七会议的决定，1927 年9月9日，毛泽东以中共中央特派员的身份，率领以工农革命军为骨干的五千人发动了秋收起义。由于敌强我弱，起义受挫。是继续强攻大城市长沙、以卵击石，还是转向敌人力量薄弱的地区，暂时保存自己，另谋远图，成了当时问题的焦点。毛泽东力排众议，从敌大我小的实际出发，说服部队向敌人力量弱小的偏僻的农村转移，取道萍乡，沿罗霄山，向南进攻。

自文家市放弃打长沙的计划，到9月29日永新村三湾改编，一系列决策和行动表明，这支红军力量实际上已经开始踏上了一条中国式的民主革命的独特道路。10月27日，部队服从党组织的领导开到兰花坪茨坪，把革命红旗插上了罗霄山中段的井冈山。井冈山地处湘赣两省的边陲之地，边界数县高山丘陵起伏连绵，远离中心城市，是敌人统治力量鞭长莫及的地区，便于革命力量得以保存和发展。边界自然条件有独到之处，气候适宜，动植物的生长条件良好，可以为部队提供一定的物资给养。这里还有扎实的群众基础，大革命时期，边界党组织曾获得过发展，农民协会力量壮大，掀起了打土豪分田地的红色风暴。毛泽东率领秋收起义部队，经过大小十余次战斗，在这一带安营扎寨，完成了事关革命大局的战略转移，开始了为创建井冈山革命根据地而展开的艰苦卓绝的革命斗争。

1928年4月，朱德、陈毅率南昌起义余部与毛泽东在井冈山胜利会师，两军计万余人，改为中国工农红军第四军。从此，在毛泽东、朱德的领导下，井冈山根据地大力发展党组织，深入开展土地革命斗争，巩固扩大红军力量，建立湘赣边界工农政权，成为中国共产党领导的革命武装第一个立足点。它是马列主义与中国革命实际相结合的产物，是中国共产党和人民集体智慧的结晶，是中国共产党领导的民主革命进程中第一座历史丰碑。与此相应，通过艰苦奋斗，开创中国式民主革命道路的革命精神就是井冈山精神。

井冈山精神诞生于土地革命时期的井冈山根据地。在巩固和发展井冈山革命根据地的斗争实践中，红军创造了人民军队建设的一系列重要经验，形成了以“胸怀理想、坚定信念，实事求是、勇闯新路，艰苦奋斗、敢于胜利，依靠群众、无私奉献”为主要内容的井冈山精神，对中国革命的进程产生了广泛而深刻的影响。

井冈山雕塑

井冈山精神的内涵可以用五句话来概括：一是坚定不移的革命信念。井冈山革命根据地是大革命失败后，共产党人在屠刀面前不屈服，坚持革命斗争的产物。二是坚持党的绝对领导。“三湾改编”把党的支部建在连队上，确立了党对军队的绝对领导，这是革命胜利的可靠保证。三是密切联系人民群众的思想作风。井冈山斗争史是军民同仇敌忾的战斗历史，必须搞好群众基础，增强无形实力。四是一切从实际出发的思想路线。井冈山是革命的根据地，我党建立的第一个农村革命根据地，它的建立本身就体现着从实际出发的实事求是的精神。五是艰苦奋斗的作风。坚定的信念，不能停留在口头上，而要付诸行动。井冈山工农红军艰苦奋斗的作风是非常突出的，在群众中传为佳话。

胸怀理想、坚定信念，是井冈山精神的精髓。大革命失败后，井冈山的革命火种依靠什么点燃了“工农武装割据”的燎原之火，照亮了中国革命的前程？靠的就是共产党人对中国革命光明前途的坚定信念和不懈追求。有了这种崇高的理想信念，就会产生战胜困难、战胜敌人的精神力量。共产党领导的工农红军在战场上冲锋陷阵、英勇杀敌，在敌人的屠刀下慷慨就义、视死如归，在艰难困苦的环境中精神饱满、斗志旺盛。

实事求是、勇闯新路，是井冈山精神的核心内容。井冈山斗争是在革命处于低潮时期开始的。在历史关键时刻，我们党坚持实事求是、调查研究，把马克思主义与中国革命实际相结合，开辟了农村包围城市、武装夺取政权的革命道路，制定了党领导军队的一系列组织制度和纪律，引导中国革命不断走向胜利。

艰苦奋斗、敢于胜利，是井冈山精神的重要内容。建立革命根据地，离开艰苦奋斗精神是无法实现的。毛泽东、朱德等党和红军领导人身先士卒、以身作则，带领井冈山军民自己动手挑粮、种菜、编草鞋、挖草药、熬硝盐、办军械厂，克服各种困难艰险，打破重重包围封锁，巩固和扩大了井冈山革命根据地。

依靠群众、无私奉献，是井冈山精神在人生观价值观和道德情操上的具体体现。在井冈山艰苦创业的过程中，红军始终关心群众，相信和依靠群众，同群众打成一片。为了人民的利益和革命事业的需要，无数工农红军抛头颅、洒热血，甘愿奉献自己的青春和生命。正是因为我党与人民群众血肉般的联系，才赢得了群众的拥护和支持，使得国民党反动派一进入根据地，就陷入人民战争的汪洋大海。

2. 长征精神

1934年10月，中国工农红军在第五次反“围剿”战争失败后，中央红军主力被迫撤离江西革命根据地，准备与二、六军团会合，沿途突破敌人四道封锁线，兵力损失五万余人。12月，黎平会议召开后，红军改变会合计划，向贵州腹地进发。1935年1月，红军攻打娄山关，占领遵义城，召开政治局扩大会议，毛泽东在中央的领导地位也开始确立。会后，红军四渡赤水、巧渡金沙江、强渡大渡河、翻越夹金山。6月，与红四方面军会合，开始与张国焘的分裂主义作斗争，左路军走过人迹罕至的草地。随后，红一，三军团和军委纵队继续北上，攻克天险腊子口，翻越六盘山，到达吴起镇与陕北红军会师。1936年10月中国工农红军第一、二、四方面军在甘肃省会宁地区会师，红军宣布长征胜利结束。

从1934年10月，中国工农红军开始离开江西瑞金进行战略大转移，至1936

年10月止，红军走过了赣、闽、粤、湘等十一个省，经过了五岭山脉、湘江、乌江、金沙江、大渡河以及雪山草地等万水千山，行程达两万五千里，这就是举世闻名的二万五千里长征。长征，在人类历史上前所未有，极其伟大。它创造了无与伦比的英雄形象，谱写了惊天地、泣鬼神的伟大革命诗篇。它是中国革命史上的奇迹，世界军事史上的伟大壮举。它在世界人民的心中，早已成为一部不朽的英雄史诗。“红军不怕长征难，万水千山只等闲”，万里长征不仅给我们留下了横渡湘江乌江、四渡赤水、强渡大渡河、过草地、翻雪山等一幅幅鲜活的历史画卷，更为我们留下了不朽的长征精神。

长征精神基本内涵是：革命理想高于天的忘我牺牲精神；敢于战胜一切敌人而不被敌人所屈服的革命英雄主义精神；顾全大局、紧密团结的集体主义精神；坚韧不拔、百折不挠的艰苦奋斗精神；一切从实际出发，坚持走自己道路的求实创新精神。尽管长征精神带有浓烈的战火气息和特定历史条件的烙印，但他表现出来的理想、信念、情操、气概、风格和作风等元素，都集中体现了中国共产党的政治本色，是中国共产党和人民军队革命传统的生动反映，也是中华民族自强不息的民族品格的集中展示，是以爱国主义为核心的民族精神的最高体现。

长征精神的主题是“一不怕苦，二不怕死”；其最显著的特点就是革命英雄主义精神。长征精神是中华民族百折不挠、自强不息的民族精神的最高表现，是保证中国革命和建设事业从弱小走向强大精神力量。

长征是中华民族不屈不挠精神的典范。纵观整个长征的过程：四渡赤水河，巧渡金沙江，飞夺泸定桥，强渡大渡河，爬雪山，过草地……每一个战略方向的改变，每一项战略任务的确定，每一次战斗胜利的取得，都无不体现出中国红军将士不怕艰难困苦，永久坚持的大无畏革命精神。红军的大无畏精神，永远激励着我们前进！

长征途中

长征是人类历史上艰苦奋斗精神的楷模。长征途中，红军将士面对的是一条条波涛汹涌的大河，一座座巍然耸立的雪山，一片片茫无涯际的草地，前有敌军，后有追兵，可就是在这“敌军围困万千重”的逆境中，红军转战两万五千里，终于从绝境中杀出了一条生路，谱写出一曲曲动人的革命英雄主义的时代乐章。

长征是充满着无私奉献精神的史诗。无论是难以自拔的沼泽，还是茫茫无际的草地；无论是皑皑白雪，还是飞机大炮；无论是酷暑严寒，还是饥饿干渴……红军将士都抱定革命的理想和革命英雄主义，以坚忍不拔的毅力，与穷凶极恶的敌人展开殊死搏斗，将生的希望让给别人，死的威胁留给自己。

长征是人类战争史上的奇迹，特有的魅力使它就像一部最完美的神话，突破时代和国界，在世界上广为传扬。中国工农红军的长征是一部史无前例、雄伟壮丽的史诗。“长征是历史记录上的第一次，长征是宣言书，长征是宣传队，长征是播种机。”长征是我们中华民族宝贵的精神财富。尽管，红军长征已经过去了八十多年，但它的丰功伟绩，惊天地，泣鬼神，彪炳史册，万古流芳。

长征是中国共产党人创造的神话。只有理解长征，才能理解中国共产党；只有理解长征精神，才能理解我党我军从胜利走向胜利的真谛。长征是人类历史上的伟大壮举，是一座让中国人民世代铭记的历史丰碑。长征历时之长、行程之远、敌我力量之悬殊、自然环境之恶劣，创造了中外战争历史的奇迹。

长征精神集中体现了中国共产党人革命理想高于天的忘我牺牲精神，展现了一不怕苦，二不怕死的革命英雄主义，是中国共产党人世界观、人生观和价值观的全面展示，是中华民族宝贵的精神财富。

3. 延安精神

中央红军长征到达陕北，延安成为中国共产党和军队的根据地，勤劳勇敢的老区人民用生命和鲜血哺育了中国革命；延安是中国抗日战争的总后方，在生活极其残酷的条件下，广大军民开展了自己动手、丰衣足食的大生产运动，为夺取革命胜利奠定了物质基础；延安是毛泽东思想从形成、发展到成熟的革命圣地。毛泽东主席关于中国革命的政治路线问题、军事问题、党建问题、哲学问题等一系列具有代表性的理论著作大多是在延安撰写的，党的“七大”把毛泽东思想确立为党的指导思想也是在这里。在中国共产党的历史上，马克思列宁主义同中国实际相结合的第一次历史性飞跃就是在延安实现的。

在延安，中国共产党孕育了光照千秋的延安精神，在中国的革命和建设中发挥了巨大的精神动力作用。延安精神是中国共产党、也是中华民族的宝贵精神财富，它对中国历史发展进程产生着巨大和深远的影响。延安精神的主要内容是：坚定正确的政治方向，解放思想、实事求是的思想路线，全心全意为人民服务的根本宗旨，自力更生、艰苦奋斗的创业精神。同时，延安在革命战争年代曾是中国共产党的指挥中枢和战略后方，中国共产党在这里运筹帷幄，作出了关系中国革命前途命运的一系列重大决策，为夺取全国政权奠定了坚实基础，这里孕育了伟大的“延安精神”。伟大的“延安精神”是中国共产党的传家宝，是中华民族宝贵的精神财富。

革命圣地延安，既是红军长征胜利的落脚点，也是建立抗日民族统一战线，赢得抗日战争胜利，进而夺取全国胜利的解放战争的出发点。从1935年到1948年，毛泽东等老一辈无产阶级革命家就是在这里生活和战斗了13个春秋，他们运筹帷幄，决胜千里，领导和指挥了中国的抗日战争和解放战争，奠定了中华人民共和国的坚固基石，培育了永放光芒的“延安精神”，谱写了可歌可泣的伟大的历史篇章。“延安精神”正是以毛泽东同志为首的中国共产党人把马克思列宁主义的科学思想体系与中华民族的优秀传统风范结合的产物，是中国共产党在长期革命斗争中所形成的优良传统和作风的结晶，是“井冈山精神”“长征精神”的继承和发展，是一种具有中国特色的无产阶级革命精神。它的内容丰富，源远流长。延安精神的内涵可以用四句话来概括：

一是自力更生、艰苦奋斗的精神。当时的延安交通闭塞，经济落后。面对国民党的封锁，毛泽东同志号召根据地军民自己动手，丰衣足食，开展了大生产运动。部队战时作战，闲时种地。多年下来，红米饭、南瓜汤不但没有将根据地军民饿垮，反而铸就了延安军民的铮铮铁骨和艰苦奋斗的精神。中国共产党是靠艰苦奋斗起家的，中国共产党和人民的事业是靠艰苦奋斗不断发展壮大的。回顾党的历史，从在上海成立到井冈山时期，从遵义会议到延安时期，从西柏坡到夺取全国政权，从中华人民共和国成立到改革开放新时期，艰苦奋斗是中国共产党人的工作作风，也是思想作风，也是中国共产党的优良传统和政治本色，是凝聚党心民心、激励全党和全体人民为实现国家富强、民族振兴而共同奋斗。

二是全心全意为人民服务的精神。延安时期是中国共产党在中国局部地区建立人民政权并不断扩大执政区域的重要时期。中国共产党历来把为中国广大人民谋利益作为自己的根本宗旨，在延安时期又响亮地提出了“为人民服务”的口号并在全党认真实践。那时的陕甘宁边区政府，被誉为“民主的政府，廉洁的政府”。当年驻延安的美军观察组成员说：“这里不存在铺张粉饰和礼节俗套，没有乞丐，也没有令人绝望的贫困现象，人们的衣着和生活都很俭朴，人民之间的关系是坦诚、直率和友好的。这里也没有贴身保镖、宪兵和重庆官僚阶层的哗众取宠的夸夸其谈。”中国共产党就是以对人民的无限忠诚，赢得了人民的拥护和支持。

三是理论联系实际、不断开拓创新的精神。延安时期是中国共产党科学总结正反两方面经验，成功地推进马克思主义中国化、在理论上实现第一次历史性飞跃的时期。毛泽东同志的许多重要著作，如《中国革命战争的战略问题》《实践论》《矛盾论》《论持久战》《新民主主义论》《论联合政府》等，都是在延安时期完成的。

四是实事求是的思想路线。用实事求是来概括中国共产党的思想路线，也是在延安时期。实践表明，只有解放思想，才能达到实事求是；只有实事求是，才是真正地解放思想。在新世纪新阶段，按照党的十九大的要求，切实做到发展要有新思路，改革要有新突破，开放要有新局面，各项工作要有新举措，这就叫做坚持解放思想，这也叫做坚持实事求是。

延安精神引导和哺育无产阶级革命者牢固树立马克思主义的世界观和方法论，牢固树立全心全意为人民服务的宗旨，激励着一代又一代中国共产党人为实现民族独立、人民解放和共产主义远大理想而前仆后继，英勇奋斗。延安精神引导和哺育无产阶级革命者坚持自力更生、艰苦奋斗的创业精神，使革命力量由小到大，由弱到强。延安精神把共产党人和革命者融入到广大人民群众之中，官兵一致，军民一致，水乳交融，使中国共产党获得了

延安精神

最广大人民群众的拥护和支持，这是中国共产党从胜利走向胜利的最大政治优势。延安是历史的教科书，有关中国革命运动的问题在这里都有它的章节，有着极为详尽的阐释和说明。革命选择了延安，延安孕育了革命，哺育了伟大的“延安精神”。

4. 抗战精神

抗战精神是中国共产党的优良传统和宝贵财富，是中华民族永不沉沦的“根源”和走向伟大复兴的“精魂”，是我们民族精神的重要组成部分。中华民族是一个饱受屈辱而自强不息的民族，也是一个面对灾难能坚韧前行的民族。日本帝国主义入侵中国，给中华民族带来了深重的灾难，中国人民为抗击日本侵略，付出了极大的牺牲。

艰苦卓绝的抗日战争锻炼了中国人民，也培育出伟大的抗战精神。抗战精神是一种伟大的民族精神，是舍身救国的奉献精神，也是统一抗战的团结精神，更是一种坚持到底的自强精神，是中华民族源远流长的爱国主义精神在抗日战争中的锤炼和升华。抗战精神与井冈山精神、延安精神一脉相承，它们共同构成中国共产党在前进道路上战胜各种困难和风险、不断夺取革命新胜利的强大精神力量和宝贵精神财富，成为以爱国主义为核心的中华民族精神的重要组成部分。

中国人民抗日战争是世界反侵略斗争史上以弱胜强的光辉范例。贫穷、落后的中国战胜了貌似强大的日本法西斯，取得近代以来第一次反侵略战争和民族解放战争的彻底胜利。抗战的胜利，是人民的胜利，是正义的胜利，更是伟大抗战精神的胜利！“抗战精神”是以爱国主义为核心的民族精神的时代体现，是中国共产党团结带领全国各族人民实现民族独立和人民解放伟大斗争实践中的精神结晶。

抗战精神的内涵十分丰富，主要包括天下兴亡、匹夫有责的爱国情怀，视死如归、宁死不屈的民族气节，不畏强暴、血战到底的英雄气概，百折不挠、坚忍不拔的必胜信念四个方面。

一是天下兴亡、匹夫有责的爱国情怀。爱国主义是中华民族在历史发展过程中逐步形成和培育起来的群体意识，是全民族共同的思想品格、价值取向和道德规范的综合体现，是中华民族赖以生存和发展的精神支撑。“天下兴亡，匹夫有责”，正是对爱国主义精神的高度概括。20世纪30年代，日本发动蓄谋已久的侵华战争，中华民族到了亡国灭种的紧急关头。在抗日民族统一战线旗帜下，中华民族的爱国情感被激发出来，全国各阶级、各阶层、各民族，共赴国难，为祖国而战，为民族而战，肩并肩，手挽手，冒着敌人的炮火，走上民族解放战争的最前线。国共弃嫌，共赴国难，化干戈为玉帛，1937年国共两党就合作抗日进行了六次谈判，提出“停止内战，一致抗日”等要求和政策措施，从而最大限度地动员群众参加抗日战争。“天下兴亡，匹夫有责”的爱国主义精神成为两党合作的政治思想基础，在促成和维护抗日民族统一战线中起了主导和决定性作用。群情激愤，奋起救亡，全国迅速掀起了声势浩大的抗日救亡运动。爱国青年学生成为抗日救亡运动的先锋，在上海、南京、北平、武汉等城市的青年学生便纷纷组成请愿团、示威团，呼吁全国同胞奋起抵抗，无数热血青年满怀抗日救国的激情投笔从戎。工人阶级始终站在抗日斗争的最前列，纷纷行动起来，罢工示威，以实际行动参加抗日斗争。七七事变后，成千上万的工人加入八路军、新四军、游击队，毅然奔赴抗日战场。占全国人口80%的农民，是中国最深厚的抗日力量。据统计，1335万农村壮丁参加国军，每年1亿石粮食保证国统区的需要。国难当头，所有中华儿女，包括一切抗日的阶级、阶层、团体、爱国人士、少数民族、港澳台同胞、海外华侨，在爱国主义精神的感召下，在中华民族命系一线的危难时刻，自觉地用自己的实际行动乃至最宝贵的生命，践行着“天下兴亡、匹夫有责”的铮铮誓言！他们所体现出来的天下兴亡、匹夫有责的爱国情怀，是“抗战精神”的重要精髓，是今天支撑我们奋发向上、追求进步的力量源泉，也是今天实现中华民族伟大复兴的重要精神力量，它必将推动着全国各族人民，在实现中国梦的征程中创造出新的辉煌。

二是视死如归、宁死不屈的民族气节。民族气节是一个民族的人格化特征，是决定一个民族存续的精神品质。中华民族五千年间历经沉浮却始终薪火相传，绵亘其中的正是这种宝贵的精神品质。抗日战争是民族存亡之战。随着民族矛盾上升为主要矛盾，在“中华民族到了最危险的时候”，是坚决抗争还是屈膝投降，成为摆在一切阶级、阶层、政党和军事集团乃至每一个人面前的一道壁垒分明的选择题，舍此并无第三条路。在以国共合作为基础的抗日民族统一战线旗帜下，不论是在战场还是在沦陷区和大后方，全国各界万众一心，共赴国难，以各种方式反抗侵略，形成席卷中华大地的全民抗战的高潮，显示出中华儿女誓死不当亡国奴的民族自尊。在敌对军事力量悬殊的情况下，中国军队在缺衣少食、缺枪少弹的情况下，“扛起土枪土炮，挥动大刀长矛”，以血肉相搏树起坚决抵抗侵略的旗帜，粉碎了日军“三个月灭亡中国”的图谋。不论是在抗战的哪一个阶段，不论是敌后战场还是正面战场，广大爱国军民用生命和鲜血谱写了一幕幕惊天地、泣鬼神的雄壮活剧，涌现出以左权、彭雪枫、杨靖宇、张自忠，以及狼牙山五壮士、马石山十勇士、刘老庄八十二烈士等为代表的一大批抗日英烈和英雄集体，集中体现了中华民族不畏强暴、以死报国的气节之魂。中国在世界反法西斯战争中付出的代价也是最大的，仅从1937年7月开始的全国抗战算起，中国军民伤亡总数就达3500万人以上，其中军队伤亡380余万人，中国直接经济损失超过1000亿美元，间接经济损失5000亿美元。中华民族在抗日战争期间所表现出的崇高气节，是伟大抗战精神的重要组成部分，它使中华民族历劫不灭，并由此开启伟大复兴的历史转折。今天，我们学习抗战精神，就是要从那段不屈抗争的历史中汲取前行的力量，并将其转化为加快推进经济社会发展的思想共识和实际行动。

三是不畏强暴、血战到底的英雄气概。英雄，代表着一个国家最巍峨的精神丰碑，传承着一个民族最伟大的精神魂魄。抗日战争是一场神圣的正义战争，是一场从根本上促进全民族觉醒和团结的战争。经过抗日战争的洗礼，中华民族终于觉醒起来，开始从过去自发无序的局部抗争，上升为自觉的为民族命运和正义事业而“捐躯赴国难，视死忽如归”。1937年9月19日《大公报》载文《感谢卫国军人》：“中国军人，近来确立了新道德、新人生观。他们并不是愁眉苦脸地去做牺牲，而是欢欣鼓舞地去尽责任。今天的南北战场上，是争着死，抢着死，因为大家有绝对的信仰，知道牺牲自己是为了换取中华民族子子孙孙万代的自由，并且确有把握，一定能达到。”“这个军队具有一往无前的精神，它要压倒一切敌人，而决不被敌人所屈服”。这种大无畏的英雄气概，成为激励全国抗日军民勇猛顽强、浴血杀敌的强大精神武器，使得广大中国军民面对敌人的炮火勇往直前，面对死亡的威胁义无反顾，几乎肉搏与日军拼杀，用鲜血和生命履行了保家卫国的职责。1938年3月，毛泽东在延安追悼抗战阵亡将士大会上曾感慨地说，从牺牲的将领到每一个战士，他们无不给了全中国人民以崇高伟大的模范。

无论是共产党员，还是国民党军队中的爱国将领，每一个名字背后，都有一段可歌可泣的英雄故事。中国军民不畏强暴、血战到底的英雄气概，折射并闪耀出中华民族坚如磐石的特有品格。坚持到底、抗战到底，是中国抗战有力配合与支援世界反法西斯战争取得胜利的有力诠释，是今天我们纪念这一伟大胜利的深刻体会。今天，要实现中华民族伟大复兴的目标，也前所未有地遇到更大的阻力和压力、更多的外部风险和挑战。我们必须高扬“抗战精神”之旗，砥砺英雄奋进之志，以强烈的使命感和只争朝夕的精神，锐意进取、开拓奋进，为中国梦的实现贡献自己的微薄之力。

四是百折不挠、坚忍不拔的必胜信念。百折不挠、坚忍不拔历来是中华民族的优秀品格，是中国人民抵御各种艰难险阻的精神武器。抗日战争是一场旷日持久的战争。中国能够在艰难的长期抗战中坚持到底，得益于中国共产党对战争形势和中日双方经济、政治、军事等方面的科学分析，得益于中国共产党主张实行的全面抗战路线，得益于中国共产党提出的持久战的战略总方针和一整套作战原则，为争取抗战胜利奠定了思想根基、指明了方向。正是在这种必胜信念的激励与感召下，中华民族才历遭磨难而不衰，久经战乱而不散，饱尝艰辛而不屈，百折不挠。毛泽东在《论反对日本帝国主义的策略》中说：“我们中华民族有同敌人血战到底的气概，有在自力更生的基础上光复旧物的决心，有自立于世界民族之林的能力。”面对日本的大规模“扫荡”、长期“清剿”和残酷封锁。根据地在经济、政治、军事等方面异常艰难。陕甘宁边区广泛开展了大生产运动，上至党的领袖，下至普通百姓，人人开荒种地、织布做衣，广泛开展劳动竞赛，最终不仅克服了困难，而且使解放区不断扩大。正是这种伟大的顽强意志和自强精神，使中华民族坚持到底，终于赢得了抗日战争的辉煌胜利，中国人民抗日战争所孕育的抗战精神，在抗击日本帝国主义的历史进程中发挥了巨大精神动力作用。一是推动了中国人民迅猛觉醒。面对亡国灭种的危险，中国人民迅猛觉醒，爱国精神空前高涨，中华儿女的凝聚力战斗力空前提升。二是促进了中国人民空前团结。在民族生死存亡的紧急关头，中华民族空前团结，显示出强大力量。在抗日民族统一战线旗帜下，全国各族人民纷纷投入到抗击日本侵略者的斗争中。三是强化了中国人民不屈意志。中国人民抗日战争是一场以弱对强的战争。中国为什么能够取得胜利，除了客观因素，最重要的是中华民族有着百折不挠、永不服输的不屈意志。正因为有了不屈意志，面对强大敌人的进攻，中华儿女才能不畏强暴、奋起抗争、众志成城。四是坚定了中国人民必胜信念。当日本法西斯的铁蹄踏进中国大地的时候，中华儿女没有畏惧，更没有退缩，而是抱着必胜信念，义无反顾地走上抗日救亡战场。五是铸造了中国人民的英雄气概。面对野心勃勃、凶残无比的侵略者，无论在敌后战场还是在正面战场，中华儿女奋起抗战，表现出敢于同敌人血战到底的英雄气概。抗战精神是以爱国主义为核心的伟大民族精神的时代体现，是中国共产党团结带领全国各族人民实现民族独立和人民解放伟大斗争中的精神结晶，从它产生的那一天起，就融入了中国人民的血脉，成为中华民族宝贵的精神财富和取之不尽、用之不竭的力量源泉。抗战精神有着丰富的内涵，具体而言，可概括为：天下兴亡、匹夫有责的爱国精神；万众一心、共御外侮的大局意识；百折不挠、愈挫愈奋的必胜信念；不畏强暴、血战到底的英雄气概。

中国人民抗日战争是世界反侵略斗争史上以弱胜强的光辉范例。贫穷、落后的中国战胜了貌似强大的日本法西斯，取得近代以来第一次反侵略战争和民族解放战争的彻底胜利。抗战的胜利，是人民的胜利，是正义的胜利，更是伟大抗战精神的胜利！抗战精神是中华民族在抗日战争过程中乃至在处理战时、战后诸多问题时所形成和表现出来的伟大民族精神。抗战精神是中华民族优秀历史文化传统的继承和发扬，也是中国抗日战争时期特殊历史条件的产物，它的产生与形成是历史的必然，是中华民族精神的继承和发扬。

5. 西柏坡精神

解放战争时期，毛泽东思想继续得到丰富和发展，包括军事思想、战略战术思想，特别是建立人民民主专政、人民代表大会制度和多党合作制度的思想，以及从国情出发，走中国式的建设道路，通过建设新民主主义向社会主义过渡的思想，都得到了进一步充实和完善。西柏坡精神于毛泽东在西柏坡召开的中国共产党七届二中全会上提出。中共中央在西柏坡期间，是中国革命的伟大历史转折时期，也是中共民主革命过程中最成功、最辉煌的时期。在西柏坡，中共中央不仅领导新民主主义革命取得全国胜利，而且为实现党的工作重心从农村到城市、从战争到建设的转变，为新民主主义向社会主义过渡开辟了通途。党中央在西柏坡时期的辉煌历史和成功经验，铸就了伟大的西柏坡精神。这是一种代表历史性转折的革命精神，是中国无产阶级革命精神发展的新阶段，是井冈山精神、延安精神的延续和发展。西柏坡精神的内涵主要有以下三个方面：

一是敢于斗争、敢于胜利的开拓进取精神。西柏坡时期，革命形势迅猛发展，我党领导的人民军队已转入全国反攻，是否敢于不失时机地发起战略决战，将革命进行到底，是党在西柏坡时期面临的一个历史性课题。中共中央发扬敢于斗争、敢于胜利精神，不失时机地组织了伟大战略决战，歼灭了国民党赖以维护其反动统治的主要军事力量，大大加速了中国革命胜利的进程。针对蒋介石1949年《元旦文告》发动的“和平”攻势和当时国际势力提出的“划江而治”的主张，毛泽东号召全国人民“将革命进行到底”，在全国范围内推翻国民党反动统治，不使革命半途而废，显示了中共中央在复杂的政治风云和决定中国人民前途和命运的历史关头，敢于斗争，敢于胜利的精神，这是一种抓住机遇，顶住压力、挑战，争取最大胜利的革命进取精神。

二是坚持依靠群众，坚持团结统一的民主精神。西柏坡时期，中共中央一方面要最大限度地发动农民群众参加伟大的解放战争，为战争的胜利提供巨大的物质基础；另一方面要加强党内的团结统一，克服存在于党内的某些无纪律无政府状态，为争取革命的最后胜利并顺利实现两个“转变”提供组织保证。这是中共中央面临的又一重要课题。为此，共产党依靠群众、发动群众，进行土地制度的彻底改革，极大地调动了广大农民群众参战和生产的积极性，使解放战争“获得了足以战胜一切敌人的最基本的条件”。同时党中央把加强纪律性和党的集中统一领导作为具有重要意义的事情来抓，先后作出了建立报告制度、健全党委会议制度等决议、决定，要求克服依然存在着的某些无纪律、无政府状态，克服地方主义和游击主义，将一切可能和必须集中的权力集中于中央和中央代表机关手中，达到全党、全军在政策上、行动上的高度统一，并要求把加强纪律性与发展民主结合起来，充分体现了坚持依靠群众、坚持团结统一的民主精神。

三是戒骄戒躁的谦虚精神、艰苦奋斗的创业精神。在西柏坡时，中国革命即将全面胜利。执政问题摆在中国共产党面前、提到党中央的议事日程。共产党人会不会变成李自成？能否避免重蹈“其亡也忽”的历史覆辙？能不能经受得住胜利与执政的考验？这关系到革命成果能否巩固，社会主义目标能否实现，中国式的建设道路能否走下去？在解决这个重要课题时，毛泽东在中央七届二中全会上向全党敲起警钟："因为胜利，党内的骄傲情绪，以功臣自居的情绪，停顿起来不求进步的情绪，贪图享乐不愿再过艰苦生活的情绪可能生长。""我们必须预防这种情况"。在他看来"夺取全国胜利，这只是万里长征走完了第一步。革命以后的路更长，工作更伟大，更艰苦"。告诫全党"务必使同志们继续地保持谦虚、谨慎、不骄、不躁的作风，务必使同志们继续地保持艰苦奋斗的作风"。毛泽东坚信："我们有批评和自我批评这个马克思列宁主义的武器，我们能够去掉不良作风，保持优良作风。"在离开西柏坡前夕和进驻北平途中，毛泽东多次强调：我们是"进京赶考"，发誓"我们决不当李自成"。所有这些，蕴含了对共产党人理想、宗旨、奋斗目标和作风风范等极为丰富的时代要求，科学地回答了共产党人应怎样经受革命胜利和执政考验的历史性课题，为共产党在执政条件下如何防止腐化变质，永葆革命者本色，提供了极为宝贵的精神财富。

西柏坡的精神内涵具有以下几个基本特征：

一是彻底革命性。抗日战争胜利以后，蒋介石凭借军事上的优势，出动160多万军队，向解放区发动全面进攻。毛泽东洞察形势，以大无畏的革命胆略，不被国民党汹汹气势所吓倒，与国民党反动派针锋相对、坚决斗争，并且提出人民解放战争分为防御阶段、进攻阶段、决战阶段等三个阶段的理论。纵观整个解放战争的历史，每个战略阶段、每次战略决策，全部体现着敢于斗争、敢于胜利的大无畏革命精神。西柏坡时期是中国革命形势急剧变化的伟大时期，也是新民主主义革命走向最后胜利的关键时期。毛泽东总是站在历史的潮头，以跨越时空的目光洞察世界，不断用马克思主义的不断革命论，及时指导中国革命从胜利走向新的胜利。第一，全面否定封建专制，实行民主政治。第二，彻底消灭盘根错节的封建半封建土地制度。第三，高瞻远瞩，提出新民主主义革命向社会主义的伟大转变。第四，敲响"警钟"，告诫共产党人时刻警惕"糖弹"的攻击。第五，不断地调整政策，提出"政策和策略是党的生命"的著名论断。

二是具有鲜明的阶级性。西柏坡精神是中国无产阶级的革命精神。它同井冈山精神、长征精神、延安精神一样，都是以马列主义、毛泽东思想为指导，以实现社会主义、共产主义的理想为内在动力。目标明确，表现坚定、持久。

三是具有明显的时代性。西柏坡精神只有在中国革命即将取得全国胜利的历史转折时期才能形成，而且只有在这个伟大的历史性转折时期，才能集中地表现为善于破坏旧世界、善于建设新世界的革命精神，它是对长期以来中国无产阶级革命精神的概括和总结。西柏坡精神是中国共产党及其领导下的军队和人民，在推翻国民党反动统治、建立和建设新中国的伟大实践中表现出来的革命精神，它既是对中华民族优秀传统和革命精神的继承和发展，又是对未来的昭示，激励人民为建设中国社会主义社会而努力奋斗。

四是两个“敢于”、两个“务必”。中共平山县委宣传部阎保印、宋乐恒撰文提出，西柏坡精神的本质特征是两个“敢于”、两个“务必”。毛泽东同志曾指出：“对于物质的每一个运动形式，必须注意它和其他运动形式的共同点。但是，尤其重要的，成为我们认识事物基础的东西，则是必须注意它的特殊点，就是说，注意它和其他运动形式的质的区别。”中共中央移驻西柏坡期间，解放战争已进入第三年，敌我力量对比虽然在数量上仍然表现为敌优我劣，但如果加上人心向背和质量对比，共产党所领导的人民军队已占优势。正是这种形势下，中共中央发出了“敢于斗争，敢于胜利”的号召，用大无畏的革命英雄主义精神鼓舞人民，藐视敌人，夺取胜利，毅然发动了三大战役，展开了空前决战；三大战役胜利后，夺取全国胜利已成定局，面对纷杂万端的社会矛盾，我们党一方面要求全党、全军再接再厉，将革命进行到底，不要半途而废，另一方面毛泽东同志提出的“两个务必”，即“务必使同志们继续地保持谦虚、谨慎、不骄、不躁的作风，务必使同志们继续地保持艰苦奋斗的作风”是这一精神的主题。“两个务必”的核心是鞭策共产党人面向未来，把中国社会主义事业不断推向前进。两个“务必”的提出，要求在夺取政权后，警惕糖衣炮弹的袭击，永远立于不败之地。两个“敢于”体现了大无畏的革命英雄主义精神，两个“务必”体现了积极进取不断革命的精神。这两种精神贯穿于党中央在西柏坡期间革命斗争的全过程，成为最突出的特点，并且两种革命精神互相辉映，相得益彰，成为夺取胜利，迎接解放，战胜困难，实现转变的强大精神支柱。这一时期还有许多鼓舞军民奋斗的革命精神，诸如，着眼大局服从大局，全心全意依靠人民群众，坚持团结统一，敢于破坏旧世界、善于建立新世界等革命精神，这些革命精神是以往革命精神的继承和发扬，是围绕两个“敢于”和两个“务必”革命精神的展开，并为其服务的。总之，西柏坡精神尽管有多种概括，但其本质特征，应该是两个

"敢于"和两个"务必"。

西柏坡，一个永载中国革命史册的名字。毛泽东同志和中共中央曾在这里领导了全国的土地改革运动，指挥了震惊中外的辽沈、淮海、平津三大战役，召开了具有伟大历史意义的七届二中全会。伟大的革命实践产生伟大的革命精神。这就是以敢于斗争，敢于胜利；严守纪律，团结一致；谦虚谨慎，实事求是；依靠群众，为民创业；艰苦奋斗，不断革命为主要内涵的西柏坡精神。

（二）社会主义建设时期的精神

1949年之后新中国成立，中国共产党领导中国人民转向社会主义建设，红色文化精神的内涵已超越了新民主主义革命主题。在社会主义建设的进程中，出现了社会主义建设精神。如著名的"两弹一星"精神、雷锋精神、焦裕禄精神、大庆精神。

1. "两弹一星"精神

在新中国成立不久的20世纪五六十年代，中国面对严峻的国际形势，为打破核大国的讹诈与垄断，为了世界和平和国家安全，在条件十分艰苦的情况下，中共中央高瞻远瞩，果断做出了研制"两弹一星"的战略决策。老一代科学家和广大研制人员发扬"热爱祖国、无私奉献，自力更生、艰苦奋斗，大力协同、勇于攀登"的精神，风餐露宿，顽强拼搏，团结协作，克服了各种难以想象的困难和艰难险阻，突破了一个又一个技术难关，取得了中华民族为之自豪的伟大成就。1964年10月16日，原子弹爆炸成功；1966年10月27日，导弹核试验成功；1970年4月24日，人造卫星发射成功。"两弹一星"精神，成为20世纪中国人民自强不息艰苦奋斗的可贵民族精神。

我国第一颗氢弹爆炸成功时的蘑菇云

"两弹一星"精神是爱国主义、集体主义、社会主义精神和科学精神活生生的体现。今天，面对世界科技革命的深刻变化和迅猛发展，新一代的航天科技工作者，继承并发扬老一代科研人员搞“两弹一星”的精神，紧盯世界航天科技前沿，从高起点出发，经过11年艰苦探索和努力攻关，取得了首次载人航天飞行的圆满成功。在他们身上，体现出了特别能吃苦、特别能战斗、特别能攻关、特别能奉献的载人航天精神。有了这种精神，就有了通向成功的动力。我们相信，我国新一代科技工作者将在继续攀登世界科技高峰的道路上，取得更大的成就。是中国人民在20世纪为中华民族创造的新的宝贵精神财富，要继续发扬光大这一伟大精神，使之成为全国各族人民在现代化建设道路上奋勇开拓的巨大推进力量。正是在包括“两弹一星”精神在内的伟大民族精神的鼓舞下，亿万人民始终保持昂扬向上的精神状态，奋发图强、齐心协力、锐意进取，取得一项又一项骄人成绩，攀上一个又一个新的高峰，中国特色社会主义事业显示出旺盛的生机与活力。

两弹一星精神是中华人民共和国诸多“精神”及政治语汇中的一个，象征了在欠缺良好环境下，从事科学技术开发研究的精神，也是科教兴国政策的开端。对于中国而言，两弹一星是在非常艰苦、没有外援的环境下所开发出来的成果。而“两弹一星的精神”象征了中华民族自力更生、在社会主义之下集中力量从事科学开发研究，并创造“科技奇迹”的态度与过程，组合的元素则为“爱国主义”“集体主义”“社会主义”与“科学精神”，并可以衍生至“科技创新”“知识经济”等领域。

1999年9月，江泽民同志在表彰为研制“两弹一星”作出突出贡献的科技专家大会上指出：伟大的事业，产生伟大的精神。在为“两弹一星”事业进行奋斗中，广大研制工作者培育和发扬了一种崇高的精神，它就是“热爱祖国、无私奉献，自力更生、艰苦奋斗，大力协同、勇于攀登”的“两弹一星”精神。

“热爱祖国、无私奉献”，是核科技工作者的坚强精神支柱。广大核科技工作者把个人的理想与祖国的命运紧紧联系在一起，把个人的志向与民族的振兴紧紧联系在一起，隐姓埋名，默默奉献。他们用热血和生命谱写了一部为祖国、为人民鞠躬尽瘁、死而后已的动人诗篇。

“自力更生、艰苦奋斗”，是核科技事业取得成功的立足基点。广大核科技工作者依靠科学、顽强拼搏，发奋图强、锐意创新，突破了一个又一个技术难关，取得了核科技事业的伟大胜利。他们所具有的惊人毅力和勇气，显示了中华民族在自力更生的基础上自立于世界民族之林的坚强决心和强大能力。

“大力协同、勇于登攀”，是核科技事业取得成功的重要保证。广大核科技工作者以执着的追求和超凡的智慧大胆创新，发扬学术民主、集思广益，突破了一系列关键技术，实现了一系列重大突破，使中国的科研能力实现质的飞跃。他们用自己的辉煌业绩，为中华民族文明创造史，增添了光彩夺目的一页。

“两弹一星”精神，是爱国主义、集体主义、社会主义精神和科学精神的生动体现，是中国人民在党的领导下，创造的新的宝贵精神财富，是激励全国各族人民，在社会主义现代化建设道路上奋勇前进的巨大精神力量。

“两弹一星”精神，是爱国主义、集体主义、社会主义精神和科学精神的活生生体现，其核心为科技创新精神，是中国人民在20世纪为中华民族创造的新的宝贵精神财富。继续发扬光大这一伟大精神，使之成为全中国各族人民在现代化建设道路上奋勇开拓的巨大推动力量。

“两弹一星”精神对当时中国发展的意义是：促进了国防事业的发展，带动了科技事业的发展；培养了一批吃苦耐劳、勇于创新的科技队伍；极大地增强了中国人民的信心，推动了社会主义事业的发展。对于现在中国实现中国梦的意义是：爱岗敬业，甘于奉献，严谨细致，团结协作，为中华民族伟大复兴的崇高事业贡献更多智慧和力量。站在新的历史起点上，我们要传承和弘扬“两弹一星”精神，凭着那么一种干劲、那么一种热情、那么一种奋斗精神，不断把中华民族伟大复兴的崇高事业推向前进。

2. 雷锋精神

雷锋精神是以雷锋的名字命名的、以雷锋的精神为基本内涵的、在实践中不断丰富和发展着的革命精神，其实质和核心是全心全意为人民服务，为了人民的事业无私奉献。雷锋精神已经成为社会主义精神文明的同义语、先进文化的表征。周总理把雷锋精神全面而精辟地概括为“爱憎分明的阶级立场、言行一致的革命精神、公而忘私的共产主义风格、奋不顾身的无产阶级斗志”。

雷锋精神是社会主义时代精神的集中体现。1963年3月，在党中央和毛泽东主席的号召下，全国人民掀起了向雷锋同志学习的热潮，对提高全国人民共产主义思想觉悟和道德品质，对我国社会主义革命和建设事业的发展都起到了无可估量的推动作用。五十多年来，在我们国家里涌现出数不清的雷锋式的先进人物。

他们继承和发展着雷锋精神。今天我们所说的雷锋精神，已经成为雷锋和雷锋式的先进人物崇高思想和优秀品质的结晶，已经成为热爱祖国，热爱社会主义，热爱党，坚定共产主义信念，树立全心全意为人民服务的思想，发展人与人之间团结友爱互助的社会主义新型关系的理想人格。

雷锋精神是中华民族传统美德与社会主义精神、共产主义精神最完美的结合，雷锋的一言一行，一举一动，所表现出的是一个革命战士、共产党人为实现共产主义伟大理想而奋斗的精神。正是在这个意义上，周恩来总理曾精辟地把雷锋精神概括为四句话：“爱憎分明的阶级立场，言行一致的革命精神，公而忘私的共产主义风格，奋不顾身的无产阶级斗志”。江泽民同志也曾中肯地提出：“雷锋精神的实质，是全心全意为人民服务，为了人民的事业无私奉献”。

雷锋精神是一种艰苦奋斗、积极向上的进取精神；是一种“爱憎分明不忘本”具有坚定意志和昂扬斗志的精神；是一种忠于人民忠于党的精神；是一种对人民充满友爱、互相帮助的精神；是一种公而忘私、全心全意为人民服务的精神。这种精神的建立，有利于广大的人民群众团结在中共中央的旗帜下，为国家的进步和发展，为社会主义事业去奋斗、去拼搏、去战胜困难。雷锋精神的内容可以概括为：

一是爱憎分明的阶级立场。雷锋一心向着党，他把党比作母亲，把自己的生命看成是党和人民的，无论遇到怎样艰难复杂的情况，都“坚决听党的话，一辈子跟党走”“为了党，愿洒尽鲜血，永不变心”“对待同志要像春天般的温暖，对待工作要像夏天一样火热，对待个人主义要像秋风扫落叶一样，对待敌人要像严冬一样残酷无情”。这是雷锋给我们留下的名言。这种强烈的阶级情感，正是雷锋精神的精髓。

二是言行一致的革命精神。雷锋是一个实干家，是一个勇于探索的创造者，他总是把实现崇高的理想落实到本职岗位上，说到做到，表里如一。他坚持理想与现实相一致，决心为共产主义奋斗终生，甘做一颗永不生锈的“螺丝钉”，干一行，爱一行，钻一行。他注意理论联系实际，对自己政治上要求严格，自觉经受思想锻炼，逐步成长为一名具有高度共产主义觉悟和道德修养的战士。

三是公而忘私的共产主义风格。雷锋毫无自私自利之心，在他看来，“个人和集体的关系，正像细胞和人的整个身体关系一样。当人的身体受到损害的时候，身上的细胞不可避免也要受到损害。同样的，我们每个人的幸福也依赖于祖国的繁荣，如果损害了祖国的利益，我们每个人就得不到幸福！”正因为如此，雷锋时时处处都以党、人民和祖国的利益为重，把帮助别人看做是最大的幸福和快乐，把有限的生命投入到无限的为人民服务中去。

四是奋不顾身的无产阶级斗志。雷锋人生观最光彩夺目的就是，他正确地解决了“全心全意为人民服务”的问题。他把“生为人民生，死为人民死”作为自己的信条，“时刻准备着为党和阶级的最高利益，牺牲个人的一切，直至生命”。在这样的人生观指导下，雷锋始终保持着昂扬的精神状态和勇往直前的革命干劲，在平凡的岗位上做出了不平凡的成绩，用生命践行了为共产主义事业毕生奉献的誓言。

雷锋精神，不是自然产生的，而是有其历史客观必然性。雷锋精神既是马列主义时代精神的体现，又是对我党我军优良传统的继承和发扬，也是对中华民族传统美德的继承和升华，具有重要的时代价值。2014年3月11日，习近平总书记出席十二届全国人大二次会议解放军代表团全体会议，接见部分基层代表。他对某工兵团“雷锋连”指导员谢正谊说：“雷锋精神是永恒的，是社会主义核心价值观的生动体现。你们要做雷锋精神的种子，把雷锋精神广播在祖国大地上。”

3. 焦裕禄精神

焦裕禄同志1962年被调到河南省兰考县担任县委书记。时值该县遭受严重的内涝、风沙、盐碱三害，他坚持实事求是、群众路线的领导方法，同全县干部和群众一起，与深重的自然灾害进行顽强斗争，努力改变兰考面貌。他身患肝癌，依旧忍着剧痛，坚持工作，被誉为“党的好干部”“人民的好公仆”。他用自己的实际行动，铸就了亲民爱民、艰苦奋斗、科学求实、迎难而上、无私奉献的焦裕禄精神。

兰考县地处豫东黄河故道，是个饱受风沙、盐碱、内涝之患的老灾区。焦裕禄踏上兰考土地的那一年，正是这个地区遭受连续3年自然灾害较严重的一年，全县粮食产量下降到历年最低水平。他从第二天起，就深入基层调查研究。他说：“吃别人嚼过的馍没味道。”他拖着患有慢性肝病的身体，在一年多的时间里，跑遍了全县140多个大队中的120多个。

在带领全县人民封沙、治水、改地的斗争中，焦裕禄身先士卒，以身作则。风沙最大的时候，他带头去查风口，探流沙；大雨倾盆的时候，他带头趟着齐腰深的洪水察看洪水流势；风雪铺天盖地的时候，他率领干部访贫问苦，登门为群众送救济粮款。他经常钻进农民的草庵、牛棚，同普通农民同吃同住同劳动。他把群众同自然灾害斗争的宝贵经验，一点一滴地集中起来，成为全县人民的共同财富，成为战胜灾害的有力武器。

焦裕禄对同志、对人民满腔热情。他常说，共产党员应该在群众最困难的时候，出现在群众的面前；在群众最需要帮助的时候，去关心群众、帮助群众。他的心里装着全县的干部群众，唯独没有他自己。他经常肝部痛得直不起腰、骑不了自行车，即使这样，他仍然用手或硬物顶住肝部，坚持工作、下乡，直至被强行送进医院。

1964年5月14日，焦裕禄被肝癌夺去了生命，年仅42岁。他临终前对组织上唯一的要求，就是他死后“把我运回兰考，埋在沙堆上。活着我没有治好沙丘，死了也要看着你们把沙丘治好”。同年11月，中共河南省委号召全省干部学习焦裕禄同志忠心耿耿地为党为人民工作的革命精神。

焦裕禄精神的内涵可以概括为全心全意为人民服务的宗旨，吃苦在前，享乐在后，心里装着群众，唯独没有自己；他实事求是，脚踏实地，艰苦奋斗，不向困难低头，不断开拓进取；他清正廉洁，无私奉献，为人民利益鞠躬尽瘁，死而后已。其精神实质是集中体现在亲民爱民、艰苦奋斗、科学求实、迎难而上、无私奉献五个方面。即牢记宗旨、心系群众的公仆精神；勤俭节约、艰苦创业的奋斗精神；实事求是、调查研究的求实精神；不怕困难、不惧风险的大无畏精神；廉洁奉公、勤政为民的奉献精神。这五种精神体现了保持和发展党的先进性对每个党员干部的具体要求。

亲民爱民是焦裕禄精神的本质。艰苦奋斗是焦裕禄精神的精髓。科学求实是焦裕禄精神的灵魂。迎难而上是焦裕禄精神的重要内容。清正廉洁、无私奉献是焦裕禄精神的鲜明特点。2009年3月31日至4月3日，时任国家副主席习近平来河南视察，专程到兰考拜谒焦陵，致敬忠魂。在全县干部群众座谈会上，习近平把焦裕禄精神概括为：“亲民爱民、艰苦奋斗、科学求实、迎难而上、无私奉献”。

焦裕禄同志是人民的好公仆、干部的好榜样。直到生命的最后一刻，他始终保持人民公仆的本色，想的仍然是人民群众的幸福安康，充分体现了共产党人立党为公、执政为民的崇高风范。焦裕禄用自己的实际行动，塑造了一个优秀共产党员和优秀县委书记的光辉形象，铸就了亲民爱民、艰苦奋斗、科学求实、迎难而上、无私奉献的焦裕禄精神。习近平主席是这样评价焦裕禄精神："无论过去、现在还是将来，都永远是亿万人们心中一座永不磨灭的丰碑，永远是鼓舞我们艰苦奋斗、执政为民的强大思想动力，永远是激励我们求真务实、开拓进取的宝贵精神财富，永远不会过时。"

4. 大庆精神

大庆精神产生于20世纪60年代初举世闻名的大庆石油会战，是中华民族精神的重要组成部分。无论过去、现在，还是将来，大庆精神都是激励人们奋进的动力。大庆精神主要包括：为国争光、为民族争气的爱国主义精神；独立自主、力更生的艰苦创业精神；讲求科学、"三老四严"的科学求实精神；胸怀全局、为国分忧的奉献精神。概括地说就是"爱国、创业、求实、奉献"。大庆精神始终伴随着大庆油田的开发建设而不断丰富完善。

大庆市地处黑龙江省西部、松嫩平原中部，市域面积22161平方公里，辖5区4县，综合实力位列全国地级城市第11位，工业产值列东北第二。大庆是中国第一大油田、世界第十大油田大庆油田所在地，是一座以石油、石化为支柱产业的著名工业城市。大庆是绿色油化之都，天然百湖之城，北国温泉之乡，先后荣获"国家环境保护模范城市""中国十佳魅力城市""国家卫生城市"和"全国文明城市"等荣誉称号。大庆，孕育形成了大庆精神、铁人精神，已成为中华民族精神的重要组成部分。

五十多年前，铁人王进喜一句"宁肯少活20年，拼命也要拿下大油田"的豪言壮语，感动、激励了几代人。当我们年轻的共和国经济建设急需石油的时候，以王进喜为代表的一批"大庆石油人"凭借着艰苦奋斗、无私奉献的精神开发建设了当时全中国最大的油田，从此大庆油田为国家源源不断地输送着石油，结束了中国人依赖洋油的日子，集中体现了中华民族和中国工人阶级的优良传统与优秀品质，是中华民族精神的重要组成部分。长期以来，大庆精神一直得到党和国家领导人的重视和倡导。江泽民曾指出："在实现四化的过程中，还会有这样那样的困难，特别要发扬大庆精神。"

大庆精神是我国石油职工学习和运用毛泽东思想，继承和发扬中华民族、中国共产党、中国工人阶级、中国人民解放军的优良传统，在20世纪60年代波澜壮阔的石油大会战中，逐步培育和形成的，并在火热生动的油田生产建设实践中不断丰富、创新和发展。大庆精神的内涵可以概括为以下四个方面。

一是为国争光、为民族争气的爱国主义精神。大庆精神的核心是爱国主义精神。"爱国"就是心系祖国、奉献石油，高速度、高水平拿下大油田，开发好、建设好大油田，大长中国人的志气，挺起民族工业的脊梁。

二是独立自主、自力更生的艰苦创业精神。大庆精神的精髓是艰苦奋斗。原石油部部长余秋里说，对一个国家来讲，就要有民气；对一个队伍来讲，就要有士气；对一个人来讲，就要有志气。这三股气结合起来，就会产生强大的力量，就没有克服不了的困难。

三是讲求科学、三老四严的求实精神。大地沉沉睡万年，人民科学变油田。石油，蕴藏在千米之下的岩石空隙中，看不见、摸不着。这就决定了石油人岗位在地下，工作对象是油层。要把石油开采出来，需要的不仅仅是干劲，更需要严谨的科学态度和尖端的科学技术。光有干劲，不讲科学，不做扎扎实实的工作，那就是一股子虚劲，不是实劲，就会好心办坏事，产生严重的后果。石油会战一上手，油田就强调，拿下大油田在于狠，开发大油田在于细；讲干劲要猛如老虎，讲细劲要细如绣花。为把千千万万的具体工作同千千万万名职工挂起钩来，落到实处，油田建立了一整套岗位责任制，并狠抓"三基"工作。

四是胸怀全局、为国分忧的奉献精神。祖国至上，人民至上，这是每一个大庆人执着的追求；为国家分忧，为祖国加油，这是大庆人始终不变的情怀。这种奉献情怀，镌刻在艰苦卓绝的会战岁月里。20世纪60年代初，国家既缺油，又缺钱。石油会战队伍提出，要先全局，后局部；先国家，后个人；先生产，后生活。为节约资金，因陋就简、就地取材盖起当地人称之为"干打垒"的土房子，来解决工人过冬的问题。经过120天的日夜奋战，完成了30万平方米的"干打垒"，只投资了900万元，如果建成砖瓦结构的房屋，大约需要6000万，在那个经济建设最困难的时期，为国家节省了半个多亿的资金。"干打垒精神"感动了国人，《人民日报》报道大庆油田时这样深情地写道：看到了“干打垒”，就像看到了当年的延安窑洞；来到大庆，就像回到了战争年代的延安。

大庆精神是中华民族精神的浓缩。如果把大庆精神仅仅理解为大庆人的精神，那是十分狭隘和教条的。中华民族五千年，留下了许多宝贵的精神财富，“先天下之忧而忧，后天下之乐而乐”“安得广厦千万间、大批天下寒士俱欢颜”“生当作人杰、死亦为鬼雄”等，这一切，都是中华民族精神的象征。大庆精神是对中华民族精神的高度浓缩，是对中华民族精神的发扬光大。对大庆精神的理解，应当融入于中华民族精神之中，融入于五千年的中华民族辉煌历史之中。认为大庆精神已经过时的人，是对大庆精神的片面理解，是对中华民族历史的不了解，是对中华民族精神的不理解。认为大庆精神不适应市场经济要求的人，不仅不了解大庆精神，也不了解市场经济，大庆精神与市场经济并不排斥，大庆精神需要赋予市场经济的内容，市场经济更需要大庆精神的洗涤和净化。

大庆精神是智慧与力量的象征。有人认为，大庆人只会苦干、蛮干，不会巧干、灵干；大庆人只会用身体创造财富，而不会用智慧创造财富。这些人，真的是不了解大庆，不了解大庆人。大庆有今天，大庆能够为中国的繁荣富强作出如此巨大的贡献，除了不怕牺牲、艰苦创业之外，大庆人善于利用智慧、善于利用人类的文明成果是分不开的。仅仅只有初中文化的“土专家”何登龙能够写出多媒体培训课程、30出头的伍晓林博士在世界尖端技术舞台上“领衔主演”、大庆原油产量连续27年高产稳产，等等，这一切，仅仅依靠身体、依靠苦干能够达到、能够做得出来吗？大庆精神，不仅仅代表着力量，更代表着智慧，不仅仅代表一个人或几个人的智慧与力量，而是所有大庆人的智慧与力量，是整个中国人的智慧与力量的象征。

大庆精神是社会进步的标志。中国要发展，中国要强大，中国要屹立在世界的东方，没有一点爱国精神不行；中国要富强，人民要富裕，社会要和谐，没有一点创业精神不行；中国还有许多问题需要解决，还有许多矛盾需要克服，还有许多的事需要做，没有求实、务实精神不行；中国要推行社会公平正义、要建设和谐社会，没有一点奉献精神不行。中国要进步，需要大庆精神。大庆精神，就是中国社会全面进步的重要标志；大庆精神，永远不会过时；大庆精神，是我们这个时代最需要的精神。

大庆油田的巨大贡献和大庆精神、铁人精神，得到了党和国家领导人的高度评价和充分肯定。1964年，毛泽东同志发出了“工业学大庆”的号召，亲手树起了大庆这面红旗，还多次接见铁人王进喜同志，把大庆精神、铁人精神所蕴涵的无私奉献的核心价值观和艰苦奋斗作风推向了全国。1990年，江泽民同志考察大庆时，提出“发扬大庆精神，搞好二次创业”。1996年，胡锦涛同志在接见大庆油田负责同志时，殷切希望“珍惜大庆光荣史，再创大庆新辉煌”。2009年6月，胡总书记再次到大庆油田考察，赞扬大庆油田生产了国家经济发展所需要的大量的宝贵石油产品，培育了大庆精神，锤炼了敢打硬仗、勇创一流的英雄队伍，在我国石油工业发展史上谱写了光辉篇章。

大庆精神、铁人精神享誉中外，影响深远，她所展示的是石油人坚定的信念、崇高的境界和执着的追求。几十年来，为国争光、为民族争气的爱国主义精神；独立自主、自力更生的艰苦创业精神，讲究科学、“三老四严”的求实精神；胸怀全局、为国分忧的奉献精神；以及“两论”起家、“两分法”前进、岗位责任制等优良传统作风，不仅在石油战线发挥了巨大作用，而且激发了全国各族人民强烈的民族自豪感，鼓舞各条战线的广大干部群众为建设社会主义事业顽强拼搏。特别是铁人王进喜那种吃大苦、耐大劳，为油拼搏、为国奉献的精神和事迹传遍大江南北，感动全国上下，与雷锋、焦裕禄等一道，成为新中国建设征途上家喻户晓、人人敬仰的英雄楷模。

（三）改革开放时期的精神

1978年之后中国进入改革开放时期，红色文化精神的内涵又发生了新的变化与发展。在这一新的历史时期，又出现了改革创新精神、抗洪抢险精神、抗震救灾等精神，这些精神的出现，极大地鼓舞了全国各族人民群众的意志。特别是2008年5月12日汶川特大地震展开的这场气壮山河的救灾行动，喷吐出无比炽热的人间大爱，迸发出世所罕见的民族真情，映照出举世瞩目的中国力量，震撼了全世界。

1. 改革创新精神

改革开放是1978年12月十一届三中全会起中国开始实行的对内改革、对外开放的政策。中国的对内改革首先从农村开始，1978年11月，安徽省凤阳县小岗村开始实行“农村家庭联产承包责任制”，拉开了我国对内改革的大幕。对外开放是中国的一项基本国策，中国的强国之路，是社会主义事业发展的强大动力。改革开放建立了社会主义市场经济体制。1992邓小平的南方谈话标志着中国改革进入了新的阶段。改革开放使中国发生了巨大的变化。1992年10月召开的党的十四大宣布新时期社会主义中国最鲜明特点是改革开放，中国改革开放进入新的历史发展时期。

改革开放是决定当代中国命运的关键抉择，是发展中国特色社会主义，实现中华民族伟大复兴的必经之路；要毫不动摇地坚持改革开放，只有改革开放才能救中国，只有改革开放才能发展中国，改革开放是我国的强国之路，是国家发展进步的活力源泉。

改革开放是邓小平理论的重要组成部分，中国社会主义建设的一项根本方针。改革，包括经济体制改革，即把高度集中的计划经济体制改革成为社会主义市场经济体制；政治体制改革，包括发展民主，加强法制，实现政企分开、精简机构，完善民主监督制度，维护安定团结。开放，主要指对外开放，在广泛意义上还包括对内开放。改革开放是中国共产党在社会主义初级阶段基本路线的基本点之一，是中国走向富强的必经之路。对中国的经济发展有着巨大影响。

在中国实行改革开放的实践中形成的改革创新精神，是改革创新与时代精神孕育出来的精神。中华民族历来具有富于进取的思想品格。中华民族作为一个古老而年轻的民族，几千年血脉不断、文明不衰、生机勃发，必然积淀了深厚的精神文化传统。胡锦涛2006年访美时在耶鲁大学发表演讲时指出：“中华文明是世界古代文明中始终没有中断、连续五千多年发展至今的文明。中华民族在漫长历史发展中形成的独具特色的文化传统，深深影响了古代中国，也深深影响着当代中国。现时代中国强调的以人为本、与时俱进、社会和谐、和平发展，既有着中华文明的深厚根基，又体现了时代发展的进步精神。

中华民族的文化传统是十分丰厚的，但追根溯源集中表达于《周易》上的两句话：“天行健，君子以自强不息；地势坤，君子以厚德载物。”前者发展成了革故鼎新、独立自主、艰苦奋斗、与时俱进的改革创新精神；后者发展成了以人为本、团结和谐、海纳百川、协和万邦的人文道德精神。这两种精神各有侧重，却又相辅相成、浑然一体，从一定的意义上说，这就是“自立立人”的关系。一个民族越是自尊自重自立，就越是胸襟开阔，敢于揭己之短、善于学人之长，能够在广泛吸纳各种文化营养丰富自身的同时推动各种文明的繁荣灿烂，从而对人类进步作出重大贡献。应当说，中华民族就是这样的伟大民族。

周恩来总理曾经讲：“我们的民族从来是善于吸收其他民族的优秀文化的。我们吸收了印度和朝鲜、越南、蒙古、日本的文化，也吸收了西欧的文化。”许多学者的研究表明：“如果仔细地考察中国文化史，可以发现中国传统文化有一种动态特征，相当勇敢地吸收外来文化的因素，至少在文化的很多层面，追求流行、时新，与此同时毫不犹豫地抛弃旧有的模式。”正是在这种传统推动下，我国不仅以著名的四大发明、万里长城、京杭大运河等伟大创造闻名于世，不仅以诸子百家思想丰富了人类的精神文化宝库，而且以不断改革创新的实践彪炳人类变法自强的制度创新史。

从改革创新的视角看，中国近现代以来社会主义和资本主义的道路之争，是中华民族能否真正实现改革创新的问题。中国走上社会主义道路，这本身就是中国历史发展中的改革创新。一是自主性。真正的改革创新必然是自主创新，是战胜自我和超越自我，如果改革创新的结果是丧失自我，那就不叫改革创新，而叫自我毁灭；二是首创性。真正的改革创新必然具有“第一次”的特征，尽管它必然要学习借鉴别人，但其成果却必然不与任何已有成果相雷同，因此，“全盘西化”即使行得通，那也不叫改革创新，而叫生搬硬套、拙劣模仿。三是先进性。真正的改革创新必然顺乎文明之潮流、体现时代之脉动、展示历史之未来，因而能够独领风骚、影响深远。如果只是历史回声的共振、甚至是历史沉渣的泛起，那就不是改革创新，而是复辟倒退。反过来，中国化马克思主义者不仅是伟大的爱国者、民族解放的先锋，而且是最具浩然正气和思想活力的改革创新者。

马克思主义中国化的三大理论成果就是这种改革创新精神的集中体现。一般地说，社会主义是前无古人的空前伟大而艰巨的事业，它决定了推进这一事业的理论和实践必然具有无比突出的改革创新性。可以说，中国更是在各种客观历史条件几乎不具备的情况下走上社会主义道路的，每走出一步都必然凝聚着艰辛的努力和巨大的创造性，都是“突出重围”“杀出一条血路”伟大实践。

中国共产党的十八大报告将“创新”摆在了一个特别重要的地位，在报告全文中先后55次出现“创新”，分布于报告中的各个篇章之内，贯穿于全文的整体思路当中。回顾中国改革开放的历史，可以说，创新已经成为改革开放的一条重要理论经验，成为保持自身科学性、先进性与纯洁性过程中的一把金钥匙。纵观历史，中国共产党是一个特别敢于创新且善于创新的党。

在中国改革开放的实践中，各项创新始终与坚持和发扬解放思想、实事求是的基本原则紧密结合在一起。这是十八大报告中所反复强调的基本原则与方法，也是改革开放的经验总结。无论是技术创新还是制度创新，其根本前提都是新的观念、新的思想与新的理论。纵观改革开放的实践历程，就是不断破除旧观念、旧思想和旧理论的历程；就是解放思想，敢于思考，勇于思考的历程。

2. 抗洪抢险精神

1998年夏，中国的江南、华南大部分地区及北方局部地区普降大到暴雨。长江干流及鄱阳湖、洞庭湖水系，珠江、闽江和嫩江、松花江等江河相继发生了有史以来的特大洪水。汛情牵动中共中央，江泽民总书记、李鹏委员长亲赴现场视察，慰问作战军民，朱镕基总理、温家宝副总理亲临一线指挥。党心紧系军民心，中共中央密切关注着灾情发展趋势和抗灾进展，时刻牵挂着受灾群众和抢险军民，各级党组织充分发挥了党的领导作用。洪水无情人有情，全国人民情系灾区，一列列火车、一架架飞机、一队队汽车满载着物资、食品，满载着各地群众的深情厚谊，从各个方向往灾区集结。谱写了一曲又一曲气吞山河的抗洪壮歌。

这场抗洪抢险斗争，规模大，气势壮，斗争严酷激烈，而更为重要的是，上下一心、干群一心、党群一心、军民一心、前方后方一心。江泽民总书记在评价“九八抗洪”抢险斗争时强调指出，在这场伟大的抗洪抢险斗争中，我们形成了万众一心、众志成城，不怕困难、顽强拼搏，坚韧不拔、敢于胜利的伟大抗洪精神，这是无比珍贵的精神财富。

一是“万众一心、众志成城”。这一雄伟壮阔的局面出现在中国，出现在这个世界上人口最多、为创建和巩固社会主义制度艰苦奋斗了近半个世纪并且取得重大成就的国家，这不是偶然的，重要的是，上下一心、干群一心、党群一心、军民一心、前方后方一心。真正是撼天动地，势不可挡。

二是“不怕困难、顽强拼搏”。这是由人水相搏，两相对峙的严酷格局所决定的。一方面是水大势猛、南北为害，对改革开放、经济发展和千百万人民群众生命财产造成的严重威胁；一方面是，抗洪军民为了国家和人民的利益，为了保卫改革开放成果，不怕困难，不畏艰险的英勇抗击。不是短时间的水来土掩、兵来将挡，而是长时间的反复较量；不是个别人的身先士卒、出生入死，而是整个抗洪军民的团结合作，顽强拼搏。抗洪军民是一个英雄群体。他们中的先进分子，有的累倒，有的累死，有的舍生忘死、舍己救人，有的哥哥倒下弟弟上去、丈夫倒下妻子上去、儿子倒下父亲上去。一个民族有了这种精神，还有什么困难不能克服，什么艰险不能战胜。

三是“坚韧不拔、敢于胜利”。显示了抗洪军民的“韧”性和“刚”性。这次特大自然灾害是对人的体力极限、精神极限的最大挑战。也正是在迎击这种挑战中，形成了抗洪精神的最强音。这次特大洪水，为害范围广，持续时间长，人被累乏，堤被泡软，抗洪抢险物资一次又一次被用完，没有坚强的意志和耐力，没有敢于胜利的信心和把握，没有强大的综合国力为后盾，就很难面对凶猛的接踵而来的八次冲击波。始终坚持严防死守，沉着应战，夺得一个又一个重大胜利，其关键是，党中央的敢于胜利，善于胜利；党中央的崇高威望和巨大凝聚力、向心力；党中央的果断决策、科学部署、指挥若定、决战决胜，将大家的信心和力量高度凝聚起来，集中成一个战无不胜的铁拳。如果说，抗洪精神是一支气势恢宏撼天动地的大合唱，以江泽民同志为核心的党中央就是这场大合唱的总指挥。

中国“九八抗洪精神”的实质，是以公而忘私，舍生忘死的共产主义精神为灵魂；以人民利益、国家利益、全局利益至上的大局意识为核心；以团结一致，齐心协力，“一方有难，八方支援”的社会主义大协作精神为纽带；以不怕困难，不畏艰险，敢于胜利的革命英雄主义精神为旗帜；以自强不息、贵公重义、艰苦奋斗、同舟共济、坚韧不拔、自尊自励等传统美德为血脉为营养。是这一切高贵美好的品格在共同抗击自然灾害的殊死搏斗中所形成的时代精神和民族精神的交汇点，社会主义和爱国主义、集体主义的交汇点，革命英雄主义和社会主义人道主义的交汇点。它使我们看到，美好的品格和行为一旦集中起来会是多么壮美。亿万人民的力量一旦集中起来会是多么强大。毫不利己专门利人的中国共产党人的思想情操一旦和中华民族的传统美德结合起来，会把中华民族品格带向一个多么光辉灿烂的境界。

这种空前的“集中”和事态发展，加上新闻媒体的广为传播，使抗洪抢险斗争成为一个极富感染力的“情绪场”，就像“磁场”“电场”“生物场”能够产生巨大的“场”效应一样，抗洪抢险斗争让人感奋，让人激动，让人投入，让人勇敢和高尚。在这场气壮山河的伟大斗争面前，人们最美好最强健的思想、感情和品格得以发扬和升华，分散的被集中起来，弱小的被强化起来，潜在的被激发、培育出来，形成了遍及全国的为各族人民所自豪的浩然正气。

这场抗洪抢险斗争对于中国的党群关系、干群关系、军民关系进行了一次新的检阅，使人们看到了中国共产党人的整体形象，干部队伍的整体形象，中国人民解放军的整体形象，中国人民的整体形象。进一步看到，共产党好，社会主义好，人民解放军好，人民群众好，中国人民是不可战胜的。

3. 抗震救灾精神

中华文明史也可以说是一部与天灾人祸的抗争史。新中国成立以来，遭遇过多次重大的自然灾害。从1966年的邢台抗震救灾到1976年唐山抗震救灾，从1987年大兴安岭扑救森林大火到1998年三江抗洪抢险，从2003年抗击“非典”到2008年初迎战冰雪，一次次自然灾难的严峻考验，一场场人间真情的集中倾注，凝结了中国人民弥足珍贵的精神财富，奠定了战胜特大地震灾害的意志力基石。

围绕2008年5月12日汶川特大地震展开的这场气壮山河的救灾行动，喷吐出无比炽热的人间大爱，迸发出世所罕见的民族真情，映照出举世瞩目的中国力量，诠释出新时期中华民族抗震救灾精神的丰富内涵。在这场抗震救灾中体现了如下精神。

一是以人为本，生命至上。“世间一切事物中，人是第一个可宝贵的”。当灾难突然降临，中共中央、国务院果断决策，紧急号令，主题只有一个：“第一位是救人”“救人是重中之重”“一线希望，百倍努力”！旋即，国之重器，云集灾区；国之精锐，拯救斯民。以人为本，是抗震救灾精神的“内核”。抗震救灾的一切力量，在以人为本的理念下行动。从拯救生命到伤员医治、群众安置、灾区重建，党和政府一系列有效措施，始终彰显着以人为本、生命至上的核心主题，凸显中共中央提出的科学发展观等一系列重大战略思想鲜明的实践特色。

二是万众一心，众志成城。团结就是力量。这是中国人民战胜各种灾难的坚强信念。危难面前，各部门密切协调配合，各省份对口支援，社会各界自发动员，各项爱心捐助活动有序进行。全国人民包括港澳台同胞和海外侨胞一起，显示出空前的团结，再现了同舟共济、守望相助的动人场景。一句“我们都是汶川人”，正是中华民族凝聚力的生动写照。山崩地裂，撼不动党和人民的团结一心；桥断路毁，挡不住全国人民的同舟共济。“一方有难，八方支援”。举全国之力，支援抗震救灾，社会主义制度的无比优越性闪烁出耀眼的光芒。

三是不畏艰险，百折不挠。长期形成的奋不顾身、一往无前，压倒一切敌人而不被敌人所屈服的革命英雄主义精神，在抗震救灾中再次得到了集中弘扬。当灾难发生时，党员干部舍小家为大家，组织群众自救互救；人民教师为了学生的安危，不惜献出自己的生命；白衣战士冒着余震的危险，救死扶伤；灾区群众强忍失去亲人和家园的悲痛，积极投身抗震救灾。人民解放军、武警官兵更是舍生忘死、冲锋在前，不怕疲劳、连续作战，成为抗震救灾的突击队和主力军。中华儿女展现的英勇奋战、不畏艰险、不怕牺牲的精神，总在最关键时刻、最需要的地方闪耀。

四是科学理性，开放透明。运用现代手段，统筹协调、临危不乱，显示出良好的法治与科学精神。在救灾中，启动了一级救灾应急机制，国家力量按预案投送，一切行动按《防震减灾法》和《汶川地震灾后恢复重建条例》等进行。抗震救灾充分运用了科技手段和现代化设备，为赢得救人时间、提高救灾效率发挥了重要作用。新中国历史上第一次国际救援人员参与救灾的行动在抗震前线展开，一批批国际人道主义救援物资、一批批国际爱心捐款源源不断送抵灾区。同时，党和政府开诚布公，信息公开透明，确立了国民之间互相信任、理解与尊重。震情实时更新的“全国直播”，随着电波和网络迅速传播，抚平了公众的不安，凝聚起坚定沉着的力量，向世界展示了一个开放自信的中国。

在这场抗震救灾中，中华民族又经受住了一场严峻的考验。抗震救灾的伟大精神，是中华民族文明进步的伟大标识，是一本博大的中国特色社会主义制度优越性的教科书，也是中华民族最可宝贵的精神财富。

五、中国红色文化的现实意义

中国共产党在九十多年的革命、建设、改革、开放的伟大实践中，带领中国人民创造了独特的红色文化。正因为有了中国的红色文化，中华民族才逐步从落后衰败走向繁荣富强的伟大转折。今天，在实现中华民族伟大复兴中国梦的征程中，大力弘扬红色文化，具有重要的现实意义。

（一）红色文化见证“没有共产党就没有新中国”的历史

弘扬红色文化有利于巩固党的执政地位。中国共产党的执政地位是历史和人民赋予的。传承红色文化，解读革命历史，有利于帮助人们了解共产党执政地位的来之不易，有利于巩固党的执政地位。近代中国，在三座大山的压迫下，国家积贫积弱，人民饱受磨难。为拯救国家和人民，无数革命者进行了长期的探索和革命斗争，前赴后继，并为之流血牺牲，但都无法改变中国人民的悲惨命运。1921年中国共产党成立，在马克思主义的指导下，以毛泽东同志为代表的中国共产党人，勇敢地担负起历史的重任，为中华民族的独立解放，为中国人民的平等自由作出了不懈的努力并付出了重大牺牲。红色文化是中国共产党带领人民创造的新文化，中国红色文化的历史，忠实地记载了中国共产党人为中国人民的利益不懈奋斗的历史，印证了“没有共产党就没有新中国”的历史史实。

（二）红色文化昭示“只有社会主义才能救中国”

新中国成立后，中国共产党领导中国人民走社会主义道路。随着社会主义制度的建立，实现了中国历史上最广泛最深刻的社会变革。红色文化成为构建社会主义思想的重要思想，对于形成爱祖国、爱人民、爱集体、爱劳动、爱社会主义的主流文化和主流意识形态，形成坚定的政治信仰，构筑强大的社会主义先进文化、社会主义和谐文化，为社会的和谐稳定提供强有力的文化支撑和思想保证。邓小平同志曾指出：“如果不搞社会主义，而走资本主义道路，中国的混乱状态就不能结束，贫困落后的状态就不能改变。”中国共产党人在建设社会主义的实践中进行了艰辛的探索与实践，取得了巨大的建设成就，使一穷二白的中国，彻底改变落后的面貌，呈现出勃勃生机，屹立于世界的东方。

（三）红色文化培育爱国主义精神

红色文化作为近代以来中华民族在抵御外侮、争取国家独立、民族解放、人民自由幸福的斗争中逐步形成的中华民族特有的文化，是以爱国主义为核心的民族精神的重要组成部分。红色文化倡导的是崇高思想境界和革命道德情操，传播其理念、彰显其精神有利于红色革命精神深入人心。红色文化资源内容丰富，每一处革命遗迹、每一件珍贵文物、每一堂革命传统课都是鲜活的教材，都折射着革命先辈崇高理想、坚定信念、爱国情操的光芒。用鲜活的历史告诉每一位中国人，老一辈革命家的丰功伟绩是建立在他们对祖国深厚的热爱之上。一个人对祖国爱得越深，历史的责任感就越强烈，人生目标就越明确，人生信念就越坚定。古往今来，彪炳史册的无一不是忠诚的爱国者。红色资源正是彰显革命历史的新平台、新课堂，其感召力是学校和书本不可比拟的。将红色文化的内涵与精神品格融入国民教育体系之中，充分发挥红色文化资源的导向功能，有利于加强和改进新时期的爱国主义教育，弘扬和培育中华民族的伟大民族精神。

（四）红色文化引领时代社会新风尚

红色文化是中国人民在时代发展的潮流中形成的中华民族特有的民族文化，它蕴含着爱国主义、集体主义与无私奉献、艰苦奋斗、自强不息、为人民服务等核心理想信念，这些理想信念是中华民族的精神支柱和行动向导，有利于人们树立正确的世界观、人生观和价值观。近年来兴起的红色旅游之火暴是始料未及的，除了人们对那段红色年代充满向往之外，其中一个不可忽视的因素就是人们热爱一切美好的东西，敬仰那些为理想信念不惜牺牲生命的人。人们在红色旅游中能真切地感受到祖国山河是美的，红色热土承载的红色文化也是美的。革命老区丰富的山水人文资源和古朴淳厚的民俗民风，使人们在愉悦中感受山河之美，体验华夏民族的博大精深，感悟那段烽火连天斗争岁月的艰辛和今天幸福生活的不易，从而主动地、真诚地接受红色文化的洗礼和理想信念的教育。必须看到，在文化多元化的今天，红色文化仍然是引领时代前进的主流文化，是激励人们坚定共产主义理想和信念的动力与源泉，对于丰富人们的精神世界、传播正能量、弘扬主旋律、引领社会新风尚，起着基础性和决定性的作用。

（五）红色文化有利于加强对广大党员干部的道德教育

红色文化有利于加强对党员干部和广大人民群众的思想道德教育，形成正确的人生观、价值观、世界观，为广大青少年和人民群众创造良好的社会文化氛围，有利于形成公平正义、诚信友爱、团结互助、安定有序的良好社会风气。随着中国经济发展和改革开放的深入，德育环境及主客体身份等已明显出现了新的社会发展态势，因而迫切需要一种覆盖面更广、承载思想信息更多的载体。红色文化正是适应这种形势而将德育功能得以充分发挥的一种新型的有效载体，通过红色文化开展德育活动是一种理想的德育范式。德育与红色文化的结合不仅可以发扬红色文化的精神价值，而且可以不断创新德育形式，营造红色文化育人的浓厚氛围，创新红色文化的育人机制，使人们在潜移默化中接受革命传统教育。红色文化承载和传递着光荣革命传统、先进革命精神及优良民族品质等，使教育主体与教育客体之间形成一种良性的互动，为德育活动的开展提供了现实生动的环境，最终使德育活动达到最佳效果。尤其是红色文化资源内容丰富，直观生动、感染力强，分布广泛，教育面广，为德育的开展提供了丰富而强大的精神支持。

（六）红色文化有利于坚持党领导下的群众路线

群众路线是中国共产党根本的政治路线和工作路线。一切为了群众，一切依靠群众，揭示了中国共产党的政治宗旨和力量源泉；从群众中来，到群众中去，揭示了中国共产党的工作路线和工作方法。红色文化有利于动员人民群众，强化对贪污腐败和黄赌毒黑等社会丑恶现象的舆论监督、道德监督、社会监督，展开群防群治，打击违法犯罪，净化社会环境和社会空气。改革开放以来，在一部分人先富起来的倡导下，确实有许多人依靠合法的诚实劳动而富起来。但在私有化、市场化进程中，有一些人是依靠以权谋私、贪污腐化、化公为私、坑蒙拐骗、投机钻营，甚至是违法犯罪富起来，人民群众对这些现象可谓深恶痛绝。解决诸如此类的社会问题，必须坚持党的领导下的群众路线，一切从群众利益出发，充分相信群众，放手发动群众，善于组织群众，展开群防群治，才能取得良好的社会效果，这就是新形势下最高形式地坚持党领导下的群众路线，也是对坚持群众路线的最好诠释和体现。红色文化一方面可以发挥巨大的思想教化作用、行为规范作用、政治导向作用，提升广大社会成员和干部群众以及企业经营者的思想境界、道德品质，指导人们的行为规范和社会生活，加快政府职能转变，推动民生改善；另一方面，又可以促进人际关系和谐，提高群众的思想觉悟，增强人民群众与各种违法犯罪行为和不道德行为进行斗争的信心和勇气，提高人民群众的正义感、警惕性，构建群防群治，打击违法犯罪的综合治理机制。

了解过去，目的是启迪和指导未来。中国红色文化是在中国化马克思主义与中国传统文化相结合的过程中形成的。红色文化充分展现了中国共产党和广大人民为争取民族自由和国家富强生生不息、战斗不止的伟大精神品格，深化了对以爱国主义为核心的优秀民族精神的理解，强化了对党的宗旨和理想信念的感悟，在纷繁复杂的世界中带领广大人民群众找到人生的价值目标和升华灵魂的精神家园。红色文化是中国文化的重要组成部分，红色文化的传承与发展创新，对于促进中国社会主义先进文化建设，具有十分重大的历史意义和现实意义。

第七章 中国文化是包容开放的文化

上下五千年，中国文化在中华民族漫长的历史发展过程中，呈现出多元融合发展而又相互统一的文化景观。中国文化是由中国各族人民相互交融、相互促进，共同创造的文化，始终显示出顽强的生命力和无穷的文化魅力。中国文化所呈现出来的中华民族不断融合发展，形成了中华民族生生不息、持续发展与不断进步的动力与源泉，塑造了中华民族包容、开放的文化品格，成就了中国文化源远流长、博大精深的灿烂辉煌。

一、中国文化是中华民族融合发展的文化

中国五千年的文明历史，见证了中华民族融合所形成的中国文化。中华民族长期的融合发展过程是辩证运动发展的过程，是数千年来中国各民族之间不断地吸收互补，不断地依存融合发展，不断地凝练升华的前进过程，具有悠长深厚的历史积淀，缔造了悠久的多民族统一国家的伟大历史与辉煌灿烂文化。

（一）中华民族是融合发展的民族

中华民族起源于远古的中华大地上，是一个历经长期融合发展的民族。中华民族由56个民族结合组成，各个民族相互依存、互相发展，共同形成统一而不可分割的强大民族实体。在几千年的民族融合与密切交往中，共同的地理疆域、共同的历史使命、共同的传统文化，使56个民族形成了一个强大的中华民族。

1. 中华民族起源于远古的中华大地上

根据考古发现，中华民族具有丰富的文化遗存，这些文化遗存充分说明自古以来，中华民族的先民就土生土长、繁衍生息在中华大地的各个地区，绝非“外来”，亦非局限于黄河流域或长江流域。到目前为止，北至黑龙江，南抵珠江口，东到台湾，西至青藏高原，在中国境内发现的众多的原始人群遗址以及母系、父系氏族时期的文化遗存，反映出中华民族有所不同的区域性经济和文化特色。中国大量的考古研究表明，中华民族在旧石器时代，已经呈现出区域性萌芽和民族起源的特点，到新石器时代又发展形成了不同的民族区域与文化区系。纵观整个世界，中华大地是人类起源的重要地区之一，中华民族起源于中华大地，是世界人类文明的重要发祥地之一。

2. 中华民族的早期孕育与融合

回顾中华民族的历史，是一部不断融合、不断发展壮大的历史。随着中华民

族的先民们的繁衍生息和不断发展壮大，尤其是中华大地原始氏族之间各种联系的增多，发生了相当广泛的相互渗透和相互影响，经过长期的血与火的洗礼，几个氏族结成了一个部落，几个部落又结成了部落联盟，并逐渐形成了以炎帝、黄帝、蚩尤为首领的几个大的部落联盟。当时的这些部落联盟，大都以农业为主，兼营狩猎、采集和饲养，在文化发展上又各具特色。在经过进一步的争战与融合，以蚩尤为首领的部落战胜了炎帝。炎帝联系北方的黄帝，向黄帝求救，与黄帝结为联盟。黄帝统帅炎、黄二部与蚩尤战于涿鹿之野，黄帝大败蚩尤，结果蚩尤被杀。涿鹿之战之后，炎、黄两部落之间发生战争，黄帝又击败了炎帝。黄帝部落联盟最终统一了黄河流域和南方的江汉流域。黄帝成为包括炎帝、蚩尤在内的各个部落联盟的共同首领，实现了广泛的混血与融合。这样的混血与融合，再经过各个朝代特别是夏、商、周王朝的长期融合与发展，融合周边东夷、西戎、南蛮、北狄各少数民族，逐步凝结为一个认同意识很强的民族融合体，在中华大地上形成了影响巨大的华夏民族。华夏民族的形成发展，对后来中华民族的巩固发展发挥了重大的作用。中华民族经过长期的发展与融合，中华文明开始出现，如果从黄帝时代算起，已有五千多年的历史。

3. 中华民族的发展与巩固

随着华夏民族的不断发展壮大，到了中国的春秋战国时期，中华民族得到了进一步的发展，春秋战国时期是中国奴隶社会的瓦解时期，也是封建社会的形成时期。特别是在思想文化方面，出现了中国历史上第一次思想上的大解放。奴隶社会旧的思想观念受到冲击，对人的重视在社会上普及开来，学在官府的局面被打破，私人讲学开始，个人著书立说成为社会的主流风气。在政治方面，为适应各种政治派别的需要，出现了各种各样的思想学派和学术带头人，思想文化形成百家争鸣的政治局面；在民族关系方面，“华夷”观念削弱，华夏族与周边的少数民族在长期的交往发展中不断融合；在军事方面，各个诸侯国在争霸称雄的战争与兼并中，在政治、经济，军事方面推行改革，富国强兵，这在客观上有利于帝制因素的成长，促进了新旧体制的更替过程。到公元前221年，秦统一中国。统一中国之后的秦朝，通过建立中央集权制和地方郡县制，加强了各地的政治认同；通过“书同文”，加强了各地的文化认同；通过统一货币、度量衡等，加强了各地的经济联系和认同，进一步融合了北方的匈奴和南方的越族（百越），大一统的秦国在中华大地上得到巩固和发展。

（二）中国文化是融合发展的文化

中华民族在融合发展的过程中，不断推动民族之间的文化交流。从秦汉时期到隋唐时期，从元明清时期到新中国成立，中国文化是融合发展的文化。中华民族在长期不断的民族融合中，各个少数民族认同中华民族大家庭的文化，并形成以爱国主义为核心的民族精神。

1. 秦汉时期中华民族的凝结与升华

秦朝之后，到了中国汉朝，统一的多民族国家得到进一步发展，民族共同体实现了向“汉人”的转化。特别是到了汉武帝时期，实行“罢黜百家，独尊儒术”的文化政策，形成了以董仲舒新儒家思想为基础的文化上的认同，强化了汉族和周边少数民族共同民族心理和信念的形成，营造出共同的民族意识。尤其是汉武帝降匈奴、通西域、征西南夷、平定南越等，在一些地区设立若干郡加以统治管理，又实行与少数民族政权间的和亲政策，形成了“万里一统，海内顿安”的宏大局面。在此大背景下，中原汉族与周边少数民族间的经济交流和文化联系日益密切，中华民族得到进一步的凝结与升华，有力地推动和促进了汉族与周边少数民族间的杂居与融合。

2. 魏晋南北朝时期中国民族文化的影响与融合

历史进入魏晋南北朝时期，出现了全国范围内的民族大迁徙和大混杂，汉族与少数民族的融合更加广泛。魏晋南北朝是中国历史上政权更迭最频繁的时期。由于长期的封建割据和连绵不断的战争，使这一时期中国文化的发展受到比较大的影响。这个时期突出的表现是玄学的兴起、道教的勃兴，还有波斯、希腊文化的传入。在从魏至隋的三百多年间，在三十多个大小王朝交替兴灭过程中，中原文化与周边诸多新的文化因素互相影响，又交相渗透、融合发展。值得一讲的是北魏孝文帝，他是中国历史上杰出的少数民族政治家、改革家，北魏孝文帝的重大改革青史留名。一是整顿吏治，立三长制，实行均田制。二是在太和十八年（494年），他以南伐为名迁都洛阳，全面改革鲜卑旧俗，规定以汉服代替鲜卑服，以汉语代替鲜卑语，迁洛鲜卑人以洛阳为籍贯，改鲜卑姓为汉姓，自己也带头改姓“元”。三是鼓励鲜卑贵族与汉士族联姻，又参照南朝典章，修改北魏政治制度，并严厉镇压反对改革的守旧贵族，处死太子恂，这一举动使鲜卑经济、文化、社会、政治、军事等方面大大的发展，缓解了民族隔阂。这一时期，大量中原地区的汉族也迁往西北、东北和南方地区，与当地少数民族实现了杂居融合。孝文帝的改革，对中华民族内部各个少数民族的融合和发展，起了积极的巨大的促进作用。总之，魏晋南北朝400年间，中华民族的融合发展规模大、程度深，各民族在政治、经济、文化上的认同大大加强。

3. 隋唐时期的文化大融合

中国的隋唐时代，承继魏晋南北朝时期民族融合的成果，汉族与周边少数民族间的文化相互融合继续深化加速。特别是在唐朝时期，中国社会经济处于上升阶段，文化先进，是历史上中国向周边国家文化与技术的一个大输出时期，兼容并蓄的社会风气，也给各个民族提供一个空前的交流融合环境。尤其是西域文化也随着西域贵族、僧侣、乐工、画师等传入汉地，尤其是音乐和舞蹈，在中原大地产生深刻的影响。在汉族与少数民族通婚方面，通过文成公主、金城公主的和亲，建立起舅甥之国，“遂和同为一家”，大大地促进了汉族与吐蕃族的融合发展。这一时期，通过与少数民族的通好、和亲、互市、册封等，缩短了汉族和少数民族间的隔阂和距离，加强了各民族间的日益密切的不可分割的联系。在民族融合与民族文化的交流过程中，中国文化不断从外族文化中汲取诸多优秀的文明成果，对此后的中国文化历史产生深远的影响。之后的宋辽夏金时期，不仅有大量的少数民族融于汉族，也有相当数量的汉族融于少数民族，形成了一次新的民族大融合，为元朝的空前大一统奠定了基础。

4. 元明清时期中国文化的融合与认同

到了中国的元明清时期，北方的蒙古族和满族相继入主中原，建立起统一的多民族的封建大帝国，进一步促成了中华民族大家庭的融合与认同。元朝是中国历史上第一个由少数民族（蒙古族）建立的朝代，是中国历史上疆域广阔的政权，也是首次征服全中国地区的征服王朝。蒙古族建立元朝，认同中国文化，元代之名乃取《易经》“乾元”之意，是典型的中华国号。这种官方意识形态，反映了蒙古族对中华民族及其传统文化的认同，体现了中华民族强大的民族文化向心力和凝聚力。元代通过强有力的行省制度对辽阔疆域实行有效统治，将诸少数民族聚居区一体编列入行省体制，实现了各个民族的融合。元朝之后进入明朝，在明朝时期，中华民族的各族人民的文化融合得到不断发展，通过统一行政建制，有力地推动了民族之间的交往和融合。明朝末年，满族入关建立清朝，定都北京，也以“中华皇帝”自居。清朝除对中国核心区进行有效管理外，还在中央设理藩院专门管理边疆少数民族地区事务，在边疆地区实行军政合一制度，由中央派重臣担任驻戍将军、办事大臣、参赞大臣等职署理，这些地区的民族对中华大家庭更加认同。尤其是大力推行以儒学为代表的汉文化，汉传统经典成为包括皇帝在内的满族人必修课。到乾隆中期，满族人几乎全部以汉语为母语，满族文渐渐成为仅用于官方历史记载用的纯书面文字。到19世纪初期，官方文件中的满族文已基本为汉文所取代。清朝致力于承继中华传统文化，完成了《四库全书》《古今图书集成》《康熙字典》等大型文化工程，各族人民的民族融合与认同进一步巩固发展。

（三）中国文化是和谐发展的文化

近代中国，特别是鸦片战争之后，中华民族在抵御外强欺侮的奋勇反抗中，各民族人民并肩作战，风雨同舟，中华民族精神空前觉醒和高涨，共同凝结成了坚固的血肉长城。中华民族的特性经受了血与火的考验，得到了进一步的升华，在中国共产党的领导下，形成了以爱国主义为核心的民族精神。中国共产党领导全国人民，推行民族平等、民族团结、共同繁荣的民族政策与原则，推行民族区域自治政策和对少数民族的优惠政策，维护和巩固了中华民族几千年文明史所形成的多民族统一共存、多元一体的整体格局，迎来了中华民族大家庭平等、团结、互助、和谐发展的新时期，也迎来了中国文化融合发展、和谐发展的新时代。

纵观华夏五千年，中华民族是多民族长期互补的结晶，是一个多血缘的融合体，既具有极强的包容性，又具有相同的民族性。这样的长期积淀，使得中华民族具有相互体谅、相互理解、相互包容、共同发展的民族胸怀和宽容精神。必须看到，中国一直有很好的民族文明和民族凝聚力。环顾世界，唯一没有中断的古老文明就是华夏文明。英国学者汤因比在20世纪70年代，曾与日本学者池田大作有过一次著名的对话。汤因比指出："就中国人来说，几千年来，比世界上任何民族都成功地把几亿民众，从政治上文化上团结起来。他们显示出这种在政治上文化上统一的本领，具有无与伦比的成功经验"。中华民族发展的丰厚历史积淀和民族文化融合，是中华文化与中华文明生生不息、和谐发展的基础。

二、中国文化是包容的文化

上下五千年，中国文化之所以直到现在还生生不息、不断发展，一个十分重要的原因，就是中国文化具有特别明显的包容性。中国文化是包容的文化，包容的中国文化，以其强大的同化力和顽强的生命力，在长期的文化融合中包容并蓄，不断推动中国文化的持续发展，维系了中国文化体系的一脉相承。

（一）中国文化在长期的民族融合中包容发展

中国文化是在中国漫长的民族融合中形成发展的，对中国社会历史的发展与变迁产生深远影响。从中国古代的先秦时期到秦汉时期，从隋唐时期到元明清时期，中国文化所体现出来的包容性，恐怕是世界上任何国家和民族所无法比拟的。

1. 民族融合发展的先秦时期

回顾中华民族的形成过程，与华夏民族文化高度发展密切相关。中华民族的主流是以中原大地上长期形成的汉族文化为主体，不断影响周边许许多多分散孤立存在的少数民族单位，经过长期接触、来往交流、融合发展，逐步形成一个你来我往、我中有你、你中有我，而又各具特点个性的、相互包容的、自在的强大民族实体。特别是在距今五千年前的黄帝，统一包括炎帝、蚩尤在内的华夏各个部落联盟，实现了各个部落联盟之间广泛的混血与融合，再经过之后各个朝代特别是夏、商、周王朝的长期融合与发展，融合周边东夷、西戎、南蛮、北狄各少数民族，逐步凝结为一个认同意识很强的民族融合体，奠定了民族团结统一的基础，并在中华大地上形成了影响巨大的华夏民族，搭建起中华民族驾驭未来的脊梁。随着华夏民族文化的持续不断发展，形成著名的黄河文化和长江文化，被称为中原文化。特别是它在拥有黄河和长江中下游的大片平原之后，被周边其他民族称为汉族。汉族历代王朝以其包容开放的姿态，团结周边的各个民族；以包容性极强的文化政策，不断吸收周边其他民族的优秀文化成分而日益壮大。对于旧日的敌人商人，采取尊重、合作的态度，对于土著部落也采取合作、共存的态度。同时，又不断影响其他少数民族的文化，并起着凝聚和联系周边各个少数民族的作用，奠定了以汉民族文化为中心的民族联合实体，形成了以华夏民族文化为主体的不可分割的基础。

2. 发展民族文化交流的秦汉时期

在秦汉时期，是中国传统文化大发展的时候，由于战争促成了民族融合外，还因为在战争年代，文化的传播没有了政府的干涉，是完全自由发展的。秦始皇统一六国后，迅速统一了全国的文字，促进民族文化的相互融合，奠定了中华民族大一统思想的基础。到了汉代，汉武帝大兴儒学教育，鼓励对外交流；东汉明帝求佛法等政策措施，促进了民族文化的发展和交流。在整个秦汉时期，由于中国文化的包容气度，中外文化交流空前频繁。中国文化大规模吸取外来文化的长处，特别是张骞通西域以后，秦汉文化在广泛外传中华文化的同时，积极接纳和包容了西域、印度的文化。尤其是印度佛教的传入，积极与中国本土文化相结合，使佛教文化逐步中国化，深深扎根于中华大地，并成为中国文化的重要组成部分。随着中国文化的对外交流与发展，全国各地、各族文化也蓬勃发展，形成了全国统一前提下的民族融合与风格多样的包容并蓄的中华文化。

秦时文化高度发展的象征：秦始皇陵铜车马

3. 包容一切文化的唐朝时期

唐朝是中国历史上最强盛的时期，在思想、文化、国力、疆土等方面几乎都达到了鼎盛，这和大唐文化包容一切的气度是分不开的。尤其是到了唐太宗年代，唐太宗打败北方的突厥民族后，极其包容的任用了一百多名曾经与唐朝为敌的突厥族降将，担任五品以上的将军和中郎将，约占朝廷武官之半。同时，唐朝还允许归降的突厥人自由迁入中原居住。唐太宗这些包容举措，深得各少数民族的信任和拥护，西北各族的领袖共同请求唐太宗为其赏尊号、添可汗。唐朝与西藏的吐蕃发生战争，在战胜吐蕃以后，反而派出文成公主和亲，文成公主将农业和中原文化传播到吐蕃，赢得了人心，促成吐蕃与大唐长期和睦相处。这期间产生的唐文化圈，至今仍然影响着欧亚一些国家。这里很大原因是唐朝政府在文化上采取的包容开放的政策。在文化政策上，唐朝尊道，礼佛，崇儒，施行开明的三教并立政策，这种包容一切的气度和宽松自由的文化思想环境，造就了唐代恢弘的文化气象与文化的进一步繁荣发展。

4. 多民族文化融合的元明清时期

在元明清时期，中国文化呈现出多民族政治、经济、思想、学术、宗教、艺术与文学在交流碰撞中逐渐融合的历史趋势，这种多民族文化的融合，最后融合到中华文明大家庭中来，凝汇为大中华文化，具有不容忽视的历史价值。在近千年元明清历史发展的长河中，其中有两朝是少数民族入主中原。元朝虽然一开始奉行民族分化政策，但统治者为巩固政权，改分化政策为融合政策，不断内迁游牧民族，不断促进各民族文化的融合，特别是在中书省辖区形成了多民族杂居局面。特别是环绕京城的北直隶的民族文化融合更是展现这一文化形成过程的核心区之一。但总的说来，主要是游牧民族不断被汉族文化吸引与融合。到了明代，在封建的大汉族主义民族观主导下，北直隶的民族文化融合程度有所降低，但由于明代统治者实行“天下一统，华夷一家”的政策，也推动着各个民族的融合与发展。及至清代，清代统治者实行满蒙一体、满汉一家的民族政策，直隶各民族在建筑、饮食、服饰、生活习惯等方面相互渗透，少数民族接受汉文化，与汉族文人之间的交流渐成规模，也使凝聚而成的多民族文化更具包容性和多样性。尤其是在文化理念方面，更加呈现出中国文化包容开放的性格。

5. 实行文化多元的近现代

中国近代以来，民族融合与文化融合交流得到进一步的发展，特别是文化方面，包容的文化与文化的包容继续得以发扬。尤其是近代杰出思想家、教育家蔡元培先生，在出任北京大学校长时，充分发掘中国传统文化中的包容精神，实行兼容并包、学术自由的方针，推行了一连串的重大改革，主张为学问而学问。这种包容精神和宽容的研究气氛，发挥了巨大的作用，有力地推动着思想自由，新见迭出。在学术思想领域，思想自由，不管你是保守派，还是维新派，或是激进派，都同样有机会争一日之短长。在这一时期，北京大学成为中国近代历史上最辉煌的时期，也成为大师辈出的时期。在这之后，主张与西方文化比较或对话，积极发展多元文化，从文化多元的角度来看中国文化等学术思潮层出不穷。多种文化的碰撞，相互吸纳，相互补充，这正是中国传统文化生生不息的动力所在。现代学术大师季羡林和新儒家的许多代表人物，他们大多开始致力于融和多元文化为一体，都注意从东西方的各种思想文化中吸收营养，期望以此为中国传统文化的进一步发展开出新的活力。

（二）包容的文化促进中华民族生生不息与民族认同

中华民族是一个多民族共存共荣的伟大民族。中华民族中的各个民族在长期的融合发展中，在文化发展中包容并蓄，形成了一种非常可贵的包容的文化，有效地促进中华大地疆域内许多民族的融合、团结和发展，促进了中华民族生生不息与民族认同。

1. 包容的文化促进中华民族的生生不息

中国文化博大精深、源远流长。中华民族最大特性就是民族融合与民族包容，它所呈现的文化是包容的文化。中国传统文化之所以直到现在还生生不息，最根本的原因是包容并蓄。这种包容的文化，有着强大的同化力和顽强的生命力。中国传统文化向来主张有容乃大，作为“六经之首”的《周易》就明确倡导“厚德载物”的文化理念，强调君子应该像大地那样以宽厚之德容载万物。可以说，在一定程度上，“厚德载物”奠定了中华民族包容的文化心理基础。尽管中华民族也曾历经各种灾难，但它在同化周边各族群的过程中，已将他们凝聚、融合为泛中华的文化大国。中国文化的包容性，使中国文化在内部形成丰富多彩、生动活泼的局面，在外部则不断接受异质文化的激发和营养，从而使自身具有更强的生命力。历史上，如匈奴、鲜卑、契丹、辽、金、蒙、满等民族的文化，都成为了中国文化的重要组成部分。而来自印度的佛教、阿拉伯的伊斯兰教和西方的基督教，也同样融入了中国文化的血脉之中。历史上作为少数民族的蒙古族、满族都曾统治过中国，然而最终却被强大的中国文化所同化。蒙古族、满族如今都成了中华民族的一部分。正是中国文化的这种包容性，才使其虽历经磨难但仍生生不息、历久弥新。

2. 包容的文化凝聚着中华民族最根本的价值观念

中国有着悠久的历史，它凝聚着民族的价值观念、思维的方法、生活的样式、风俗习惯，这些是民族认同最根本的东西，我们民族的价值观、风俗习惯都通过文化传达出来。近两千多年来，中国文化是以儒家文化为代表、为主流的文化。孔子的“君子和而不同”，就是主张思想文化的多元开放。这种多元开放的文化理念，极大地影响着中国文化的发展，使之形成了兼收并蓄的传统。中国儒家文化在长达两千多年的中国社会里，不断吸收其他民族的成分而日益壮大，而且融入其他民族的聚居区，构成起着凝聚和联系作用的网络，奠定了以这个疆域内许多民族联合成不可分割的统一体的基础，对中华民族在思想方式、行为规范、道德礼仪等各个方面，长期起着支配作用。在包容的中国文化中，对自然的理解是天地最大，它能包容万物，天地合而万物生、四时行。从这种对自然的理解中引申出做人的道理。在思想的理解方面，主要体现在厚德载物思想上，厚德载物内含着中华民族的包容精神。人生要像天那样刚毅而自强，像地那样厚重而包容万物。楼宇烈教授指出，文化是历史非常重要的载体，中国有着悠久的历史，它凝聚着民族的价值观念、思维的方法、生活的样式、风俗习惯，这些是民族认同最根本的东西，我们民族的价值观、风俗习惯都通过文化传达出来。可以说，中国传统文化之所以博大精深，正是由于其海纳百川，具有巨大的包容性，对外来文化不排斥的结果。

（三）包容的文化保证了中华文明的连续性和不断发展

在世界四大文化体系中，古埃及文化和古巴比伦文化是如何中断的以及中断的原因，学术界至今也没有得出一个统一的结论。现今的西方文化，已经可以确认不是古希腊文化的延续。因此，在世界四大文化体系中唯有中国传统文化一枝独秀地维持到现在，而且还在不断地发展壮大。其中原因何在？一个不可忽视的因素，那就是中华民族包容的文化保证了中华文明的连续性和不断发展。

1. 包容的文化具有巨大的感染力

从中国文化的发展历史看，中国历代思想家大多主张海纳百川、兼收并蓄的文化理念，主张思想文化的多元包容。这种包容的文化理念，一方面，使中国文化不断吸收和融合其他各家各派的思想，成为一种绵延不绝的文化思想体系；另一方面，这种包容的文化理念，极大地影响了中国文化的发展，使之形成了兼收并蓄的传统，并生生不息、绵延不绝，具有巨大的感染力。早在春秋战国时期，孔子就正视民族文化的差别，主张对儒学以外的文化传统的继承和吸收，体现了他的大家的风范。孔子还主张“学而时习之，不亦说乎！”其中之“学”，无疑也包括向外族人民学习。孟子继承了孔子的这种博大胸怀，认为海洋的博大胸怀是人类应该效法的，他的很多主张极大地丰富了中国传统文化中的包容思想。荀子在主持学宫的时候，实行开明的政策，招揽列国名流，汇集百家学说，兼容并包、来去自由。这一做法使得不同的学说、不同的观点一时间如雨后春笋般地破土而出，各家各派也不断地取人之长，补己之短，造就了中国学术史上前所未有的百家争鸣局面。汉代的董仲舒虽然提出的“罢黜百家，独尊儒术”的主张，而从学者层面说，他是不排斥其他学派的。这可以从他提出的著名的“天人感应论”思想可以看到。汉代之后，儒家不断吸收了道教的一些思想，逐渐形成了儒道互补型的儒家学派。宋明清时期，不管是程朱的理学派还是陆王的心学派，都以包容的心态对待道家文化和佛家文化。在中国文化的持续发展中，儒家、道家和佛家互相影响、互为补充、互相融合，构成中国传统文化的重要组成部分。

2. 包容的文化具有强大的同化力

中国文化是包容的文化，但是中国文化对待外来文化的包容是以其强大的同化力为前提的。从中国文化的历史发展看，它总是以其强大的同化力去影响外来文化和改造外来文化，特别是对于周边的少数民族文化，通过影响和融合，使之融合于中国传统文化的整体之中。包容的中国文化是吸收外来文化的重要心理基础，没有这样一个基础，不仅不能消化、吸收外来文化，还有可能被外来文化所同化，从而丧失自己民族的文化特色。但是，由于中国固有的传统文化博大精深、根基深厚，主张思想文化的多元包容，并且善于学习外来文化和包容外来文化，其结果是不断吸收外来文化、不断同化外来文化。比如佛教，从印度传播到中国之后，并在中国扎根的例子，是世界上唯一没有介入武力征服的文化交融。据历史记载，中国唐朝为当时世界上疆域最大、经济最富、人口最多、政治体制最健全的社会。当时在首都长安，外国人到中国来学习和经商的非常多，不但没有排外事件发生，而且一些国家的遣唐使、留学人员还参与朝政，做了唐朝的官员。这与中国人的宽容好客、诚以待人的性格有关。这是在中国漫长的历史中形成的包容性格。外来文化来到中国，丰富和发展了中国传统文化；外来的文化一到中国，便开始了中国化的进程，但并没有使中国传统文化丧失其特有的本色。中国社会多元包容的思想文化理念和宽容的文化氛围，甚至使得一些独立性很强的外来文化，也在不知不觉中被同化，并融合于中国文化的整体之中，成为中国文化的组成部分。

3. 包容的文化具有旺盛的生命力

中华文化之所以具有宽厚包容的特点，最重要的原因是中国人很早就树立起“仁”的哲学思想。用孔子的话说，“仁”就是“爱人”。“爱人”的首要前提是意识到别人和自己一样，没有高低贵贱之分。中国文化厚德载物、宽厚包容是举世公认的，正是这一显著的特点造就了中国文化生生不息的力量。在中国五千年悠久的文明历史发展中，中国文化具有明显的民族特征和民族风格，并具有特定丰富的民族语言。到了春秋战国时期，儒家思想文化为中国文化思想奠定了包容的文化理念。特别是孔子提出了“礼之用，和为贵”“君子和而不同，小人同而不和”。这种重和去同的思想，肯定事物是多样性的统一，主张以广阔的胸襟、海纳百川的气概，容纳不同意见。到了汉代，儒家思想作为社会的主流文化，提倡包容的文化思想，倡导在主导思想的规范下，不同派别、不同类型、不同民族之间思想文化的交相渗透，兼容并包，多样性的统一。文化上的包容，使中国社会思想文化在内部形成丰富多彩、生动活泼的局面，在外部则向世界开放，不断接受异质文化的激发和营养，从而使自身具有更强的生命力。在中国文化的发展进程中，包容了难以数计的特色各异的区域文化和习尚不同的民族文化。许多外来的、外部的文化都被消化、吸收、转化为中华文化的因子。佛教讲慈悲，“无缘大慈，同体大悲”，怜悯一切有情众生。道教受老子“尊道贵德”

和“报怨以德”的思想影响，十分重视道德善行在修道中的关键作用。在南北朝时期，有儒、佛、道三教之争，最后达成共识，便是三教虽异，同归于劝善。所谓“三教”，实质是指三种道德教化之道。而儒道互补，儒法结合，儒佛相融，佛道互通，援阴阳五行入儒，儒佛道三教合一。以至对基督教、伊斯兰教等外来宗教的容忍和吸收，更是世人皆知的历史事实。中国文化之所以博大精深，就在于它表现出一种“和而不同”的包容性。正是这种包容性，使中国文化在内部形成丰富多彩、生动活泼的局面，在外部不断吸纳外来文化的营养，使自身更具有旺盛的生命力。正是这种包容性，在五千年的悠长岁月里，中国文化以其旺盛的生命力，创造了唐诗宋词、元曲以及明清小说等各种各样的辉煌文化。

三、中国文化是开放的文化

中国文化既是包容的文化，又是开放的文化。开放的中国文化，植根于中国传统文化的“和”的哲学和“生”的哲学。中国人从春秋时期的孔子开始，就是通过学习他人和迎接朋友来提升自己。中国人追求的是展示自己的文化的魅力，对于学习外来的异质文化从来都有很高的热情。事实上，无论是从历史还是从现实看，中国文化都是开放的文化。

（一）从中国历史看中国文化的开放性

从中国历史看，中国文化具有明显的包容性，这种包容性不断地推动中国文化的对外开放。在中国的先秦时期，尤其是在春秋战国时代，思想开放、百家争鸣，中国文化就很开放了。回顾中国文化的发展历史，一直以来都是秉承开放包容的政策，特别是在对待外国思想、宗教、艺术、外交、经贸等领域，都体现着中国文化伟大的开放性。

1. 思想领域

自古以来，中国文化的思想理念是包容，提倡包容外来文化、学习外来文化。在学习外来文化并乐于更新自我，所以能够尊重外来文化所看重的不同的价值观念、不同信仰追求、不同生活习惯和不同的思维方式。用费孝通先生的话概括，这种对于不同文化、不同文明的态度，就是从“各美其美”走向“美人之美”。这种开放、包容的精神，是中华文明生生不息的强大生命力的体现。《易传》说：“天地之大德曰生。”在中国传统文化的观念中，人的生命和宇宙的创化高于一切。中国文化看重人的生活世界，关注现实人生的价值甚于精神领域里的抽象理念。正因为如此，所以对于一种外来文化、宗教的认可与否，主要取决于它是否有益于老百姓的民生福利，以及它是否有益于世道人心（即它的伦理内容），至于对它的抽象理念包括它的教义、戒律等则并不苛求它与自己绝对相同。也就是说，中国文化对外来文化认同的着眼点不是抽象的理念，而是从是否有益于老百姓的民生福利和社会的和谐安定来判断。这种着眼点，正蕴含着一种文化上伟大的开放性和包容性。尤其是在中国的唐代，唐朝是中国历史上公认的最伟大的朝代之一。这不仅因为它疆域辽阔，国力强盛，更因为它海纳百川，兼容并蓄，海内外诸国宾服，争相朝拜。所谓雄汉盛唐，汉朝更多的是以武力震慑蛮夷，而唐朝则多以文明折服外族。例如对于外来的文化，唐太宗主张“济物利人，宜行天下”，只要有利于社会的民生福利、人伦风化与社会安定，就应该得到容纳，充分体现了大唐盛世对于外来文化的伟大的开放性。中国文化历来不会对外来文化的到来抱有恐惧和敌视的态度，而是开放门户，接纳它们、包容它们，尊重它们自己的文化特色，与此同时，中国文化又把外来文化中的一些优秀成分吸收、融合进来，充实、丰富自己民族的文化。正因为如此，中国文化才能够在漫长的历史发展时期中保持自己的生机和活力。

2. 宗教领域

在宗教领域，最早传入中国的是印度佛教。印度佛教是在中国的汉代传入中国的，到了中国的唐代，由于唐王朝的开放政策和对佛教的重视与支持，印度佛教在中国得到快速发展，并与中国文化相互融合，融入中国的社会文化，成为中国化的佛教。成为国人的普遍共识，如：自度度人；毫不利己，专门利人；善有善报，恶有恶报，不是不报，时间未到，时间一到，必有其报；天助自助者，人尊自尊者；人恶人怕天不怕，人善人欺天不欺；送佛到西天，摆舟到岸边；善必寿长，恶必早亡，等等。中国文化在接受佛教文化的同时，也对佛教文化在与中国文化的融合过程中进行了很多方面的改造，佛教文化也大量吸收了道教思想和儒家文化，从而使佛教文化更加中国化。值得一说的是唐太宗支持玄奘大师贞观元年赴印度取经，带回了佛教经、律、论各类经典657部。唐太宗请他在弘福寺翻译梵文经卷，还让宰相房玄龄、许敬宗挑选五十多位学识渊博的佛教徒帮他翻译。玄奘之后有义净从海路经苏门答腊等地赴印度取经，带回梵本经律论近400部。参译者共83人，其中有13 位外国人，还有32位官员，官员中有11 位宰相。如此大规模和高规格的翻译队伍，在世界各国实属罕见，充分显示出大唐帝国开放包容的国策和吸收外来文化的广阔胸襟。基督教最早传入中国也是在唐朝的唐太宗的时期，并由政府资助帮他们在长安义宁坊建了一座教堂。据文献记载，当时唐朝的外来宗教还有起源于波斯的袄教和摩尼教。

3. 艺术领域

在艺术领域，中国唐朝开放外来音乐艺术是最为典型的。随着大唐国力的强盛和开放、包容的文化环境，极大地吸引国外艺术家的到来，外国的音乐艺术也不断传入中国。其中，包括当时非常杰出的画家、歌唱家、舞蹈家和乐器演奏家。如唐初来华的天竺僧昙摩拙叉、康国（今乌兹别克斯坦境内）人康萨陀、狮子国（ 今斯里兰卡） 人金刚三藏等人，都是擅长画佛画的画家。唐末来华的竺元标是天竺画家。还有许多来自中亚地区的歌唱家、舞蹈家和乐器演奏家，如唐高祖时被封为散骑常侍的舞者胡安叱奴、玄宗时被封为国公的优伶安金藏，都是安国（今乌兹别克斯坦境内）人； 中唐时著名的歌唱家米嘉荣、米和父子都是米国（ 今乌兹别克斯坦境内）人； 琵琶高手康昆仑是康国人； 琵琶世家曹保和他的儿子（曹善才）、孙子（ 曹纲） 是曹国（ 今塔吉克斯坦） 人。中国对外来音乐的喜爱，是从宫廷、贵族传到城市居民各个阶层，所谓“洛阳家家学胡乐”，成了一种时尚。唐玄宗李隆基吹奏玉笛和敲击羯鼓都达到极高水平。当时的重臣宋璟也善羯鼓。他演奏时，“头如青山峰”“手如

唐朝文化高度发展的象征：仕女图

白雨点”，充分发挥了羯鼓作为“八音之领袖”的功能。五弦琵琶、箜篌、筚篥、横笛、羯鼓等外来乐器也大为普及。来自西凉的《婆罗门曲》，经唐玄宗改编而成《霓裳羽衣曲》，是汉乐和胡乐融合而成的一项艺术成果。和胡乐相伴的是胡舞，其中最有名的是胡旋舞、胡腾舞和柘枝舞。白居易和唐代许多诗人都描绘过胡旋舞。当时在宫廷中经常表演胡乐和胡舞。据记载，伴奏的这些乐器多数是外来的胡乐器，而演奏者都是当时最高水平的音乐家。

4. 外交领域

在中国历史上，中国对外交往是随着对宗教的开放而不断发展起来。特别是到了隋唐时期，中国的外交领域发展到一个新的历史高峰。在中国的隋唐时期，对外交往范围逐步扩大，且有连续性。隋唐时期对外交往的国家分布于东亚、东南亚、南亚、中亚、西亚，欧洲、非洲也都有往来。对外交往范围之广，历史少见。而且这些交往并不因中国发生内乱而中断，有明显的连续性。如日本连续十三次派出遣唐使。交往领域涉及政治、经济、文化、宗教等方方面面。交往的渠道有官方外交往来，公派及民间留学，国家间及民间贸易。在交往过程中，隋唐时期特别是到了唐朝，唐朝统治者对外来文化采取开明的态度，兼收并蓄，虚心学习，又尊重外国人的风俗习惯和宗教信仰，从而极大地吸引了各个国家前来学习和贸易。当时的中国首都长安，成了当时世界上人口最多、最繁华的国际性大都会，从世界各地来的外交使节、商人和留学生挤满了长安。长安的鸿胪寺接待过七十多个国家的外交使节，而且他们大多率领着庞大的外交使团，出现了“万国衣冠拜冕旒”的盛世景象。在对外交往中，中国传出去的主要是制度、文化、生产技术等，推动了各国历史发展、社会进步；外国传入的主要是土特产、物种、艺术，丰富了隋唐时期的社会生活。唐朝的对外关系发展使唐朝的政治、经济和文化在世界上产生了重要影响，中国成为世界政治、经济和文化交流的中心，对世界文明的发展作出了巨大贡献。

5. 贸易领域

在中国的对外贸易发展史上，中国的对外贸易，早在西汉以前就已经开始了。但是，对外贸易较有规模的发展，则是西汉以后的事情。西汉以后到唐代以前，中国的对外贸易还是比较有限的，对外贸易的通道主要是陆路，即“丝绸之路”。到了唐宋时期，对外贸易发展迅速，可以说，唐宋时期的对外贸易，开启了中国古代外贸史上的新纪元。交通路径上，由唐时的“水陆并进”到宋时的以海路为主；在输出物品上，由唐时的以手工业品为主到宋时的以农产品为主；在港口分布上，由唐时的江南地区居多到宋时的江北地区居多；在贸易国家上，由唐时的以东南亚各国为主到宋时的以西域各国为主。特别值得一提的是贸易大港泉州（古名刺桐），在唐代就是中国四大对外贸易港口之一，到了宋元两代进入全盛时期。在这个繁华的贸易港口城市，人们看到的是一种开放的多元文化的局面。宋元时期泉州的宗教文化多元并存，不同信仰、风俗之间出现一种互相影响和互相融通的趋势。当时的泉州除了犹太人，还生活着大量的阿拉伯、波斯的穆斯林，他们多数经商，但也有的担任官职，还有不少人与泉州人成婚。总之，泉州出土的大量须弥式石墓“混合了印度、波斯、希腊、大夏、安息、罗马和中国的不同文化因素”。这是世界多元文化在泉州混合并存的证明，是世界文化史上的奇观。直至现在，在泉州还可以看到许多印度神话故事的石雕和古希腊的艺术痕迹。①

（二）从近现代发展看中国文化的开放性

进入近代的中国，尤其是在1840年发生鸦片战争之后，中国对外更加开放。从中国近代的洋务运动、维新运动、戊戌变法到新文化运动，再到五四运动与马克思主义进入中国等等，开放的文化不断推动中国社会的发展。社会主义新中国成立之后，中国文化的开放性呈现出更加开放的景象。

1. 自强求富的洋务运动

中国的洋务运动，又称晚清自救运动、自强运动。该运动是19世纪60年代至90年代洋务派所进行的一场引进西方军事装备、机器生产和科学技术以维护封建统治的自强求富运动。洋务运动体现中国对外国学习的开放姿态。1860年12月曾国藩上奏折说，目前借外国力量助剿、运粮，可减少暂时的忧虑；将来学习外国技艺，造炮制船，还可收到永久的利益。洋务运动在李鸿章等人的主持下，在短短几年中，江南机器制造总局、金陵制造局、福州船政局、天津机器局等一批

① 叶朗：《中华文明的开放性和包容性》，原载《北京大学学报（哲社版）》。

大型近代化军事工业相继问世。洋务运动是近代教育的开端。要开始洋务运动，兴办洋务就必须要有精通洋务的人才，但是中国传统的科举制教育却远远无法满足洋务运动队伍人才的需要。从19世纪60年代到90年代，洋务派共创办24所新式学堂，主要为翻译、工程、兵器、通讯、医务等培养新型人才。为了更系统的学习西方先进的科学技术，洋务派向西方派遣 200 多位留学生，为洋务事业培养了一大批具有西学知识的新式人才，对中国的教育近代化起了极大的推动作用，为中国社会迈向近代化准备了最初始的文化条件。在洋务运动期间，文化出版事业的发展达到了一个前所未有的水平。大量西学著作的翻译出版及近代中国报刊和出版机构的出现，打破了中西文化的壁垒和传统文化的坚冰，大大促进了中西文化交流与融合。译书经历了由单纯的西方科技著作和书籍，向自然科学和社会科学，人文科学等著作并重，甚至后者略占上风的过程。洋务运动开展达30多年，虽然没有使中国富强起来，但洋务运动接受西方的思想文化和引进了西方先进的科学技术，使中国出现了第一批近代新型企业，在客观上为中国民族资本主义的产生和发展起到了促进作用。

2. 政治改革的戊戌变法

中国的戊戌变法，又称维新变法，是指1898年6月至9月21日以康有为、梁启超为主要领导人物的资产阶级改良主义者，通过光绪皇帝进行倡导学习西方，提倡科学文化，改革政治、教育制度，发展农、工、商业等的政治改良运动。在维新人士和帝党官员的积极推动下，1898年6月11日，光绪皇帝颁布“明定国是诏”诏书，宣布变法。这一年是农历戊戌年，又称“戊戌变法”。光绪皇帝颁布了一系列变法诏书和谕令，其主要内容有：在经济上，设立农工商局、路矿总局，提倡开办实业，修筑铁路，开采矿藏，组织商会，改革财政；在政治上，广开言路，允许士民上书言事，裁汰绿营，编练新军；在文化上，废八股，兴西学，创办京师大学堂，设译书局，派留学生，奖励科学著作和发明。这些革新政令，目的在于学习西方文化、科学技术和经营管理制度，发展资本主义，建立君主立宪政体，使国家富强。但戊戌变法因损害到以慈禧太后为首的守旧派的利益而遭到强烈抵制与反对，1898年9月21日慈禧太后等发动戊戌政变，光绪帝被囚至中南海瀛台，维新派的康有为、梁启超分别逃往法国、日本，谭嗣同、康广仁、林旭、杨深秀、杨锐、刘光第共6人被杀，历时103天的变法失败。百日维新是戊戌变法的一部分。变法虽然失败了，但是变法得到中国民间的广泛支持，并不断推动着中国更为激烈的改革主张，推翻帝制，建立共和的呼声日益高涨。戊戌变法是中国近代史上一次重要的政治改革，也是一次思想启蒙运动，倡导学习西方科学文化，学习西方政治制度，大大地促进了人们的思想解放，对社会进步和思想文化的发展与进步，起了重要推动作用。

3. 倡导科学和民主的新文化运动

中国倡导科学和民主的新文化运动，是在1919年中国爆发五四运动前后由陈独秀、李大钊、鲁迅、胡适、蔡元培等一些受过西方教育的知识分子发起的一次“反传统、反儒教、反文言”的思想文化革新、文学革命运动。中国经过辛亥革命，推翻清朝帝制之后，先进的知识分子认识到，辛亥革命最后失败的根源在于国民脑中缺乏民主共和意识，必须从文化思想上冲击封建思想和封建意识，通过学习西方的科学与民主，普及共和思想来实现真正的共和政体。因此，倡导科学和民主的新文化运动的出现既是当时特定历史时期经济、政治、思想文化诸因素综合作用的产物，也是近代中国经历长期的思想文化准备的必然结果。新文化运动中倡导民主和科学两面旗帜的树立，使中国许多方面都发生了翻天覆地的变化，还造成了新思想、新理论广泛传播的大好局面。新文化运动宣扬民主，反对封建专制，把斗争矛头直指封建专制的理论支柱儒家思想。新文化运动宣扬科学，反对封建迷信和愚昧，反映了中国社会发展的要求和人民的迫切需要，有力地推动了新文化运动的发展。民主和科学思想的弘扬，动摇了封建思想的统治地位，并且推动了中国自然科学的发展，使人们的思想尤其是青年的思想得到空前的解放。新文化运动是一次前所未有的思想解放和启蒙运动，为马克思主义在中国的传播开辟了道路。不过，新文化运动中的先进分子，大多有一些偏激情绪，对东西方文化的看法，存在着绝对肯定或绝对否定的偏向。其实无论是东方或西方，都应该互相地取长补短，这样才能共同进步。

4. 马克思主义在中国的传播

当中国的新文化运动进行得如火如荼之时，俄国十月革命取得胜利的消息传到中国，中国的先进分子受到鼓舞和启迪，从中看到了中国革命的新出路和新的希望。俄国十月革命的胜利显示了马克思列宁主义的巨大威力，于是中国一些先进知识分子由以前向西方学习转向研究和宣传俄国十月革命和马克思列宁主义，并且开始用无产阶级的宇宙观来观察中国的问题，从某种角度看，很大程度改变了新文化运动的方向和性质，使新文化运动由资产阶级文化运动转变为广泛宣传马克思列宁主义的文化运动。李大钊是中国共产主义的先驱者。1918年7月，他发表了《法俄革命之比较观》，十月革命胜利一周年，他又发表《庶民的胜利》的演讲和《布尔什维主义的胜利》一文，阐述了十月革命和法国大革命的不同，极力宣传十月革命胜利的意义。他指出十月革命是“20世纪世界革命的先声”，是“世界人类全体的新曙光”。在李大钊的影响下，中国一批先进知识分子转变成为初步具有共产主义思想的马克思主义者。如陈独秀、毛泽东、周恩来、邓中夏等。1920年，陈独秀相继发表了《劳动者的觉悟》《谈政治》《关于社会主义的讨论》等一系列文章。这些文章表明，他接受了马克思主义的基本观点，并运用这些基本观点阐明了无产阶级革命和无产阶级专政等重要的革命问题。毛泽东在长沙发表了《民众的大联合》等文章，指出俄国社会主义革命的胜利就是俄罗斯民众联合的胜利，表明他已经转变成为马克思主义者了。马克思主义在中国的传播，产生了中国共产党。中国共产党在马克思主义理论的指导下，结合中国的具体实际，产生了毛泽东思想，推翻骑在中国人民头上的三座大山，建立了社会主义新中国，并创建了中国特色社会主义理论。

5. 吸收人类创造的一切文明成果的新中国

1949年10月，中华人民共和国成立。之后的中国在西方国家的封锁下，看似封闭状态的中国，实则不断坚持对外开放。中国坚持对苏联的开放，坚持对所有社会主义国家的开放，坚持对一些西方国家的开放。1978年，中国实行改革开放方针政策，特别是进入WTO以后，在中国特色社会主义理论的指导下，既发扬中华民族的优秀传统，同时又敞开胸怀，尊重文化的多样性，吸收外来的优秀文化，吸收人类创造的一切文明成果和优秀文化与先进的科学技术。特别是中共十八大以来，中国在弘扬中华优秀传统文化的基础上，认真学习、充分吸收外来优秀文化，吸收人类创造的一切文明成果。通过吸收、消化，不断丰富中国自身的文化，使中国文化更加具有时代性和先进性。

回顾历史，面对今天，展望未来，我们对中国文化仍然充满信心。我们没有理由担心中国文化被西化的可能，没有必要担心中国文化不能适应经济的全球化，没有必要担心中国文化适应不了市场经济的要求，更没有必要妄自菲薄，自我否定。这是因为中国文化本来就是开放的文化，是一个不断完善、不断发展的文化，它具有接纳外来文化的能力，具有包容外来文化的能力，它是一个海纳百川，虚怀若谷的优秀文化。

四、包容开放的中国文化对世界的影响

中国文化的这种伟大开放性和包容性，植根于中国文化的深层哲学和信念，就是"物一无文""和而不同""和实生物，同则不继"的哲学和信念。中国文化的包容与开放，使中国文化在内部形成丰富多彩、生动活泼的鲜活局面，在外部不断吸纳外来文化的营养，使自身更具有旺盛的生命力。与此同时，包容开放的中国文化也对世界产生积极的影响。

（一）中国古典哲学对世界的影响

在中国的古典哲学中，《易经》被尊称为中国的群经之首，中华文化之源。在中国古典哲学中，《易经》是我国历史上流传最久远之经书，也是中国最古老最有代表性的哲学著作之一。《易经》《老子》和《孙子兵法》等古典哲学著作对世界产生一定的影响。如《易经》包含现代计算机二进制的基础，现代数理逻辑也要依托于《易经》；《老子》思辨哲学应用于现代哲学，《孙子兵法》应用于商战；中国的四书五经对中国周边国家如韩国、日本、越南和新加坡等影响更大。中国《儒家道德》于1641年在伦敦出版。明代王阳明的学说，极大地影响了日本，并推动了日本的"明治维新"。

在欧洲，中国传统文化对法国的影响最大，法国成为当时欧洲中国文化热的中心。从17世纪开始，中国的一些儒家经典如《论语》《大学》等，就通过法国传到了欧洲其他国家。法国18世纪的启蒙思想家很少有不受中国文化影响的。如笛卡尔、卢梭、伏尔泰、孟德斯鸠、狄德罗、霍尔巴赫，他们对中国文化的推崇程度，让我们现在都感到震惊。德国哲学家莱布尼兹、康德、费希特、谢林、黑

格尔直到费尔巴哈以及大文豪歌德等人，都研究过中国哲学，都在不同程度上受到过中国文化的影响。如莱布尼茨就认为，正是中国的发现，才使欧洲人从宗教的迷惘中觉醒过来。这种影响或直接或间接地影响了法国的启蒙运动，影响了德国的辩证法思想。

从18世纪后期起，法国的伏尔泰特别推崇中国的儒家思想，对孔子更是佩服得五体投地，房间里常年挂着一幅孔子画像，把孔子奉为人类道德的楷模。他反对君主专制，希望有一位开明君主，因此儒家的“民为贵，君为轻”被他当作武器来攻击封建君主专制。伏尔泰推崇孔子的另一方面，认为孔子是在用道德的说服力而不是用宗教的狂热和个人崇拜来影响别人。在法国启蒙运动中，伏尔泰便利用了中国儒家哲学思想，将儒家的哲学思想、政治理论、道德伦理、人性观念、社会法则等加以综合研究，建构了一套对西方社会产生过很大影响的新的社会学说。在世界哲学史上，中国的古典哲学对世界产生一定的影响，特别是孔子的“仁”学思想，对世界哲学史产生了深远的影响。近现代以来，中国的儒家思想文化在世界各地得到积极的传播和发展。

（二）中国文学艺术文化对世界的影响

在文学艺术文化方面，中国对世界的影响是比较突出的。在文学方面，中国的《三国演义》《西游记》《水浒传》《红楼梦》等四大古典名著以及《聊斋志异》《金瓶梅》等先后被译成多国文字，深深地影响着世界文坛。德国大文豪歌德在比较中西文学后曾感慨地说：“当中国人已拥有小说的时候，我们的祖先还正在树林里生活呢!”在艺术方面，中国的武术、书法、国画、诗歌和舞蹈独树一帜。举世闻名的中华武术，是中国民间流行最广泛的体育项目。千百年来，中国武术对世界武坛尤其是亚洲武坛产生过重大影响。特别是在1936年柏林奥运会上，中国武术震惊了世界。中国的城市发展对世界也有很大影响，宋代以前，世界上许多国家学习中国的城市建造，中国为世界各国培养了各方面的城市建设人才。中国文官制度特别是科举制度对西方文官系统的形成也产生过很大的影响。1570年到1870年的300年间，西方国家出版的有关介绍中国文官制度与政治制度的书籍达70种。

（三）中国科技文化对世界的影响

中国传统文化在明清之际，通过西方耶稣会士，通过东学西渐，还传播到了欧洲一些国家。尤其是在科技文化方面，中国的四大发明，即火药、指南针、印刷术、造纸术，通过陆上、海上丝绸之路的开辟，连接了亚欧，促进了各地的交流。四大发明除火药是元朝军队带去之外，其他都是经丝绸之路传出去的。火药、指南针、印刷术、造纸术先后传到西方后，对于推动西方资本主义社会的形成和发展，促进世界科技文化的进步，起到了极为重要的作用。

特别是近代以来，水路陆路新航路的开辟，离不开指南针。中国的指南针、航海和造船技术，一方面让中国的足迹走向了遥远的大海，从东南亚一直走到非洲和马达加斯加。另一方面，世界各地的航海家用它们定位，在海上辨别方向，推动了各国的交往。同时，思想解放、文艺复兴、启蒙运动离不开造纸术和印刷术，而火药又成为砸碎封建城堡的利器，在现代战争中作用很大。中国的四大发明对于彻底地改造近代世界并使之与古代及中世纪划分开来，比任何宗教、任何占卜术的影响或任何征服者的成功所起的作用更大。此外，中国漆器、冶铁和穿井技术都是世界最先出现的。中餐、中医中药也独具特色。

中国是世界上最早种植水稻、粟等作物的国家，尤其水稻种植的传播极大促进了其他地区农业的发展，养活了更多的人口。世界上660多种主要栽培作物中，起源于中国的就有136种，占20%以上，居世界第一。中国还是最早养蚕的国家，丝绸也是中国的重要发明。中国烧造的瓷器也是独特的创造，中国是茶树的原产地，中国茶业对人类的贡献遍布了整个世界。英国的李约瑟曾说："茶是中国继火药、造纸、印刷、指南针四大发明之后，对人类的第五个贡献。"

英国李约瑟博士在《中国：发明与发现的国度》一书中动情地写道："中国文献清楚地向我们展示了一个又一个不平凡的发明和发现，考古证据或绘画实物证实中国的发明与发现，比欧洲的或照搬采用的发明或发现一般往往领先很长一段时间。无论是二项式系数排列，还是旋转运动与直线运动相互转移的方法，或是第一台时钟中的擒纵装置，或韧性铸铁犁铧，或植物学与土壤学的开创，或皮肤与内脏的关系，或天花痘苗接种的发现，不管你探究哪一项，中国总是一个接一个地居世界第一。"李约瑟著的长达2000万字的《中国科学技术史》，向世界生动详实地展示了中国古代科技文化的伟大创造及对世界文明的巨大贡献与影响。

（四）中国交通文化对世界的影响

中国文化对世界的影响还体现在对外交通方面。在中国自古就已经与欧洲建立了“丝绸之路”。中国自从西汉时期张骞通西域以后，就有了一条以长安（今西安）和洛阳为起点，经甘肃、新疆，到中亚、西亚，并连接地中海各国的陆上通道，中国和中亚及欧洲的商业往来迅速增加。通过这条贯穿亚欧的大道，中国的丝、绸、绫、缎、绢等丝制品，源源不断地运向中亚和欧洲。因此，希腊、罗马人称中国为赛里斯国，称中国人为赛里斯人。所谓“赛里斯”即“丝绸”之意。1877年，德国地质学家李希霍芬将这条东西大道誉为“丝绸之路”。从此，丝绸之路这一称谓得到世界的确认，这在世界史上有重大的意义，它是亚欧大陆的交通动脉，是中国、印度、希腊世界三种主要文化交流的桥梁。

中国通往欧洲除了陆上通道之外，还有从海上通往欧洲的丝绸之路。海上丝绸之路的雏形在汉代便已存在，目前已知有关中外海路交流的最早史载来自《汉书·地理志》，当时中国与南海诸国就已有接触，而有遗迹实物出土表明中外海路交流或更早于汉代。海上通道在隋唐时运送的主要大宗货物仍是丝绸，所以后世把这条连接东西方的海道叫做“海上丝绸之路”。到了宋元时期，瓷器出口逐渐成为主要货物，因此又称作“海上陶瓷之路”。同时由于输入商品历来主要是香料，因此也可称作“海上香料之路”。之后，海上丝绸之路是约定俗成的统称。这两条丝绸之路一直是古代连接东西方的陆上、海上交通贸易要道、也是中外文化交流的象征。值得一提的是到了明朝，郑和七下西洋，麦加朝圣，对沿途各国倡导不欺寡、不凌弱、友好相处、共享太平。在亚非国家间的交往确立了现代外交不成文的准则，对后世影响深远。

▬ 丝绸之路

为加强区域经济合作，进

一步造福丝绸之路经济带沿途各国人民，2013年9月，习近平主席在哈萨克斯坦访问时提出，为了使欧亚各国经济联系更加紧密、相互合作更加深入、发展空间更加广阔，可以用创新的合作模式，共同建设“丝绸之路经济带”，以点带面，从线到片，逐步形成区域大合作。之后中国正式向世界各国提出建设“一带一路”的倡议。2015年3月28日，国家发展改革委、外交部、商务部联合发布了《推动共建丝绸之路经济带和21世纪海上丝绸之路的愿景与行动》。2016年底，第71届联合国大会决议首次写入“一带一路”倡议，获得193个会员国一致赞同。2017年3月17日，联合国安理会通过第2344号决议，呼吁通过“一带一路”建设等加强区域经济合作。2017年5月14日和15日，“一带一路”国际合作高峰论坛在北京成功举行，得到国际社会的积极响应和广泛支持。高峰论坛总结了过去4年来“一带一路”建设的成就，在凝聚更多共识、明确合作方向、推动项目落地和完善支撑体系等方面取得新的重大突破，并通过了《联合公报》，具有里程碑的意义。中国的发展对世界的影响越来越大，中国与世界联系越来越紧密，中国的发展离不开世界，世界的发展也离不开中国。

中国文化是包容的文化、开放的文化。中国文化包容、开放和不断创新发展，形成了中华民族生生不息、持续发展与不断进步的动力与源泉，塑造了中华民族宝贵的文化品格，成就了中国文化源远流长、博大精深和持续发展的灿烂辉煌。

第八章 中国传统文化价值观

中国文化博大精深、源远流长，中华民族在历史长河中创造了灿烂的文明成果，形成了代表中华民族的优秀传统价值观。中国传统价值观倡导人生价值学说、追求道德至上的价值标准，群体至上的价值取向和家国同构的价值模式，形成以人为本的价值理念。千百年来，中国传统价值观培育了中华民族积极进取、坚韧不屈的人格品质，激发了努力开拓、勇于创造的旺盛斗志，呈现了中华民族生生不息的生命力、非凡的创造力和强大的凝聚力，形成了以爱国主义为核心的团结统一、爱好和平、勤劳勇敢、自强不息的伟大民族精神。

一、中国文化与传统价值观

中国文化所形成的传统价值观，倡导人生价值追求、道德理想追求和价值理念的追求，培育了中华民族积极进取、坚韧不屈的人格品质，形成了中华民族倡导人生价值学说，追求道德至上的价值标准。

（一）中国传统人生价值的追求

中国传统文化的内涵十分丰富，其中最重要的是人生价值学说。中国古代思想家，尤其是儒家很多学者，对于人生价值的内涵、类型、层次、标准等问题，都有充分的论述，构成中国传统文化的核心内容。早在中国的先秦时代，诸子百家就纷纷提出各具特色的人生价值学说。如孔子提出“义以为上”的道德至上说；墨子主张以“国家百姓人民之利”为最高价值，宣扬崇尚公利的功用价值观；老子提出美丑、善恶相互依存说；庄子进一步提出“物无贵贱”的命题，宣扬相对价值观；孟子提出“良贵”说，认为人人都具有先天赋予的固有价值。从人生价值学说的倡导，到人与人的关系，包含着怎样做人，并通过怎样对待自我、他人，对待民族和国家以及自然的关系而怎样实现个人价值的看法，成为中国传统价值观的最显著特征。特别是中国儒家文化所倡导的人生价值观，强调对待自我、他人、民族和国家以及自然的关系，包含着怎样做人、怎样实现个人价值的看法。

1. 人与自我的关系

人与自我的关系是一个人格塑造的问题，人格也就是古代人所说的人品。什么是具有崇高人格的人，怎样才能达到和保持崇高的人格？这是古代思想家所热心讨论的一个中心问题。孔子说：“三军可夺帅也，匹夫不可夺志也。”强调人人应具有独立的意志，也就是肯定人人都具有独立人格。孟子说：“富贵不能淫，贫贱不能移，威武不能屈，此之谓大丈夫。”所谓大丈夫的崇高人格，就是始终如一地坚持自己的原则，在任何情况下都决不动摇。庄子也提倡崇高人格，他说：“至人神矣！大泽焚而不能热，河汉而不能寒，疾雷破山、飘风振海而不能惊。”认为人具有不受任何环境影响的独立精神和自主精神。庄子还提倡追求“天地与我并生，而万物与我为一”的精神境界，主张从万物平等无差别，即没有价值区别的理念出发，超越自我，以与天地同在。孟、庄两说都给后世以深远影响。儒家文化倡导正确对待自己，塑造崇高人格，最关键的就是要正确对待生命与道德、人格的关系。儒家认为人是生物，人的生命是一种自然现象，是有实体的，且在天地间有着重要的地位。一个人的生命价值与道德价值、人格价值相比较，道德价值和人格价值更为重要。

2. 人与他人的关系

人与他人的关系是关于人伦与群体的关系问题。古代思想家，尤其是儒家学者提倡人与人应当互相亲爱，以保持人际关系的和谐，并对人伦的准则与规范有着详细的论述。在处理个人与他人关系的准则与规范方面，主要的有仁、礼、和、义、信。仁是孔子伦理道德的最高准则，其含义是“爱人”“泛爱众”。孔子解释说：“夫仁者，己欲立而立人，己欲达而达人。”人我具立，人我具达，也即人人和谐。孔子提倡爱人，但又承认等级差别。墨子主张兼爱，谓“爱人若爱其身”“视人之室若其室”，认为应当不分远近亲疏地爱一切人。孔子的爱人和墨子的兼爱都表现了崇高的人道主义精神。孔子重视礼，说：“不知礼，无以立”，认为必须知礼才能自立，自立然后才能立人。他又说：“克己复礼为仁”，主张克制自己的言行，使之符合礼，以达到仁的境界。这也就是说，以礼待人，尊敬他人，是仁，也就是爱人的表现。古代的礼，具有等级性，儒家推行的繁文缛节并不可取，但应有的礼节、礼貌还是维系人与人之间关系的重要行为规则。“和”是中国古代哲学的一个重要范畴，西周末年的史伯说：“以他平他谓之和”，“和”，是不同事物相互联系、会聚而得其平衡，也就是多样性的统一。这被认为是价值的准则，是以和为价值的中心原则。此外，“义”的基本意义是公正，公正是对待他人应有的规范。“信”，诚实、信用，认为朋友之间应当遵守信用。

3. 个人与民族和国家的关系

中国自古以来就有一个以关心社稷民生、维护民族独立和保卫中国文化为基本内容的爱国主义传统，以爱国主义为人生的崇高价值。中国古代提倡“忠”，忠的原则是对别人尽心尽责。到了汉代以后，转义为对国君尽忠，强调对君主的绝对服从，以维护君主专制。强调必须把国家的利益和民族的利益高于个人利益，把整个国家、整个民族的利益放在首位。个人利益要服从民族利益，局部利益要服从整体利益，暂时利益要服从长远利益，或者叫做小局服从大局，小道理服从大道理。中国传统文化更多地将国家、民族和个人伦理联系在一起，成为文化和国家、民族的现代联系的先行者。在传统中国，习惯上将文化差异放在与外族差异的首位，文化的不同较早地成为划分族裔的标准。在此种文化的共识下，组成由此种文化凝聚的国家。这种文化将个人的伦理道德与是否对古代文化共同体的忠诚联系起来，体现为个人是否对古代民族和古代国家效忠，将对个人评判的标准系于对国家、民族的效忠上。辛亥革命推翻了君主专制，虽然废除了君主，但中国传统价值观始终大力提倡忠于祖国、忠于人民的忠。忠于祖国、忠于人民是每一个中国国民的崇高职责。

4. 人与自然的关系

人类生活在自然之中，是自然界的一部分。人与自然的关系如何、人应当怎样对待自然是人类社会必须首先和着重解决的问题，也是历来中国的哲者主要探讨的一个根本问题。中国古代有“天人之际”之说，所论“天人之际”的“天”含义多样，一般是指自然界，“人”指人类。“天人之际”主要就是讲人与自然的关系。中国春秋战国时期的孟子，是最早提出“知性则知天”的天人统一的思想学说，认为人性是天赋的，天与性相通，知性也就能知天。到了汉代，董仲舒提出“人副天数”说，宣传人体结构与天体结构相副的“天人相类”的观点。张载明确提出“天人合一”的命题，强调天道与人性的统一。至于“天人之分”说，主要有荀子的“制天命而用之”的说法，含有征服自然的思想。再就是刘禹锡的“天人交相胜”说，认为天与人各有特殊的功能，自然界的自然规律与人类社会的道德准则是不同的。应当指出，“天人合一”说，是侧重于宣扬天人的统一，但并不排斥天人的区别，而承认区别正是强调统一的前提。关于人对待自然的态度，中国古代哲学主要有三种学说。一是因任自然说。庄子认为，自然界是和谐美好的，应当排斥一切人为，以免破坏自然状态。二是控制自然说。与庄子不同，荀子强调人为的作用，主张治理自然，利用万物以提高人类的物质生活。三是相互协调说。主张裁成天地之规律，辅助天地之所宜，以支配万民从事生产，安排生活。这些命题学说，把人与自然的关系视为相辅相成的关系，以人与自然的协调和谐为最高理想。既要重视自然变化及其规律的客观性，掌握自然规律，又要发挥人类的主观能动作用，调节自然的变化，协助万物获得完满的成就。①

（二）中国传统道德理想的追求

中国在漫长的文明发展进程中，在儒、道、佛三家的主要思想家共同推动下，孕育形成了中华民族传统的道德价值追求。特别是以善、孝、礼、勤、新的核心道德观，业已成为中华民族的文化道德基因，成为中华民族生存与发展的基本精神及主要价值观。

1. “善”的追求

在中国传统价值理念中，善的崇尚、追求、实践是一以贯之的主线。善是人性之本。“人之初，性本善”成为中国人启蒙教育及做人的信条。善是立身之基，修身的核心在养善。中国传统道德要求，必须将善在个体及群体的现实生活中全面推进，以实现人道之本。在个体层面，善是爱人和利人的修为和行动。首先要学会自律，做到“己所不欲，勿施于人”。其次要利人。“己欲立而立人，己欲达而达人”。善与爱相连，“老吾老以及人之老，幼吾幼以及人之幼”；要“泛爱众”；再进一步便是“民胞物与”。善与爱的情怀在人类社会的实践推进就是追求大同社会的实现，“大道之行也，天下为公”，这是个体社会价值观的最高追求，也是鼓励无数志士仁人不断为之奋斗的目标。在群体层面，善的追求是将个体与他人、家庭、群体联系起来，并在其中有所奉献的价值实践过程，其导向归之于以群体（集体）为本。在群体中，善的实现是以仁爱为根本的。所以，仁爱主义是群体主义的基础。同时，善利群体的价值追求在于以邻为善，互

① 方立天：《论中国传统文化的人生价值观》，原载《光明日报》1999 年 10 月。

利共生，这构成了群体与群体交往的和平主义的价值理念。群体主义、仁爱主义及和平主义的实现，是中国传统道德价值观所谋求的人类共同生存的道德理想。

2. “孝”的培育

中国传统道德追求孝的培育。孝是德之本。孔子讲：“孝悌也者，其为仁之本与。”孝道的实践与人性、人情、人道的培育上本质合一。孝是教之源。立教在孝，现实地实现着家庭教育与社会教育的和谐统一。教育贯穿着感恩、为他、奉献、责任、有所成就等基本理念。孝是天之道。中国传统道德将孝同天理、天道相联系，使中国人孝的道德观同天人合一宇宙观、价值观相合一。这既体现了中国人宗教性的终极追求，又将和谐的价值理念贯穿于宇宙人生，植根于每一个人的心中。孝的培育在家庭，家的和谐是社会和谐的基础。中国传统道德认为，维系家的核心在孝。孝首先是热爱自己的生命并能发展延续生命，其次是对父母、先祖的爱、养、畏、敬。孝的基础在爱，即“父子有亲”；孝的实践在赡养父母；孝的升华在敬畏；孝的终极关怀在慎终追远；孝的最高价值追求在有所成就。中国孝道的特殊性在于：孝与个人在社会上的成就作为相联系，与忠君爱国相联系。这是孝的家庭价值观与忠的社会价值观内在合一性的体现，是个人、家庭、社会和谐稳定的价值维系。

3. “礼”的普及

中国传统道德崇尚“礼”，追求“礼”的普及。中国传统礼仪同社会制度的结合，使“礼制”成为中国传统社会政治制度的基本价值追求。“禁于将然之前”的道德教化与“禁于已然之后”的法制规范在“礼制”的具体推进实践之中紧密结合起来。在历代中国的传统社会，“礼”被上升到社会普遍价值观层面，在礼的普及与实践中，礼培育了中国人敬畏的心理与意识，即敬畏天地、敬畏规律、规则；礼培育了中国人的“诚”，“心诚则灵”是中国人的普遍行礼准则；礼使中国人走向和平。“礼之用，和为贵”，礼使中国和平、友好进入到人际交往之中，进入到与其他民族自然的友善相处之中，使中华民族走向“礼仪之邦”。对个体而言，“礼”是立身达人之本。对群体而言，“礼”是交往之道、秩序之源、道义之枢、天地之理。礼仪对个人的实践重在冠、昏、丧、祭、朝、聘等人生的重要环节和重大场合。应该说，中国古人的一生都在学习礼仪、践行礼仪、维护礼仪。人的文明化、社会化的标志就是礼仪化。在群体社会生活层面，礼在士相见礼、乡饮酒礼、乡射礼、贺庆之礼、饮食之礼、养老礼、丧礼、祭礼等社会生活的各个方面、各个环节进行规范，使群体生活的每一位成员均了解在社会生活中的角色定位。千百年来，礼业已成为中国人生活的文化符号，成为乡规民俗的基本准则和理念。

4. “勤”的理念

中国传统道德理想在中华民族的生产、生活和发展方面的核心理念是勤。中华民族在古代与自然界的融合中，首先是求生存，之后才是求发展。而要生存，必须勤劳耕作。《周易》讲：“天行健，君子以自强不息。”人应法天，要努力奋斗，中华民族自古以来的道德理念就是“天道酬勤”，有付出就有收获。老天喜爱勤奋的人，只要辛勤努力，就不信没有天道酬勤的道理。天道酬勤，上天会按照每个人的付出给以勤奋的人们相应的酬劳。多一分耕耘，多一分收获，只要你付出了足够的努力，那么付出的努力就算现在没有看到直接的收益，将来也一定会得到相应的回报。机遇和灵感往往只光顾有准备的头脑，只垂青于孜孜以求的勤勉者。中华民族是以家庭为本位的民族，《尚书》言：“克勤于邦，克俭于家”。所以，勤在家庭的实践就是劳作奋斗、节俭与戒奢。只要不懈努力，不断地完善充实自己，千方百计地提高自己的竞争实力，就会有一个美好光明的明天。自古至今，中国传统文化的道德理想的追求是勤，既倡导“夙夜在公”的勤劳公忠价值追求，又将“一沐三捉发，一饭三吐哺”的周公式勤政及“鞠躬尽瘁，死而后已”的诸葛亮式人物作为楷模，不断培育“勤”的理念，树立自强不息的奋斗精神。

5. “新”的超越

中国传统道德价值观追求“新”，“新”的本质在于追求超越。其核心理念认为，人是在追求超越中才能真正实现对生命尊严和生命价值的肯定。《周易》是对上古文化价值的总结和对后世中华文明价值奠基的巨著，“新”是其中的核心理念之一。首先，《周易》强调“日新”；其次，强调要“与时偕行”；最后，要谋求变化和发展。《周易》奠基的“新”的理念及儒家、道教、法家等为代表的中国文化的共同弘扬及实践，使创新成为中国传统道德价值观的重要组成部分。“新”与中华民族的理想、梦想与超越境界的追求与实现相联系。这种相联系的特点在于肯定现实存在中实现人的超越，在每一件事情之中追求超越，在群体之中追求超越。中国传统“新”的道德价值观在社会实践层面的运用也处处体现。人的德和行的要求均在“日新”。在处事安身上，强调“敬其在己”；在立业上，追求“备物致用，立成器以为天下利”。这种求“新”的精神，在中国古代儒商的开拓实践中，在科技的进步上，在文学的创作上，甚至在中医理论及实践中等诸多方面均能够实现不断发展与突破。中国文化中的求新求变与不断创新使中华文明不断进步。①

（三）中国传统价值理念的追求

中国传统价值理念主要是指在中国传统社会，人们以自身多种需求为基础的对事物的观点和看法。自汉代以来，中国封建社会以儒家作为主流文化，儒家所倡导的以人为本、以和为贵、以礼为序和经世致用价值理念，对于形成和发展中华民族的宽厚包容、团结统一、独立自主的民族品格，培育了中华民族积极进取、坚韧不屈的人格品质，激发了中华民族成员努力开拓、勇于创造的旺盛斗志，对中华民族精神素质的修养起了巨大且重要作用。

1. 以人为本

“以人为本”是中国儒家文化所倡导的一个重要的价值理念。儒家的“仁者人也”“仁者爱人”，就是以人为本，尊重人的生存权、发展权，强调人的道德自觉、普遍的“仁民爱物”精神。儒家的仁爱不仅是一种人格情怀，而且儒家的仁近似于“道”，具有崇高的境界。如果每一个社会成员，人人如此“爱人”，整个社会就会安定太平。这是孔子“仁”说的基本内容和基本精神。孔子的这种人生价值观包含着利他主义和自我牺牲的精神，倡导崇高的节操，对于中国人培养正义感曾发挥积极的作用。中国历史上的民族英雄人物，都曾从孔子的人道至上的价值理念中受到启发和熏陶。儒家文化的价值理念，充分肯定人的价值，强调“人最为天下贵”，历来重视人的作用，主张尊重他人。历代儒家文化的代表人物都注重人的问题，他们不仅从学术思想上给以论证，而且在社会生活实践中

① 王永智：《中国传统道德价值观的核心理念》，原载《光明日报》2015年5月25日。

身体力行。他们出于“以人为本”的价值理念，把重人思想与奋斗精神、经世态度紧密结合在一起，提倡自强不息、开拓进取的精神。从儒家“以人为本”的价值理念中可以看出，儒家崇奉人的尊贵地位，弘扬人的主体价值，重视人的社会作用，鼓励人的入世态度和参与意识。这是一种鲜明的人文精神。儒家出于“以人为本”的价值理念，把重人思想与奋斗精神、经世态度紧密结合在一起，提倡自强不息、开拓进取的精神。儒家“以人为本”的理念，在中华民族的历史发展中，影响着一代代中国人民，培育中华民族积极进取、坚韧不屈的人格品质，激发了中华民族的成员努力开拓、勇于创造的旺盛斗志，使中华民族成为一个充满活力的民族。

2. 以和为贵

“以和为贵”是中国儒家倡导的另一个重要的价值理念。“以和为贵”，简言之，就是一个“和”字。“以和为贵”是“以人为本”的引申与展开。“以人为本”是对作为民族成员的个体说的，是安顿个体价值的理念，“以和为贵”是就民族群体内人与人的关系说的，是安顿群体价值的理念。“以和为贵”的价值理念的内涵，可以概括为普遍和谐的意识，注重整体的观念，群体至上的追求和中庸之道的方法。中国儒家所讲的和谐涵盖面很广，只有和谐、和合，事物才能发展，才能有生机。从儒家学术思想的价值关怀和积极入世的人生态度来看，讲和谐的最终目标是要落实在社会政治层面上。儒家“普遍和谐”的最高层次是政治上的和谐，即注重个人、家庭、国家一体观念。儒家的“以和为贵”的价值理念，不仅有利于形成良好的社会环境，使每个民族群体中的成员自觉地加强道德修养，保持与外部世界的和谐统一，而且影响着每个成员在实际生活中的行为方式，使人们认识到在维系社会群体和谐中自己应承担的责任与义务，因而能做到各司其职，各负其责，形成一种亲和力，从而提升全民族的综合实力。基于“以和为贵”的价值理念，儒家主张用中庸之道来处理人际关系，主张人与人和睦相处，互谅互让，为达到“中和”状态找到了现实途径，使“中”在维系整个社会的安定和谐中处于核心位置，起到融众人为一体的作用，引导全民族的成员协调一致，同舟共济，共致中和。儒家主张用中庸之道来处理各个国家和民族之间的关系，希望造就协和万邦，万国咸宁的国际环境，培育爱好和平的民族精神。在长期的历史发展中，“以和为贵”的价值理念在中国历史上影响深远，造就了一代代中国人顾全大局、讲求团结、舍己为人、以国为重的精神品格。

3. 以礼为序

“以礼为序”是中国儒家文化倡导的第三个重要的价值理念。“以礼为序”简言之，就是一个“礼”字。礼在中国古代是社会的典章制度和道德规范。作为典章制度，它是社会政治制度的体现，是维护上层建筑以及与之相适应的人与人交往中的礼节仪式。中国历代的儒家大师都重视“礼”，主张一个贤明统治者应当学会以“礼”治国，即把一切社会行为的法则、规范、仪式贯彻到社会生活的方方面面。他们认为，社会上的每一个人，都应该了解礼义，遵从礼义规范，不仅要以“礼”治国，而且要依“礼”做人。在封建时代，礼，是维持社会、政治秩序，巩固等级制度，调整人与人之间的各种社会关系和权利义务的规范和准则。作为传统道德规范，“礼”是国家领导者和贵族等一切行为的标准和要求。作为价值观念形态的“礼”，在孔子的思想体系中是同“仁”分不开的。孔子说：“人而不仁，如礼何？”他主张“道之以德，齐之以礼”的德治，打破了“礼不下庶人”的限制。礼对于社会而言代表着一种秩序，而对于个人来说，礼又是一种行为规范。因此，孔子大力提倡学礼，强调“不学礼，无以立”。并要求人们言行举止合乎礼，应当做到“非礼勿视，非礼勿听，非礼勿言，非礼勿动”。“为国以礼”是儒家治国平天下的基本主张。因此，历代儒家知识分子对于“礼治”都给予了足够的重视。孟子把仁、义、礼、智作为基本的道德规范，礼为“辞让之心”，成为人的德行之一。荀子比孟子更为重视礼，他著有《礼论》，论证了“礼”的起源和社会作用。他认为“礼”使社会上每个人在贵贱、长幼、贫富等等级制中都有恰当的地位。“礼”既是中国古代法律的渊源之一，也是古代法律的重要组成部分。同时，随着社会的变革和发展，“礼”不断被赋予新的内容，不断地发生着改变和调整。在长期的社会历史发展中，“礼”作为中国社会的道德规范和生活准则，对中华民族精神素质的修养起了重要作用。

4. 经世致用

“经世致用”是儒家文化倡导的第四个价值理念。“经世致用”简言之，就是一个“用”字。儒学讲究内圣外王、自强自立、奋发有为，注重现实，是一种实践哲学。儒学文化作为一种入世主义的学理，讲究经世致用是题中应有之义。经世致用思想的历史至少可以追溯到儒家创始人孔子。孔子主张学以致用，明确地提出了知行密切相关的原则，认为行才是学习知识的目的。孔子说："诵诗三百，授之以政，不达；使于四方，不能专对；虽多，亦奚以为？"他在评价自己的弟子时，首先要看他们是否学以致用，是否具有治理国家的本事。荀子也特别看重行为，他说："不闻不若闻之，闻之不若见之，见之不若知之，知之不若行之，学至于行而止矣。行之，明也，明为圣人。"荀子把行视为检验知的标准，视为求知的目的，认为知必须服务于行，行比知更为重要。如果脱离了行，知没有任何意义，没有任何价值。他所说的"行"包含着效果的意思。由此可见，儒家文化思想具有强烈的"经世致用"价值理念的追求，强调在现实世界中提升道德品格，达到理想境界。这种学风以其巨大的作用和影响而成为中国文化的主流，这对历代中国传统社会的知识分子，产生了重大影响。随着儒家文化的不断发展，特别是到了中国的明清时代，中国的思想家王夫之、黄宗羲、顾炎武等都认为学习、征引古人的文章和行事，应以治事、救世为急务，反对当时的伪理学家不切实际的空虚之学，对后人影响很大。必须看到，儒家文化倡导的"经世致用"价值理念，以积极的处世态度，积极的入世精神，以及讲求奉献的价值取向，教育并鼓舞着一代代中华儿女发奋进取，在现实人生中成就了无数功业，为中华民族的生存与发展提供了强大的精神动力。①

（四）中国传统核心价值的追求

中华优秀传统文化博大精深。2014年2月，习近平总书记在主持中共政治局集体学习时，用"讲仁爱、重民本、守诚信、崇正义、尚和合、求大同"六句话对中华优秀传统文化的核心价值进行了高度概括。这一概括言简意赅，意义重大。勿庸置疑，"讲仁爱、重民本、守诚信、崇正义、尚和合、求大同"六个方面，是中华优秀传统文化中最重要的核心价值观念与价值追求。

1. 讲仁爱

"仁爱"是中国文化最核心的价值理念。孔子之前已有了"仁"的概念与

① 宋志明：《中华民族精神核心价值观》，原载《光明日报》2011 年 8 月。

“仁爱”的思想，孔子第一次明确地把“仁爱”作为礼乐文明的核心精神，把“仁”界定为“爱人”。同时，孔子又提出了“汎（即泛）爱众而亲仁”的思想。在孔子的思想里，“仁爱”，是一种普遍的爱，应该泛爱大众，提倡博爱。孔子认为能将心比心，推己及人，是行仁政的方法。孔子教导弟子要“泛爱众”，这当然是最自然最广大的爱，他要求我们爱我们身边的人，亲近那些贤德的人。孔子倡导“博施于民而能济众”的行为，强调“修己以安人”“修己以安百姓”。他反对滥用权力，以随意的态度使用民力，主张以尊敬的态度尊重、呵护百姓。他提倡五种美政，即：“恭、宽、信、敏、惠”，强调“因民之所利而利之”，批评不教而诛等恶政。可以说，孔子的“仁爱”思想，发自家庭又超越家庭，延及社会、国家乃至整个人类，体现由里及外、由小及大，适合用于处理人与人、人与群、人与社会、人与自然等诸多关系道德准绳。唐代韩愈提出的“博爱之谓仁”，是普遍性的爱。明代朱熹也主张“仁者，爱之理，心之德也”。爱是一种真挚的情感，是人类社会的崇高价值，任何社会都应把爱作为基本道德、核心价值规范。爱不是抽象的情感，爱中凝结着历史与文化的传承。中华民族以讲“仁爱”为核心的伦理价值观，重视个人对家庭、社会、国家和民族的责任义务，把个人价值置于社会价值之中，提倡国家民族利益高于个人利益、社会优先于个人，主张个人与社会协调发展，并以对社会、国家贡献的大小来衡量个人价值的高低。仁爱思想对中国社会的发展产生了深远的影响。

2. 重民本

民本思想在中华文化史上源远流长，代表着中华民族独特的精神标识。在几千年的中国政治传统中，民本思想是其中最突出的一种思想。“民为邦本，本固邦宁”，是中国儒家政治思想最核心的价值。这一思想认定民众是国家的根本，要求统治者关注民生，实施惠民政策。中国的民本思想包含着几个最重要的观念。一是“立君为民”的权力来源观念。民本思想的倡导者坚持一切政治权力的依据来源于人民。二是“民为邦本”的国家基础观念。意思是只有人民，才是国家体系的基础，社会政治稳定的条件。三是“爱民养民”的执政目标观念。早在春秋战国时代，孟子就指出“民为贵，社稷次之，君为轻。是故得乎丘民而为天子，得乎天子为诸侯，得乎诸侯为大夫”的民本思想。西汉时代的贾谊在《新书·大政上》提出：“闻之于政也，民无不为本也。”民本思想是封建王朝统治合法性的基础，对统治者有一定的劝导和制约力量，历代思想家倡导君主要为政以德，勤政爱民；官吏要廉洁自律，为民做主。中国儒家文化主张爱民养民，让百姓过上好日子，这是执政者必须确立的执政目标。稍明智一些的封建统治者都乐意把自己打扮成“民众保护者”角色，因为他们深知人民在国家经济生活和政治生活中的重要地位和作用，要是公开否认民本思想，就意味着抛弃自己的“子民”，也就等于毁坏统治的合法地位。民本主义可以说是古代政治文明的最高表现。可以看到，中国的“民本”思想揭示了深刻的执政规律，约束了政治权力和顺应了民意，维护了社会秩序和国家稳定。

3. 守诚信

诚信是中华民族道德体系的最核心部分，也是儒家文化所一贯提倡并力求践履的道德原则和行为规范。诚信的思想内涵主要有三层意义：一是把“诚”作为哲学范畴，是为真实，亦即真实无妄的本然之道，系指宇宙万物之实有而言，不诚不能有万物，即所谓“诚者，物之终始，不诚无物”。二是把“诚”作为道德范畴，是为诚实，这是为人的基本素质。《中庸》把“诚”视为一切德行之本，是承载三达德以实行五达道的坚实基础。三是把“信”作为道德范畴和行为规范，是人的内在之“诚”的外化，体现为社会化的道德践行，亦即取信于人。“诚”与“信”的结合，正体现了中国儒家所强调的为人必须表里如一、言行一致和知行合一的道德思想。诚信是为人之本、立国之本。孔子有言：“人而无信，不知其可也。”与人交往，要“言而有信”。孔子在《论语》中，38次提到“信”字，“信”是出现率最高的德目之一。他从多个方面阐述“信”的丰富内涵和重要价值，并将“信”作为教育学生的四大科目之一。“信”被列入为人最基本的“五德”（恭、宽、信、敏、惠）。孔子之后，孟子大力倡言“忠信”，谓：“君子行忠信，可以保一国”。荀子则主张“信立而霸”，并强调“政令信者强，政令不信者弱”。汉代之后，儒家将“信”列为“仁义礼智信”五常之一，可见后儒对“信”这一德目的重视到了何等程度。人类的生存、发展毕竟要靠道德的维系，法治无法取代德治，正如技术文明代替不了道德文明一样。诚信乃人的“自然良知”，它就像现代人倡言“自由”的天然前提那样，有着人性深处最具始源性的基础。而诚信作为人类最基本、最必需的伦理准则，不仅在理论上，而且在修身实践中，都成为放之四海而皆准的道德价值取向。

4. 崇正义

中华民族的“正义”学说源远流长、内涵丰富。早在尧舜时代，“义”就已经是人们谈到的重要命题。正义是天下和谐、和顺的前提。人类文明的普遍法则与基本价值在于公平和正义，它首先表现为社会秩序上的和谐与和顺。儒家追求“天下为公”“公则不为私所惑，正则不为邪所媚”“唯公然后可正天下”。《荀子·赋篇》说：“行义以正，事业以成。”贾谊《新书·威不信》也说：“古之正义，东西南北，苟舟车之所达，人迹之所至，莫不率服。”“义”是中华民族历代国人的共同价值追求。中国儒家文化非常重视正义观，就其实际意义而言，可从两方面去说。一方面指利于他人、利于社会、即促进和实现他人和人民的正当利益者为义。正如《周易·文言传》所说：“利物足以和义。”这里所说的“物”，主要是指人，广而言之，是指社会群体，但是也包括自然界的“万物”（主要是生命之物）。“利物”就是有利于社会群体，增加社会群体的利益。孔子提倡的“富民”政策，就是其中最重要的内容，可称之为“均富”政策。中国儒家有“仁、义、礼、智、信”之说，其中的义，便是儒家的正义观。义本来指人的内在德性，来自“羞恶之心”，即羞耻感，这是人人具有的，其人性则称为义理之性；其在社会行为中的表现，则为伦理关系中的一项重要原则，即正义原则。构成五伦中的一伦。“义”意味着“公”，我们今天追求的自由、平等、公正、法治都以“公义”和“正义”为前提。人类文明的普遍法则与基本价值在于公平和正义，它突出的表现是社会秩序上的和谐与和顺。中国传统文化其突出特色在于思索人性与人的价值，思索“人之所以为人”的问题，正义又是社会伦理中的责任担当。“义”的内涵规定性要求社会成员“轨于正义”，遵守人伦秩序。解决了基本的“人之为人”的问题，还需要有更高的要求，这就是要履行社会责任和道德义务。一个富强、民主、文明、和谐的国家，一定是崇尚正义的国度。

5. 尚和合

中国和合文化是中国古代文化的一颗璀璨明珠，是中华优秀传统文化的思想精华，是中华民族人文精神的基本理念与首要价值，它极大地丰富了世界文明宝库。和合一词最早见于先秦典籍《国语·郑语》：“商契能和合五教，以保于百姓者也。”和合父义、母慈、兄友、弟恭、子孝的伦常道德，百姓得到保养。中国儒家文化中的和合思想有着十分丰富的内容。中国儒家认为，和合呈现出不同的形态，有中道和合、交泰和合、消息和合、既济和合、生克和合等。在天与人的关系中，儒家强调天人合一，这是构成儒家生态意识的哲学基础。在中国传统文化的历史发展中，“和合”二字最能体现中国精神文化核心和精髓。“和”，指和谐、和平、祥和；“合”是结合、合作、融合。“和合”是实现“和谐”的途径，“和谐”是“和合”的理想实现，也是人类古往今来孜孜以求的自然、社会、人际、身心、文明中诸多元素之间的理想关系状态。“和合”是中华民族文化的精髓，“和合”之境是中华民族千百年来追求的理想境界。中华民族自古以来就以“协和万邦”作为处理国际关系的原则；以“己所不欲，勿施于人”作为指导自身行为和化解国家、民族、种族、宗教之间冲突的原则；以“和而不同”原则与世界各国、民族、地区、联盟、宗教和平共处；以亲、诚、惠、容，深化与周边国家互利合作；以“和衷共济”原则与世界各国、各民族包容互鉴、互利共赢、互信安全、合作发展，以维护世界和平。必须看到，尚和合是中国传统思想文化中最富生命力的文化内核和因子。“和合文化”不仅要求个体身心和谐、人际和谐、群体与社会和谐，更要求人与自然的和谐，体现为“天人合一”的整体哲学精神，强调“天人共存、人我共存”的辩证立场，以宽容、博大的人道主义精神张扬着丰富的天道与人间和谐融洽观念，对于当前消解社会矛盾、人与自然的冲突有着重要的借鉴意义。

6. 求大同

中华民族的大同思想，源远流长。中国《诗经》中的《硕鼠》篇，把贵族剥削者比做一只害人的大老鼠，并且发出了决心逃离这只大老鼠的呼声。《硕鼠》是迄今保留下来的关于大同思想的最早的材料之一。自古至今，大同一直是中国人关于理想社会的梦想，并不断地被注入新的内容和精神。《尚书·洪范》最早提到了“大同”一词，用来描述王、卿士、庶民和天地鬼神同心同德的状态。《礼记·礼运》“大道之行也，天下为公。选贤与能，讲信修睦，故人不独亲其亲，不独子其子，使老有所终，壮有所用，少有所长，鳏寡孤独废疾者，皆有所养。男有分，女有归。货恶其弃于地也，不必藏于己；力恶其不出于身也，不必为己。是故谋闭而不兴，盗窃乱贼而不作，故外户而不闭，是谓大同。”正如大同这个名字本身所包含的，克服了家天下制度包含的亲疏远近等区分，打破人我的界限，以成至公之境。其特点有四：第一是天下为公；第二是选贤与能；第三是各得其所；第四是世界太平。其中的核心是与私相对的公，选贤与能主要针对父子兄弟相继的家天下的权力转移模式，是天下为公的具体体现。陶渊明在《桃花源记》中幻想出一处同现实世界隔绝的人间乐土——桃源洞，那里没有剥削、压迫和战争，人们永远处于和平、宁静和温饱的环境中，过着无忧无虑的田园生活。《桃花源记》在中国大同思想发展史上有特别重要的地位。此后千百年来，幻想逃避现实社会的苦难的人们，普遍憧憬着“世外桃源”，它成了人间乐土的同义语。到了中国近代，大同思想开始得到关注现实的思想家们的重视。特别是大同理想被许多资产阶级代表人物用来表达自己的社会理想，其中最为著名的是康有为和孙中山的两种大同理想。康有为写了《大同书》，设想未来的大同社会是一种以生产资料公有制为基础、没有剥削的社会。生产力高度发达，人们物质文化生活水平很高，没有贵贱等级。男女完全平等，家庭已消灭，不存在父权、夫权压迫。孙中山的大同理想主要内容是土地国有，大企业国营，但生产资料私有制仍然存在，资本家和雇佣劳动者两个阶级继续存在；生产力高度发展，人们生活普遍改善；国家提供教育、文化、医疗保健等公共福利，供公民享用。必须看到，当今时代已经发生了十分巨大的变化，无论从内涵还是到外延，都远比昔日中国社会所涉及的本质内涵要广泛丰富得多，但千百年积淀下来的中国优秀传统文化中的大同思想，依然是人类文明的瑰宝。

二、中国传统价值观的基本特征及其影响

中国传统价值观萌芽于中国古代原始氏族时代，到了春秋战国时期，得到比较大的发展，秦统一六国之后特别是到了汉代，已经发展成为十分严密的价值

系统，形成以伦理道德作为评价事物的根本标准，具有明显的民族特征。千百年来，中国传统价值观深深地影响着中华民族的文化心理结构，支配着人们的思想和行为，对中华民族的思想观念、行为规范和社会心理等都产生了重大影响。

（一）中国传统价值观的基本特征

中国传统价值观倡导道德至上的价值标准、群体至上的价值取向和家国同构的价值模式。这种价值追求有利于人们重视道德本位的作用，重视群体的利益，以伦理道德作为评价事物的根本标准。其基本特征可以概括为以下几个方面：

1. 道德本位的价值标准

中国传统价值观的基本特征是以伦理道德作为评价事物的根本标准，甚至是唯一标准。在事物的道德价值和实用价值的选择上，集中表现为重义轻利、重理轻欲和重德轻法。一是重义轻利。“义”，主要是一种道德价值，是人们的思想、行为应该符合的道德规范和道德准则；而对于“利”，主要是指人们所获得的物质利益和实际好处，是一种物质价值。在中国的封建社会，统治阶级为了维护社会统一稳定，便于其统治，往往表现为崇义贬利、尚义反利的倾向。“君子喻于义，小人喻于利”。孔孟思想的共同主张都是舍利取义，即在道德价值和物质利益的两难选择中，道德价值高于物质价值，要舍弃物质利益，选择仁义道德。重义轻利的传统价值标准，使得人们形成羞于谈利的社会心理，奉行“不言利”的行为规范。二是重理轻欲。重理轻欲是中华民族长期追求的价值取向，认为仁义理智高于一切，要求人们“寡欲”“节欲”“灭欲”，以符合仁义的道德规范，也就是人们常说的“存天理，灭人欲”。“理”与“欲”实际上是“义”与“利”的派生，只不过是“理”更加强调和强化当时的伦理道德。“理”是绝对的主体，“理是本”，“理终为主”；“理”又是天、地、人的最高主宰，而“理”的内容就是伦理道德原则，“天理，只是仁义礼智之总名”。三是重德轻法。道德和法律是进行社会约束的两种重要手段。但是在中国封建社会中，人们普遍重德轻法，普遍缺乏法律观念和法律思维。人们在行为之前，通常考虑的不是是否违法，而是考虑是否符合社会伦理习俗。若是出现了问题，也不习惯于诉诸官场去求法律的裁决，而选择或者被选择由长辈、族长或一些德高望重的人来出面调解。至于调解时所采用的标准，也不是参考法律条文规范，而是运用日常生活中的伦理道德标准。因此，在中国封建社会，道德规范实际上具有相当于法律的效力，普遍存在重德轻法的价值取向。

2. 群体至上的价值取向

在中国封建社会，群体至上是中国传统价值观的一个根本取向。一是由中国传统社会的生产方式所决定的。中国传统社会一直是自给自足的自然经济占主导地位，家庭是独立的生产单位，在分散的土地上耕作，生产工具非常简单，以农耕为主。由于小农个体经济十分脆弱，抵御自然灾害的能力十分低下，遇到灾害年头，就可能颗粒无收，以至于背井离乡，逃荒乞讨。因此，个体独立的生存状态非常艰难，必须依靠群体才能维持生存。二是中国传统社会的血亲宗法制度也是强调群体至上的价值取向。在每一家族中，为了实现家族内部的安定有序和团结统一，发展壮大家族的整体实力，往往都非常强调维护家族的整体利益，而忽略个人诉求和个人利益。三是群体本位的价值观是中国传统社会封建专制统治的需要。长期以来，在小农经济和家族宗法制度的基础上，形成了封建专制的政治统治。封建专制的主要表现就是绝对王权和官僚等级制度，它实际上是一种大一统的中央集权制度。统治阶级为了防止地方分裂，维护整个国家的安定有序和团结统一，往往强调群体利益、国家利益大于个人利益，个体必须服从并服务于群体。因此，人们形成维护集体的利益、为了集体利益可以牺牲个体利益，为了集体价值可以压制自我价值。认为群体利益高于个人利益，个人利益绝对服从于群体利益，从而使个体消融于虚幻的群体之中。形成了以牺牲个体价值为前提的集体主义，并且产生了公私对立、崇公抑私的传统文化观念。

3. 血亲传承的价值模式

中国传统社会是以血缘为纽带的宗法社会，是在家族的宗法制度的基础上产生和发展起来的。一是血亲拟制，爱有差等。由于中国古代氏族社会的瓦解极不彻底，原始的血缘关系和宗法关系也就没有得到彻底瓦解，而是在封建社会里长期延续，并在社会关系中占支配地位。因此，中国传统社会是以血缘为纽带的宗法社会，是在家族的宗法制度的基础上产生和发展起来的。因此人们总习惯于将一切社会关系用带有血缘关系的词汇进行“比拟”，以突出亲密性和可靠性。

在中国传统文化儒家思想中，家庭伦理关系不只是纯粹的生物性的血亲传承，更重要的是社会性的道德恩亲关系，所以家庭伦理关系自然就有亲疏远近之别，儒家也明确提出“亲亲为大”“急亲贤之为务”。二是君父一致、家国同构。君父一致、家国同构是中国传统价值观的一大特点。由于原始的血缘关系和宗法关系在封建社会里长期延续，血缘关系成为社会的纽带，家族成为社会的基本细胞组织，并且推广到社会领域，使社会结构成为放大的家族结构。从生产方式来说，每个家庭都是自给自足的个体经济，是一个小小的生产单位，而每家每户又处在整个大家族的关系网中，多个大家族就可以形成一个自然村落，再往外扩展就是一个社会、一个国家。因此，中国传统社会是由家庭到宗族，宗族到国家这样层层扩展开来的，家庭往外扩大就是宗族，宗族再往外扩大就是国家，君主就是这个扩大了的家庭的家长。在这种层层扩展的关系网中，人与人之间有很强的隶属依附关系，人们的社会地位和尊卑等级也非常森严。为了维系这种关系，统治者就将用来规范家庭宗族内部的伦理道德准则推广到整个国家和社会，使之成为维护封建秩序的一种思想观念上的统治工具，从而也形成了家国同构的价值模式。因此，中国传统价值观念认为，从修身到齐家，从治国到平天下是一个水到渠成、顺理成章的提升过程。原先的“亲亲、尊尊”的意思是指在家庭结构和宗族结构之中，对跟自己有血缘关系的亲属者亲，对自己宗族中辈分高者尊，现在也随之变成在国家这样的大社会结构中，对帝王君主亲，对权高位重者尊。

4. 世俗实用的价值目的

两千多年来，由于中国社会以儒家文化作为主流文化，其传统价值追求没有过分的宗教迷狂，而是非常强调现实生活中的世俗实用性。它以理性精神对抗宗教迷狂，以人本抵制神本主义。孔子讲：“未知生，焉知死”，敬鬼神而远之，重视人事关系，从而开创了中国世俗实用的价值传统。中华民族在儒家文化的影响下，以“经世致用”“广大高明而不离日用”作为评价事物的目标。一切知识、理论、事物必须在现实生活中的有一定的实用价值，才算是有用的东西，人们普遍只关心各种与日常伦理社会关系有关的思想学说，习惯追求于世俗的满足和政治权力欲望的满足，其最高境界寄托在“福”“禄”“寿”三项目标方面。在儒家“经世致用”的价值追求影响下，人们的宗教意识比较淡薄，而且往往抱着世俗的、实用的心理对待宗教。有些人信仰宗教的目的，也是为了祈求神灵保佑，实现生活平安幸福。即所谓的有灾有病就拜佛，没灾没病忘了佛。

（二）中国传统价值观的主要影响

倡导品德的修养是人生的基础。一个人的品德决定人一生行事的善恶。只有先把人做好，才能真正把事做好。以儒家文化为主流的中国传统价值观，推崇道德至上的价值标准，群体至上的价值取向，家国同构的价值模式和世俗实用的价值目的，对历代中华民族产生深远的影响。归纳起来主要有以下四个方面的影响。

1. 中国道德至上的价值标准，有利于提高人的道德修养和思想觉悟，也利于人际关系的和谐，社会的稳定

中国道德至上的价值标准，在事物的道德价值和实用价值的选择上，集中表现为重义轻利、重理轻欲和重德轻法，从而树立了一个绝对的伦理的价值尺度，并将它作为是非善恶的标准去衡量一切事物。从道德价值与政治价值关系的角度看，中国传统的政治观是典型的伦理政治观，其中表现出政治道德化和道德政治化的交织，也可以说是道德的专制与专制的道德相交错，从而形成了源远流长的德治主义传统，结果“政”只不过是“正”的另一种表达而已。由内圣而外王，是儒者追求的成长路径。中国传统价值观以道德价值统制其他领域价值的倾向影响十分深远。这种价值追求有利于提高人的道德修养和思想觉悟，也利于人际关系的和谐、社会的稳定。但是，这种以伦理道德标准为绝对价值追求，使人们形成羞于言利的社会心理，人们的物质生活和正当利益要求受到严重压抑。同时，道德至上的价值标准扩大了道德的功能，以道德代替法律，而忽视了法律的建设。但也导致人的价值活动的单一化，使得主体对客体的多层次、多元化的评价活动仅仅归结为单一的、一元的道德评价。

2. 中国群体至上的价值取向高于个体价值，要求个人利益绝对服从于群体利益，有利于顾全大局、保障群体利益和社会统治

中国群体至上的价值取向，使群体利益高于个人利益，个人利益绝对服从于群体利益，从而使个体消融于虚幻的群体之中，形成维护集体的利益、保护集体的利益，为了集体利益可以牺牲个体利益，为了集体价值可以压制自我价值。同时也形成了以牺牲个体价值为前提的集体主义，并且产生了公私对立、崇公抑私的传统文化观念。但是，从另一方面看，也使个体消融于的群体之中，导致人的抽象化，使个人的自我价值和个性发展受到压抑。在今天的现代社会，既要倡导群体利益，也要提倡人的全面发展，不仅要求道德观念的完善，也要倡导人的智力的充分发展，身体的健康发育，美好的精神追求，劳动能力的不断提升等等，这都要关注个体的正当利益，使得个体也得到全面自由的发展。

3. 家国同构是中国传统价值追求，要求父为子纲的伦理规范扩展到君为臣纲的社会约束，有利于社会统治的秩序稳定

家国同构是中国传统价值追求的一大特色。由于原始的血缘关系和宗法关系在封建社会里长期延续，血缘关系成为社会的纽带，家族成为社会的基本细胞组织，并且推广到社会领域，使社会结构成为放大的家族结构。中国传统社会是由家庭到宗族，宗族到国家这样层层扩展开来的，家庭往外扩大就是宗族，宗族再往外扩大就是国家，君主就是这个扩大了的家庭的家长。家国同构的价值模式使得父为子纲的伦理规范扩展到君为臣纲的社会约束，使家长式的家庭统治模式扩展为等级森严的社会统治秩序，从而致使人们都陷入层层扩展、层层分化的人伦关系网中，每个人必须在他的等级位分内安分守己，中规中矩，而缺乏自由流动、自由发展的机会，个人的个性、才能、欲望、自由都得不到应有的尊重和保护，使得个体成为维护社会安定有序的牺牲品。

4. 世俗实用的价值目的使得人们非常强调现实生活中的世俗实用性，有利于人们讲求实际和对实用技术的重视

在儒家“经世致用”价值追求的影响下，中华民族习惯以“广大高明而不离日用”作为为评价事物的目标，重视讲求实用，一切知识、理论、事物必须在现实生活中的有一定的实用价值，倡导有实用价值的技术。但是由于强调实用价值，导致缺乏长远发展的目光和深度思考的逻辑，而只是抱着极强的世俗功利心态，急功近利。人们普遍不追求纯粹知识性的理论体系的完善，忽视逻辑性的认知方法，还反对没有日用效果的发明创造，或没有实用价值的技术。对事物不探究“是什么”“为什么”，而只求对自己有用，能给自己带来实际好处。中国传统价值观世俗实用的价值追求，一方面阻止了形而上学的泛滥，提供了有效的人生哲学和早期相对发达的实用技术；另一方面它有阻碍人们思辨理性的发育健全和知识性理论体系的发展完善，反过来在某种程度上又阻碍了实用技术的进一步深入发展和广泛应用。

三、中国传统价值观与中华民族精神

源远流长、博大精深的中华优秀传统文化，积淀着中华民族的精神追求，包含着中华民族的精神基因。中华民族精神是中华民族在漫长的社会历史发展过程中逐步形成的，它是中华各族人民社会生活的反映，是各民族生活方式、理想信仰、价值观念的文化浓缩，是中华民族赖以生存和发展的精神纽带、支撑和动力，是创新社会主义先进文化的民族灵魂。

（一）中华民族精神的基本内涵

文化是一个民族的基因，是一个民族最基本的文化特性，是能使一个民族千秋万代保持有别于其他民族的独特个性。中华民族精神是中华民族在长期共同生活和社会实践基础上所表现出来的富有生命力的优秀思想、高尚品格和坚定志向的集中体现。中华民族在五千多年的发展历程中，形成了以爱国主义为核心的团结统一、爱好和平、勤劳勇敢、自强不息的伟大民族精神。

1. 爱国主义是中华民族精神的核心

爱国主义是一个国家的人民在千百年实践中形成的对自己的祖国最诚挚最深厚的情感。它是民族凝聚的强大力量，是动员和鼓舞人们为自己的祖国生存和发展前赴后继、奋斗不息的一面旗帜。中华民族精神不是一种抽象的概念，它所折射出的底蕴和更深一层的内涵则是纯真的爱国主义精神。中华民族是一个有着五千多年灿烂文明的国家，是一个不屈不挠、历经磨难而自强不息的民族。中华民族精神是一个历史范畴，在不同社会发展时期、不同阶段，有着不同的具体内容。有着五千年文明的中国，是一个统一的多民族国家，在56个民族长期相互交流、融合，从而形成了中华民族共同的文化和民族心理，凝聚成团结统一的民族精神。

▬ 中国梦

在中国的历史上，中华民族精神从来就是动员和激励中国人民团结奋斗的一面旗帜，是每一个真正的炎黄子孙所应有的骨气和胆识，是全中国人民共同的精神支柱。爱国的内容十分广泛，热爱祖国的山河，热爱民族历史和文化，关心祖国的命运，在祖国和民族危难的时刻挺身而出，都是爱国主义精神的表现。在中华民族精神这个统一体中，爱国主义居于核心地位，它渗透在中华民族精神的各个方面，贯穿于中华民族精神形成和发展的始终。爱国主义是中华民族精神的核心，它贯穿民族精神的各个方面，它是一个民族凝聚起来的强大的精神力量，它是动员和鼓舞中国人民团结奋斗的一面旗帜。爱国是中华民族的传统、是中华子孙的美德，爱国更是对中华民族精神的一种生动的诠释。而中华民族精神则是中国革命胜利和建设的精神动力，是光照千秋的高尚情操，是伟大的中华之魂。鸦片战争以来，中华民族不甘忍受耻辱，前赴后继，用血肉长城驱逐了侵略者，谱写了一曲曲悲壮的战歌。中华民族从来没有在种种考验面前沉沦和屈服，反而百折不挠奋起。其所以如此，一个重要原因就在于中华民族精神始终是鼓舞人们迎难而上、团结互助、战胜强敌与困难的不竭力量之源。在当今时代，以爱国主义为核心的民族精神，表现为热爱祖国、报效祖国，把祖国建设得繁荣富强，实现中华民族的伟大复兴，是每个中国人的崇高理想。

2. 团结统一是中华民族精神的立身之本

爱国主义精神构成了中华民族的精神纽带，增强了民族凝聚力，使中华民族渡过了一次又一次危机，维护和促进了国家的团结统一。中国是世界上公认的文明古国，从秦朝统一中国开始各民族就逐步走向统一，到西汉，中华民族已形成了团结统一的民族意识和民族精神，团结统一是中华民族的立身之本。中华民族素以重视集体利益而著称于世，在漫长的历史发展过程中，中华各民族人民共同劳动、生活，一起维护着祖国的大好河山，进而形成了团结统一的民族精神。正是这种精神促进了祖国的统一和民族的团结。中华民族凝聚力之所以特别强大，是因为中华民族内的各个民族从组成民族大家庭那时候起，就有了团结统一的民族精神，这是中华民族的一大优点。正因为这样，千百年来，中华民族才能够在各种艰难险阻面前，坚强屹立，不仅没有被历史所淹没，而是越来越团结，越是困难越坚强。这种团结统一的精神始终是鼓舞中华民族迎难而上、团结互助、战胜强敌与困难的不竭力量之源。

3. 爱好和平是中华民族精神的重要体现

爱好和平的民族精神是指一个民族在同其他民族的交往中，平等相待，友好相处，求同存异，团结和平，为了维护世界和平、促进共同发展而努力贡献的精神。中华民族自古就是一个爱好和平的民族，早在中国的周文公时代、汉唐盛世、郑和下西洋、康乾之治就是中国人爱好和平的历史见证。中华民族历来爱好和平，自古崇尚“以和为贵”“协和万邦”和“四海之内皆兄弟”等友善思维。早在两千年前，中国就曾是世界上最强大的国家，完全可以占领亚欧大陆，但中国人却在北方修建了万里长城，在经济中心西安，向西开辟了“欧亚丝绸之路”；在南方广州，向海上开辟了“海上丝绸之路”，表明了我们一直以来的理念是维护和平、友好交往、发展贸易、传播文明。爱好和平是中华民族在数千年的历史发展过程中所形成的优良品德，也是中华民族的优良传统。中华民族的祖先在世界上最早发明了火药和指南针。发明火药是用它来制造奇巧美丽的烟火，发明指南针，是让风水先生勘定我们庙堂、居宅及坟墓的方位与走向，能够选择优美适宜的自然环境。但是，一些西方国家却是用中国人的科技发明的火药用在制造武器，用指南针出海侵略他人国土。在世界历史上，从古至今，西方强国称霸称帝侵略弱国，强占掠夺弱小国家的资源和财富的事例比比皆是，中华民族也曾屡次被侵略、被欺凌而饱经沧桑。但是，无论曾经强大的过去还是日益昌盛的现在，中国人民始终秉承热爱和平的民族精神，处理人与人、民族与民族、国家与国家之间的关系，反对以强凌弱等各种霸权主义行径。历史证明，中华民族是一个爱好和平的民族，在与世界其他民族历史悠远的友好往来过程中，在对外交往中，中华民族历来奉行的外交原则是睦邻友好，和平共处。中华民族在世界上享有“和平的民族”之誉，中国人民在世界上享有“和平的使者”之称，中国为世界的和平与稳定作出了杰出的贡献。

4. 勤劳勇敢是中华民族精神的重要内涵

勤劳勇敢是中华民族精神的重要内涵，也是中华民族世代相传的传统美德。在中国传统道德中，勤劳勇敢是形成最早、普及最广、传播最久、最受欢迎的美德之一，有着永恒的意义。翻开中华民族的文化史，走进中华民族的日常生活，勤劳勇敢都蕴含其中，数千年的历史已把勤劳勇敢沉淀为一种强大的民族精神。在中华民族的意识中，勤劳是一切事业成功的保证，是兴家的传家宝，是兴国立世之本，也是众德之首、万善之源。勤劳又是和勇敢紧密联系在一起的。如："不畏强御""勇者不惧"，就是要求人们面对艰险，要有无所畏惧的精神。"勇于义而果于德，不以贫富贵贱死生动其心"，就是要求人们为了追求真理，坚持正义，要有置个人荣辱、贫富、生死于度外，赴汤蹈火在所不辞的见义勇为精神。中华民族依靠这种勤劳勇敢的精神，缔造了古老的中华文明，创造了一个又一个的人间奇迹。中国民间有许多关于学习的格言，如："少壮不努力，老大徒伤悲""书山有路勤为径，学海无涯苦作舟""活到老，学到老"等，也流传着很多古人珍惜时间、发愤苦读的故事。勤劳勇敢，是中华民族在漫长的历史发展过程中形成的；勤劳勇敢，不是体力劳动者独有的品质，社会各行各业的人都要辛勤劳作。正如古人所说："业精于勤，荒于嬉。"中国传说中的"愚公移山"，愚公身上那种持之以恒的精神，也是中华民族勤劳勇敢精神的一种体现。勤劳勇敢精神奠定了中华民族坚不可摧的立业根基。上下五千年，正是中华民族勤劳勇敢的精神，表现出强大的生命力，创造了辉煌的中华文明，为人类文明的发展作出了重大贡献。

5. 自强不息是中华民族精神的具体表现

中国是一个有着五千多年灿烂文明的国家，我们伟大的民族是一个不屈不挠、历经磨难而自强不息的民族。"自强不息""厚德载物"是中国文化的两条精神命脉，也是中华民族生生不息、傲然挺立于世界民族之林的精神之源和力量之源。"天行健，君子以自强不息；地势坤，君子以厚德载物"，中华民族自古就有自强不息、团结包容、吃苦耐劳、勤奋努力和行善积德的高尚品质。自强不息的民族精神是一个历史范畴，在不同社会发展时期、不同阶段，有着不同的具体内容。在中国的近代历史上，自强不息的中华民族精神从来就是动员和激励中国人民团结奋斗的一面旗帜，是每一个真正的炎黄子孙所应有的骨气和胆识，是各族人民共同的精神支柱。特别是1840年鸦片战争以来，中华民族不甘忍受耻辱，前赴后继，用血肉长城驱逐了侵略者，谱写了一曲曲悲壮的战歌。“起来，不愿做奴隶的人们，把我们的血肉，筑成我们新的长城。”无论身在故土还是异国他乡，每当听到这雄壮激昂、催人奋进的中华人民共和国国歌的时刻，深为自己是一名中国人而骄傲，一种强烈的民族自豪感便会油然而生，不知有多少人为此而流下激动的热泪。自强不息作为中华民族的一种精神力量，已经渗入中华民族的精神血脉中，成为中国文化不可或缺的精神因子。自强不息又是一种开拓创新的精神，要求人们要不断地新追求，不断地汲取新的知识和技能，不断地创造出新的成就。自强不息是一种积极的人生态度、人生追求和人生境界，是对人生意义的一种深刻认识和理解，是中华民族的精神财富。

（二）中国共产党对中华民族精神的丰富和发展

在五千多年的发展中，中华民族形成了以爱国主义为核心的团结统一、爱好和平、勤劳勇敢、自强不息的伟大民族精神。近百年来，中国共产党在领导全国各族人民进行革命、建设和改革的过程中，不断结合时代和社会的发展要求，丰富和发展中华民族精神。

1. 新民主主义革命时期

在新民主主义革命时期，中国共产党人把马克思主义与中国革命实践相结合，形成了毛泽东思想，创建了井冈山革命根据地，在革命根据地发展红色文化。红色文化丰富和发展了以爱国主义为核心的中华民族精神。特别是创造了井冈山精神、长征精神、延安精神、抗战精神和西柏坡精神。井冈山精神以胸怀理想、坚定信念，实事求是、勇闯新路，艰苦奋斗、敢于胜利，依靠群众、无私奉献为主要内容，对中国革命的进程产生了广泛而深刻的影响。长征精神以乐于吃苦，不惧艰难的革命乐观主义精神和革命英雄主义精神为主要特点，是中华民族百折不挠、自强不息的民族精神的最高表现，是保证中国革命和建设事业从弱小走向强大精神力量。延安精神以坚定正确的政治方向、解放思想实事求是的思想路线、全心全意为人民服务的根本宗旨、自力更生艰苦奋斗的创业精神、理论联系实际、不断开拓的创新精神。延安精神是中国共产党的传家宝，是中华民族宝贵的精神财富。抗战精神以天下兴亡、匹夫有责的爱国情怀，视死如归、宁死不屈的民族气节，不畏强暴、血战到底的英雄气概，百折不挠、坚忍不拔的必胜信念为主要内容。西柏坡精神的本质特征是两个“敢于”、两个“务必”。两个“敢于”是中国共产党向全国人民发出的“敢于斗争，敢于胜利”的号召，要求全党、全军再接再厉，将革命进行到底，不要半途而废，用大无畏的革命英雄主义精神鼓舞人民；“两个务必”，即“务必使同志们继续地保持谦虚、谨慎、不骄、不躁的作风，务必使同志们继续地保持艰苦奋斗的作风”是西柏坡精神的主题。“两个务必”的核心是鞭策共产党人面向未来，把中国社会主义事业不断推向前进。两个“务必”的提出，要求在夺取政权后，警惕糖衣炮弹的袭击，永远立于不败之地。两个“敢于”体现了大无畏的革命英雄主义精神，两个“务必”体现了积极进取不断革命和坚持艰苦奋斗的精神。以毛泽东等老一辈无产阶级革命家，在中国的革命战争中丰富和发展了以爱国主义为核心的中华民族精神，领导全国人民进行了艰苦卓绝的斗争，迎来了中国新民主主义革命的胜利。

2. 社会主义革命和建设时期

新中国成立后，在社会主义革命和建设中，中华民族精神得到新的发展，再次提升到一个新的水平。产生了两弹一星精神、雷锋精神、焦裕禄精神、大庆精神。两弹一星精神以热爱祖国、无私奉献，自力更生、艰苦奋斗，大力协同、勇于登攀为主要内容。尤其是中国科学家在物质技术基础十分薄弱的条件下，用比较短的时间成功研制出了“两弹一星”，创造了非凡的人间奇迹。两弹一星的精神，也是爱国主义、集体主义、社会主义精神和科学精神的生动体现，是中国人民在党的领导下，创造的新的宝贵精神财富，是激励全国各族人民，在社会主义现代化建设道路上奋勇前进的巨大精神力量。雷锋精神以爱憎分明的阶级立场，言行一致的革命精神，公而忘私的共产主义风格，奋不顾身的无产阶级斗志。雷锋精神是时代精神的集中体现。在党中央和毛泽东同志的号召下，全国人民掀起了向雷锋同志学习的热潮，对提高全国人民共产主义思想觉悟和道德品质，对中国社会主义革命和建设事业的发展都起到了无可估量的推动作用。焦裕禄精神以为全心全意为人民服务的宗旨，吃苦在前，享乐在后，心里装着群众，唯独没有自己；他实事求是，脚踏实地，艰苦奋斗，不向困难低头，不断开拓进取；他清正廉洁，无私奉献，为人民利益鞠躬尽瘁，死而后已。其精神实质是亲民爱民、艰苦奋斗、科学求实、迎难而上、无私奉献。大庆精神的核心是爱国主义精神。为国争光、为民族争气的爱国主义精神；独立自主、自力更生的艰苦创业精神；胸怀大局、为国分忧的奉献精神。

3. 社会主义改革开放发展时期

1978年中国改革开放以来，在这一新的历史发展时期，中华民族精神得到进一步的丰富发展，出现了改革创新精神、抗洪抢险精神、载人航天精神、青藏铁路精神等，这些精神的出现，极大地鼓舞了全国各族人民群众的意志。改革创新精神是在中国实行改革开放的实践中形成的，是改革创新与时代精神孕育出来的精神。这种精神就是不断破除旧观念、旧思想的精神，就是解放思想，敢于思考，勇于思考的精神。抗洪抢险精神是以万众一心、众志成城、不怕困难、顽强拼搏、坚忍不拔、敢于胜利为主要内容。1998年夏天，中国人民战胜了历史上罕见的特大洪水，抗洪军民展示出了一种崇高的大爱精神。载人航天精神表现为特别能吃苦、特别能战斗、特别能攻关、特别能奉献。我国神舟五号、六号飞船的发射成功，是我国航天事业发展史上新的里程碑。载人航天精神具有丰富的思想内涵和鲜明的时代特征，是伟大民族精神的延伸和扩展。青藏铁路精神以2006年7月1日青藏铁路全线通车为标志，青藏铁路建设者们顽强拼搏、求实创新，克服了一个个难以想象的艰难险阻，凭借“挑战极限、勇创一流”的青藏铁路精神，为青、藏两省区乃至整个中国在新世纪实现经济腾飞，为新时期中华民族精神的重塑与弘扬输入了新的动力。2008年5月12日汶川大地震，中国人民集全国之力，积极展开的这场气壮山河的抗震救灾实践，展现出无比炽热的人间大爱，迸发出世所罕见的民族真情，映照出举世瞩目的中国力量，诠释出社会主义新时期中华民族抗震救灾精神的丰富内涵。这些成型化、成熟化、社会化了的民族精神构成了时代精神的主旋律，组成了中华民族精神当代形态的主要内容。

中国共产党十八大以来，以习近平总书记为核心的党中央，高度重视中华优秀传统文化的传承发展，始终从中华民族最深沉精神追求的深度看待中华优秀传统文化，从国家战略资源的高度继承和创新中华优秀传统文化，不断结合社会主义新时代和中国特色社会主义社会的发展要求，丰富和发展中华民族精神，不断推动以爱国主义为核心的团结统一、爱好和平、勤劳勇敢、自强不息的中华民族精神的进一步发展。

第九章 中国社会主义核心价值观

中国社会主义核心价值观，是遵循马克思主义的基本原理和价值方向，与传承久远、积淀深厚的中国优秀传统文化相承接，深深扎根于中国文化的深厚土壤，广泛吸收中国优秀传统文化中的价值精华，同时借鉴了以往人类社会所创造的各种优秀价值理念，尤其是人类社会的普遍价值追求与各种先进价值理念的基础上制定的，反映了中国特色社会主义建设的实践需要和最新理论成果，她是一种文化自觉，一种理论创新，一个伟大的创举，具有鲜明的中国特色、中国风格、中国气派，充分体现了人类社会的普遍价值追求，顺应了当今世界和平与发展的时代要求。

一、中国社会主义核心价值观的形成与确立

近代以来，中国一代代先进分子、民族先贤、无数志士仁人，为国家民族的救亡图存，寻求新的理想信念、价值追求和社会目标，不断探索。从反帝反封建的新民主主义革命到社会主义新中国的建立，从建设社会主义新中国到以广泛开展社会主义思想道德教育，从社会主义改革开放到树立社会主义荣辱观，从提倡建设社会主义核心价值体系到以“三个倡导”为内容的社会主义核心价值观的形成与确立，在中国共产党的领导下，中国传统核心价值观得到积极的传承与创新。

（一）近代以来中国核心价值观的重大转变

由于中国清王朝的骄傲自大、闭关锁国，1840年鸦片战争之后，中国逐步沦为西方国家的殖民地与半殖民地，面临前所未有的亡国灭种危机。为救亡图存，中国一代代先觉、先贤、先进分子，开始探索在新的世界生存环境之下，国家和民族的生存发展之道，寻求新的理想信念、价值追求和社会目标，以图引领国家和人民走出危机，重新振兴中华。

1. 学习西方“平等”“民主”理念

中国学习西方“平等”“民主”理念可以说是从洋务运动开始，以冯桂芬、王韬、郑观应等为首的洋务思想家，提出求“富强”而学习西方；到清朝末年，以康有为、梁启超、严复等为首的戊戌变法维新思想家，提出学习西方“平等”“民主”理念，培养“爱国”新民，建立“文明”社会和宪政制度。西方思想在晚清尤其是在甲午战争之后大量传入中国并影响年轻一族，而在民国初年这种影响随着《新青年》等刊物的发展以及白话文运动的推动，平等、自由、民主、科学等思想不断冲击、反抗传统文化的思想意识，极大地影响了广大年轻

学生和社会大众。中国先进分子学习西方“平等”“民主”理念，高举民主、科学、人权、自由等大旗，从思想、文化领域激发和影响了广大中国民众尤其是青年学生的爱国救国热情，从根本上为中国新文化运动的出现奠定了思想基础和智力来源。

2. 孙中山先生提出“三民主义”

中国辛亥革命之后，结束清王朝的统治，中华民族向何处去成为一个大问题。孙中山先生提出民族、民权、民生“三民主义”，践行民主、法治的共和制度。在孙中山先生的三民主义中，民族主义是指反对列强的侵略，打倒与帝国主义相勾结之军阀，求得国内各民族之平等，承认民族自决权；民权主义是指实行为一般平民所共有的民主政治，而防止欧美现行制度之流弊，人民有选举、罢免、创制、复决四权以管理政府，政府则有立法、司法、行政、考试、监察五权以治理国家。其核心观念强调直接民权与权能区分，亦即政府拥有治权，人民则拥有政权；民生主义是指其最重要的两个原则，一为平均地权，实行耕者有其田地，二为节制资本，私人不可操纵国民生计。孙中山先生的三民主义对中华民族的影响非常深远，表达了资产阶级政治、经济的利益和要求，反映了中国人民要求民族独立和民主权利的共同愿望，推动了资产阶级民主革命的发展，建立起中国历史上第一个资产阶级共和国政府，对中国旧民主主义革命起到了重大的推动作用。三民主义是中国人民的宝贵精神遗产，是激励中华民族振兴中华、复兴中国的伟大力量。

3. “五四运动”促进新文化新思潮的蓬勃兴起和马克思主义的传播

“五四运动”是一场以青年学生为主，广大群众、市民、工商人士等中下阶层共同参与的，通过示威游行、请愿、罢工、暴力对抗政府等多种形式进行的爱国运动，是中国人民彻底的反对帝国主义、封建主义的爱国运动。“五四运动”的斗争对象直

五四运动

指帝国主义和北洋军阀政府，表现出前所未有的反帝、反封建的革命斗争性与彻底性。五四运动充分发动了广大群众，不仅工、商、学各界联合起来，还有部分农民参加，实际上揭开了中华民族进行彻底的反帝反封建斗争的序幕。“五四运动”是中国历史上的一场伟大的群众性爱国运动，也是一场深刻的思想解放运动，它使中国人民进一步认识到帝国主义侵略的本质和军阀统治的黑暗。同时，进一步提高了中国人民反帝反封建的决心和觉悟，促进了全国人民对改造中国与发展中国的问题的反思和探索，也促进了新文化新思潮的蓬勃兴起和马克思主义的传播。“五四运动”既揭开了中国新民主主义革命的序幕，又开创了中国新民主主义革命的开端。从此，无产阶级登上了中国的政治舞台，广大民众的力量得到了广泛的发动，不仅使“五四运动”本身具有新民主主义革命的基本内涵，还直接为中国共产党的成立创造了思想上和干部上的基础条件。

4. 中国共产党的创立与新民主主义革命的胜利

随着“五四运动”爆发和马克思主义在中国的传播，为中国共产党的成立做了思想上和组织上的准备。1921年7月，中国共产党宣告成立，这是中国近现代史上开天辟地的大事件，中国革命的面貌从此焕然一新。新民主主义革命是无产阶级领导的、人民大众的、反对帝国主义、封建主义、官僚资本主义的革命。辛亥革命虽然推翻了在中国延续了两千多年的封建专制制度，但是却并没有改变中国半殖民地和半封建社会的社会性质。中国人民为了自由、民主、独立和统一整整奋斗了一个世纪，最终在中国共产党的领导下，取得了新民主主义革命的伟大胜利。中国新民主主义革命的胜利，是马克思主义、毛泽东思想的胜利。中国自鸦片战争以来，无数志士仁人前赴后继为国家的独立和富强而奋斗，但都未能取得革命的成功。只有在新民主主义革命的进程中，在中国共产党的领导下，在以马克思主义普遍真理和中国革命的具体实践相结合的毛泽东思想的正确指引下，中国人民才顺利地推翻了三座大山在旧中国的统治。1949年10月，中华人民共和国的成立，标志着中国新民主主义革命的结束和社会主义建设的开始。

回顾中国近代历史，一代代民族先进分子积极探索，不断提出的各种先进理念，成为各个时期引领民众追求的理想和目标，无数先驱志士为之不惜抛头颅、洒热血，前赴后继，奋斗不息。正是这些先进分子提出的代表时代方向的价值理念与价值追求，逐渐被中国广大人民群众所接受，为古老的中华民族注入新的生命力，给源远流长的中华文明注入新的理想信念，从而使得中国在近百年来，虽历经外患内忧、艰难曲折，而仍能前行不辍，最后，在中国共产党的领导下，开辟出自己的前进道路并取得最后胜利。

（二）新民主主义革命时期核心价值观的形成与发展

在反帝反封建的新民主主义革命的进程中，“共产主义”作为中国新民主主义革命的目标，其价值观念和理想追求，必然贯穿于新民主主义革命的始终。在一定意义上，必然成为中国新民主主义革命时期培育和践行核心价值观的主体内容。中国新民主主义革命时期逐步形成和发展的核心价值观主要有以下五个方面：

1. 马克思主义、毛泽东思想成为中国新民主主义革命的指导思想

在中国新民主主义革命时期，中国共产党人对“什么是马克思主义、怎样坚持马克思主义”进行了艰辛探索与实践，最终确立了马克思主义对中国革命的指导地位，马克思主义及其中国化理论体系成为中国新民主主义革命时期培育核心价值观的指导思想和理论基石。以毛泽东为主要代表的中国共产党人，把马克思主义的基本原理同中国革命的具体实践结合起来，创立了毛泽东思想，实现了马克思主义的中国化。在毛泽东思想指引下，中国共产党领导全国各族人民，通过武装斗争、北上抗日和解放战争，取得了新民主主义革命的胜利，建立了伟大的中华人民共和国，确立了社会主义基本制度。

2. “为人民服务”成为新民主主义革命时期的根本宗旨和价值取向

中国共产党倡导“为人民服务”的根本宗旨和价值取向，为整个新民主主义革命提供了强大的精神动力。毛泽东说：“我们的共产党和共产党所领导的队伍，是为着解放人民的，是彻底地为人民的利益工作的。”《为人民服务》是毛泽东主席于1944年9月8日在张思德同志追悼会上所作的演讲。当时，抗日战争正处在十分艰苦的阶段，有许多困难需要克服。毛泽东主席针对这一情况，讲述为人民服务的道理，号召大家学习张思德同志完全、彻底地为人民服务的精神，团结起来，打败日本侵略者。之后，毛泽东主席在《论联合政府》一文中又强调指

出，“我们一切工作干部，不论职位高低，都是人民的勤务员，我们所做的一切，都是为人民服务，我们有些什么不好的东西舍不得丢掉呢？”

3. 推翻中国的“三座大山”是新民主主义革命的历史任务

新民主主义革命的历史任务，是推翻帝国主义、官僚资本主义和封建主义“三座大山”，中国共产党领导中国人民进行新民主主义革命，明确中国革命的目的是最终走向社会主义，建立人民共和国。以毛泽东为主要代表的中国共产党人，把马克思列宁主义普遍原理与中国革命的具体实际相结合，在分析和研究中国革命的历史特点和时代特征的基础上，不断总结中国革命实践经验的基础上，逐步形成和发展起来的具有独创性的关于中国革命的理论。正是在这一理论的指导下，中国共产党领导中国人民才取得了新民主主义革命的伟大胜利，推翻了帝国主义、封建主义和官僚资本主义的统治，建立了中华人民共和国。新中国的建立，有力地鼓舞和推动了世界上被压迫民族和被压迫人民反抗帝国主义、殖民主义的斗争，增强了世界人民争取世界和平的力量。毛泽东关于新民主主义革命的理论也极大地丰富了马克思列宁主义思想理论的宝库，成为世界被剥削被压迫民族争取民族解放运动的伟大行动指南。

4. 建立一个独立、自由、民主、统一和富强的新中国是新民主主义革命的目标

“建立一个独立、自由、民主、统一和富强的新中国”是毛泽东同志提出的新民主主义纲领，深刻、集中、高度地体现了近代以来中华民族面临的两大历史任务，针对性强，价值指向明确。新民主主义革命的根本目的是取消帝国主义在中国的特权，消灭地主阶级和官僚资产阶级的剥削和压迫，改变买办的、封建的生产关系，以及改变建立在这种经济基础之上的腐朽的政治上层建筑，确立人民民主专政为核心的新的政治上层建筑，从根本上解放被束缚的生产力。正如毛泽东在《论联合政府》所指出的：“中国的一切政党的政策及其实践在中国人民中表现的作用的好坏、大小，归根到底，看它对于中国人民的生产力的发展是否有帮助及其帮助之大小，看它是束缚生产力的，还是解放生产力的”。在新民主主义革命时期，在中国共产党的领导下，新民主主义革命的直接目标是推翻帝国主义、封建主义和官僚资本主义在中国的统治，建立一个在无产阶级领导下的新民

主主义性质的，独立、自由、民主统一和富强的人民共和国。

5. 广泛加强共产主义道德修养是新民主主义革命的基本要求

中国抗日战争时期，毛泽东主席写下了《纪念白求恩》《为人民服务》等光辉著作，号召共产党员加强共产主义道德修养。毛泽东主席特别强调要在党内进行共产主义道德教育，引导全党树立共产主义的理想信念和道德情操，并号召共产党员学习白求恩毫不利己、专门利人的精神和对工作极端负责任、对同志对人民的热忱精神，做一个高尚的人，一个纯粹的人，一个有道德的人，一个脱离了低级趣味的人，一个有益于人民的人。在中国共产党的七届二中全会上，中国共产党提出了要继续保持谦虚谨慎、不骄不躁的优良传统和艰苦奋斗的优良作风。毛泽东主席指出，夺取全国胜利，这只是万里长征走完了第一步。中国的革命是伟大的，但革命以后的路程更长，工作更伟大，更艰苦。这一点就必须向党内讲明白，务必使同志们继续地保持谦虚、谨慎、不骄、不躁的作风，务必使同志们继续地保持艰苦奋斗的作风。毛泽东主席在这“两个务必”的基础上还提出要掌握好批评与自我批评这个马克思列宁主义的武器，去掉不良的作风，保持优良的作风，迎接新的更加伟大的任务的到来。在中国的革命战争年代，中国共产党以马克思主义、毛泽东思想为指导，以中华民族优秀的传统文化为底蕴，形成了谦虚谨慎、不骄不躁的优良传统、艰苦奋斗的优良作风和全心全意为人民服务的宗旨，不断加强共产主义道德修养，旗帜鲜明地将共产主义价值观作为自己的价值追求。

（三）社会主义建设时期核心价值观的形成与发展

新中国的建立，标志着中国共产党胜利地完成了国家独立、民族解放第一大历史任务。之后，中国共产党开始了从新民主主义革命向社会主义建设的伟大历史转变。社会主义基本政治制度、基本经济制度的确立和以马克思主义、毛泽东思想为指导思想的社会主义意识形态的确立，为社会主义核心价值体系建设奠定了政治前提、物质基础和文化条件。

1. 马克思主义、毛泽东思想得到广泛深入传播

中国共产党在领导中国革命的进程中，成功实现了马克思主义与中国革命实

践相结合，形成了毛泽东思想，取得了新民主主义革命的胜利，诞生了新中国。实践证明了马克思主义、毛泽东思想是指引中华民族走向国家独立和民族解放的科学理论武器。毛泽东思想是马列主义运用到中国的革命和建设的实践中，又在实践的基础上进一步丰富和发展了的中国化的马克思主义。毛泽东思想是根据马克思主义的基本原理，把长期革命和建设实践中的一系列独创性经验作了理论概括，创立了无产阶级领导的工农联盟为基础，反对帝国主义、封建主义和官僚资本主义的新民主主义革命的理论。实践证明，没有正确的科学理论武器的指导，革命的事业是不会成功的。中国的新民主主义革命需要科学理论武器的指导，在社会主义建设时期，中国的社会主义建设也需要科学理论武器的指导。在中国的社会主义建设时期，中国共产党继续坚持以马克思主义、毛泽东思想为指导，在党内外广泛开展学习马克思主义、毛泽东思想，马克思主义、毛泽东思想在全国各地得到广泛深入的传播。

2. 广泛开展了以为人民服务为主要内容的社会主义思想道德建设

中国社会主义建设时期，中国共产党坚持为人民服务，树立为人民服务的价值取向。比如对待利益、荣誉、金钱、地位、苦乐、幸福、生死等等，只要首先不是从个人利益出发，而是从人民的利益出发。为人民服务作为一种多层次、多形式的道德规范，是对社会全体成员的共同要求。在中国社会主义的社会里，不论何种岗位，不论能力大小，不论职务高低，人人都能够而且应当实践为人民服务的道德。共产党员和先进分子应该全心全意为人民服务，为全社会做出表率。马克思主义、毛泽东思想在全国各地得到广泛深入的传播的同时，中国共产党广泛开展社会主义思想道德建设，在全社会道德领域除旧布新，涌现出了一批社会主义道德的先进典型。如雷锋、王进喜、焦裕禄等先进英雄楷模，在全国形成了爱祖国、爱人民、爱劳动、爱科学、爱社会主义和服从大局、艰苦奋斗、廉洁奉公等优良社会风气。在此进程中，中国共产党用社会主义理想和社会主义价值观激起全民族建设社会主义的高潮，并形成高度一致的核心价值体系和价值观。爱党爱国、为人民服务、公有制、计划经济、大集体、人民民主、无产阶级专政、阶级斗争、无私奉献、共产主义新人、斗私批修、反修反霸等成为这个时期不同阶段的主体价值话语。

3. 培育伟大的中华民族精神和时代精神

中华民族精神始终是维系中华各族人民共同生活的精神纽带，支撑中华民族生存、发展的精神支柱，是推动中华民族走向繁荣、强大的精神动力，是中华民族永远的精神火炬，是中华民族之魂。中华民族精神贯穿中华民族发展的全过程，熔炼于古代、玉成于近代、彰显于当代。中国共产党是中华民族精神的继承者、弘扬者和培育者，在领导全国各族人民进行革命和建设实践中，为民族独立、国家富强、人民幸福，做出了艰苦卓绝的努力，形成了自己的优良传统。在革命战争年代，培育了井冈山精神、长征精神、延安精神、西柏坡精神；在社会主义建设时期，培育了热爱祖国、建设祖国、独立自主、自力更生、不怕困难、勇于攀登的精神品质，出现了雷锋精神、王进喜精神、焦裕禄精神、“两弹一星”精神等民族精神和时代精神的典范。这些精神既植根于中国优秀民族文化传统之中，又深深熔铸在中华民族意识、民族品格、民族气质之中，熔铸在中华民族的生命力、凝聚力和创造力之中，成为全国各族人民团结一心、共同奋斗的价值取向和力量源泉。在广泛开展社会主义思想道德建设的进程中，中国共产党积极培育和弘扬伟大的民族精神和时代精神，带领全国人民展开了全面建设社会主义的伟大实践，建立了比较完整的工业体系和国民经济体系，“两弹一星”事业取得了举世瞩目的成就。可以认为，以爱国主义为核心的伟大民族精神，已经深深地融入我们的民族意识、民族品格、民族气质之中，成为各族人民团结一心、共同奋斗的价值取向。

（四）改革开放新时期核心价值观的形成与确立

1978年，中国实行改革开放。改革开放以来，中国共产党对社会主义意识形态建设不断进行新的探索与实践，确立改革开放的基本国策，创立了邓小平理论，提出了“三个代表”重要思想和科学发展观，从提倡建设社会主义核心价值体系到确立以“三个倡导”为内容的社会主义核心价值观，传承和创新了中国传统核心价值观。

1. 确立改革开放的基本国策和两个文明建设一起抓的战略方针

改革开放以来，中国共产党坚持把马克思主义与改革开放和我国社会主义建设伟大实践相结合，科学继承了毛泽东思想，形成以邓小平为核心的党中央第二代领导集体。重新确立了解放思想、实事求是的指导思想，将国家的发展重心从阶级斗争转移到经济发展上来，实行改革开放的基本国策，是一个新的历史起点，中国人民进入了改革开放和社会主义现代化建设的新时期。从十一届三中全会开始，以邓小平为核心的党中央逐步开辟了一条建设中国特色社会主义道路，揭开了中国社会主义改革开放的序幕。改革开放之初，以邓小平为核心的党中央提出了社会主义物质文明建设和精神文明建设一起抓的战略方针，这时的核心价值观突出的是富强、文明两个要素。党的十二大，在提出经济建设目标的同时突出强调社会主义精神文明和社会主义民主建设；党的十三大，明确提出为把我国建设成为富强民主文明的社会主义现代化国家而努力奋斗，这时的核心价值观强调富强、民主、文明三个要素；党的十六大，确立了全面建设小康社会的目标，同时提出“人的全面发展”这一时代命题，核心价值观的内涵进一步丰富；党的十七大，在富强、民主、文明、人的全面发展奋斗目标之后加上了和谐的要求。核心价值观要素的不断增加，从更广阔的视野来审视和处理社会主义现代化建设的各种问题提供了新的、更为完整、更加科学的坐标体系。

2. 创立了邓小平理论和确立了以人为本的价值取向

在中国改革开放实践中，邓小平理论第一次比较系统地初步围绕“什么是社会主义，怎样建设社会主义”这个根本问题回答了中国社会主义的发展道路、发展阶段、根本任务、发展动力、外部条件、政治保证、战略步骤、党的领导和依靠力量以及祖国统一等一系列基本问题，指导党和国家制定了在社会主义初级阶段的基本路线。党的十五大把邓小平理论确立为党的指导思想，并把这一理论同马克思列宁主义、毛泽东思想一起作为自己的行动指南写入党章。江泽民同志2000年2月25日在广东省考察工作时，从全面总结党的历史经验和如何适应新形势新任务的要求出发，首次对“三个代表”重要思想进行了比较全面的阐述。中国共产党八十年的奋斗历程充分证明，要继续站在时代前列，带领人民胜利前进，就必须始终代表中国先进生产力的发展要求，代表中国先进文化的前进方向，代表中国最广大人民的根本利益。可以说，“三个代表”的重要论述具有鲜明的时代特征，不仅是党的建设的重大课题，同时，它事关改革开放和两个文明建设的成败，事关全党全国工作大局，事关党和国家的前途命运，是党的立党之本、执政之基、力量之源。在党的十七大上，胡锦涛同志坚持以邓小平理论和“三个代表”重要思想为指导，根据新的发展要求，集中全党智慧，提出了以人为本、全面协调可持续发展的科学发展观。科学发展观，是对党的三代中央领导集体关于发展的重要思想的继承和发展，是马克思主义关于发展的世界观和方法论的集中体现，是同马克思列宁主义、毛泽东思想、邓小平理论和“三个代表”重要思想既一脉相承又与时俱进的科学理论，是我国经济社会发展的重要指导方针，是发展中国特色社会主义必须坚持和贯彻的重大战略思想，确立了中国共产党人以人为本的价值取向。

3. 树立社会主义荣辱观

社会主义荣辱观是胡锦涛同志于2006年3月4日在第十届中国人民政治协商会议第四次会议的民盟、民进联组会上发表的“关于树立社会主义荣辱观”的讲话中提出的。树立社会主义荣辱观，就是坚持以热爱祖国为荣、以危害祖国为耻，以服务人民为荣、以背离人民为耻，以崇尚科学为荣、以愚昧无知为耻，以辛勤劳动为荣、以好逸恶劳为耻，以团结互助为荣、以损人利己为耻，以诚实守信为荣、以见利忘义为耻，以遵纪守法为荣、以违法乱纪为耻，以艰苦奋斗为荣、以骄奢淫逸为耻。“八荣八耻”的社会主义荣辱观，继承和发展了中国共产党关于社会主义思想道德建设褒荣贬耻和中国古代“不知荣辱乃不能成人”“宁可毁人，不可毁誉”“宁可穷而有志，不可富而失节”等“知耻”的文化传统，同时又赋予了新的时代内涵，进一步深化了对社会主义道德建设规律的认识。荣辱观渗透在整个社会的生活之中，不仅影响着社会的风气，体现着社会的价值导向，标志着社会的文明程度，而且对社会的经济发展有巨大的促进作用。树立社会主义荣辱观，抓住了构建社会主义和谐社会一个带有根本性的问题，体现了在科学发展观的指导下，将依法治国与以德治国有机结合起来，将经济建设、政治建设、文化建设、社会建设融为一体的中国社会主义现代化建设总体布局。

4. 建设社会主义核心价值体系的提出和社会主义核心价值观的确立

社会主义核心价值体系是社会主义制度的内在精神和生命之魂，没有社会主义核心价值体系的引领，构建和谐社会、建设和谐文化就会迷失方向。随着社会主义荣辱观深入开展，到2006年10月，中国共产党的十六届六中全会第一次明确提出了“建设社会主义核心价值体系”的重大命题和战略任务，明确提出了社会主义核心价值体系的内容，并指出社会主义核心价值观是社会主义核心价值体系的内核。这无论对于深化中国特色社会主义本质的认识，还是对于大力推进和谐文化、和谐社会建设，都具有十分重要的意义。2007年10月，中国共产党的十七大进一步指出了“社会主义核心价值体系是社会主义意识形态的本质体现。”提出要切实把社会主义核心价值体系融入国民教育和精神文明建设全过程，转化为人民自觉追求，积极探索用社会主义核心价值体系引领社会思潮的有效途径，增强社会主义意识形态的吸引力和凝聚力。2012年11月，中国共产党的十八大报告明确提出社会主义核心价值观，强调“三个倡导”。即“倡导富强、民主、文明、和谐，倡导自由、平等、公正、法治，倡导爱国、敬业、诚信、友善，积极培育社会主义核心价值观”，这是对社会主义核心价值观的最新概括。社会主义核心价值观是社会主义核心价值体系的内核，体现社会主义核心价值体系的根本性质和基本特征，反映社会主义核心价值体系的丰富内涵和实践要求，是社会主义核心价值体系的高度凝练和集中表达，是对每一个中国成员的严格要求。

可以认为，十八大确立的社会主义核心价值观，与中国特色社会主义发展要求相契合，与中华优秀传统文化和人类文明优秀成果相承接，是中国共产党汲取人类思想精华、适应时代发展要求创造性提出来的，拥有广泛而深厚的历史和现实基础，体现了马克思主义价值观与中国传统价值思想的有机统一，具有鲜明的中国社会主义特色。

二、社会主义核心价值观的基本内容与主要特征

中国共产党的十八大报告明确了社会主义核心价值观的基本理念和具体内容，指出了社会主义核心价值体系建设的现实着力点，是对社会主义核心价值体系建设的新部署、新要求。正确理解社会主义核心价值观的基本内容，深刻把握社会主义核心价值观的主要特征，对于推进社会主义核心价值体系建设，用社会主义核心价值体系引领社会思潮、凝聚社会共识，具有重要的理论意义和实践意义。

（一）社会主义核心价值观的基本内容

中国共产党的十八大以社会主义核心价值体系为基础，明确提出了以“三个倡导”为主要内容的社会主义核心价值观，从不同层面规范了我们国家、社会和公民的核心价值追求。这是对中国社会主义建设事业的指导思想及理想追求的最新概括和精确定位，也是中国共产党代表全国人民对一百多年来几代民族先贤、无数志士仁人追求祖国富强和人民幸福的理想信念的高度概括。

1. 在国家层面倡导“富强、民主、文明、和谐”

中国共产党曾经把国家的共同价值追求表述为“民族独立，人民解放”“国家繁荣，人民幸福”，十八大把这个价值追求提升为“富强、民主、文明、和谐”。也就是说，国家在经济上要越来越富强，政治上要越来越民主，文化上越来越文明，社会和生态上要越来越和谐。富强，即国富民强。追求富强是社会主义现代化国家经济建设的应然状态，是中华民族梦寐以求的美好夙愿，也是国家繁荣昌盛、人民幸福安康的物质基础。民主，是人类社会的共同美好诉求。追求的民主是人民民主，其实质和核心是人民当家作主，它是社会主义的生命，也是创造人民美好幸福生活的政治保障。文明，是社会进步的重要标志，也是社会主义现代化国家的重要特征。它是社会主义现代化国家文化建设的应有状态，是对面向现代化、面向世界、面向未来的，民族的科学的大众的社会主义文化的概括，是实现中华民族伟大复兴的重要支撑。和谐，是中国传统文化的基本理念。和谐集中体现了人与社会的和谐，体现了人与自然的和谐，体现了学有所教、劳有所得、病有所医、老有所养、住有所居的生动局面，它是社会主义现代化国家在社会建设领域的价值诉求，是经济社会和谐稳定、持续健康发展的重要保证。“富强、民主、文明、和谐”体现了中国特色社会主义的价值目标，是立足国家层面概括出的社会主义核心价值观，在

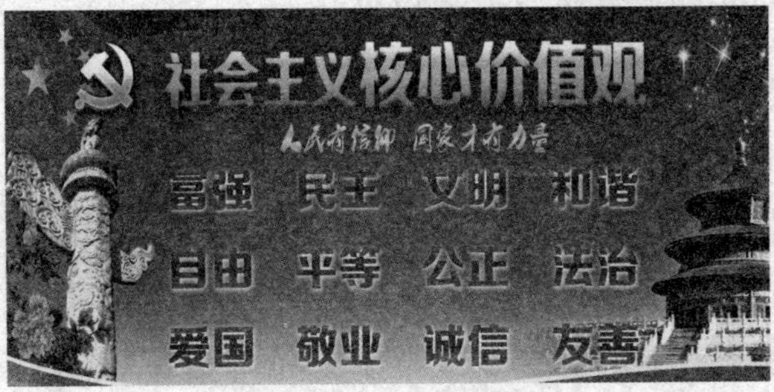

社会主义核心价值观

社会主义核心价值观中居于最高层次，对其他层次的价值理念具有统领作用。在国家层面倡导“富强、民主、文明、和谐”的价值追求，符合当代中国共产党人和全体中国人民寻求民族复兴的共同愿景，是一个凝聚人心、鼓舞士气、激发活力、振奋精神的价值目标。

2. 在社会层面倡导“自由、平等、公正、法治”

中国共产党的十七大报告强调要“树立社会主义民主法治、自由平等、公平正义理念”，十八大报告则把“倡导自由、平等、公正、法治”作为“积极培育和践行社会主义核心价值观”、推进社会主义核心价值体系建设的一项重要内容。由此可以看出，自由、平等、公正、法治是当代中国共产党人坚持科学发展、坚持以人为本、坚持执政为民、坚持依法治国伟大实践的集中价值体现，也是坚持和发展中国特色社会主义的核心价值追求。“自由、平等、公正、法治”是对美好社会的生动表述，也是从社会层面对社会主义核心价值观基本理念的凝练，体现了中国特色社会主义的基本社会属性，是立足社会层面概括出的社会主义核心价值观。自由，是指人的意志自由、存在和发展的自由，是人类社会的美好向往，也是马克思主义和中国共产党人追求的社会价值目标。平等，指的是公民在法律面前的一律平等，其价值取向是不断实现实质的平等。它要求尊重和保障人的权利，人人依法享有平等参与、平等发展的权利。公正，即社会公平和正义，它以人的解放、人的自由平等权利的获得为前提，是国家、社会应然的根本价值理念。法治，是治国理政的基本方式，依法治国是社会主义民主政治的基本要求。它通过法制建设来维护和保障公民的根本利益，是实现自由平等、公平正义的制度保证。改革开放以来，随着中国社会主义市场经济体制的建立和社会主义民主政治的深入发展，广大人民群众的民主法治意识越来越强，自由平等观念日益深入人心，维护公平正义的要求也越来越高。

3. 在公民层面倡导“爱国、敬业、诚信、友善”

2001年，中共中央印发的《公民道德建设实施纲要》提出，要坚持以为人民服务为核心，以集体主义为原则，以爱祖国、爱人民、爱劳动、爱科学、爱社会主义为基本要求，在全社会倡导“爱国守法、明礼诚信、团结友善、勤俭自强、敬业奉献”的基本道德规范。2006年3月，胡锦涛同志提出了以“八荣八耻”为主要内容的社会主义荣辱观，要求提倡热爱祖国、服务人民、崇尚科学、辛勤劳动、团结互助、诚实守信、遵纪守法、艰苦奋斗。十八大正是在继承和发展我们党关于社会主义核心价值体系思想的基础上，紧密结合全面建成小康社会和发展中国特色社会主义的新需要，从公民层面提出了“爱国、敬业、诚信、友善”的社会主义核心价值观。爱国，是基于个人对自己祖国依赖关系的深厚情感，也是调节个人与祖国关系的行为准则。爱国同社会主义紧密结合在一起，要求人们以振兴中华为己任，促进民族团结、维护祖国统一、自觉报效祖国。敬业，敬业是对公民职业行为准则的价值评价，要求每个公民忠于职守，克己奉公，服务人民，服务社会，充分体现了社会主义职业精神。诚信，即诚实守信，是人类社会千百年传承下来的中国道德传统，也是社会主义道德建设的重点内容，它强调诚实劳动、信守承诺、诚恳待人。友善，强调公民之间应互相尊重、互相关心、互相帮助、和睦友好，努力形成社会主义的新型人际关系。“爱国、敬业、诚信、友善”的倡导，体现了社会主义国家公民的基本价值追求和道德准则要求，是立足公民层面概括出的社会主义核心价值观。“爱国、敬业、诚信、友善”是公民基本道德规范，它覆盖社会道德生活的各个领域，是公民必须恪守的基本道德准则，也是评价公民道德行为选择的基本价值标准。“爱国、敬业、诚信、友善”的社会主义核心价值观，集中体现了中华民族传统美德、中国共产党人革命道德和社会主义道德的精华，是中国共产党人对中华民族传统美德的传承，更是对当代中国化马克思主义公民道德和价值理念的创新发展。

（二）社会主义核心价值观的主要特征

社会主义核心价值观，是中国共产党人代表全国人民对一百多年来几代民族先贤、无数志士仁人追求祖国富强和人民幸福的理想信念的高度概括，为源远流长的民族精神注入了新时代的生命力，在汲取社会主义革命和建设实践经验基础上，适应时代发展要求创造性提出来的，体现了中国化马克思主义价值观与中国传统价值思想的有机统一，具有鲜明的民族特征与时代特征。

1. 科学性

社会主义核心价值观具有明显的科学性，是一个包括国家层面、社会层面和个人层面的科学的价值观体系。社会主义核心价值观以科学世界观和方法论为指导，体现了社会主义意识形态的本质，反映了对中国共产党执政规律、社会主义建设规律、人类社会发展规律的深刻认识，具有明显的科学性。中国社会主义核心价值观，立足于中国特色社会主义伟大实践，借鉴了人类社会的各种价值观念，尤其是在传承中华民族优秀价值理念、凝练社会主义实践中的各种价值观念的基础上制定的，反映马克思主义中国化的最新成果，蕴含着以人为本、科学发展的要求，体现了国家、集体、个人三个层次，各个内涵既相对独立又相互促进，形成一个科学系统的整体，符合时代发展要求，顺应民众共同愿望。中国社会主义核心价值观的确立，是中国共产党人的一种文化自觉，一个伟大创举。其中，既包括了国家层面上的价值目标，包括了社会层面上的价值取向，又包括公民层面上的价值准则。

2. 时代性

社会主义核心价值观根植于当代中国特色社会主义的伟大实践，反映着人类社会发展进步的要求，顺应时代潮流，具有强烈的时代性。其凝练表达必须忠实于中国特色社会主义的共同理想，体现发展与创新的主题，着眼于建设中国特色社会主义的实践需要和时代主题，把握时代脉搏，体现时代潮流，富有时代气息，具有鲜明的时代特色。中国的社会主义核心价值观既同中国的社会主义初级阶段相适应，却又有着共产主义的精神，不但不同于半封建半殖民地的旧中国，而且与资本主义的富强、民主、爱国等，有着极大的区别。中国社会主义核心价值观是体现社会主义的性质，社会主义精神贯穿在它的所有的内容中。例如社会主义核心价值观中倡导的富强，是在坚持社会主义基本经济制度上的共同富裕，体现了中国人民在社会历史发展进程中走社会主义共同富裕道路的心愿和呼声，体现社会主义社会的时代精神；而倡导的民主，也是坚持人民主体地位，依靠人民群众管理国家事务的人民民主；再如爱国，也是同社会主义紧紧地联系在一起的，爱国就是热爱社会主义的中国。

3. 先进性

社会主义核心价值观追求中国特色社会主义共同理想，弘扬民族精神和时代精神，倡导社会主义荣辱观，集中反映了当代社会最基本的价值取向和行为准则，具有时代的先进性。社会主义核心价值观作为社会主义核心价值体系的实质，把中国共产党倡导的基本理论、思想观念和价值取向系统凝练地整合在一起，是社会主义意识形态的核心内容，决定着社会主义意识形态的性质和方向。从这个意义上讲，社会主义核心价值观是反映社会和人类的长远利益和未来发展方向，具有激励人心和鼓舞人们不断前进的作用，是迄今为止最科学、最进步的价值观，它具有主导社会思潮的先进性特质。在我国，富强、民主、文明、和谐以及人的全面发展，代表着最广大人民的根本利益，具有其他任何价值观都不可替代的先导性和影响力，因而必然成为主导社会思潮的伟大精神旗帜。必须看到，社会主义核心价值观以马克思主义指导思想、以爱国主义为核心的民族精神和以改革创新为核心的时代精神以及社会主义荣辱观为基本内容的社会主义核心价值体系，明确了中国特色社会主义共同理想的共同追求，坚持了先进文化的前进方向，体现了时代的先进性。

4. 普遍性

社会主义核心价值观是大众价值观，涵盖了最广大人民群众的普遍愿望，是全国各族人民的价值导引，具有明显的普遍性。核心价值观是一个国家和民族价值体系中最本质、最具决定作用的部分，它支撑和影响着所有价值判断，是对整个人类发展历史和未来走向的总概括。“三个倡导”的社会主义核心价值观，集中反映核心价值体系内涵，以忠于核心价值体系的本质内涵为前提，同时兼顾了其内容涵盖的全面性和准确性。社会主义核心价值观具有浓厚的中国特色，集中体现了国家层面、制度层面、公民道德层面的价值取向，涵盖了最广大人民群众的普遍愿望，关照时代和人民大众的现实需求，适合中国的实际。例如我们所倡导的文明，既包括物质文明，也包括精神文明、生态文明，在这些文明建设中，必须传承中华民族的优秀文化。倡导的平等正义，乃是要在全国各族人民共同奋斗、经济社会发展的基础上，逐步建立以权利公平、机会公平、规则公平为主要内容的社会公平保障体系，努力营造公平的社会环境，保证人民平等参与、平等发展权利。和谐也是在保障和改善民生的基础上，加强创新社会管理，正确处理改革发展稳定关系等基础上，让人民安居乐业，社会安定有序，国家长治久安。这些具有中国特色的价值追求，不但与西方等老牌资本主义国家有所不同，也与其他新兴国家有着比较明显的区别。

5. 民族性

社会主义核心价值观，遵循马克思主义的基本原理和价值方向，与传承久远、积淀深厚的中华优秀传统文化相承接，深深扎根于中国文化的深厚土壤，广泛吸取中国传统文化中的核心价值观精华，具有鲜明的民族性。历史的发展表明，中国文化发展不能割断，也割不断。社会主义核心价值观突出了中华民族传统文化特色，与民族情感相融合，又凝聚了全国各族人民的根本利益，表达了最广大人民群众的共同愿望，得到了全国各族人民的广泛认同，具有广泛的民族基础。同时，社会主义核心价值观继承了中国共产党人在革命和建设实践中创造和培育的中国红色文化中的革命精神和社会主义建设中的社会主义道德思想，同时又赋予其新的时代内涵，具有与时俱进的品格和开放包容的气度，是坚持与发展的统一、也是弘扬传统与立足当代精神的统一。它善于吸收人类创造的各种优秀思想文化成果，不断用反映时代进步要求的思想观念来丰富人们的精神世界，是随着时代和实践发展而不断丰富完善的价值观。应当看到，社会主义核心价值观根植于中华民族共有的精神家园，明显的带有中国传统文化的精神印记，从中华优秀传统文化的宝藏中汲取精华，闪耀着中华民族精神的光辉。独特的民族性，使社会主义核心价值观积淀着中华民族最深层的精神追求和行为准则，符合中华民族心理，反映中华民族特征，体现中华民族品格。

6. 创新性

社会主义核心价值观，立足于当代中国改革开放的伟大实践，根植于中华民族文化的深厚土壤，在继承传统和与时俱进的结合中，反映着人类社会发展进步的时代要求，具有明显的创新性。改革开放四十年来，中国社会主义建设事业在改革创新实践过程中不断壮大。理论创新、实践创新、制度创新，价值创新，并以创新保障了社会主义建设事业的生机和活力。社会主义核心价值观是社会核心价值体系基本理念的统一体，直接反映核心价值体系的本质规定性，贯穿于社会核心价值体系基本内容的各个方面。社会主义核心价值观根植于创新的沃土之上，具有创新的张力与驱动力，能够在继承传统和与时俱进的结合中形成创新性，在紧跟形势任务变化步伐中保持创新性，在增强培育效果的实际举措中体现创新性。以改革创新为核心的时代精神是马克思主义与时俱进的理论品格、中华民族富于进取的思想品格与改革开放和现代化建设实践相结合的伟大成果，是当代中国人民精神风貌的集中写照。改革创新是中国特色社会主义新时期最鲜明的特点，是建设富强民主文明和谐美丽的社会主义现代化中国的必由之路。社会主义核心价值观所显现的创新性，具有无限的生机与活力。

7. 包容性

社会主义核心价值观具有与时俱进的品格和开放包容的气度，坚持兼收并蓄、求同存异、尊重差异、包容多样，坚持集体利益高于个人利益的前提下，将个人价值与社会价值结合起来，具有明显的包容性。包容，是社会主义核心价值观构建的一个重要原则，同时也是中国共产党人以海纳百川、兼收并蓄的胸襟去包容、借鉴、吸收有价值的可取的理念，使核心价值观成为社会主义各个方面及人类文明发展的思想成果的集大成，凸显了中国共产党求真务实、勇于开拓的理论自信与文化自信。社会主义核心价值观的包容性明显体现于如下三个统一：一是国家价值目标与个人价值的统一。社会主义核心价值观既彰显了国家社会的目标，又张扬了个人的主体性，实现了国家、社会、个人的价值愿景相统一。二是先进性与广泛性的统一。作为社会主义之精髓的核心价值观，其倡导的是代表普罗大众利益、面向全民的普遍的价值取向，具有从实际出发、着眼于多数的基础性和广泛性。三是中国特色与人类共性的统一。社会主义核心价值观是“中国”的，具有鲜明的中国实践特色、民族特色和理论特色。既反映了中国特色社会主义理论的主要思想内容，又反映了人类共同追求的民主、自由、平等、法治等价值理念。中国社会主义核心价值观，在全球视野下，以自信的气度，并且用中国的经验和实践去界定和发展这些价值理念，在人类文明的制高点上发出了核心价值观的应有强音，向世界展示了一个以核心价值观引领的中华文明的新境界、新形象。

8. 引领性

社会主义核心价值观作为中国人民美好的价值追求，有利于人们凝聚共识，有利于解决理想信念动摇、道德缺失、价值迷茫问题，具有强大的引领性。必须看到，社会主义核心价值观具有导向作用，犹如一座标杆、一面旗帜，规范和引导人们的思想和行为，能够凝聚人心，汇集民智，把社会的一切积极因素调动起来，引导到建设社会主义的伟大实践中去，增强社会主义国家的文化软实力和民族凝聚力。倡导社会主义核心价值观，有利于用马克思主义中国化的最新成果武装全党、教育人民，用中国特色社会主义的共同理想凝聚力量，用民族精神和时代精神鼓舞斗志，用社会主义价值观引领社会风尚，发挥其在社会主义文化强国建设中的理论支撑、理想支撑、道德支撑的作用。在当代中国，社会价值观的多样化为促进创造活力的迸发提供了条件，也为充实社会主义核心价值体系提供了丰富资源。但同时必须看到，由于发展市场经济，市场经济条件下的社会价值观追求存在多样化。这种多样化存在一定的盲目性、无序性，要把中国特色社会主义伟大事业不断引向深入，就必须用社会主义核心价值体系引领、整合多样化的社会价值追求，必须通过倡导积极、支持有益、改造落后、抵制腐朽来实现社会主义核心价值体系主导下的社会思想文化的和谐。①

三、社会主义核心价值观的现实意义和历史意义

从社会主义核心价值体系的提出，到社会主义核心价值观的凝练和十八大的正式提出，这是中国共产党在坚持马克思主义为指导思想，坚定不移沿着中国特色社会主义事业奋勇前进的伟大历程中，做出的具有划时代意义的战略部署。对于帮助全党和全国人民树立科学的社会主义核心价值观，对于大力推进和谐文化、和谐社会建设，具有十分重要的现实意义和历史意义。

（一）社会主义核心价值观是一个完整的价值体系，也是一个主导社会思潮的先进的价值体系

中国共产党倡导的社会主义核心价值观，是遵循马克思主义的基本原理和价值方向，与传承久远、积淀深厚的中华优秀传统文化相承接，深深扎根于中国文化的深厚土壤，广泛吸取中国传统文化中的价值观精华，同时借鉴了人类社会的各种价值观念，尤其是在凝练社会主义革命和建设实践中产生的各种先进价值观念的基础上制定的，她是一种文化自觉，一种理论创新，一个伟大创举。社会

① 汪家驷等主编：《社会主义核心价值观100问》，安徽文艺出版社，2015年。

主义核心价值观也是一个完整的价值体系，既包括了国家层面上的价值目标，富强、民主、文明、和谐，包括了社会层面上的价值取向，自由、平等、公正、法治，又包括公民层面上的价值准则，爱国、敬业、诚信、友善，是一个完整的价值体系。社会主义核心价值观内容全面系统、内涵丰富深刻、思想理论性很强，有利于推进社会主义核心价值体系的理论建设、宣传教育和学习践行，有利于社会主义核心价值体系更好地走进群众、引领群众。社会主义核心价值观也是一个先进的价值体系，它是在凝练社会主义革命和建设实践中产生的各种先进价值观念的基础上制定的，反映中国社会和人类发展的长远利益和未来发展方向，具有激励人心和鼓舞人们不断前进的重要作用，是迄今为止最先进、最科学的价值观，它具有主导社会思潮的先进性、科学性。在中国，富强、民主、文明、和谐以及人的全面发展，代表着最广大人民的根本利益，具有其他任何价值观都不可替代的影响力。社会主义核心价值观是一个主导社会思潮的价值体系，能正确引领各种社会思潮，自觉抵制西方资本主义国家传播意识形态、进行文化扩张和思想渗透的压力，为坚持社会主义道路提供坚强的思想导向，为中国特色社会主义事业筑起坚不可摧的文化长城。随着中国改革开放的不断深化，经济体制深刻变革、社会结构深刻变动、利益格局深刻调整，人们在思想认识上的差异性日益增强，各种价值观念和社会思潮纷繁变幻。实践证明，引领整合多样化社会思潮，把不同阶层、不同认识水平的人们团结和凝聚起来，需要有正确的核心价值观给予引领。

（二）社会主义核心价值观的倡导既是对马克思主义指导思想的坚持，又是对马克思主义价值和道德理论的丰富和发展

中国共产党倡导的社会主义核心价值观，是中国特色社会主义制度的思想根基和价值导向，是中国社会主义经济政治的集中反映，是中国社会主义意识形态坚持马克思主义的本质体现。科学社会主义思想产生至今已有一百六十多年历史，社会主义作为更高的社会形态，在社会运动进程中需要也应当形成自身的核心价值观。中国社会主义制度的确立和中国特色社会主义的实践，为深化社会主义在价值层面的认识提供了根本前提，做出了有说服力的回答。社会主义核心价值观的提出，这在马克思主义发展史上是第一次，是中国共产党对马克思主义学

说的发展所做出的又一个重大贡献。社会主义核心价值观与核心价值体系两者在本质上是一致的，核心价值观是核心价值体系的灵魂，是对其高度概括和抽象提炼。总结提炼出科学准确、通俗简明的社会主义核心价值观，可以推动社会主义核心价值体系的通俗化、大众化，对于形成全体人民的共同价值追求具有十分重要的意义。党的十八大提出的以“三个倡导”为主要内容的社会主义核心价值观，既是对马克思主义指导思想的坚持，又是对马克思主义价值和道德理论宝库的进一步丰富和发展，开拓了中国共产党人对社会主义核心价值理论认识的新境界。

（三）社会主义核心价值观的倡导既是对全党全国人民团结奋斗的共同思想基础的巩固，又是对进一步促进国家主流价值观的形成、凝聚全国人民的思想共识将产生十分巨大的作用

共同的思想基础是一个国家、一个民族赖以生存和发展的根本前提。当今世界复杂多变，为中国社会发展提出了许多新问题、新挑战，各种社会矛盾和问题互相叠加、集中呈现。社会主义核心价值观的提出，有助于规范公民的行为和提升公民的思想道德境界。社会主义核心价值观是坚持社会主义的性质，社会主义的精神贯穿在它的所有的内容中。必须看到，社会主义核心价值观既同中国的社会主义初级阶段相适应，却又有着共产主义的精神。她不但不同于半封建半殖民地的旧中国，而且与资本主义的富强、民主、爱国等有着根本的区别。中华民族要完成全面建成小康社会、实现“两个一百年”的奋斗目标的历史使命，必须以社会主义核心价值观为基础工程，来凝聚中国力量。随着市场经济的深入发展，人们在思想认识上的多样性、多变性日益增强，各种价值观念和社会思潮多彩纷呈。在这种思想多样、价值多元的条件下，只有大力提倡社会主义核心价值观，以此凝聚全国人民的共同价值追求，才能真正在全社会形成巨大的价值共识和思想共鸣，才能保证中国特色社会主义发展的正确方向。从提升民族和人民的精神境界看，核心价值观是精神支柱，是行动向导，对丰富人们的精神世界、建设民族精神家园，具有基础性、决定性作用。一个人、一个民族能不能把握好自己，很大程度上取决于核心价值观的引领。发展起来的当代中国，更加向往美好的精神生活，更加需要强大的价值支撑。培育和践行社会主义核心价值观，增强全民

族的精神纽带，振奋人们的精气神，就能铸就自立于世界民族之林的中国精神。

（四）社会主义核心价值观不仅表明中国共产党对中国特色社会主义的认识从理论层面、制度层面、道路层面上升到价值层面，而且为中国特色社会主义构建了价值之魂，使之成为强基固本的兴国之宝

中国改革开放以来，就以开放的姿态迎接并融入世界文明发展的大道中，坚持用唯物辩证法吸收人类文明和中华民族文化中的优秀成果，不断从价值层面发展和创新中国特色社会主义。经过四十年的改革开放，经过不断地摸索、发展和总结，中国已经形成了中国特色社会主义的理论体系和制度体系，走出了一条成功的中国特色社会主义道路。中国特色社会主义，是中国共产党把马克思主义的普遍真理同本国改革开放的具体实际结合起来，走出的一条适合中国发展特点的有中国特色的社会主义道路。中国特色社会主义是在经济文化落后的基础上产生的，没有任何经验可以借鉴，必定会遭遇许多不可预料的重大历史课题和风险挑战。因此，社会主义核心价值观的提出和确立，对于坚持走中国特色社会主义道路，打牢中国特色社会主义的精神基础和价值追求，有效应对各种艰难险阻，有着十分重大的现实意义。必须看到，社会主义核心价值观的提出，不仅表明中国共产党对中国特色社会主义的认识从理论层面、制度层面、道路层面上升到价值层面，而且为中国特色社会主义构建了价值之魂，使之成为强基固本的兴国之宝。在当代中国，只有社会主义核心价值观能够产生强大凝聚力，把整个国家、民族和人民紧密团结在一起，朝着共同目标前进。[①]

（五）社会主义核心价值观既增强中华民族的文化自信和自觉，又增强了国家的文化软实力

中国社会主义核心价值观的提出，进一步提升了中国传统文化的世界影响力。和谐、文明、诚信、友善，是中国传统文化的精髓之一。在当今世界各种冲突日益彰显的背景下，中国弘扬这种核心价值观，必将有力地消解西方现代性价值的缺陷，从而获得世界文明国家更多的认同，大大促进中国传统文化在世界的

① 郭建宁、王久高：《社会主义核心价值观提出的重大意义》，人民网理论频道。

传播和影响。中国社会主义核心价值观的提出，形成全国各族人民的共同价值追求，有利于提升中国文化软实力和国际竞争力，推动中国文化更好地走出国门、走向世界，更好地展示和彰显了中国文化的现代性、开放性和包容性。与此同时，社会主义核心价值观吸纳人类文明共享的成果，使之与中华传统文化精髓并存，充分地向世界文明展示了中国当代先进文化的现代性、开放性和包容性，从而推动中国文化与世界文化的交流与交融。可以看到，中国社会主义核心价值观，既立足于马克思主义科学的价值理念和追求，又渊源于中华民族优秀的传统文化，同时吸纳了人类共有的优秀文明成果，既增强中华民族的文化自信和自觉，又大大拓展了中国文化在世界的影响力，增强了国家的文化软实力。

四、社会主义核心价值观体现人类社会的普遍价值追求

社会主义是世界的，也是民族的。与之相对应，中国文化与社会主义核心价值观是民族的，更是世界的。社会主义核心价值观传承了中华民族优秀传统文化的精神内核，反映了中国特色社会主义建设的实践需要和最新理论成果，吸收了以往人类社会所创造的一切优秀文明成果，超越了资本主义核心价值观，充分体现了人类社会的普遍价值追求，是马克思主义中国化的新发展，具有重要的世界意义。

（一）社会主义核心价值观充分体现了中华民族优秀传统文化精神内核的时代价值

中国文化积淀着中华民族最深沉的精神追求，是中华民族生生不息、发展壮大的丰厚滋养。社会主义核心价值观中的富强、民主、和谐、公平等价值原则，既彰显着中国传统文化中追求国家团结统一、爱好和平，特别是反映中华优秀传统文化中的讲仁爱、重民本、守诚信、崇正义、尚和合、求大同等思想精华，又体现了社会主义先进文化最核心的价值理念，以人民为价值主体，以人民根本利益为价值目标，体现了人民当家作主这一社会主义制度的本质内涵。社会主义核心价值观是中国共产党运用马克思主义科学方法，继承了中国优秀传统文化的结果，反映了中华民族优秀传统文化的精神内核，是数千年传统文化在当代中国结

出的智慧之花，具有鲜明的民族特色和时代价值。

（二）社会主义核心价值观吸收了人类优秀的价值理念，超越了西方资本主义的价值观

中国社会主义的核心价值观吸收了人类优秀的价值理念，超越了西方资本主义价值观。资本主义的核心价值观是以个人自由最大化，主要分配方式是按资分配，即谁投资谁受益，这种分配方式存在着剥削。其实，只要仔细剖析资产阶级的核心价值观，不难发现资产阶级民主革命胜利以后建立起来的资本主义社会仍然是一个“虚假的共同体”，它作为某种独立的、异己的东西同个人相对立。每个人都生存于这个“虚幻的共同体”中。在这里，所谓“自由”，就是商品交换和贸易的自由，就是“资本”和资本占有者的自由，就是资产者占有无产者创造的剩余价值的自由，就是无产者向资产者出卖劳动力的自由，就是劳动力的买卖自由，其实“自由的并不是个人，而是资本”。社会主义核心价值观超越了西方资本主义的价值观，在充分吸收人类历史发展中一切优秀文明成果的基础上，从中国特色社会主义建设实际需要出发，结合时代发展要求，摆脱了资本主义价值观的局限性，代表了人类社会前进的方向和价值追求。

（三）社会主义核心价值观揭示了人类社会的普遍价值追求

中国社会主义核心价值观的根本主旨是促进人的全面发展，这一根本价值指向揭示了人类社会普遍价值所在，反映了人类社会前进的方向。中国社会主义核心价值观以人民为价值主体，以实现人民的根本利益为根本价值指向。在国家层面追求“富强、民主、文明、和谐”，是为了促进人民的经济、政治、文化和社会权益，促进人的全面发展提供制度基础和根本保障。在社会层面追求“自由、平等、公正、法治”，是为了全体人民的全面发展创造更好的社会条件。在个人层面倡导“爱国、敬业，诚信、友爱”，是为了促进人的全面发展提供直接的人生基本遵循。三个层面各有侧重，但又互为一体，相辅相成，互为促进。可以看到，社会主义核心价值观反映了和平与发展的时代要求，表达了人类的共同利益，揭示了社会主义社会及未来共产主义社会的根本价值指向。它倡导的富强、民主、文明、和谐，充分反映了和平与发展的时代要求，反映了中国共产党为应

对时代发展要求而对执政理念、执政目标和政策制度做出的重大调整与变化，也反映了顺应时代变化而对社会主义做出的创造性发展。中国共产党把“富强、民主、文明、和谐、自由、平等、公正、法治、爱国、敬业、诚信、友善”作为社会主义核心价值观，既反映了中华民族“和合”的传统精神，又反映了社会主义的本质要求，遵循了科学社会主义有关和谐社会建设的基本规律，适应了中国社会结构与国际关系深刻变化的需要，体现了在价值实现方式上的时代新思维，凸显了中国独特的人类国际价值理念。

（四）社会主义核心价值观反映了马克思主义价值哲学发展的最新成果

任何一种价值观，都与认同和遵循这种价值观的特定群体所归属的时代、所生活的社会、所面临的问题休戚相关。改革开放以来，中国共产党人以民族复兴为己任，坚持一切从实际出发，理论联系实际，实事求是，与时俱进，带领全国各族人民开拓了中国特色社会主义这一当代马克思主义发展新的道路。社会主义核心价值观是中国共产党准确把握和平与发展这一时代主题，科学总结马克思主义价值哲学理论创新成果，自觉坚持“三个自信”所凝练出来的一种具有鲜明时代特征、民族特色、实践特质的价值观念。与以往的哲学不同，马克思主义哲学在理论本性上属于一种“改变世界”的哲学，这种哲学的主体是“实践中的个人”，其价值指向是通过“革命的实践”，在“批判旧世界中发现新世界”。可以说，包括价值哲学在内的马克思主义是为改造世界而诞生的，也是在改造世界的实践中发展的。有伟大的事业，就必然有伟大的价值追求；有伟大的实践，就必然有正确的价值规范。社会主义核心价值观是马克思主义价值哲学的中国篇章，更是马克思主义价值哲学的最新成果。

（五）社会主义核心价值观顺应了和平与发展的时代要求

世界要和平，人民要合作，国家要发展，社会要进步，成为当今时代的潮流。走和平与发展道路，是中国共产党立足时代发展潮流和中国根本利益做出的战略抉择。坚持不懈地为人类和平与发展的崇高事业做出自己的努力，为人类社会作出应有贡献，是中国共产党和中国人民早就做出的庄严承诺，是中国特色社会主义建设伟业的题中之义，也是中华文明对全球化发展趋势的积极回应。在处理对外关系方面，中国和任何国家发展关系都坚持和平共处五项原则，不以社会制度、意识形态的异同来决定亲疏好恶。和平共处五项原则已成为当今世界公认的国际关系准则，为众多国家所接受和遵循，成为处理国与国之间关系的最好方式。社会主义核心价值观坚持顺应和平与发展的时代要求，立足中华优秀文化传统和中国特色社会主义建设实践，坚持马克思主义的基本观点和基本方法，坚持走中国特色社会主义道路，坚持借鉴人类社会所创造的一切优秀文明成果，彰显了当代中国的高度自信，顺应了和平与发展的时代要求，开启了中国文明与核心价值观走向“世界历史”、影响世界的新阶段。

（六）社会主义核心价值观是实现伟大中国梦的价值支撑

实现中华民族伟大复兴的中国梦，不仅仅是经济、政治和军事方面的自强与振兴，更是思想文化和价值观的自强与自信。文化价值观上的独立、自觉与自信，已成为构筑中国梦的题中之义，也是一个国家自立自强的根本标志。世界社会主义革命运动的实践经验告诉我们，尽管有不少的思想和理论被冠之以发展了马克思主义，但由于没有真正值得称道的社会革命、社会变迁作为历史支撑，所以这些思想和理论也犹如过眼云烟。当今时代，对于全球化背景下发展中的国家如何推进现代化，马克思主义没有现成答案，而中国特色社会主义的伟大实践回答了这一历史性问题。中国改革开放以来，在改革开放实践中开拓创新出来的中国特色社会主义理论，改变了落后的经济面貌，加快了国家的现代化进程，社会主义的中国取得了前所未有的建设成就。在中国特色社会主义理论的指引下，马克思主义中国化有了新的飞跃，并凝练出社会主义核心价值观。中国特色社会主义理论是社会主义核心价值观生成的沃土，社会主义核心价值观是中国特色社会主义理论的文化内核，是实现伟大中国梦的价值支撑。

中国社会主义核心价值观是中国一代代先进分子、民族先贤、无数志士仁人，为国家民族的救亡图存，寻求新的理想信念、价值追求和社会目标不断探索的结果。近代以来，从反帝反封建的新民主主义革命到社会主义新中国的建立，从建设社会主义新中国到以广泛开展社会主义思想道德教育，从社会主义改革开放到树立社会主义荣辱观，从提倡建设社会主义核心价值体系到以“三个倡导”为内容的社会主义核心价值观的形成与确立，这是中国共产党在坚持马克思主义中国化理论与社会主义现代化建设实践相结合的产物，与中国特色社会主义发展要求相契合，与中华优秀传统文化和人类文明优秀成果相承接，是凝聚全党全社会价值共识得出的重要论断。社会主义核心价值观的提出，具有十分重要的现实意义和历史意义。确立社会主义核心价值观，有利于推进和谐文化与和谐社会建设，有利于形成全国人民的共同价值追求，有利于提升国家文化软实力和国际竞争力，有利于推动中国文化更好地走向世界。[①]

① 李书吾、李秋发：《社会主义核心价值观具有世界意义》，原载《中国社会科学报》2014年5月29日。

第十章 中国核心价值观影响世界

中国社会主义核心价值观是民族的，更是世界的。在中国社会主义核心价值观确立的基础上，习近平主席站在人类历史发展的战略高度，创新性地提出构建人类命运共同体理念，以相互依赖、利益交融、休戚与共为依据，以和平发展与合作共赢为支柱，以对话而不对抗、结伴而不结盟的思维超越旧的国际政治关系，这既是对世界新秩序的新引领，又是开启世界新时代的新的价值追求。中国“一带一路”的倡议与实践，弘扬中国丝路文化，是人类命运共同体战略构想的伟大实践，受到世界各国的普遍欢迎，得到联合国的认同，2017年2月10日，“人类命运共同体”理念首次被写入联合国决议中，显示了人类命运共同体思想作为全球治理理念，彰显了中国对全国治理的巨大贡献。可以预见，中国社会主义核心价值观必将走向世界、影响世界。

一、人类命运共同体引领世界新秩序

社会主义核心价值观深深扎根于中国的土壤，充分体现了中国文化精神内核的时代价值。特别是习近平主席创新性发展中国核心价值观，提出关于人类命运共同体的价值理念，是站在全人类命运的角度提出的关于未来世界秩序的一种战略构想，构建合作共赢新关系，契合国际社会求和平、谋发展、促合作的共同愿望，为各国共同应对众多全球性挑战指明了方向和路径，是对当今世界新型国际关系的新引领。

（一）人类命运共同体是中华文明智慧的创新和发展

习近平主席提出的人类命运共同体，是一种哲学，更是一种价值观的体现。人类命运共同体充分体现了中华民族优秀传统文化精神内核的时代价值，是中华文明智慧的创新和发展。打造人类命运共同体，构建国际合作共赢新关系，是中国在深刻把握时代潮流与历史大势的基础上，呈现给世界独具东方智慧的解决方案。

1. 人类命运共同体理念植根于中国文化

追本溯源，习近平提出的打造人类命运共同体，植根于中国优秀的传统文化。这一概念可以在中华民族的“和”文化中找到源头。中国文化崇尚和谐，中国“和”文化源远流长，蕴涵着天人合一的宇宙观、协和万邦的国际观、和而不同的社会观、人心和善的道德观。中华文明是世界上最古老的文明之一，其主要特征是崇德尚义、重礼尊乐，强调追求天人合一的境界。所谓“大道之行也，天下为公”，追求“四海之内，皆兄弟也”。在五千多年的文明发展中，中华民族一直追求和传承着和平、和睦、和谐，以和为贵，与人为善，己所不欲、勿施于人等理念，已经成为中国开展对外交往的基本规则，是建设人类命运共同体的重要思想宝库。在社会历史的文明发展中，中华民族一直追求和传承着和平、和睦、和谐的坚定理念。”打造人类命运共同体，正是对“世界大同”“天人合一”等中国文化的接续传承，同坚持独立自主的和平外交政策、坚持和平共处五项原则、坚持互利共赢的开放战略、坚持推动建设和谐世界等中国外交理念一脉相承。

> 中国方案是：构建人类命运共同体，实现共赢共享。
>
> ——2017年1月18日，习近平在联合国日内瓦万国宫发表主旨演讲

▬ 人类命运共同体的提出

2. 人类命运共同体就是合作共赢

习近平主席提出构建人类命运共同体，就是要通过人类命运共同体，实现合作共赢。迈向人类命运共同体，一是坚持各国相互尊重、平等相待。首先要尊重各国自主选择的社会制度和发展道路，尊重彼此核心利益和重大关切，客观理性看待别国发展壮大和政策理念，努力求同存异、聚同化异。二是必须坚持合作共赢、共同发展。要摒弃零和游戏、你输我赢的旧思维，树立双赢、共赢的新理念，在追求自身利益时兼顾他方利益，在寻求自身发展时促进共同发展。三是必须坚持共同、综合、合作、可持续的安全。当今世界，各国人民命运与共、唇齿相依。没有一个国家能实现脱离世界安全的自身安全，也没有建立在其他国家不安全基础上的安全。要摒弃冷战思维，创新安全理念，努力走出一条共建、共享、共赢的亚洲安全之路。四是必须坚持不同文明兼容并蓄、交流互鉴。在漫长历史长河中，孕育了世界上众多古老文明，彼此交相辉映、相得益彰，要促进不同文明不同发展模式的交流对话，在竞争比较中取长补短，在交流互鉴中共同发展，让文明交流互鉴成为增进各国人民友谊的桥梁、推动人类社会进步的动力、维护世界和平的纽带。

3. 人类命运共同体是未来世界秩序的基础

构建人类命运共同体，是中国国家主席习近平对人类文明走向作出的明确判断。在随后的三年时间里，习近平主席又在国际社会的不同场合数十次谈及人类命运共同体思想，赋予了丰富的内涵，得到了国际社会的广泛认同。2013年3月，习近平主席在莫斯科国际关系学院发表演讲，提出“这个世界，各国相互联系、相互依存的程度空前加深，人类生活在同一个地球村里，生活在历史和现

实交汇的同一个时空里，越来越成为你中有我、我中有你的命运共同体”。2017年1月18日，习近平主席在日内瓦万国宫出席“共商共筑人类命运共同体”高级别会议，并发表题为《共同构建人类命运共同体》的主旨演讲，指出：“中国将继续奉行互利共赢的开放战略，欢迎各国搭乘中国发展的‘顺风车’，中国提出‘一带一路’倡议，就是要实现共赢共享发展”，体现了以合作共赢为核心的新型国际关系的思想内涵。未来世界秩序的核心是人类命运。在全球化和信息革命驱动下，任何国家都不可能脱离整个世界而存在，命运与共、风险共担。国家与国家、族群与族群、宗教与宗教、阶级与阶级之间的矛盾无论再复杂，也阻挡不了一荣俱荣、一损俱损的人类整体利益。①

4. 构建人类命运共同体顺应当今世界潮流与历史大势

中国国家主席习近平强调：“我们看世界，不能被乱花迷眼，也不能被浮云遮眼，而要端起历史规律的望远镜去细心观望。”细心观望，越来越多的人在越来越多的全球性挑战面前，认清了一个道理：任何国家都不可能独善其身，也没有哪个国家可以包打天下。唯有“大道之行也，天下为公”的胸襟，“穷则变，变则通”的眼光，才能把握时代的脉搏。面对部分西方国家的逆全球化浪潮和日趋脆弱的全球治理体系，习近平主席提出的人类命运共同体理念向国际社会传递了一个清晰信号：经济全球化符合人类的共同利益，不能因为少数国家和群体的反对而走回头路；合作共赢、共同发展是全球治理改革的基本方向。打造人类命运共同体，顺应了当今世界潮流与历史大势，体现了中国在国际事务中的责任担当。当今世界，各国利益和命运从未像今天这样紧密联系，从自然环境到社会经济再到政治外交，“牵一发而动全身”的立体网状结构已逐渐形成，联动效应无处不在，一荣俱荣、一损俱损已成为现实写照。打造人类命运共同体，正是中国在深刻把握时代潮流与历史大势的基础上，呈现给世界独具东方智慧的解决方案。打造人类命运共同体，着眼寻求各方利益的最大公约数，体现了中国将自身发展同各国共同发展有机结合的高度自觉。②

---

① 赵可金：《人类命运共同体思想的丰富内涵与理论价值》，原载《前线》。

② 吴绮敏、杜尚泽、赵成、杜一菲：《中华文明智慧的创造性发展》，原载《人民日报》2017年1月15日。

（二）人类命运共同体理念引领世界新秩序

中国共产党的十八大以来，习近平主席在国内外多个场合深刻诠释“人类命运共同体”。习近平主席着眼世界和平发展大局，顺应各国相互依存大势，致力中外良性互动，向世界传递对于人类文明走向的中国判断，展现中国“大国担当”。习近平主席以天下为己任，与时俱进，提出并不断充实“人类命运共同体”这一先进理念内涵，占据了世界秩序重塑的制高点。

1. 在出席博鳌亚洲论坛上首次提出“命运共同体”

习近平主席于2013年4月6至8日首次出席博鳌亚洲论坛年会，发表《共同创造亚洲和世界的美好未来》主旨演讲，强调各国应牢固树立“命运共同体”意识，各国都应做和平的维护者和促进者，而“不能这边搭台、那边拆台，更不能为一己之私把一个地区乃至世界搞乱”。习主席演讲有的放矢，是在不点名地警告有关国家不要误判形势、不要低估中国维护自身正当权益与地区和平的决心和意志。在时隔将近三年之后，正值当时中国周边环境因朝核与南海等问题而再度严峻复杂之际，习主席的演讲仍有重要现实意义。

2. 在印尼国会首次发表“中国—东盟命运共同体”

习近平主席于2013年10月3日在印尼国会发表《携手建设中国·东盟命运共同体》的重要演讲，提出了全方位建设“中国·东盟命运共同体”的五大举措：政治上“讲信修睦”；经济上“合作共赢”；安全上“守望相助”；人文上“心心相印”；地区机制上“开放包容”。这五大举措表达中国愿与东盟成为兴衰相伴、安危与共、同舟共济的好邻居、好朋友、好伙伴。同时强调，一个更加紧密的中国·东盟命运共同体，符合求和平、谋发展、促合作、图共赢的时代潮流，符合亚洲和世界各国人民共同利益，具有广阔发展空间和巨大发展潜力。此次演讲把“命运共同体”理念落实到了中国与东盟的关系之上，体现了中国对东南亚各国的重视，也体现东南亚各国与中国的重要性和彼此关系的巨大合作潜力。

3. 在中央外事工作会议上提出打造“周边命运共同体”

习近平主席于2014年11月28日至29日召开的中国共产党中央外事工作会议上发表重要讲话，明确了对外工作“七个方面”的战略布局，其中多个方面涉及“人类命运共同体”思想。习近平主席提出了切实抓好周边外交工作，打造“周边命运共同体”的思想；同时提出切实加强同发展中国家的团结合作，把中国与广大发展中国家共同发展紧密联系起来，切实加强务实合作，积极推进“一带一路”建设；提出了切实落实好“正确义利观”，做好对外援助工作，真正做到“弘义融利”。在中国外交新布局之中，习近平主席将周边国家排第一并提出“周边命运共同体”战略构想，说明周边国家将是对外构筑“人类命运共同体”的起点和重点。

4. 在出席博鳌亚洲论坛时再提建设“人类命运共同体”

习近平主席于2015年3月28日出席博鳌亚洲论坛时发表题为《迈向命运共同体 开创亚洲新未来》的主旨演讲，深刻分析世界大势，为2015年的国际关系“定调”。习近平主席在演讲指出，今年是世界反法西斯战争暨中国人民抗日战争胜利70周年，联合国成立70周年，万隆会议召开60周年，东盟共同体建成之年。这是值得人们纪念的重要年份，也是激发人们铭记历史、鉴往知来的重要时刻。人类只有一个地球，各国共处一个世界。世界好，亚洲才能好；亚洲好，世界才能好。面对风云变幻的国际和地区形势，我们要把握世界大势，跟上时代潮流，共同营造对亚洲、对世界都更为有利的地区秩序，通过迈向“亚洲命运共同体”，推动建设“人类命运共同体”。习近平主席精准把握2015年国际关系的最大属性，即战后70周年，在国际场合提出了“人类命运共同体”的伟大命题，及其与“亚洲命运共同体”的递进关系，为亚洲与世界发展指明了正确的方向。

5. 在纪念万隆会议召开六十周年讲话继往开来

习近平主席于2015年4月22日在印尼雅加达发表《弘扬万隆精神 推进合作共赢》的讲话，强调新形势下“万隆精神”仍然具有强大生命力，提出要大力弘扬万隆精神，不断赋予其新的时代内涵，推动构建以“合作共赢”为核心的“新型国际关系”，推动国际秩序和国际体系朝着更加公正合理的方向发展，推动建设“人类命运共同体”，更好造福亚非人民及其他地区人民。在万隆会议召开六十周年之际，习近平主席亲赴印尼与会，弘扬“万隆精神”，用“推进合作共赢”，构建“新型国际关系”，进一步推进人类命运共同体的思想理念。

6. 在中国“九·三大阅兵”讲话中强调牢固树立“人类命运共同体”意识

习近平主席于2015年9月3日在纪念中国人民抗日战争暨世界反法西斯战争胜利70周年大会上发表重要讲话，提醒世人警惕战争风险与倒行逆施，再次提出“人类命运共同体”的重大命题，展现了其当代伟人的济世情怀与使命担当。习近平主席指出，尽管和平与发展已经成为时代主题，但世界仍很不太平，战争的“达摩克利斯之剑”依然悬在人类头上。强调要以史为鉴，坚定维护和平的决心，牢固树立“人类命运共同体”意识。如果因为偏见和歧视、仇恨和战争，只会带来灾难和痛苦。而“相互尊重、平等相处、和平发展、共同繁荣，才是人间正道。”世界各国应该共同维护以联合国宪章宗旨和原则为核心的国际秩序和国际体系，积极构建以合作共赢为核心的新型国际关系，共同推进世界和平与发展的崇高事业。

7. 在联合国演讲唱响“人类命运共同体”时代最强音

习近平主席于2015年9月28日首次登上联合国舞台，出席第七十届联大一般性辩论，发表高屋建瓴、激浊扬清、引领未来的《携手构建合作共赢新伙伴　同心打造人类命运共同体》重要讲话，强调构建以“合作共赢”为核心的“新型国际关系”，打造“人类命运共同体”，并系统提出了“人类命运共同体”的五位一体的“路线图”，极大地增强了中国的国际话语权。一是政治上要建立平等相待、互商互谅的伙伴关系。要奉行双赢、多赢、共赢的新理念，扔掉我赢你输、赢者通吃的旧思维。要倡导“以对话解争端、以协商化分歧”，走出一条“对话而不对抗，结伴而不结盟”的国与国交往新路。二是安全上要营造公道正义、共建共享的安全格局。要摒弃一切形式的“冷战思维”，树立“共同、综合、合作、可持续安全”的新观念。要充分发挥联合国及其安理会在止战维和方面的核心作用，通过和平解决争端和强制性行动双轨并举，化干戈为玉帛。三是经济上要谋求开放创新、包容互惠的发展前景。大家一起发展才是“真发展”，可持续发展才是“好发展”。要秉承开放精神，推进互帮互助、互惠互利。四是文化上要促进和而不同、兼收并蓄的文明交流。文明之间要对话，不要排斥；要交流，不要取代。要尊重各种文明，平等相待，互学互鉴，兼收并蓄，推动人类文明实现创造性发展。五是环境上要构筑尊崇自然、绿色发展的生态体系。要解决好工业文明带来的矛盾，以“人与自然和谐相处”为目标，实现世界的可持续发展和人的全面发展。

8. 在巴黎气候变化大会上彰显“人类命运共同体”崇高境界

习近平主席于2015年11月30日出席巴黎气候变化大会开幕式并发表《携手构建合作共赢、公平合理的气候变化治理机制》的重要讲话，强调“巴黎协定”是对建设“人类命运共同体”的有力推动，并就未来全球治理模式提出三点主张：一是应创造一个“各尽所能、合作共赢的未来”。多一点共享、多一点担当，实现互惠共赢。二是应创造一个“奉行法治、公平正义的未来”。要提高国际法在全球治理中的地位和作用，确保国际规则有效遵守和实施，坚持民主、平等、正义，建设“国际法治”。三是应创造一个“包容互鉴、共同发展的未来”。面对全球性挑战，各国应加强对话，交流学习最佳实践，“取长补短”，在相互借鉴中实现共同发展，惠及全体人民。同时，强调要倡导“和而不同”的中国理念，允许各国根据本国具体实际，寻找最适合本国国情的应对之策。必须看到，习近平主席提出的“人类命运共同体”理念，兼顾了现实针对性与长远方向性，净化与升华了当今国际关系思潮，具有深远影响与巨大生机。[①]

（三）人类命运共同体具有重大的现实意义

构建人类命运共同体，是以中国国家主席习近平为核心的党中央统筹国内国际两个大局提出的重要理念和重大倡议，是中国共产党在当代治国理政新理念新思想新战略的重要组成部分。人类命运共同体理念植根于源远流长的中华文明，契合国际社会求和平、谋发展、促合作的共同愿望，为各国共同应对众多全球性挑战指明了方向和路径，具有重大的现实意义。

1. 促进各国利益高度融合

习近平主席指出：“人类已经成为你中有我、我中有你的命运共同体，利

① 陈向阳：《习近平以“人类命运共同体”理念引领世界新秩序》，原载中国网，2016年1月。

益高度融合，彼此相互依存。”这一重要论断深刻表明，人类命运共同体首先是一个利益共同体。世界各国、各地区之间具有广泛的共同利益，只有超越零和博弈，实现利益上的共建共享，才能为构建人类命运共同体奠定坚实基础。十八大以来，中国以自身经济的增长维护了世界经济的稳定，对世界经济增长的贡献率一直保持在年均30%以上。目前，中国是全世界最大、增长最快的消费市场，是最被看好的投资目的地以及最大的外汇储备国。中国大量的资本、丰富的产品和宝贵的合作机会，为全球经济、贸易、投资增长提供了重要动力，为构建互利共赢的全球价值链作出了突出贡献。实践证明，中国的发展是世界的机遇。当今世界，各国相互依存、休戚与共。在这一大趋势下，世界各国相互联系、相互依存、相互合作、相互促进的程度空前加深。同时，世界各国也共同面临一些全球性挑战，没有哪个国家可以置身事外、独善其身。可以说，世界各国利益高度融合，呈现一荣俱荣、一损俱损的局面。构建人类命运共同体，必将有力地促进各国利益高度融合，维护世界经济的稳定与增长。

2. 推动多元文化交流交融

文化交流交融是人类社会发展进步的重要精神支撑。不同文化只有加强交流互鉴，才能在推动人类社会进步、维护世界和平中繁荣发展。纵观世界发展史，任何国家和民族都不可能完全丢掉或摆脱自己的文化传统，也很难接受外部强加的文化。在新的历史发展时期，世界文化发展之道是以构建人类命运共同体为基本价值取向，坚持交流互鉴，促进和而不同、兼收并蓄的文化交流，推动人类文明永续发展。习近平主席指出：“当今世界，人类生活在不同文化、种族、肤色、宗教和不同社会制度所组成的世界里，各国人民形成了你中有我、我中有你的命运共同体。”文化是人们相互交流沟通的桥梁和纽带。实践证明，文化因交流而多彩、因互鉴而丰富。文化交流互鉴是推动人类文明进步与世界和平发展的重要动力。每种文化都有自己的价值，都有其独特魅力和深厚底蕴，都是人类的精神瑰宝。人类历史就是一幅不同文化交流、互鉴、融合的宏伟画卷。多样带来交流，交流孕育融合，融合产生进步。构建人类命运共同体，在尊重文化发展的多样性基础上，必将推动不同文化交流对话、和平共处、和谐共生。

3. 打造各国共同发展的平台

共同发展才是真发展，持续发展才是好发展。习近平主席指出："国家不分大小、强弱、贫富，都是国际社会平等成员，理应平等参与决策、享受权利、履行义务。"在当今时代，只有迈向人类命运共同体，才能打造共同发展平台，才能为构建人类命运共同体注入源源不断的动力。共同体，意味着世界各国都是平等发展、互相尊重的主体，必须超越单边主义，实现共同发展。中国经济平稳健康发展为世界经济发展提供了强大动力，中国同一大批国家的共同发展、联动发展使世界经济发展更加平衡、更加稳定。中国的发展关键在于走出了一条适合中国国情的发展道路，这是一条在开放中谋求共同发展的道路。比如中国已同40多个国家和国际组织签署了共建"一带一路"合作协议，100多个国家和国际组织表达了支持和参与的意愿，"一带一路"的朋友圈正在迅速扩大，全球的关注度正在迅速提升。实践证明，发展是人类社会永恒的主题，只有发展才能保障各国人民的基本权利，满足各国人民对美好生活的热切向往。在新的形势下，只有迈向人类命运共同体，才能打造共同发展平台。构建人类命运共同体，就是坚持公平发展，让发展机会更加均等，就是使各国都能做世界发展的参与者、贡献者、受益者。在坚持开放发展，反对各种形式的保护主义，实现共商、共建、共享，让发展成果更多更好惠及各国人民，让发展基础更加坚实，努力实现经济、社会、环境协调发展，实现世界的可持续发展和人的全面发展。

4. 坚持公道正义、共建共享的安全格局

人类只有一个地球，各国共处一个世界。历史是最好的教科书，是最好的营养剂和清醒剂，历史一再说明国家和则世界安、国家斗则世界乱的道理。国家之间要平等相待、唇齿相依，对话不对抗、结伴不结盟，不搞唯我独尊、强买强卖的霸道，理性管控好矛盾分歧。国家之间要建立同呼吸、共命运的安全伙伴关系，致力于打造成各方合作的新疆域，而不是相互角力的竞技场。实践证明，安全应当是普遍、平等和包容的，各国都有平等参与地区乃至世界安全事务的权利，也都有维护世界安全的责任，理应把世界多样性和各国差异性转化为促进世界安全合作的活力和动力。当今世界，安全问题极为复杂，传统安全威胁和非传统安全威胁相互交织。世界各国应坚持以和平方式解决争端，促进各国和本地区安全；着眼各国共同安全利益，以合作谋和平、以合作促安全，加快建设安全共同体。习近平主席指出：“世上没有绝对安全的世外桃源，一国的安全不能建立在别国的动荡之上，他国的威胁也可能成为本国的挑战。邻居出了问题，不能光想着扎好自家篱笆，而应该去帮一把。”构建人类命运共同体，就是坚持共同治理，营造公道正义、共建共享的安全格局。

5. 建立合作共赢的伙伴关系

当今世界，国际金融危机阴云未散，局部战乱冲突时有发生，恐怖主义、难民危机、气候变化等非传统安全威胁持续蔓延。面对这些问题，如果扯起保护主义旗帜，奉行狭隘的自我保护策略，各扫自家门前雪、不管他人瓦上霜，必然导致矛盾厚积、危机加深，最终危及世界和平发展大局。随着世界贸易和市场化的发展，各国相互联系、相互依存的程度不断加深，人类生活在同一个地球村里，生活在历史和现实交汇的同一个时空里，利益交融、安危与共，没有哪个国家可以独善其身，也没有哪个国家可以包打天下，合作共赢是必然选择。习近平主席指出：“当今世界，各国相互依存、休戚与共。我们要继承和弘扬联合国宪章的宗旨和原则，构建以合作共赢为核心的新型国际关系，打造人类命运共同体。”打造人类命运共同体，树立合作共赢的伙伴关系，不仅适用于经济领域，也适用于政治、安全、文化等广泛领域；不仅适用于地区国家之间，也适用于世界各个国家之间开展合作。实践证明，只有世界各国高举合作共赢的大旗，秉持“大家好才是真的好”的共赢思维，在追求本国利益时兼顾其他国家的发展诉求，在谋求本国发展中促进各国共同发展，才能建立更加平等均衡的新型全球发展伙伴关系。[①]

（四）人类命运共同体的理论价值

中国提出了人类命运共同体思想，这一思想打破了零和博弈的思维，突破了只有一己的利益考量，是实现持久和平的“中国方案”，同时也是重构公正合理国际新秩序应当遵循的原则。人类命运共同体思想内涵丰富，是中华文明智慧的

① 韩庆祥：《深刻把握人类命运共同体的丰富内涵和构建路径》，原载《人民日报》2017年4月14日。

传承与创新。其理论价值和实践价值主要有以下三个方面：

1. 人类命运共同体思想是道路创新，是对西方现代化道路的超越

近代以来，从蒸汽技术革命、电气技术革命到交通信息技术革命，西方现代化的每一轮大发展都是以技术革命为前提的。在本质上是以资本主义国家的资本扩张为中心，以资本主义国家的发展为本位，以西方资本主义社会发展为特征的现代化发展道路。这一现代化发展道路，有效地推动了西方资本主义发达国家实现经济社会的大发展，但也造成了世界大部分发展中国家发展的落后、迟滞与苦难。与西方资本主义单一中心的现代化发展道路相比，中国提出了人类命运共同体思想，倡导并积极推动人类命运共同体建设，致力于推动国家间合作关系的升华，倡导世界各国共同发展，倡导与世界各国建立了多层次、宽领域、全方位合作关系，坚持“合作是实现利益唯一正确选择”的信念。强调从根本上倡导一种共同现代化的发展道路，是对西方资本主义国家单独现代化道路的扬弃和超越，它强调要顺应全球化带来的利益相互交融的趋势，推动人类走向共同发展、协调发展、均衡发展和普惠发展，确立共享美好未来的利益支点，构建多样化的现代化发展道路。

2. 人类命运共同体思想是理论创新，是对西方现代化理论的超越

近代以来，西方资本主义在学科理论方面，倡导学科分工和理论越来越专、越来越细的理论主张。在其现代化发展实践基础上产生的西方资本主义现代化理论，如“西化”或“欧化”论、工业化论、现代化过程论、现代化模式论等，都是以西方资本主义国家的现代化标准为中心，特别强调个人主义，强调世俗化、自主化。中国提出的人类命运共同体理论，相比近代西方倡导的构建自由民主世界的思想有着极大的区别。在中华文明中的“和合”思想基础上所生长出来的构建人类命运共同体的思想，更为丰富、更加包容。人类命运共同体思想与中华文明的伦理有着内在的一致性，都是强调整体思维和天下情怀，而不是个人本位和国家本位。人类命运共同体强调的是，你中有我、我中有你，一荣俱荣、一损俱损。从这个意义上来说，人类命运共同体思想是对西方资本主义现代化理论的超越。这一思想是多中心的现代化理论，其着眼点是整个人类的现代化，而不是某一部分人的现代化，是一种超越民族国家和意识形态的“全球观”，它强调以

人类为中心，不是旧时代的以血缘为中心，也不是现代的以地域和民族国家为中心。

3. 人类命运共同体思想是制度创新，是对西方现代制度的超越

近代以来，发达资本主义国家在现代化发展的推动下，逐步确立了自由、民主、人权、法治等普世价值观，并在这些价值观下的影响下，确立了资本主义的市场经济、代议制、分权制衡、法治政治、基本人权等一系列政治经济制度体系。这种政治经济制度体系，在一定程度上推动了西方资本主义国家的发展，但是，也存在一些负面的影响，出现一些新的问题。比如，经济危机、移民冲突、宗教冲突等。尽管西方思想界提出了霸权稳定论、全球治理论、协商民主论等新制度来修修补补，同时还创立了联合国、IMF、世界银行、WTO、G20等国际合作组织，以维护西方资本主义发达国家的利益。相比之下，中国提出的人类命运共同体思想，在于弘扬以和平、发展、合作、共赢的理念来超越不同国家、不同民族和不同宗教之间的隔阂、纷争和冲突，强调彼此之间要守望相助、弘义融利、心心相印、风雨同舟、命运共担。人类命运共同体更强调超越时空束缚，以整体意识、全球思维和人类观念，对现有制度体系进行改革，推动现有国际体系和国际秩序向着公正合理的方向发展。比如，强调对话而不对抗、结伴但不结盟；重视求同存异、聚同化异；主张合作共赢、共同发展；强调综合安全、共同安全、合作安全和可持续安全；强调包容开放、交流互鉴。总之，人类命运共同体思想的理论价值是纠正和超越近代以来的西方现代化道路、理论、制度，是一种道路创新、理论创新和制度创新。①

二、人类命运共同体开启世界繁荣发展新时代

思想是推动人类发展的先导，是引领历史进步的旗帜。中国提出的人类命运共同体理念，着眼人类命运的历史规律和世界社会发展走向的远见卓识，为人类实现更好发展绘制蓝图，为国际体系变革与完善指明方向，契合了世界各国对于发展的共同诉求，在世界范围内凝聚起各个国家的广泛共识，开启当今世界一个

① 赵可金:《人类命运共同体思想的丰富内涵与理论价值》，原载《前线》2017年2月。

持久和平、共同繁荣发展的新时代，

（一）人类命运共同体理念是着眼于人类长远利益的远见卓识

2017年3月17日，中国倡导的构建人类命运共同体理念首次载入联合国安理会决议。这一行动表明，“构建人类命运共同体”理念已经得到联合国广大会员国的普遍认同，彰显了中国对全球治理人类长远利益的远见卓识和巨大贡献。中国构建人类命运共同的理念在国际社会汇聚起越来越多和平与发展的希望和力量。

1. 构建人类命运共同体是对于人类社会发展走向给出的中国判断

进入21世纪，人类社会发展的脚步走到充满不确定性的十字路口，如何接过历史的接力棒、在和平与发展的历史征程上奋勇向前，迫切呼唤着新的思路。构建人类命运共同体，是中国对于人类社会发展走向给出的中国判断。从2013年3月习近平主席在莫斯科国际关系学院首次提出人类命运共同体理念之后，引起国际社会的广泛关注。此后，习近平主席在国内外多个场合深刻诠释“人类命运共同体”，向世界传递对于人类文明走向的中国判断。人类命运共同体理念的阐述在各个层面逐步延伸、不断完善，并在全球范围内收获积极回应。如“巴基斯坦愿不断充实巴中命运共同体内涵”“非洲应该向亚洲国家学习并同亚洲国家合作，努力建设命运共同体”“联合国愿同中国共同推进世界和平与发展事业，实现构建人类命运共同体的伟大理想”，等等。人类命运共同体理念，获得世界大多数国家的认同，凝聚起世界各国的广泛共识。

2. 构建人类命运共同体展现了中国对世界和平与发展的长远战略思考

人类文明进步历程从来没有平坦的大道可走，而是在同困难的不断斗争中砥砺前行。中国以自身发展向世界证明，拥有不同信仰、制度和民族的国家可以和平共处、有序竞争，让共同利益压倒分歧对立，让人类理性选择世界的未来。哈佛大学费正清中国研究中心研究员罗斯·特里尔主编的《习近平复兴中国》一书评价说，以人类命运共同体为纲领的全球治理体系，展现了对中国和世界各国关系长远发展的战略思考，也给国际格局新秩序的建立带来新动力。思想是推动人类发展的先导，是引领历史进步的旗帜。人类命运共同体理念之所以获得广泛关注和认同，在于其继承和维护以联合国宪章宗旨和原则为核心的国际秩序和国际体系，不搞穷兵黩武，抛弃零和博弈，奉行双赢、多赢、共赢的新理念，契合世界各国对于发展的共同诉求，在世界范围内激发“最大公约数”。但见时光流似箭，岂知天道曲如弓。构建人类命运共同体，展现了中国对世界和平与发展的长远战略思考。“历史是勇敢者创造的”。习近平主席在世界经济论坛2017年年会开幕式演讲中，铿锵有力地再次向全世界宣布，为和平、为发展，中国将与世界同舟共济、携手向前。

3. 构建人类命运共同体理念被写入联合国决议中

2017年1月，习近平主席在联合国日内瓦总部发表题为《共同构建人类命运共同体》的演讲。演讲从历史和现实角度围绕人类前途命运的重大主题，全面系统地阐述了构建人类命运共同体这一时代命题。演讲着眼人类命运的历史规律和世界文明的发展走向，系统阐述人类命运共同体理念，为人类实现更好发展绘制蓝图，为国际体系变革与完善指明方向。演讲引发现场约800名国际组织负责人、各国使节和政要的强烈共鸣，全场响起30多次热烈掌声。第七十一届联合国大会主席彼得·汤姆森更是将构建人类命运共同体理念视为“人类在这个星球上的唯一未来”。人类命运共同体理念何以在国际社会赢得越来越多的认可与赞赏？源于在各种挑战层出不穷、风险日益增多的当下，这一理念给充满不确定性的世界指明了“确定性”的方向，注入了行动的力量。2017年2月10日，联合国社会发展委员会第五十五届会议协商一致通过“非洲发展新伙伴关系的社会层面”决议，“构建人类命运共同体”理念首次被写入联合国决议中。这一行动表明“构建人类命运共同体”理念已经得到联合国广大会员国的普遍认同，彰显了中国对全球治理的巨大贡献。2017年3月17日，构建人类命运共同体理念首次载入联合国安理会决议。联合国社会发展委员会第55届会议主席菲利普·查沃斯说，“从长远来看，世界各国和联合国都会从这一理念中受益”“构建人类命运共同体理念是中国人着眼于人类长远利益的远见卓识”。[①]

① 钟声：《人类命运共同体理念成为广泛共识》，原载《人民日报》2017年2月14日。

（二）构建人类命运共同体凸显国际担当

中国提出倡导人类命运共同体理念五年来，这一概念不断走进人们的视野。习近平主席在国内外多个场合深刻诠释“人类命运共同体”，向世界传递对于人类文明走向的中国判断，体现了中国文化的核心价值观，也体现了大国担当和天下情怀，为建立公正合理的国际秩序指明了方向，为建设美好世界贡献了中国方案和中国智慧。

1. 构建人类命运共同体是中国核心价值观的体现

不同的历史和国情、不同的民族和习俗，孕育了不同的文明，使世界变得丰富多彩。文明没有高下、优劣之分，只有特色、地域之别。每种文明都拥有独特魅力和深厚底蕴，都是人类的精神瑰宝。习近平主席提出和倡导的人类命运共同体，是中国核心价值观的体现。中国人早就有“和羹之美，在于合异”的思想与胸怀。人类命运共同体理念与中华优秀传统文化中的“和而不同”遥相呼应。主张人与人、国与国在拥有不同观点和文化的同时，彼此之间要开放包容、和谐共处。和平与发展是全人类的共同愿望，让和平的薪火代代相传，让发展的动力源源不断，让文明的光芒熠熠生辉，是各国人民的殷切期盼。构建人类命运共同体、实现共赢共享，汲取了中国传统“和”文化的智慧和境界，并将其内化为新的价值观念，从而呼应了和平与发展的世界大趋势，既体现出一种大境界和大情怀，又体现中国核心价值观。习近平主席提出和倡导的人类命运共同体意识超越了民族、国家与意识形态的界限，反映出中国始终坚持和平发展、互利共赢的初心，为思考人类未来提供了全新的视角。

2. 构建人类命运共同体是中国的一种崇高境界

中国倡导的人类命运共同体理念，以相互依赖、利益交融、休戚与共为依据，以和平发展与合作共赢为支柱，以“对话而不对抗，结伴而不结盟”的思维超越旧的国际政治经济关系，创造性地提出了一系列新的战略思想。改革开放四十年来，中国走完了发达国家几百年走过的发展历程，经济总量从世界第10位跃升到第2位，创造了举世瞩目的经济奇迹。以此为追求，中国将治国理政的经验同世界各国交流共享，以自身的发展带动人类社会共同进步，充分体现了一种非常明显的崇高境界。中国的核心价值观始终认为，世界好，中国才能好；中国好，世界才更好。人类命运共同体这一新的全球价值观包含相互依存的国际权力观、共同利益观、可持续发展观和全球治理观。共商共筑人类命运共同体，这也是一种崇高的境界，它着眼于整个人类的文明进步，以和平、发展、合作、共赢的理念来解决不同国家、民族和宗教之间的隔阂、纷争和冲突，强调彼此之间要弘义融利、风雨同舟、命运共担。中国文化提倡的“己所不欲，勿施于人”，强调不同国家相互关联、协调合作、互利共赢，既要维护自己的核心利益，也要努力实现“美美与共，天下大同”。

3. 构建人类命运共同体是中国的一份国际担当

经济全球化是历史大势，促成了贸易大繁荣、投资大便利、人员大流动、技术大发展，但也存在发展失衡、治理困境、数字鸿沟等问题。当今世界各国利益和命运从未像今天这样紧密联系。从自然环境到社会经济再到政治外交，“牵一发而动全身”的立体网状结构已经形成，联动效应无处不在。任何国家都不可能独善其身，世界上的事情越来越需要各国共同协商解决。针对这些问题，习近平主席指出：“2008年爆发的国际金融危机启示我们，引导经济全球化健康发展，需要加强协调、完善治理，推动建设一个开放、包容、普惠、平衡、共赢的经济全球化，既要做大蛋糕，更要分好蛋糕，着力解决公平公正问题。”建立公正合理的国际秩序、共同遵守国际规则、维护国际正义，成为世界上大多数国家的共识。在人类面临大变革大调整的时期，为寻求人类整体发展和寻求各方利益，习近平主席提出了构建人类命运共同体，将中国自身利益与世界共同利益有机结合起来，坚持义利兼顾与平衡，追求义利兼得与共赢，保持既有理又有礼的大国风度，塑造温和而自信的国际形象。更为重要的是，构建人类命运共同体理念，蕴含了中国发展的智慧和经验，向世界传递对于人类文明走向的中国判断，展现了中国同各国同呼吸、共命运的世界情怀和大国担当。[①]

---

① 参考教育部人文社会科学研究规划基金项目“消费时代的文化正义匡扶与文化品质提升研究”（15YJA710006）阶段性成果。

三、“一带一路”是人类命运共同体的伟大实践

人类命运共同体思想是习近平主席对当今世界性质和时代主题的重要思考，从人类文明发展战略高度对当今时代特征作出了创新性倡导。人类命运共同体思想内涵丰富，是对当今世界性质和发展方向所作出的思考和解答，是超越西方现代化道路、理论和制度，站在全人类命运的角度提出的关于未来世界秩序的一种构想，是中华文明智慧的创造性发展。“一带一路”就是一条通往人类命运共同体之路的伟大实践。

（一）“一带一路”倡议开启了人类命运共同体的伟大实践

崛起的中国，为和平而来、为发展而来、为共享而来。在习近平主席提出打造人类命运共同体理念之后，习近平主席又向世界发出建设“丝绸之路经济带”和“21世纪海上丝绸之路”，即建设“一带一路”倡议。“一带一路”以共同发展、合作共赢的新模式，开启了打造人类命运共同体的伟大实践。

1. “一带一路”的倡议得到了国际社会广泛关注和积极响应

2013年9月，习近平主席在哈萨克斯坦提出共同建设“丝绸之路经济带”，同年10月在印度尼西亚首倡建设“21世纪海上丝绸之路”。自此，千年前的丝路辉煌穿越时空，走进民族复兴的发展蓝图；从历史深处走来的合作共赢之路，成为打造人类命运共同体的时代注脚。“一带一路”承载着打造人类命运共同体的理念，把利益共生、情感共鸣、价值共识、责任共担、发展共赢融入实践、筑入路基，得到了国际社会广泛关注和积极响应。2017年3月17日，联合国安理会一致通过的第2344号决议，呼吁通过“一带一路”建设等加强区域经济合作，并首次载入“构建人类命运共同体”理念。中国方案，大道之行。从“人类命运共同体”理念，到“一带一路”倡议，展现了中国同各国同呼吸、共命运的世界情怀

“一带一路”

和大国担当。中国以“和而不同”的价值观联通中国梦想与各国人民的梦想，携手共建持久和平的繁荣世界。“一带一路”以共同发展、合作共赢的新模式，为各国互学互鉴互通、共商共建共享。它的开放性、包容性，为冲散世界经济阴霾注入更多正能量，给人类文明发展带来无限可能。

2. “一带一路”的设计为各国共享

“一带一路”，是中国宏大倡议。“一带一路”以开放包容、结伴不结盟、共商共建共享的原则和实践，融通各国发展诉求。它使通天下、利天下的中国实践更加生动丰富、多姿多彩，不仅提供了区域合作模式的新思路，还使得构建人类命运共同体的宏大理念真正成为历史发展的前进方向。“一带一路”的设计，为各国共享。在细部设计上，“一带一路”聚焦“五通”，即“政策沟通、设施联通、贸易畅通、资金融通、民心相通”，通则顺，顺则成；“一带一路”力主“三合作”，即构建“互利合作网络、新型合作模式、多元合作平台”，合作才有合力，合力创造辉煌；“一带一路”着眼“四路”，即携手建设“绿色丝绸之路、健康丝绸之路、智力丝绸之路、和平丝绸之路”，彰显这是一条真正的阳光大道；“一带一路”推进“八切实”，即“切实推进思想统一、切实推进规划落实、切实推进统筹协调、切实推进关键项目落地、切实推进金融创新、切实推进民心相通、切实推进舆论宣传、切实推进安全保障”，巨细无遗，项项务实。大道至简，实干为要。“一带一路”是中国探索持久和平、共同繁荣的道路，是为全球化向着更加普惠包容的方向发展、为全球治理体系向更加公正合理的方向发展、为人类社会作出更大贡献的历史坐标。

3. “一带一路”的伟大实践成果开始显现

习近平主席强调，“一带一路”建设是伟大的事业，需要伟大的实践。“一带一路”以共同发展、合作共赢的新模式，开启了打造人类命运共同体的伟大实践。四年多来，“一带一路”的伟大实践立足周边、依托周边、造福周边，却又不限于周边。从战略擘画到广泛共鸣，从宏伟蓝图到项目落地，各国互学互鉴互通、共商共建共享，它的开放性、包容性，为冲散世界经济阴霾注入更多正能量。一是“一带一路”开放包容；二是“一带一路”说话算数；三是“一带一路”应者云集；四是“一带一路”成果开始显现。到2017年，已经有100多个国家和国际组织积极响应支持，40多个国家同中国签署共建合作协议；中国对“一带一路”沿线国家投资超过500亿美元，一大批合作项目落地生根，影响迅速、席卷全球：经济走廊建设稳步推进，互联互通网络逐步成型，贸易投资大幅增长，重要项目合作稳定实施，取得一批重要早期收获。亚投行、丝路基金为金融合作提供了坚实支撑，中欧班列驰骋在广袤大陆，运载着琳琅满目的商品货物，联通着亚欧各国的市场需求，架起了沿线人民的友谊桥梁。习近平主席向世界发出的建设“一带一路”倡议，不仅提供了区域合作模式的新思路，还使得构建人类命运共同体的宏大理念真正成为历史发展的前进方向。①

（二）“一带一路”谱写人类命运共同体的新篇章

中国倡导的“一带一路”建设，本着和平合作、开放包容、互学互鉴、互利共赢的丝路精神推进合作，大力推进经济走廊建设，促进贸易和投资自由化便利化，推动国际产能和装备制造合作，顺应时代潮流、遵循发展规律、符合各国人民利益，谱写共建人类命运共同体的新篇章。

1. “一带一路”建设是构建人类命运共同体的世纪工程

中国倡导的“一带一路”建设，是一条和平发展之路，所有国家不分大小、贫富，平等相待、共同参与的合作；是一条公开、透明、开放，为世界和平与发展增添正能量的合作；是一条传承丝路精神、追求互利共赢和优势互补的合作。2008年国际金融危机爆发以来，全球经济增长乏力、贸易和投资持续低迷；经济全球化遇到波折，发展不平衡加剧，世界经济增长需要新动力。“一带一路”建设从基础设施互联互通入手，大力推进经济走廊建设，促进贸易和投资自由化便利化，推动国际产能和装备制造合作。这有利于挖掘新的经济增长点、增强各国内生发展动力、拓展世界经济增长新空间，为世界经济走出低迷、实现持续健康发展提供新机遇、新动力。习近平主席指出，人类社会正处在一个大发展大变革大调整时代；和平赤字、发展赤字、治理赤字，是摆在全人类面前的严峻挑战。只有行之有效推动各国政策对接，在全球范围整合经济要素和发展资源，才能形成合力，促进世界和平安宁、共同发展。“一带一路”建设顺应时代潮流、遵循

① 钟经文：《打造人类命运共同体的伟大实践》，原载《经济日报》。

发展规律、符合各国人民利益，是构建人类命运共同体的世纪工程。

2. “一带一路”建设谱写人类命运共同体的美好愿景

中国倡导的“一带一路”建设，以开放为导向，解决经济增长和平衡问题，着力打造开放型合作平台，维护和发展开放型世界经济，推动构建公正、合理、透明的国际经贸投资规则体系，促进贸易和投资自由化便利化，促进生产要素有序流动、资源高效配置、市场深度融合；妥善解决发展失衡、治理困境、数字鸿沟、收入差距等问题，努力实现在开放中合作、在合作中共赢。“一带一路”建设，以包容为基础，不断建立多层次人文合作机制，在教育、文化、体育、卫生等领域搭建合作平台、开辟合作渠道，以文明交流超越文明隔阂、以文明互鉴超越文明冲突、以文明共存超越文明优越，让合作的基础更加坚实，让“一带一路”沿线广大民众成为“一带一路”建设的主力军和受益者。“一带一路”建设四年多来，世界上一百多个国家和国际组织积极支持并参与其中，各国政策协调不断加强，一大批合作项目加速推进，复合型基础设施网络正在形成，沿线产业合作形成良好势头，民众已经从中得到真真正正的实惠。习近平主席提出，我们完全可以从古丝绸之路中汲取智慧和力量，本着和平合作、开放包容、互学互鉴、互利共赢的丝路精神推进合作，共同开辟更加光明的前景。站在历史发展新的起点，“一带一路”建设必将行稳致远，迈向更加美好的未来。

3. “一带一路”建设谱写共建人类命运共同体的新篇章

中国倡导的“一带一路”建设，坚持合作共赢，着力构建以合作共赢为核心的新型国际关系，打造对话不对抗、结伴不结盟的伙伴关系。坚持各国加强合作，通过对话化解分歧，通过协商解决争端，坚持公道正义。坚持走和平之路，努力消除贫困落后和社会不公，营造共建共享的安全格局，打造和谐家园，建设和平世界。特别是坚持广泛的文化合作，中国在推进“一带一路”建设进程中，积极推进各国人文社会交流，民心相通不断深入。“一带一路”建设参与的国家和地区弘扬丝路精神，在科学、教育、文化、卫生、民间交往等领域广泛开展合作，促进了不同文明相互理解、各国民众相知相亲。中国在沿线国家和地区设立了30个中国文化中心、新建了一批孔子学院，与沿线国家共同举办文化年、旅游年、艺术节、影视桥、研讨会、智库对话等活动，加强了人文交流和民间交往。

尤其是共建联合实验室、国际技术转移中心等科技创新合作平台，发挥科技对“一带一路”建设的提升和推动作用。2017年5月14日，习近平主席在“一带一路”国际合作高峰论坛开幕式上发表主旨演讲，深刻阐释了丝路精神的丰富内涵，系统总结了“一带一路”建设取得的丰硕成果和宝贵经验，全面描绘了建设和平、繁荣、开放、创新、文明的“一带一路”的美好前景，谱写共建人类命运共同体的新篇章。①

进入21世纪以来，国际形势发生了深刻复杂的变化。经济全球化推动了世界范围内的资源重新配置，世界多极化使国际关系深刻调整，社会信息化把整个世界连为一体，文化多样化又引发多种文化思潮交流交融。与此同时，国际恐怖主义肆虐、世界经济复苏乏力等众多难题困扰着人们，整个世界都在苦苦寻求治理之道。面对国际形势的风云变幻，以习近平主席为核心的中国共产党人站在人类历史发展的战略高度，提出了国际社会日益成为一个“你中有我、我中有你”的“人类命运共同体”的重大战略判断。在这一思想指导下，中国提出“一带一路”的倡议，谱写共建人类命运共同体的新篇章，受到世界各国的普遍欢迎，显示了人类命运共同体思想作为全球治理理念的强大的生命力和广阔的发展空间。人类命运共同体思想既是对中国文化的传承与创新，又是马克思主义中国化理论的创新与发展。

① 何立峰：《谱写共建人类命运共同体新篇章》，原载《人民日报》2017年5月26日。

参考文献

[1] 姬汝茂：《中国传统文化思想研究》，北京：线装书局，2009年6月。

[2] 吴光、袁新国、段丽丽：《儒学普及小丛书·儒学问答录》，杭州：杭州出版社，2011年5月。

[3] 吴光、王宇、王晓华：《干部儒学读本》，北京：中国人民大学出版社，2015年10月。

[4] 齐佳楠：《先哲风采》，长春：吉林教育出版社，2012年7月。

[5] 林娜：《中国教育名家成长经历》，呼和浩特：内蒙古大学出版社，2009年1月。

[6] 李慕南：《中国教育名家成长故事》，沈阳：辽海出版社，2011年4月。

[7] 钟明善、朱正威：《中国传统文化精义》，西安：西安交通大学出版社，1997年12月。

[8] 张凌燕：《文明中国书典·贤哲中国》，太原：山西教育出版社，2012年3月。

[9] 杨昌洪：《中国古代教育家思想解读》，长春：吉林大学出版社，2009年9月。

[10] 涂登宏、杨静：《大学生人文知识》，北京：清华大学出版社，2010年1月。

[11] 王凡：《思想家的成长历程》，长春：吉林大学出版社，2011年1月。

[12] 吴于廑、齐世荣：《世界史·古代史编（下）》，北京：高等教育出版社，1994年5月。

[13] 李晓东：《一本书读懂中国智慧》，北京：北京师范大学出版社，2013年10月。

[14] 宋志明：《现代新儒学的走向》，北京：北京师范大学出版社，2009年3月。

[15] 《社会主义核心价值观学习读本》编写组：《社会主义核心价值观培训教材》，北京：新华出版社，2014年3月。

[16] 陆承曜：《传统文化研究（第22辑）》，北京：群言出版社，2015年1月。

[17] 邱国勇：《社会主义核心价值观教育研究》，北京：人民出版社，2014年12月。

[18] 中共中央宣传部宣传教育局：《固本培元的探索：社会主义核心价值观理论文章汇编》，北京：学习出版社，2014年6月。

[19] 余斌、蒋永穆：《思想政治教育研究论丛（第4辑）》，桂林：广西师范大学出版社，2015年5月。

[20] 王育济：《中华民族精神读本（上）》，济南：山东大学出版社，2004年12月。

[21] 黄鹤：《农民朋友不可不读的99个中国古代史故事（上）》，南昌：江西教育出版社，2010年12月。

[22] 朱汉民：《儒学的多维视域》，北京：东方出版社，2015年5月。

[23] 许海清：《习近平总书记中国梦思想学习读本》，北京：中共中央党校出版社，2014年1月。

[24] 费孝通：《中国文化的重建》，上海：华东师范大学出版社，2014年1月。

[25]《最新实用民俗大百科》编委会：《最新实用民俗大百科万年历1931—2050》，武汉：武汉大学出版社，2012年1月。

[26] 李思默：《中国古代文化的经典〈周易〉》，长春：吉林出版集团有限责任公司，2011年1月。

[27] 徐潜：《中国古代哲学思想》，长春：吉林文史出版社，2014年2月。

[28] 陈伟雄：《姓名工具书》，南昌：江西教育出版社，2010年3月。

[29] 黎光、万漯生：《易经实用指南（民俗禁忌大全）》，北京：中国物资出版社，2009年6月。

[30] 李朝曙：《易经领导力中国式领导64种能力》，广州：广东经济出版社，2013年10月。

[31] 黎光：《易经万年历》，北京：中国商业出版社，2010年10月。

[32] 范文华：《一口气读懂〈周易〉》，贵阳：贵州科技出版社，2011年8月。

[33] 崔建林：《中华名著简读》，长春：吉林大学出版社，2010年10月。

[34] 尹百策：《人间巧艺夺天工》，北京：北京工业大学出版社，2013年1月。

[35] 任继愈：《领导干部历史文化讲座（史鉴类）》，北京：北京图书馆出版社，2009年9月。

[36] 姜平：《中西文化概论》，大连：大连理工大学出版社，2010年12月。

[37] 周世东：《江宁地方史简明教程》，南京：江苏教育出版社，2009年11月。

[38] 苏东水、苏宗伟：《中国管理学术思想史》，北京：经济管理出版社，2014年1月。

[39] 祝守明：《道医讲义》，北京：中医古籍出版社，2009年4月。

[40] 段姝：《快乐阅读·哲学知识》，北京：现代出版社，2014年9月。

[41] 张广明：《青少年不可不知的世界文化》，呼和浩特：内蒙古人民出版社，2009年12月。

[42] 盛文林：《最经典的国学常识》，北京：台海出版社，2011年1月。

[43] 贾文丰：《中原文化概论》，郑州：中州古籍出版社，2010年1月。

[44] 蔡景峰：《中国古代科学家的故事》，北京：中国少年儿童出版社，1978年4月。

[45] 罗元：《每天读点国学常识全集》，北京：中国华侨出版社，2010年9月。

[46] 杨曾文：《中国佛教史论》，北京：中国社会科学出版社，2002年12月。

[47] 洪修平：《中国儒佛道三教关系研究》，北京：中国社会科学出版社，2011年1月。

[48] 洪修平、陈红兵：《中国佛学之精神》，上海：复旦大学出版社，2009年8月。

[49] 姜椿芳：《中国大百科全书（宗教）》，北京：中国大百科全书出版社，1992年4月。

[50] 徐仁立：《中国红色旅游研究》，北京：中国金融出版社，2010年12月。

[51] 渠长根：《马克思主义中国化、大众化语境下的红色文化研究》，北京：中国工商出版社，2013年1月。

[52] 鲁玉桃、唐青女：《思想道德修养与法律基础学习践履》，天津：天津大学出版社，2009年7月。

[53] 张荣臣、谢英芬：《从政提醒：党员干部必须弘扬的15种精神》，北京：中国方正出版社，2010年1月。

[54] 郝欣福：《直面挑战：执政党自我管理和风险防范》，合肥：安徽人民出版社，2012年9月。

[55] 邱国勇：《社会主义核心价值观教育研究》，北京：人民出版社，2014年12月。

[56] 梅黎明：《精神永存：中国共产党精神概说》，北京：中国发展出版社，2014年3月。

[57] 王向阳：《时代精神永放光芒》，郑州：河南人民出版社，2010年10月。

[58] 朱小理、谢爱林、张维刚：《网络时代大学生民族精神与传统道德教育》，南昌：江西人民出版社，2005年9月。

[59] 丁凤英、王正强、张执均：《传承红色文化弘扬核心价值（红色文化传承与弘扬学术研讨会论文集）》，武汉：武汉出版社，2013年5月。

[60] 李江源、史爱国、万建强：《党魂：中国共产党革命精神赞》，重庆：重庆出版社，2006年8月。

[61] 刘玉峰：《隋唐史教研丛稿》，济南：山东大学出版社，2013年3月。

[62] 蔡德贵：《儒学与巴哈伊信仰比较研究》，济南：山东大学出版社，2010年5月。

[63] 乐庆辉：《大秩序时代》，北京：经济管理出版社，2015年7月。

[64] 叶朗、朱良志：《中国文化读本（黑白插图本）》，北京：外语教学与研究出版社，2010年3月。

[65] 叶朗、朱良志：《中国文化读本（中文本）》，北京：外语教学与研究出版社，2008年4月。

[66] 马戎、刘世定、邱泽奇、潘乃古：《费孝通与中国社会学人类学》，北京：社会科学文献出版社，2009年1月。

[67] 徐杰舜：《从多元走向一体：中华民族论》，桂林：广西师范大学出版社，2008年10月。

[68] 国际儒学联合会：《国际儒学研究（第16辑）》，北京：九州出版社，2008年6月。

[69] 宋志明：《现代新儒学的走向》，北京：北京师范大学出版社，2009年3月。

[70] 方立天：《中国文化与中国宗教》，北京：中国人民大学出版社，2012年7月。

[71] 方志宏：《礼仪文化概论》，南京：东南大学出版社，2014年9月。

[72] 江英、赵科、王龙：《青少年诚信启示录》，乌鲁木齐：新疆青少年出版社，2005年10月。

[73] 新华文摘杂志社：《新华文摘精华本2000—2008（文化卷）》，北京：人民出版社，2009年10月。

[74] 方克立：《中华文化与二十一世纪（上）》，北京：中国社会科学出版社，2000年3月。

[75] 陈桂芝、马跃、吕丽：《国学与人文素养》，哈尔滨：东北林业大学出版社，2009年7月。

[76] 梁桂麟：《知识经济与高校德育》，北京：人民出版社，2002年10月。

[77] 王志民：《齐鲁文化与中华文明（王志民学术讲演录）》，北京：人民出版社，2015年12月。

[78] 魏春艳：《〈孟子〉选注（名师导读美绘版）》，昆明：云南教育出版社，2011年3月。

[79] 马兆勤、周恩善：《新时代与新德育》，西安：西安出版社，2011年1月。

[80]《做人民满意的公务员》编写组：《做人民满意的公务员：培育和践行社会主义核心价值观》，北京：中国言实出版社，2014年7月。

[81] 杨金卫：《构筑精神家园：社会主义核心价值观百问百答》，济南：山东人民出版社，2015年12月。

[82] 季明：《培育和践行社会主义核心价值观学习读本》，北京：人民日报出版社，2014年2月。

[83] 郑珠仙：《国家意识形态安全与大学生社会主义核心价值观教育研究》，北京：人民出版社，2014年9月。

[84] 韩振峰：《马克思主义中国化理论与实践研究》，北京：中华书局，2014年6月。

[85] 任国忠：《新时期道德建设基本问题学习与研究》，北京：中国社会科学出版社，2014年11月。

后　记

自从2012年担任传统文化研究会会长之后，近几年来比较多地参与各种各样的传统文化学术研讨和普及教育活动，深刻地体会到当今社会各界和人民大众对中国优秀传统文化的热爱。由于中国近现代社会历史发展的各种客观原因，特别是受西方文化的冲击与影响，导致一部分人对中国传统文化存在认识上的偏差、误解甚至缺失。

为响应中共中央办公厅、国务院办公厅印发的《关于实施中华优秀传统文化传承发展工程的意见》，更好地推动中华优秀传统文化的学习、宣传与传承发展，我查阅了大量的文史资料，并把有关资料分析研究和归纳概括，编写了这本《中国文化与核心价值观》。本书把大量的文史资料进行浓缩，尽量简明扼要地介绍中国文化及其核心价值观，其目的就是想让广大读者包括外国读者能够比较容易学习和正确了解中国文化，了解中国文化所孕育的核心价值观。

中国文化源远流长、博大精深。本书从中国上古伏羲时代产生的《易经》文化写起，到儒家文化、道家文化、佛家文化、红色文化，这些都是中国文化的重要组成部分，而且每一部分的内容都非常丰富，每一章都是可以写上几百万字的篇幅。为便于广大读者阅读学习，本书大胆进行理论概括与简编。需要说明的是，本书对于在中国革命和建设时期产生的红色文化，也将之作为中国文化的重要组成部分，可能学界会有一些不一致的看法，但我认为，见仁见智。

中国红色文化是中国共产党领导中国人民在长期的革命、建设、改革进程中创造的优秀文化，是中华优秀传统文化的继承、发展与创新，又是马克思主义基本原理同中国具体实际相结合的精神结晶，蕴含着丰富的红色革命精神和厚重的历史文化内涵，在中国的革命和建设的各个历史阶段都发挥了难以估量的重要作用。应当看到，历经近百年的发展，红色文化已经深刻地影响着当代的每一个中国人，影响着每一个中国人的思想观念和人生价值追求。毋庸置疑，中国红色文化就是中国文化的一个重要组成部分。

五千年来，中国文化是由中国各族人民相互交融、相互促进，共同创造的文化，始终显示出顽强的生命力和无穷的文化魅力。中国文化所呈现出来的中华民族不断融合发展，形成了中华民族生生不息、持续发展与不断进步的动力与源泉，塑造了中华民族包容、开放的文化品格，成就了中国文化源远流长、博大精深的灿烂辉煌。中国文化所孕育的核心价值观，是人类追求和平与发展的核心价值观。习近平主席传承中国文化与核心价值观，向世界提出了人类命运共同体理念和“一路一带” 伟大实践，影响世界、造福人类，引起世界各国的共鸣。可以认为，中国文化与核心价值观必将走向世界、影响世界。

本书在编写过程中得到多位老师的支持与指导，也得到广东人民出版社的支持和帮助。在这里，我要特别感谢中山大学文化研究所所长李宗桂教授的支持和指导、并为本书写序，感谢广东人民出版社梁茵主任的支持和帮助，使得本书能够顺利出版发行。由于各种客观条件之限，本书还存在一些不足之处，敬请广大读者见谅。

吴奕新

2018年4月